Bleckmann Allgemeine Grundrechtslehren

AF817193

ACADEMIA IURIS

LEHRBÜCHER DER RECHTSWISSENSCHAFT

Carl Heymanns Verlag KG Köln · Berlin · Bonn · München

Allgemeine Grundrechtslehren

von Dr. jur. Albert Bleckmann

o. Professor an der Universität Münster
Docteur en droit
Diplômé d'études supérieures ès-sciences économiques

Carl Heymanns Verlag KG Köln · Berlin · Bonn · München

CIP-Kurztitelaufnahme der Deutschen Bibliothek

Bleckmann, Albert:

Allgemeine Grundrechtslehren / von Albert Bleckmann. – Köln, Berlin, Bonn, München: Heymann, 1979.
(Academia iuris)

ISBN 3-452-18621-0

1979 ISBN 3-452-18621-0
Gedruckt in der Gallus Druckerei KG Berlin
Printed in Germany

Vorwort

Eine allgemeine Grundrechtslehre beim heutigen Stand der Literatur und Rechtsprechung vorzulegen, mag vielen als ein zu großes Wagnis erscheinen. Die sicher sehr zahlreichen Unvollkommenheiten dieses Buches mögen durch den Hinweis wenigstens teilweise ausgeglichen werden, daß der Student genauso wie der Verfasser dieses Buches vor einem Labyrinth an Literatur und Rechtsprechung steht, durch das hindurchzufinden ihm keines der vorliegenden Lehrbücher und Monographien hilft.

Dieses Lehrbuch beruht zum Teil auf einer neuen Konzeption. Soweit es sich um Kernfragen der Grundrechtslehre handelt, werden die wesentlichen Auffassungen im einzelnen dargelegt. Dabei wird stärker als in Lehrbüchern üblich auf die Begründung der einzelnen Urteile und Verfasser eingegangen. Meist werden hier mehr oder weniger umfassende Zusammenfassungen ganzer Monographien geboten. Häufig war es in diesem Zusammenhang notwendig, den betreffenden Autor oder das jeweilige Urteil teilweise im Wortlaut zu zitieren, um die Nuancen des Gedankens in den Worten des Autors oder des Gerichts festzuhalten. Eine eigene Meinung habe ich dabei nur dann entwickelt, wenn der Stand der Literatur und Rechtsprechung eine abschließende Beurteilung nicht gestattete oder wenn ich Bedenken gegen eine bestimmte Auffassung hatte.

Die Masse der Literatur und Rechtsprechung führt notwendig dazu, daß einzelne Meinungen übersehen wurden. Insbesondere konnten kurze Aussagen in einem an sich einem anderen Thema gewidmeten Buch meist nicht verwertet werden, weil dies angesichts der Fülle solcher gerade in der Grundrechtsliteratur üblichen Hinweise die Lese- und Speicherkapazität des Autors überschritten und das Lehrbuch völlig unübersichtlich gemacht hätte. Ich hoffe trotzdem, nichts wirklich Wichtiges übersehen zu haben. Für Hinweise wäre ich jedenfalls sehr dankbar.

Ich habe mich in diesem Lehrbuch bemüht, auch komplexe Fragen und schwierige Theorien möglichst einfach zu behandeln. Das führte sicherlich manchmal zu einer Vergröberung dieser Theorien, für die ich die jeweiligen Autoren um Verständnis bitte. Auf der anderen Seite hatte dieses Verfahren meines Erachtens den Vorteil zu zeigen, daß gerade bei den Grundrechten manche Probleme häufig zwar brillant und wortgewaltig behandelt werden, von diesen Ausführungen aber, wenn man sie auf einfache Worte reduziert, nichts oder wenig Brauchbares übrigbleibt. Insbesondere war ich stets bemüht, auch diese Theorien daraufhin zu überprüfen, in welchem Maße sie sich notwendig vom Grundgesetz her rechtfertigen lassen.

Um den Studenten umfassendes Anschauungsmaterial zu geben und sie aus einer gewissen »Provinzialität« herauszuführen, habe ich zahlreiche völkerrechtliche Fragen behandelt und bin auch auf die Entwicklung der Grundrechte in fremden Staaten eingegangen. In diesen und in anderen Randbereichen konnte und mußte die Behandlung der Probleme aber weitgehend an der Oberfläche bleiben. Ich habe mich aber stets bemüht, auch hier einige wesentliche Gesichtspunkte herauszuarbeiten.

Dem Lehrbuch könnte als Mangel angelastet werden, daß das sich mit dem Staatsverständnis wandelnde Grundrechtsbild und die philosophischen Grundlagen der Grundrechte nirgends ausdrücklich behandelt werden. Dieser doppelte Verzicht hat seine Gründe. Einmal scheint die Literatur zu diesen Themen, insbesondere zum Verhältnis Staat–Gesellschaft und zur Einwirkung der verschiedenen geisteswissenschaftlichen Schichten, noch in ihren Anfängen und gestattet gesicherte Aussagen kaum; eine umfassende Behandlung dieser Probleme in diesem Lehrbuch hätte die Kapazität des Verfassers und die Funktion eines Lehrbuchs überschritten. Zum zweiten zeigt meines Erachtens die Darstellung des geltenden Rechts, daß man weithin auch ohne eine solche Vertiefung zu praktisch brauchbaren Ergebnissen gelangt. Dabei soll die Grundhaltung des Verfassers nicht verschwiegen werden: Mir geht es einerseits um die weitmöglichste Aufrechterhaltung der Positionen des liberalen Rechtsstaats, insbesondere um die Auffassung, daß die Grundrechte als Abwehrrechte weiterhin eine äußerst wichtige Funktion zu erfüllen haben und dabei das freie Belieben des Bürgers schützen; damit wende ich mich gegen alle diejenigen, welche die Grundrechte auf eine soziale Funktion beschränken wollen. Auf der anderen Seite meine ich, die Bewährung der Grundrechte in der heutigen Zeit verlange eine Erweiterung des Funktionsbereichs der Grundrechte, also etwa die Anerkennung auch einer sozialen und demokratischen Funktion der Grundrechte. Daß durch dieses Nebeneinander der Funktionen gewisse Brüche in der einheitlichen Dogmatik auftreten, müssen wir bis zur Auffindung neuer Ansätze hinnehmen. In irgendeiner Weise beunruhigend scheinen mir diese Brüche dabei nicht. – Daß diese allgemeine Grundrechtslehre nicht auf die Statustheorie von *Georg Jellinek* näher eingeht, sollte im Interesse der Vermeidung größter Unklarheiten für die Studenten ebenfalls hingenommen werden. Im übrigen meine ich, daß die in dogmatisch grundlegenden Werken übliche Auseinandersetzung mit *Georg Jellinek* und die juristische Konstruktion der Grundrechte meist so gut wie keine praktischen Auswirkungen haben, ganz abgesehen davon, daß in diesem Bereich die Begriffsjurisprudenz in der Staatsrechtswissenschaft noch ihre alten Triumphe feiert. Da ein Lehrbuch aber nur die für die Studenten zentralen Fragen im Auge haben sollte, habe ich diese Lehre ebenfalls übergangen.

Da dieses Lehrbuch also keine systematisch-geschlossene allgemeine Grundrechtstheorie liefert, aus der heraus alle auftretenden Fragen gelöst werden können – dabei habe ich große Zweifel, ob eine solche Theorie überhaupt möglich ist –, habe ich anstatt des Singulars »Allgemeine Grundrechtslehre« den Plural »Allgemeine Grundrechtslehren« gewählt.

Auch an dieser Stelle möchte ich meinen Mitarbeitern für ihre große Hilfe bei der Fertigstellung dieses Lehrbuchs danken. Mein Dank gilt in erster Linie Frau *Helga Butze* für die sorgfältige und trotzdem schnelle Anfertigung des Manuskriptes, und den Herren Assistenten *Klaus Grünewald* und *Franz Jasper* für zahlreiche Gespräche, Herrn Grünewald für das Korrekturlesen, die Anfertigung des Abkürzungsverzeichnisses und des Registers. Die Herren Assessoren *Martin Coen* und *Sigmar Rundt* sowie die Herren Referendar *Martin Müller* und cand. iur. *Joachim Teipel* haben sich bei der schwierigen Materialbeschaffung große Verdienste erworben. Danken möchte ich schließlich den Mitarbeitern des Carl Heymanns Verlags, allen voran ihrem juristischen Lektor, Herrn Rechtsanwalt *Wohlfarth,* für die reibungslose, schnelle und sorgfältige Herstellung des Buches.

Eine sinnvolle Darstellung machte es erforderlich, Begriffe (wie z. B. Drittwirkung der Grundrechte) nicht bei der ersten Verwendung zu erklären, sondern im systematischen Zusammenhang darzustellen. Dem Leser wird empfohlen, sich die Begriffe anhand des Stichwortverzeichnisses herauszusuchen, kurz anzulesen und sodann im Text weiterzuarbeiten.

Noch ein Wort zur Benutzung der Literatur. Ich habe mich bemüht, die wichtigste Literatur zu jedem Thema am Anfang des einschlägigen Kapitels anzugeben; Vollständigkeit wurde nicht erstrebt. Sicherlich ist diese Literaturauswahl für die Bedürfnisse und die knappe Zeit der Studenten noch zu umfassend. Ich empfehle den Benutzern deshalb, in erster Linie die Bücher und Urteile zu lesen, die ich im Text selber zitiert habe.

Nordwalde, im Mai 1979

Albert Bleckmann

Inhalt

Seite

Abkürzungen

a. A.	anderer Ansicht
a.a.O.	am angegebenen Ort
Abs.	Absatz
AcP	Archiv für die civilistische Praxis
AJIL	American Journal of International Law
Anm.	Anmerkung
AöR	Archiv des öffentlichen Rechts
Art.	Artikel
AS	Amtliche Sammlung
Aufl.	Auflage
AuslG	Ausländergesetz
BAGE	Entscheidungen des Bundesarbeitsgerichts
BayVBl.	Bayerische Verwaltungsblätter
BayVerfGH	Bayerischer Verfassungsgerichtshof
BayVGH n. F.	Entscheidungssammlung des bayerischen Verwaltungsgerichtshofes, Neue Folge
BB	Betriebs-Berater
Bd.	Band
BFHE	Entscheidungssammlung des Bundesfinanzhofes
BGB	Bürgerliches Gesetzbuch
BGBl.	Bundesgesetzblatt
BGHSt	Entscheidungen des Bundesgerichtshofs in Strafsachen
BGHZ	Entscheidungen des Bundesgerichtshofs in Zivilsachen
BSGE	Entscheidungen des Bundessozialgerichts
BVerfGE	Entscheidungen des Bundesverfassungsgerichts
BVerfGG	Bundesverfassungsgerichtsgesetz
BVerwGE	Entscheidungen des Bundesverwaltungsgerichts
ders.	derselbe
Diss.	Dissertation
DÖV	Die öffentliche Verwaltung
DRiZ	Deutsche Richterzeitung
Drucks.	Drucksache
DV	Die Verwaltung
DVBl.	Deutsches Verwaltungsblatt
EGBGB	Einführungsgesetz zum Bürgerlichen Gesetzbuch
EheG	Ehegesetz

EMRK	Europäische Menschenrechts-Konvention
EMRKom.	Europäische Kommission für Menschenrechte
Erl.	Erläuterungen
EuGH	Europäischer Gerichtshof
EuGRZ	Europäische Grundrechtszeitung
EurArch.	Europa Archiv
EWG	Europäische Wirtschaftsgemeinschaft
EWGV	Vertrag zur Errichtung der Europäischen Wirtschaftsgemeinschaft
FamRZ	Zeitschrift für das gesamte Familienrecht
Festschr.	Festschrift
Fußn.	Fußnote
GATT	General Agreement on Tarifs and Trades
GewA	Gewerbe-Archiv
GG	Grundgesetz
h. L.	herrschende Lehre
Hrsg.	Herausgeber
IGH	Internationaler Gerichtshof
ILO	Internationale Arbeitsorganisation (International Labour Organization)
IPR	Internationales Privatrecht
JA	Juristische Arbeitsblätter
JR	Juristische Rundschau
JUS	Juristische Schulung
JZ	Juristenzeitung
Lit.	Literatur
lit.	Buchstabe
MDR	Monatsschrift für deutsches Recht
m. E.	meines Erachtens
NJW	Neue Juristische Wochenschrift
Nr.	Nummer
ÖZöR	Österreichische Zeitschrift für öffentliches Recht
OLG	Oberlandesgericht
OVGE	Entscheidungen des Oberverwaltungsgerichts
Prot.	Protokolle
RabelsZ	Rabels Zeitschrift für ausländisches und internationales Privatrecht
RdA	Recht der Arbeit
Rdnr.	Randnummer
RGBl.	Reichsgesetzblatt

Rspr.	Rechtsprechung
RsprGH	Entscheidungen des Europäischen Gerichtshofs
RuStG	Reichs- und Staatsangehörigkeitsgesetz
SKV	Staats- und Kommunalverwaltung
StGB	Strafgesetzbuch
UNO	Vereinte Nationen (United Nations Organization)
VerfGH NRW	Verfassungsgerichtshof für das Land Nordrhein-Westfalen
VerwArch.	Verwaltungsarchiv
VerwRspr.	Verwaltungsrechtsprechung
VG	Verwaltungsgericht
VGH	Verwaltungsgerichtshof
vgl.	vergleiche
Vorbem.	Vorbemerkung
VVDStRL	Veröffentlichungen der Vereinigung Deutscher Staatsrechtslehrer
VwGO	Verwaltungsgerichtsordnung
WissR	Wissenschaftsrecht, Wissenschaftsverwaltung, Wissenschaftsförderung
WRV	Weimarer Reichsverfassung
ZaöRV	Zeitschrift für ausländisches öffentliches Recht und Völkerrecht
ZBR	Zeitschrift für Beamtenrecht
Zeitschr.	Zeitschrift
ZevKR	Zeitschrift für evangelisches Kirchenrecht
Ziff.	Ziffer
ZZP	Zeitschrift für Zivilprozeß

§ 1 Zur Geschichte der Grundrechte[1]

1. Ihre ersten Vorläufer haben die heutigen Menschenrechte in den ständischen Freiheitsrechten. Im späten Mittelalter zwangen die Stände, vor allem der Adel und die Städte, die Fürsten und Könige, vor ihrer Krönung oder vor der Huldigung durch die Stände das hergebrachte Recht und bestimmte Freiheitsrechte zu gewährleisten, die häufig in schriftlichen Urkunden bewahrt sind. So ließen sich im Jahre 1188 die Cortes von Léon, die Städte-Ständeversammlung der Bischöfe, Magnaten und Bürger dieses spanischen Königreiches, das Recht aller Einwohner auf Wahrung des anerkannten Gewohnheitsrechts, das Recht des Angeklagten auf ein ordnungsgemäßes Verfahren, das Recht der drei Stände auf Beratung und Mitsprache in allen wichtigen Fragen wie Krieg, Frieden usw., die Unverletzlichkeit von Leben und Ehre, Haus und Eigentum bestätigen. Die berühmte britische Magna Charta Libertatum von 1215 schützte ebenfalls das Gewohnheitsrecht gegen den Mißbrauch der königlichen Gerichtsbarkeit: Kein freier Mann durfte verhaftet, gefangengehalten, geächtet, verbannt oder auf irgendeine Art zugrunde gerichtet werden, es sei denn aufgrund gesetzlichen Urteilsspruchs von seinesgleichen oder aufgrund des Landesrechts. Die Brabanter Joyeuse Entrée von 1356 verlangte vor der Huldigung des Landes von den Landesherren folgendes Versprechen: Bestätigung der bestehenden Privilegien, Zustimmung der Stände bei der Entscheidung über Krieg und Frieden, geordnetes Gerichtsverfahren, Garantie des Gebietsstandes. Ähnliche Urkunden finden sich in Ungarn, Portugal, Polen und Schweden. Auch in zahlreichen deutschen Territorien wurden solche Versprechungen erzwungen. Meist handelte es sich aber um Sonderrechte für die Stände und vor allem die Städte (Stadtfreiheiten).

2. Beeinflußt durch die Reformatoren, durch die Gesellschaftsvertragstheorien des 16. und 17. Jahrhunderts und durch den Geist des Humanismus und Puritanismus, forderte der Sekretär Cromwells, *John Milton*, folgende Freiheiten und religiöse Toleranz: die Rechte auf Leben, Eigentum

1 *Gerhard Oestreich*, Geschichte der Menschenrechte und Grundfreiheiten im Umriß, 1968; *ders.*, Die Entwicklung der Menschenrechte und Grundfreiheiten, in: *Karl August Bettermann / Franz L. Neumann / Hans Carl Nipperdey*, Die Grundrechte, Bd. 1, 1966, S. 1 ff.

und Freiheit, Religions- und Gewissensfreiheit, die Redefreiheit, die Pressefreiheit und damit die Abschaffung der Zensur. In seiner Nachfolge steht *John Locke* (1632–1704), der in seinen »Two Treatises on Civil Government« die Ansicht vertrat, Leben, Freiheit und Eigentum seien angeborene Rechte der im Naturzustand gleichen und unabhängigen Individuen, die durch den Gesellschaftsvertrag nicht aufgehoben, sondern im Gegenteil gesichert werden. Dabei umfaßte das Eigentum nach der Konzeption des Mittelalters und des 17. Jahrhunderts die Gesamtheit der Freiheitsrechte einer Person, insbesondere auch die Arbeitskraft und die Fähigkeit zur Selbsterhaltung. Im Interesse der Sicherung der Menschenrechte forderte *Locke* auch die Trennung der gesetzgebenden von der vollziehenden Gewalt, die allgemeine Beschränkung der Staatsgewalt, die später von *Charles D. Montesquieu* (1689–1755) in seinem Buch »De l'esprit des lois« weiterentwickelt wurde. Wichtig ist in diesem Zusammenhang auch der englische Jurist Sir *Edward Coke,* der gestützt auf das positive Recht, die »just rights and liberties« (persönliche Freiheit, Leben und Eigentum) entwickelt, die er als »birthrights«, als »inheritance« sah, geschützt durch das common law, »by due process of law«.

Diese Ideen führten 1647/1649 zu dem »Agreement of the People«, das der Generalrat des Revolutionsheeres *Oliver Cromwell* vorlegte. Der Staat sollte danach durch folgende Rechte beschränkt sein: Religions- und Gewissensfreiheit, Freiheit von erzwungenem Kriegsdienst, Amnestie für die politische Haltung aller Anhänger des Parlaments, Gleichheit aller vor dem Gesetz. Eingriffe in Person und Eigentum sind nur aufgrund eines vorherigen Gesetzes gestattet. Recht, Freiheit, Sicherheit und Eigentum dürfen nicht verletzt werden. *Cromwell* lehnte diese Forderungen ab. Karl II. mußte aber 1679 den Habeas Corpus Act unterschreiben, der noch heute verbindlich ist, und nach dem niemand ohne schriftlichen Befehl verhaftet werden durfte, der Verhaftete aber innerhalb einer Frist von 30 Tagen dem ordentlichen Richter zuzuführen war.

3. Diese Konzeptionen wurden von Philosophen wie *Spinoza, Grotius, Pufendorf, Thomasius, Christian Wolff,* den Vertretern der frühen Aufklärung weiterentwickelt.

Im 18. Jahrhundert führten diese Theorien zu den ersten umfassenden Grundrechtsdeklarationen in den Vereinigten Staaten und in Frankreich:

a) Zeitlich voran gingen zunächst die »Bills of Rights« der amerikanischen Einzelstaaten, insbesondere die Bill von Virginia von 1776. Diese Konzeption fand dann ihren klassischen Ausdruck in der amerikanischen Unabhängigkeitserklärung vom 4. Juli 1776:

»We hold these truths to be selfevident, that all men are created equal, that they are endowed by their Creator with certain unalienable rights, that among these are Life, Liberty and the Pursuit of Happiness. That to secure these rights,

Governments are instituted among men, deriving their just powers from the consent of the Governed.«

Auf der Bundesebene wurden die Freiheitsrechte durch die Federal Bill of Rights von 1791 verankert, die zehn »amendments« zur Verfassung von 1787 enthielt.

b) Die zu Beginn der französischen Revolution am 26. August 1789 von der Nationalversammlung verabschiedete »Erklärung der Menschen- und Bürgerrechte« (Déclaration des droits de l'homme et du citoyen) beginnt mit folgendem Vorspruch:

»Die Vertreter des französischen Volkes, konstituiert als Nationalversammlung, haben in der Erwägung, daß die Unkenntnis, das Vergessen oder die Verachtung der Menschenrechte die alleinigen Ursachen des öffentlichen Unglückes und der Verderbtheit der Regierungen sind, beschlossen, in einer feierlichen Erklärung die natürlichen, unveräußerlichen und geheiligten Menschenrechte darzulegen, damit diese Erklärung, indem sie allen Mitgliedern des gesellschaftlichen Verbandes ständig gegenwärtig ist, diese unablässig an ihre Rechte und Pflichten erinnern möge, damit die Handlungen der gesetzgebenden wie der vollziehenden Gewalt, indem sie in jedem Augenblick mit dem Endzweck einer jeden politischen Einrichtung verglichen werden können, mehr geachtet werden mögen und damit ferner die Ansprüche der Bürger, indem sie in Zukunft auf einfache und unbestreitbare Grundsätze gegründet werden, sich immer auf die Wahrung der Verfassung und auf das Wohl aller richten mögen.«

Hier werden also die Bindung auch des Gesetzgebers, die Funktion der Grundrechte als Direktive für die gesamte staatliche Politik, die Integrationswirkung der Grundrechte *(Smend)* angesprochen.

Die Deklaration enthält insbesondere die allgemeine Handlungsfreiheit, die schon ähnlich wie im Art. 2 I GG begrenzt wird, den Schutz der persönlichen Freiheit, den Grundsatz nulla poena sine lege, die Unschuldsvermutung, die Religionsfreiheit, das Eigentumsrecht, den Grundsatz der Gewaltenteilung und der Volkssouveränität, den Gedanken, daß die Freiheitsrechte nur durch ein Gesetz eingeschränkt werden können, das zur Durchsetzung eines öffentlichen Interesses erforderlich ist.

c) Diese beiden Menschenrechtsdeklarationen traten im 19. und 20. Jahrhundert ihren Siegeszug durch ganz Europa und schließlich durch die ganze Welt an. In einigen deutschen Territorialstaaten finden sich solche Grundrechtskataloge seit 1817. Auf der Bundesebene wurden die Grundrechte erst in die nie in Kraft getretene Verfassung vom 28. März 1849 aufgenommen. Die Bismarck-Verfassung enthält dagegen Grundrechte nicht. Erst die WRV sollte die Grundfreiheiten wieder übernehmen.

4. Die Weimarer Reichsverfassung brachte aber gleichzeitig eine Neuerung, welche die weitere Entwicklung in der Welt stark beeinflussen sollte: Aufgrund der neuen sozialen Ideen wurden nämlich in diese Verfassung zum

erstenmal Grundsätze für die Gestaltung des Wirtschafts- und Soziallebens, soziale Grundrechte, aufgenommen. So heißt es etwa in Art. 151 WRV: »Die Ordnung des Wirtschaftslebens muß den Grundsätzen der Gerechtigkeit mit dem Ziele eines menschenwürdigen Daseins für alle entsprechen.« Nach Art. 157 WRV steht die Arbeitskraft unter dem Schutz des Reichs. Auch werden in Art. 161 WRV die Gesundheit und Arbeitsfähigkeit geschützt. Art. 159 WRV schützt die Gewerkschaften und Arbeitgeberverbände, Art. 165 WRV deren Tariffähigkeit.

5. Nach dem ersten Weltkrieg setzte aber auch noch eine zweite Bewegung ein, welche die Entwicklung stark beeinflussen sollte: der internationale Schutz der Menschenrechte. Und zwar bezog sich dieser Schutz zunächst gerade nicht auf die klassischen Grundfreiheiten, sondern auf die sozialen Grundrechte.

a) Die Staaten waren sich in der Auffassung einig, daß die Arbeiter in größerem Umfang geschützt werden sollten. Das war aber wegen des starken internationalen Wettbewerbs nur möglich, wenn der Schutz in allen Staaten gleichmäßig entwickelt wurde. Diesem Zweck diente die Gründung der Internationalen Arbeitsorganisation (ILO) durch den Versailler Friedensvertrag von 1919 mit dem Deutschen Reich. Die ILO wurde so zuständig, in durch Regierungsvertreter und Vertreter der Gewerkschaften und Arbeitgeberverbände beschickten Kongressen Verträge auszuhandeln, welche die Arbeits- und Lebensbedingungen der Arbeiter verbessern sollten. Die weit über 100 seitdem abgeschlossenen Verträge richten sich vor allem auf die Sicherung der Gewerkschaftsrechte, der Tariffähigkeit und des Arbeitsschutzes. Diese Abkommen wurden meist von zahlreichen Staaten ratifiziert und in die nationale Gesetzgebung übernommen, so daß sie weithin effektiv sind.

b) Nach dem zweiten Weltkrieg wurden die internationalen Grundrechte insbesondere unter dem Eindruck der Greueltaten des NS-Regimes verstärkt entwickelt:

(1) Die Charta der Vereinten Nationen setzt sich die Entwicklung der Menschenrechte zum Ziel und enthält selbst den Gleichheitssatz, der insbesondere Rassendiskriminierungen verbietet. Aufgrund dieser Satzungsbestimmungen erließ die Generalversammlung der UNO in der Form einer die Mitgliedstaaten nicht bindenden Resolution am 10. Dezember 1948 die »Allgemeine Erklärung der Menschenrechte«, die einen umfangreichen Katalog von Freiheitsrechten (Freiheit, Gleichheit, Recht auf Leben und Freiheit, Verbot der Sklaverei und des Sklavenhandels, Verbot der Folter, Anerkennung als Rechtsperson, Anspruch auf Schutz vor Verhaftung und Ausweisung, Anspruch auf rechtliches Gehör, Unschuldsvermutung, nulla poena sine lege, Freizügigkeit und Auswanderungsfreiheit, Asylrecht, Recht auf Staatsangehörigkeit, Freiheit der Eheschließung, Schutz der Familie,

Gewährleistung der Eigentums-, Gewissens- und Religionsfreiheit, Meinungs- und Informationsfreiheit, Versammlungs- und Vereinsfreiheit, allgemeines und gleiches Wahlrecht), aber auch soziale Grundrechte (soziale Sicherheit, Recht auf Arbeit und gleichen Lohn, soziale Betreuung usw.) enthält.

(2) Diese Erklärung war aber nicht verbindlich. Der Schritt zur Effektivität der Grundrechte wurde zunächst in Europa vollzogen. Dabei war man sich bewußt, daß die Freiheitsrechte und die sozialen Grundrechte wegen ihrer unterschiedlichen Strukturen jeweils in unterschiedlicher Form gesichert werden müssen. Deshalb finden wir seitdem die Aufteilung der Grundrechte in zwei Dokumente: Schutz der klassischen Freiheitsrechte auf der einen, Schutz der sozialen Grundrechte auf der anderen Seite. Im europäischen Raum wurden so die Freiheitsrechte durch die Europäische Menschenrechtskonvention (EMRK) vom 20. März 1952[2] und die Sozialrechte durch die Europäische Sozialcharta vom 18. Oktober 1961[3] kodifiziert. Schließlich wurden am 19. Dezember 1966 auf der UNO-Ebene der Covenant on Civil and Political Rights[4] und der Covenant on Economic, Social and Cultural Rights[5] verabschiedet.

6. Allerdings lief mit der Entwicklung des materiellen Verfassungsrechts der Gedanke nicht parallel, daß die Grundrechte erst effektiv werden, wenn ihr Schutz in die Hand des Richters und insbesondere eines Verfassungsgerichts gelegt wird. Zwar hatte sich in den USA seit der berühmten Entscheidung des Supreme Court im Marburg v. Madison-Fall schon 1803 die Ansicht durchgesetzt, daß die Gerichte gerade auch die Verfassungsmäßigkeit der Gesetze nachprüfen können. Diese Einsicht war aber lange Zeit auf die USA beschränkt. Daß die Grundrechte der Verfassung vom Richter nachzuprüfen seien, wurde etwa in Frankreich bis in die neueste Zeit geleugnet. Weitgehend war man auch der Auffassung, daß die Grundrechte nur Programmsätze und nicht unmittelbar bindendes Recht enthielten. Und wenn die Gerichte wie etwa in England die Verwaltung anhand bestimmter Grundrechtsbestimmungen (Habeas Corpus Act) kontrollierten, erstreckte sich diese Kontrolle doch nicht auf den »souveränen« Gesetzgeber. Selbst wenn schließlich grundsätzlich die unmittelbare Wirkung der Grundrechte und die Bindung auch des Gesetzgebers anerkannt waren und die Gerichte die Einhaltung der Grundrechte kontrollierten, stellte das Recht häufig nicht hinreichende Verfahren und Kontrollorgane zur Verfügung. Wenn so die konkrete Normenkontrolle durch die ordentlichen Gerichte relativ häu-

2 BGBl. II 1956, S. 1180.
3 BGBl. II 1964, S. 1251.
4 BGBl. II 1973, S. 1533.
5 BGBl. II 1973, S. 1569.

fig anerkannt wird, gehören doch die Gründung von Verfassungsgerichten, die abstrakte Normenkontrolle und insbesondere die Verfassungsbeschwerde zu den neuesten Errungenschaften in diesem Bereich. In keinem Staat ist dabei die Verfassungskontrolle so minutiös durchgebildet wie in der Bundesrepublik Deutschland.

So kann man heute zwar feststellen, daß fast alle Verfassungen der Welt meist zumindest die klassischen Grundrechte in den Verfassungen enthalten, daß aber die richterliche Kontrolle in dieser Beziehung höchst unterschiedlich entwickelt ist. Nur wenige Staaten haben insoweit einen effektiven Grundrechtsschutz entwickelt.

Um so erstaunlicher ist es, daß der Gedanke des Grundrechtsschutzes durch unabhängige Organe und insbesondere durch Richter im Rahmen der Staatenbeschwerde und sogar aufgrund von »Verfassungsbeschwerden« in den internationalen Raum, nämlich voll durch die EMRK, weniger stark durch die Europäische Sozialcharta und die beiden UNO-Akte, übernommen worden ist.

§ 2 Die Grundrechte in wichtigenStaaten[1]

I. Die Grundrechte in den USA

Grundrechte sind sowohl in der Bundesverfassung als auch in den Verfassungen der Einzelstaaten enthalten. Hier konzentrieren wir uns auf die Bundesverfassung. Dabei können nur besondere Probleme der US-Verfassung gestreift werden.

a) Die Eigenart der US-Verfassung ist, daß die gegen den Bund und die gegen die Länder wirkenden Grundrechte jeweils in besonderen Verfassungsbestimmungen enthalten sind, die im Wortlaut stark voneinander abweichen: Während die Bundesgrundrechte sehr präzise gefaßt und recht zahlreich sind, bleiben die Ländergrundrechte in unbestimmten Generalklauseln verankert, die aber inhaltlich über die Bundesgrundrechte hinausgehen. Die damit mögliche Abweichung der beiden Grundrechte ist durch die Rechtsprechung verhindert worden, die beide Grundrechtsteile weitgehend einheitlich interpretiert.

b) Die Bundesgrundrechte enthalten im einzelnen: die Religionsfreiheit, die Meinungsfreiheit, die Pressefreiheit, die Versammlungsfreiheit, das Petitionsrecht. Diese Rechte sind in amendment 1 I absolut, d. h. ohne Gesetzesvorbehalt geschützt. Das führte in den USA zu einer sehr intensiven, unserer Diskussion um die Schranken der vorbehaltslosen Grundrechte vergleichbaren Debatte über die Schranken dieser Grundrechte, die noch nicht völlig abgeschlossen ist. Insbesondere der Supreme Court neigt häufig dazu, diese Grundrechte als völlig unbeschränkbar anzusehen. Dagegen sind die persönliche Freiheit, die Wohnung usw. nur gegen eine »unreasonable« Durchsuchung und Beschlagnahme geschützt. Auf diesen Begriff der »unreasonableness« griff die amerikanische Rechtsprechung zurück, um ähnlich unserem Verhältnismäßigkeitsgrundsatz den generellen Beschränkungen der Grundrechte selbst wieder Schranken zu ziehen. Die amendments V–VII enthalten den Grundsatz nulla poena sine lege und Verfahrensgarantien. Auffallend ist also, daß der Bund weder an ein allgemeines Freiheitsrecht

1 Vgl. *Karl August Bettermann / Franz L. Neumann / Hans Carl Nipperdey,* Die Grundrechte, Bd. 1, 2. Halbband 1967; *Hermann Mosler,* (Hrsg.), Verfassungsgerichtsbarkeit, 1962. Zu den Grundrechten der neuen spanischen Verfassung vgl. *Dieter C. Umbach,* Die Grundrechte der neuen spanischen Verfassung, EuGRZ 1979, S. 229, der erst nach Drucklegung erschien.

noch an den allgemeinen Gleichheitsgrundsatz gebunden zu sein scheint. Diese Grundrechte wurden dagegen aus den Ländergrundrechten übernommen:

Artikel XIV enthält die die Staaten bindenden Grundrechte in einer umfassenden Generalklausel:

»nor shall any State deprive any person of life, liberty, or property, without due process of law; nor deny any person within its jurisdiction the equal protection of the laws«.

Diese Bestimmung steht im Vordergrund der Verfassungsentwicklung in den Vereinigten Staaten; sie wurde auch bemüht, um fehlende Grundrechte gegen den Bund zu entwickeln. Wichtig ist, daß die Formeln »equal protection of the laws« und »life, liberty and property« sehr umfassend etwa im Sinne unseres Art. 3 I GG einerseits, des Art. 2 I GG andererseits ausgelegt werden. Dabei hat man in den USA besonderes Gewicht auf die Drittwirkung insbesondere des Gleichheitssatzes (Diskriminierung der Farbigen!) gelegt. Wichtig ist zweitens die Festlegung des Eingriffsbegriffs (»deprive«), der die rechtsstaatlichen Garantien des »due process of law« nach sich zieht. Auch dieser Begriff wird ähnlich weit verstanden wie unser Eingriffsbegriff. Dem Begriff des »due process of law«, der weitgehend unserem Rechtsstaatsgedanken entspricht, werden »formelle« und »materielle« Garantien entnommen. Formelle Garantien: etwa Gesetzesvorbehalt, Rechtsschutz durch den Richter, Allgemeinheit des Gesetzes usw. Materielle Garantien: Einmal kann das Grundrecht nur aufgrund überwiegender öffentlicher Interessen im Rahmen des Verhältnismäßigkeitsprinzips eingeschränkt werden. Auf der anderen Seite werden aus der »due process of law«-Klausel von der Rechtsprechung zahlreiche neue Einzelgrundrechte entwickelt.

II. Die Grundrechte in Frankreich

Liest man die französische Grundrechtsliteratur[2], hat man den Eindruck, die Grundrechte würden in Frankreich – wie in Großbritannien – nur durch die Gesetze geschützt. In Wirklichkeit stellt sich das Problem auch dort im Bereich der Verfassung, wie *Klaus Stahl* in seiner schönen Arbeit über »Die Sicherung der Grundfreiheiten im öffentlichen Recht der Fünften Französischen Republik«[3] dargelegt hat:

2 Vgl. *Georges Burdeau*, Les libertés publiques, 1972; *Claude-Albert Colliard*, Libertés publiques, 3. Aufl. 1960; *Jaques Robert*, Libertés publiques, 1971.

3 *Klaus Stahl*, Die Sicherung der Grundfreiheiten im öffentlichen Recht der Fünften Französischen Republik, 1970, vgl. neuerdings auch *Christian Tomuschat*, Das Recht auf Familieneinheit/Grundrechtsschutz in der neueren Rechtsprechung des Conseil d'Etat und des Conseil Constitutionell, EuGRZ 1979, S. 191.

a) Die Eigenart der französischen Verfassung von 1958 besteht darin, daß sie die Grundrechte nur in der Präambel erwähnt und sich dabei einer generellen Verweisung bedient:

»Das französische Volk verkündet feierlich seine Verbundenheit mit den Menschenrechten und mit den Grundsätzen der Volkssouveränität, wie sie in der Erklärung von 1789 niedergelegt wurden, die durch die Präambel der Verfassung von 1946 bestätigt und ergänzt wurde.«

Und in der Präambel der Verfassung der IV. Republik von 1946 heißt es:

»Am Tage nach dem Siege, den die freien Völker über die Regime davongetragen haben, die versucht hatten, die menschliche Person zu unterjochen und zu entwürdigen, verkündet das französische Volk von neuem, daß jedes menschliche Wesen ohne Unterschied der Rasse, der Religion oder des Glaubens unveräußerliche und geheiligte Rechte besitzt. Es bestätigt erneut feierlich die durch die Erklärung der Rechte von 1789 niedergelegten Rechte und Freiheiten des Menschen und des Bürgers und die von den Gesetzen der Republik anerkannten grundlegenden Prinzipien.

Es verkündet überdies als für unsere Zeit besonders notwendig die nachstehenden politischen, wirtschaftlichen und sozialen Grundsätze:«

Es folgen die Gleichberechtigung der Frau, das Asylrecht, das Recht auf Arbeit, die Gewerkschaftsrechte, das Streikrecht, der Schutz der Familie, das Bildungsrecht usw.

Die Verfassungen von 1958 und 1946 enthalten also folgende Grundrechte:

(1) die Grundrechte der Erklärung von 1789,
(2) bestimmte soziale Grundrechte (Präambel 1946),
(3) »die von den Gesetzen der Republik anerkannten grundlegenden Prinzipien«.

b) Der französische Staatsrat (Conseil d'Etat), der an der Spitze der Verwaltungsgerichtsbarkeit steht, hat nur in einigen wenigen Entscheidungen unmittelbar auf die Grundrechte der Verfassung zurückgegriffen, um das Handeln der Verwaltung zu begrenzen. So hat er das Streikrecht auch der Beamten effektiv durchgesetzt. Im übrigen hat er aus den Grundrechten der Verfassung »allgemeine Rechtsgrundsätze« (principes généraux du droit) entwickelt[4]. Nur diese allgemeinen Rechtsgrundsätze sind für ihn dabei unmittelbar geltendes Recht; und nicht alle Grundrechte enthalten solche Grundsätze. Dadurch hat sich der Conseil d'Etat eine gewisse Flexibilität bei der Durchsetzung der Grundrechte zuerkannt.

Der französische Verfassungsrat (Conseil constitutionnel), der im Rahmen der abstrakten Normenkontrolle vor Erlaß der Gesetze die Verfas-

4 *Helmut Krech,* Die Theorie der allgemeinen Rechtsgrundsätze im französischen öffentlichen Recht, 1973.

sungsmäßigkeit der Gesetzesentwürfe überprüfen kann, hat dagegen in einzelnen Entscheidungen die grundsätzliche Verbindlichkeit der Präambel anerkannt und Entwürfe für verfassungswidrig erklärt, die den dort festgelegten Grundrechten widersprechen. Dabei hat er insbesondere angenommen, daß unter den »von den Gesetzen der Republik anerkannten grundlegenden Prinzipien« die wesentlichsten Bestimmungen der großen Freiheitsgesetze der III. Republik (Vereinsgesetz, Versammlungsgesetz usw.) zu verstehen sind. Damit spielt in Frankreich insbesondere die institutionelle Garantie eine große Rolle, ohne daß die Problematik dieser Rechtsfigur näher diskutiert würde.

III. Die Grundrechte in der Schweiz

Die Eigenart der Schweizer Verfassung von 1874 besteht darin, daß sie nur relativ wenige spezielle Grundrechte (Gleichheitssatz, Ausweisungsverbot, Glaubens- und Gewissensfreiheit, Schutz der Ehe, Pressefreiheit, Petitionsrecht, Verfahrensgarantien, Freizügigkeit usw.) kennt. Das Bundesgericht war deshalb gezwungen, unter Rückgriff auf allgemeine Erwägungen neue Grundrechte, insbesondere das umfassende Freiheitsrecht zu entwickeln. Im übrigen gleicht das schweizerische Verfassungsrecht, das in Wechselwirkung mit dem deutschen Recht entwickelt wurde, weitgehend dem deutschen Recht: rechtsstaatliche Sicherungen gegen Einschränkungen (Gesetzesvorbehalt, Verhältnismäßigkeitsgrundsatz usw.), Drittwirkungsproblematik, Problematik der Grundrechtsadressaten usw.[5].

IV. Die Grundrechte in Italien

Im Gegensatz zur Verfassung der Schweiz und zum Bonner Grundgesetz ist die italienische Verfassung von 1947 den Weg der Weimarer Reichsverfassung gegangen und hat sehr zahlreiche klassische und soziale Grundrechte verankert. Die Rechtsprechung des Verfassungsgerichtshofs muß hier also nicht auf eine Ausweitung der Grundrechte, sondern auf ihre Einschränkung hinwirken, um zu vermeiden, daß durch den übermäßigen Grundrechtsschutz das staatliche Handeln gelähmt wird. Die Frage, die in Italien wie in der Weimarer Verfassung stark diskutiert wird, ist denn auch, inwieweit insbesondere die sozialen Grundrechte nicht nur Programmsätze enthalten. Im übrigen ist – ähnlich wie in Frankreich und den USA, im Gegensatz zur Schweiz, zur Bundesrepublik Deutschland und zu Österreich – die Grundrechtslehre allgemein noch nicht sehr stark entwickelt. Rechtsinstitutionen wie etwa die Drittwirkung, die Probleme der Grundrechtsadressaten, die Schrankenlehre usw. sind trotz der umfangreichen

5 Vgl. im einzelnen *Peter Saladin*, Grundrechte im Wandel, 2. Aufl. 1975.

Rechtsprechung des Verfassungsgerichtshofes in der Literatur kaum angesprochen worden.

V. Die Grundrechte in den Ostblockstaaten[6]

Die Ostblockstaaten haben in ihren Verfassungen zwar mehr oder weniger umfangreiche Grundrechtsteile mit klassischen und sozialen Grundrechten. Trotzdem sind die Grundrechte dort nicht effektiv. Das liegt vor allem an der Tatsache, daß nach der kommunistischen Ideologie die Interessen der Arbeiterklasse nach der historischen Gesetzlichkeit objektiv bestimmt werden und notwendig mit den Interessen des Staates übereinstimmen. Überdies können diese objektiven Interessen im einzelnen nur von der Vorhut der Arbeiterklasse, der kommunistischen Partei, erkannt werden. Mangels einer möglichen Abweichung der Interessen der Individuen von denen des Staates ist natürlich auch eine richterliche Kontrolle der Einhaltung der Grundrechte nicht denkbar. Diese Auffassung muß im Rahmen der Menschenrechtskontrolle in den UNO-Gremien zu schweren Auslegungsdifferenzen hinsichtlich der UNO-Konventionen führen.

6 Vgl. *Georg Brunner,* Die Grundrechte im Sowjetsystem, 1963; *Siegfried Mampel,* Die sozialistische Verfassung der DDR, 1972, S. 483 ff.; *Dietrich Müller-Römer,* Die Grundrechte in Mitteldeutschland, 1965; *Bernhard Pfahlberg / Georg Brunner,* Grundrechte, in: Sowjetsystem und demokratische Gesellschaft, Bd. 2, 1972; vgl. aber neuerdings, Staatsrecht der DDR, Staatsverlag der DDR 1977, S. 197 ff., 207 ff., 213 ff.

§ 3 Die internationalen Grundrechte

I. Die Europäische Menschenrechtskonvention

Die EMRK[1] und die Zusatzprotokolle verankern das Recht auf Leben, das Verbot der Folter und der unmenschlichen und entwürdigenden Behandlung[2], das Recht auf Freiheit vor Verhaftungen, das Verbot der Sklaverei und der Zwangsarbeit, das Recht auf ein faires Gerichtsverfahren, die Unschuldsvermutung und den Satz nulla poena sine lege, die Glaubens-, Gewissens- und Religionsfreiheit, die Meinungsfreiheit, das Recht auf Eheschluß und Familiengründung, die Eigentumsgarantie (für Ausländer), das Recht auf Bildung, die freien Wahlen, die Freizügigkeit, das Verbot der Ausweisung von Staatsangehörigen, das Verbot der kollektiven Ausweisung von Ausländern.

1. Diese Grundrechte decken nur *partielle* Sektoren der Handlungsfreiheit ab. Das generelle Freiheitsrecht des Art. 2 I GG fehlt in der Konvention. Ein solches umfassendes Freiheitsrecht hätte nämlich fast die gesamte staatliche Aktivität der Kontrolle der europäischen Organe unterworfen. Davor aber sind die Vertragspartner zurückgeschreckt.

Aus demselben Grunde kennt die EMRK auch keinen allgemeinen Gleichheitssatz. Art. 14 der Konvention knüpft den Gleichheitssatz vielmehr an

1 BGBl. II 1952, S. 14. Aus der sehr verstreuten Literatur seien herausgegriffen: *Johann Wolfgang Brügel,* Zum Stand der internationalen Sicherung der Menschenrechte, EurArch. 1978, S. 737; *Heribert Golsong,* Das Rechtsschutzsystem der EMRK, 1958; *ders.,* Die EMRK, JöR NF 10, 1961, S. 123; *Heinz Guradze,* Die EMRK, 1968; *Arwed von Ingersleben,* Rang und Geltung der EMRK in der Bundesrepublik Deutschland, 1967; *Hermann Mosler,* Organisation und Verfahren des Europäischen Gerichtshofs für Menschenrechte, ZaöRV 20, 1960, S. 415, 490; *Karl-Josef Partsch,* Die Rechte und Freiheiten der EMRK, 1966; *Hubert Schorn,* Die Europäische Konvention zum Schutze der Menschenrechte und Grundfreiheiten, 1965; *Hannfried Walter,* Die Europäische Menschenrechtsordnung, 1970; und zum folgenden besonders: *Ulrich Hoffmann-Remy,* Die Möglichkeiten der Grundrechtseinschränkung nach den Art. 8–11 Abs. 2 der Europäischen Menschenrechtskonvention, 1976.

2 Dazu vgl. die Urteile des Europäischen Menschenrechtsgerichtshofs im Nordirland- und im Tyrer-Fall, in: EuGRZ 1979, S. 149, 162; dazu die Anm. von *Albert Bleckmann,* in: EuGRZ 1979, S. 188.

die Verletzung *anderer* Grundrechte. Er verbietet also im Ergebnis nur die gleichheitswidrige *Einschränkung* dieser Grundrechte.

Auch in anderer Beziehung ist der Grundrechtsschutz der Konvention nur punktuell. Das soll für ihren Art. 2 näher gezeigt werden, gilt aber auch für zahlreiche andere Freiheitsrechte, etwa für Art. 4 und 5 der Konvention. Nach Art. 2 I darf, abgesehen von der Vollstreckung eines Todesurteils, das von einem Gericht im Falle eines *mit Todesstrafe bedrohten Verbrechens* ausgesprochen worden ist, eine absichtliche Tötung nicht vorgenommen werden. Nach Abs. 3 dieses Artikels wird die Tötung nicht als Verletzung dieses Artikels betrachtet, wenn sie sich aus einer unbedingt erforderlichen Gewaltanwendung ergibt, a) um die Verteidigung eines Menschen gegenüber *rechtswidriger* Gewaltanwendung sicherzustellen; b) um eine *ordnungsgemäße* Festnahme durchzuführen oder das Entkommen einer *ordnungsgemäß* festgehaltenen Person zu verhindern; c) *um im Rahmen der Gesetze* einen Aufruhr oder einen Aufstand zu unterdrücken.

Eine nähere Analyse zeigt nun, daß die oben im Text gesperrten Wörter *auf das nationale Gesetz verweisen.* So kann der Gesetzgeber die Todesstrafe für beliebige Delikte festsetzen. Der Gesetzgeber darf ferner (vorbehaltlich des Art. 5) die Festnahme von Personen beliebig regeln.

Das zeigt, daß im Gegensatz zu den Grundrechten des Grundgesetzes die Bestimmungen der EMRK dem Gesetzgeber einen breiten *Ermessensspielraum* belassen und auch innerhalb der geregelten Freiheitsrechte nur ganz punktuelle Regelungen enthalten. Dabei kann es im Einzelfall umstritten sein, ob ein bestimmter Begriff, insbesondere die sogenannten unbestimmten Rechtsbegriffe[3] der Konvention[4], durch die europäischen Organe nach den üblichen völkerrechtlichen Auslegungsmethoden bis ins einzelne nachgeprüft werden müssen oder ob der Gesetzgeber und die Verwaltung des betreffenden Staates nicht insofern einen »Beurteilungsspielraum« besitzen.

2. Die Konvention enthält einige Freiheiten, die schrankenlos gewährt werden. Dazu gehört das Verbot der Folter und der unmenschlichen Behandlung, das Verbot der Sklaverei, das Recht auf faires Verfahren, die Unschuldsvermutung, der Satz nulla poena sine lege, das Recht auf Eheschließung und Gründung einer Familie, das Aufenthaltsrecht der Staatsangehörigen. Bei anderen Rechten sieht die Konvention bestimmte, genau umschriebene Schranken vor: Die Gestattung der Tötung in Art. 2 II; die Ausnahmen von der Zwangsarbeit des Art. 4 III; die Haftgründe des Art. 5 I etc.

Die meisten Rechte, nämlich die Freiheit des Privat- und Familienlebens, der Wohnung und des Briefwechsels, die Glaubens-, Gewissens- und Reli-

3 Vgl. dazu für das deutsche Recht: *Hans-Uwe Erichsen / Wolfgang Martens*, in: *Peter Badura* u. a., Allgemeines Verwaltungsrecht, 3. Aufl. 1978, S. 161 ff.

4 Siehe dazu etwas weiter unten.

gionsfreiheit, die Meinungsfreiheit, die Vereinigungsfreiheit und die Versammlungsfreiheit, die Freizügigkeit, werden durch eine Generalklausel beschränkt, nach der die öffentliche Gewalt in die betreffenden Rechte nur aufgrund eines Gesetzes und nur dann eingreifen darf, wenn dieser Eingriff eine Maßnahme darstellt, die in einer demokratischen Gesellschaft für bestimmte – von Vorschrift zu Vorschrift wechselnde – öffentliche Interessen (etwa: nationale Sicherheit, öffentliche Sicherheit und Ordnung, wirtschaftliches Wohl des Landes, Verhinderung von Straftaten, Schutz der Gesundheit und der Sitten) oder der Rechte und Freiheiten anderer notwendig ist.

Die Auslegung dieser Generalklauseln wirft schwierige Probleme auf.

a) Zunächst ist unklar, ob die Konvention mit dem »Gesetz« ein formelles Parlamentsgesetz meint oder sich auch mit einem materiellen Gesetz, also einer Rechtsverordnung begnügt[5]. Für die zweite Lösung spräche, daß völkerrechtliche Verträge in der Regel in die nationale Kompetenzverteilung nicht eingreifen wollen. Dann verwiese die Konvention insoweit auf die nationale Verfassung. In der Bundesrepublik müßte dann, da die Grundrechte der EMRK mit denen des Grundgesetzes weitgehend übereinstimmen, der Eingriff in die Freiheitsrechte durch ein formelles Parlamentsgesetz oder zumindest (Art. 80 GG) durch ein formelles, hinreichend bestimmtes Ermächtigungsgesetz geregelt werden. In Frankreich besitzt hingegen die Exekutive weitreichende autonome Verordnungsbefugnisse, so daß für den Eingriff in die Freiheitsrechte der EMRK häufig eine Verordnung ausreichte.

b) Damit steht ein weiteres Problem im Zusammenhang. Verweist die EMRK für den Gesetzesbegriff auf die nationalen Verfassungen, könnte es deren – je nach dem betroffenen Staat unterschiedlichen – Kompetenzregelungen *in sich aufnehmen*. Die Folge wäre, daß die europäischen Organe prüfen müßten, ob die nationalen Verfassungen im konkreten Fall verletzt wurden. Dasselbe gälte dann bei anderen, oben schon dargelegten Formen der Verweisung auf das nationale Recht. Im Rahmen des Art. 2 der Konvention hätten die europäischen Organe etwa zu prüfen, ob die nationalen Gesetze, welche die Festnahme regeln, verletzt worden sind. Ebenso wäre im Rahmen des Art. 15 der Konvention zu prüfen, ob die Notstandserklärung von einem Organ ausgegangen ist, das nach der jeweiligen nationalen Verfassung zuständig war.

Eine solche Ausdehnung der Kompetenz der europäischen Kontrollorgane entspricht der internationalen Zuständigkeitsverteilung zwischen internationalen und nationalen Gerichten wenig. Der Europäische Menschenrechtsgerichtshof bleibt aber ein internationales Gericht, selbst wenn er so stark in den innerstaatlichen Kontrollmechanismus einbezogen ist, daß die für internationale Gerichte geltenden Regeln nicht alle unverändert gelten können.

5 Vgl. dazu *Ulrich Hoffmann-Remy*, a.a.O. (Anm. 1), S. 36.

Die Kontrolle der für die Auslegung, Anwendung und die Feststellung der Verletzung eines Vertrages eingesetzten internationalen Gerichte erstreckt sich aber grundsätzlich nur auf die betreffende Konvention, nicht auf die Einhaltung des nationalen Rechts in dem jeweiligen Bereich.

c) Diese Regeln sind auch im Rahmen eines weiteren Problems zu beachten. Wir werden sehen[6], daß die deutschen Grundrechte auch dann verletzt sind, wenn der Staat unter Verletzung objektiver Verfassungs- oder Gesetzesnormen wie etwa von Zuständigkeitsbestimmungen und Verfahrensordnungen in die Grundrechte eingreift. Würde man diese Regel auf die EMRK übertragen, dann müßten die europäischen Organe im weitem Umfang auch die Verletzung nationalen objektiven Rechts prüfen. Dies entspricht, wie wir gesehen haben, weder der Funktion der internationalen Gerichte, noch dem Willen der Vertragspartner der Konvention, die Grundrechte nur punktuell zu schützen. Die oben zitierte Regel des deutschen Verfassungsrechts kann also nicht in die Konvention übernommen werden. Das ist ein Beispiel unter vielen, welches zeigt, daß die in diesem Werk für die deutschen Grundrechte entwickelten allgemeinen Lehren nicht ohne weiteres in die EMRK übernommen werden können. Ein weiterer Grund, der gegen eine solche Übernahme spricht, ist die Tatsache, daß andere Staaten des Europarats diese allgemeinen Lehren des deutschen Rechts nicht kennen, daß es aber unwahrscheinlich wäre, wenn die EMRK sich voll gerade der deutschen Grundrechtskonzeption angeschlossen hätte.

d) Die Beschränkung muß bestimmte Interessen verfolgen. Dabei sind die öffentlichen Interessen – wenn auch nur sehr unbestimmt – im jeweiligen Artikel der Konvention festgelegt. Daneben darf das Gesetz auch die »Rechte und Freiheiten anderer« schützen. Dabei handelt es sich nicht nur um die Rechte und Freiheiten der EMRK. Geschützt werden können auch in den nationalen Verfassungen und in nationalen Gesetzen verankerte Rechte, ja auch Interessen, die bisher überhaupt nicht rechtlich geschützt wurden.

In der Kontrolldichte, welche diese Klauseln den internationalen und nationalen Instanzen einräumen, besteht die zweite Auslegungsschwierigkeit[7]. Einerseits sind die Ziele der Schranken in den Konventionsbestimmungen so unbestimmt gefaßt, daß dem Gesetzgeber ein weiter Ermessens- oder Beurteilungsspielraum zustehen könnte. Dafür spräche auch Art. 18 EMRK, wonach die Schranken, denen die Rechte der Konvention unterworfen werden können, nur zu dem Zweck angewendet werden dürfen, für den sie vorgesehen sind. Die Verwaltung darf also bei der Anwendung der Gesetze, welche den Freiheiten Schranken ziehen, nur die Zwecke des Gesetzes befolgen. Das erinnert aber an den détournement de pouvoir (Ermessens-

6 Dazu unten § 12, Abschn. V.

7 Dazu *Albert Bleckmann*, Unbestimmte Rechtsbegriffe und Beurteilungsspielraum im europäischen und im Völkerrecht, EuGRZ 1979, Heft 15.

mißbrauch) des französischen Rechts, der einen Ermessensspielraum der Verwaltung voraussetzt[8]. Wenn aber schon die Verwaltung beim Vollzug der Gesetze Ermessensfreiheit haben darf, muß dies um so mehr bei der Einführung dieser Gesetze gelten.

Dem steht entgegen, daß die Voraussetzungen des Eingriffs der Verwaltung in Grundrechte von den nationalen Gerichten der Mitgliedstaaten in wachsendem Maße selbst dann von den Gerichten nachgeprüft werden, wenn es sich um unbestimmte Rechtsbegriffe handelt[9]. Dann spräche Art. 18 EMRK für eine volle Kontrolle der Einhaltung der Schrankengesetze durch die internationalen und nationalen Instanzen. Dafür, daß die internationalen Instanzen die nationalen Gesetze voll nachprüfen dürfen, spricht ferner, daß die Beschränkung der Kontrolle der Ziele des Gesetzes die enumerative Aufzählung dieser Ziele in den einzelnen Bestimmungen der EMRK illusorisch machen würde. Griffe nicht hier schon die internationale Kontrolle ein, wäre eine Kontrolle der Frage, ob die gesetzliche Einschränkung notwendig ist kaum mehr möglich – und gerade diese Kontrolle scheint von der EMRK gewollt zu sein. Die internationale Kontrolle erstreckt sich also auf die Frage, ob das Gesetz die Ziele der betroffenen Bestimmung verfolgt und ob die Mittel für die Erreichung dieser Ziele geeignet und notwendig sind. Damit sind – mit Ausnahme der notwendigen Güterabwägung – alle Voraussetzungen des deutschen Verfassungssatzes der Verhältnismäßigkeit[10] angesprochen. Von dieser Ausnahme abgesehen, haben die internationalen Instanzen die nationalen Schrankengesetze zumindest in demselben Umfang zu prüfen wie das BVerfG. Wir werden aber später sehen, daß das BVerfG dem Gesetzgeber bei dieser Kontrolle einen weiten Ermessensspielraum be-

8 Vgl. dazu *ders.*, Europarecht. Das Recht der Europäischen Wirtschaftsgemeinschaft, 2. Aufl. 1978, S. 131 ff.; *Reinhard Hoffmann*, Das Ermessen der Verwaltungsbehörden in Frankreich, 1967; *Udo Maas*, Verwaltungsakt und Rechtsschutz, 1970; *Burkhardt W. Meister*, Ermessensmißbrauch und détournement de pouvoir als Fehlertatbestand der Nichtigkeitsklage des Montanvertrags, 1971; *Gottfried Ross*, Der Begriff des détournement de pouvoir nach dem französischen Conseil d'Etat und die Lehre vom Ermessensmißbrauch im Vertrag über die EGKS, 1958; *Hermann Soell*, Das Ermessen der Eingriffsverwaltung, 1973.

9 Für das deutsche Recht vgl. oben Anm. 3, für das amerikanische und das französische Recht, *Steindorff*, Der unbestimmte Rechtsbegriff im Lichte der französischen und amerikanischen Verwaltungsrechtsprechung, DVBl. 1954, 110; für das französische Recht ferner, *Jean-Marie Abby / Roland Drago*, Traité de contentieux administratif, Bd. 2, 1975, S. 361 ff.; für das schweizerische Recht, *Max Imboden / René A. Rhinow*, Schweizerische Verwaltungsrechtsprechung, Bd. I (Allgemeiner Teil), 1976, S. 398 ff.; für das österreichische Recht, *Egbert Mannlicher-Quell*, Kommentar zum Allgemeinen Verwaltungsverfahrensgesetz.

10 Siehe dazu unten § 12 Abschn. V, 3.

läßt[11]. Dieser Ermessensspielraum könnte in die EMRK übertragen werden[12].

Dabei ist davon auszugehen, daß zahlreiche Staaten des Europarats[13] der Verwaltung im Rahmen unbestimmter Rechtsbegriffe einen gewissen Beurteilungsspielraum belassen. Auch die EMRK kennt solche Beurteilungsspielräume. So ist etwa der Europäische Menschenrechtsgerichtshof[14] der Auffassung, daß im Rahmen des Art. 15 der Konvention die Voraussetzungen des Notstands, der in gewissem Umfang die Staaten von der Einhaltung der in der Konvention verankerten Grundrechte befreit, weitgehend in den Beurteilungsspielraum der Staaten fallen und die Ansicht des betreffenden Staates nur auf ihre Vertretbarkeit hin überprüft werden darf. Auch bei anderen internationalen Verträgen finden wir einen solchen Beurteilungsspielraum der Staaten, den das internationale Gericht nur auf seine Vertretbarkeit hin überprüfen darf. So gilt etwa für den EGKS-[15] und für den EWG-Vertrag[16], daß der EuGH die Beurteilung der Gesamtwirtschaftslage durch die Organe der Europäischen Gemeinschaft und wohl auch durch die Staaten nicht überprüfen darf. Für den EWG-Vertrag hat der EuGH entschieden, daß die europäischen Organe bei Wirtschaftsregelungen einen weiten Ermessensspielraum besitzen, der EuGH also Schadensersatzansprüche nur bei schweren und evidenten Überschreitungen dieses Spielraums zubilligen kann[17]. Außerdem haben sie nach der Rechtsprechung des EuGH bei der Einschränkung der Freizügigkeit und des Niederlassungsrechts im Rahmen der nationalen öffentlichen Sicherheit und Ordnung einen breiten Ermessensspielraum[18]. Im Völkerrecht können die internationalen Gerichte die Voraussetzung, ob das nationale öffentliche Interesse die Enteignung eines Ausländers fordert, nur im Rahmen der Vertretbarkeit nachprüfen[19].

Gerade eine Konvention, die sich wie die EMRK bemüht, die Kontrolle der internationalen Organe in gewissen Grenzen zu halten, muß diesen Beurteilungs- oder Ermessensspielraum der Staaten anerkennen. Dabei ist eine schwierige Abwägung zwischen dem notwendigen Ermessensspielraum der Staaten und der Effektivität des internationalen Grundrechtsschutzes

11 Siehe ebenda.
12 Siehe oben Anm. 9.
13 Siehe ebenda.
14 Vgl. zuletzt den Nordirland-Fall, oben Anm. 2.
15 Art. 33 Abs. 1 S. 2 EGKS-Vertrag.
16 Vgl. EuGH RsprGH 1976, 30; dazu *Albert Bleckmann*, Europarecht, a.a.O. (Anm. 8), S. 132.
17 Vgl. das Urteil des EuGH vom 25. 5. 1978 in: EuR 1979, 351 ff. mit Anm. *Fuß*.
18 Dazu das Rutili-Urteil des EuGH, vgl. *Albert Bleckmann*, EuGRZ 1976, S. 265.
19 Vgl. *ders.*, Die Aufgaben einer Methodenlehre des Völkerrechts, 1978, S. 65 ff.

durchzuführen. Im einzelnen kann für den Ermessens- oder Beurteilungsspielraum auf die Gründe zurückgegriffen werden, die im nationalen Recht, im Europarecht und im Völkerrecht für die Beschränkung der richterlichen Funktion auf eine Vertretbarkeitskontrolle sprechen: Etwa der Gedanke, daß die Gerichtskontrolle auf eine Rechtskontrolle beschränkt ist und eigentlich politische Fragen und Probleme nicht entscheiden kann, die entweder rechtlich so unklar geregelt sind, daß der Richter zum Rechtsschöpfer werden müßte, oder die faktisch so unklar liegen, daß sie durch richterliche Beweisaufnahmen nicht geklärt werden können. Angesichts der Tatsache, daß die EMRK und die Satzung der EMRK den Gedanken der Demokratie in den Vordergrund schieben, dürfte auch die Tatsache berücksichtigt werden, daß die nationalen Parlamente stärker demokratisch legitimiert sind als die internationalen Kontrollinstanzen, wenn auch das Demokratieprinzip im Völkerrecht an sich keine große Rolle spielt. Ferner wird man berücksichtigen müssen, daß bestimmte Fragen ihrer Natur nach nur von den Staaten entschieden werden können, und hier vor allem vom nationalen Gesetzgeber. Hierfür spricht zunächst die größere Sachnähe der Staaten, aber auch die Tatsache, daß die internationalen wie die nationalen Gerichte alle Fragen immer nur punktuell prüfen können und keine Übersicht über die notwendige Gesamtpolitik besitzen.

e) Dazu tritt nun die Forderung, daß die Einschränkung »in einer demokratischen Gesellschaft« zum Schutz dieser Zwecke erforderlich ist. Damit kann nun dreierlei gemeint sein. Zunächst wäre daran zu denken, daß die Kontrolle am Verhältnismäßigkeitsprinzip durch die Feststellung ersetzt werden kann (oder muß), daß in allen, in den hauptsächlichen oder auch nur in einem demokratischen Staat entsprechende Schrankengesetze existieren. Oder aber, neben die Prüfung der Verhältnismäßigkeit tritt die Prüfung, ob Einschränkungen dieser Art sich in allen, den hauptsächlichen oder in einem demokratischen Staat finden – mit der Folge, daß neue Gesetzesmodelle nicht mehr verwirklicht werden dürfen. Beide auf die Rechtsvergleichung rekurrierenden Ansichten sind abzulehnen. Gegen sie spricht schon die Tatsache, daß die Rechtsvergleichung keinen sicheren Maßstab liefern kann (Welcher Staat ist demokratisch? Wieviel Staaten müssen das Gesetz kennen? Ist dieses Gesetz heranzuziehen, bevor es von den nationalen Gerichten auf seine Verfassungsmäßigkeit überprüft wurde? Dürfen vielleicht die internationalen Instanzen diese nationale Verfassungsmäßigkeit prüfen?) und neue Gesetzesmodelle ausschließen würde, obwohl die in der EMRK aufgeführten öffentlichen und privaten Interessen solche Einschränkungen wegen neuer Entwicklungen dringend erfordern.

Dann bleibt aber nur die Auffassung, daß die EMRK mit der »demokratischen Gesellschaft« auf *absolute* Maßstäbe für grundrechtsbeschränkende Gesetze verweisen will, die in demokratischen, d. h. in Gesellschaften verwendet werden, die rechtsstaatlich organisiert sind und einen umfassenden Grundrechtsschutz kennen. Das ist aber das *Verhältnismäßigkeitsprinzip*, das auch der EuGH rechtsvergleichend als allgemeines Rechtsprinzip des Europäischen Gemeinschaftsrechts anerkannt hat. Dementsprechend tritt neben die Prüfung, ob das Gesetz die von der EMRK erlaubten Ziele verfolgt, die Mittel für die Erreichung dieser Ziele geeignet und notwendig sind, eine Abwägung des beschränkten Rechts mit den Zielen und Mitteln im Einzelfall. Der Hinweis auf die demokratische Gesellschaft muß dann wohl bedeuten, daß bei dieser Abwägung den Individualrechten die ihnen gebührende Rolle zugesprochen wird und daß diese Individualrechte nicht wie in sozialistischen Gesellschaften stets hinter das öffentliche Interesse zurückzutreten haben. Einen Anhaltspunkt für den Wertrang der Individualrechte, für die Maßstäbe der Abwägung kann dann die Vergleichung des Rechts in rechtsstaatlichen Gesellschaften liefern[20].

Eine weitere Schranke enthält Art. 17 EMRK, nach dem keine Bestimmung dieser Konvention dahin ausgelegt werden darf, daß sie für einen Staat, eine Gruppe oder eine Person das Recht begründet, eine Tätigkeit auszuüben oder eine Handlung zu begehen, die auf die Abschaffung der in der vorliegenden Konvention festgelegten Rechte und Freiheiten oder auf weitergehende Beschränkungen dieser Rechte und Freiheiten, als in der Konvention vorgesehen, hinzielt.

Zu beachten ist schließlich auch Art. 15 EMRK, nach dem im Falle eines Krieges oder eines anderen öffentlichen Notstandes, der das Leben der Nation bedroht, jeder der Vertragspartner Maßnahmen ergreifen kann, welche die in dieser Konvention vorgesehenen Verpflichtungen in dem Umfang, den die Lage unbedingt erfordert, und unter der Bedingung außer Kraft setzen kann, daß diese Maßnahmen nicht in Widerspruch zu den sonstigen völkerrechtlichen Verpflichtungen stehen.

f) Damit ist schon auf gewisse Eigenheiten der Auslegung der EMRK hingewiesen worden. Für die Auslegung dieser Konvention gelten an sich die heute in Art. 32 der Wiener Vertragsrechtskonvention von 1969[21], die zwar noch nicht in Kraft getreten ist, insoweit aber vorheriges Völkergewohnheitsrecht bekräftigt[22], festgelegten Regeln der Auslegung völkerrechtlicher Verträge[23], die weitgehend mit den deutschen, für die Auslegung der Gesetze[24] und der Verfassung[25] geltenden Regeln übereinstimmen. Danach steht im Vordergrund der Auslegung der übliche Sinn des

20 Vgl. auch *Ulrich Hoffmann-Remy*, a.a.O. (Anm. 1), S. 56 ff.

21 Abgedruckt in: *Sartorius*, Bd. II, Internationale Verträge, Europarecht.

22 Vgl. dazu *Albert Bleckmann*, Grundgesetz und Völkerrecht, 1975, S. 22.

23 Dazu ebenda, S. 43 ff.; *Rudolf Bernhardt*, Die Auslegung völkerrechtlicher Verträge insbesondere in der neueren Rechtsprechung internationaler Gerichte, 1963; *Hermann Mosler*, Völkerrecht in der Praxis der deutschen Gerichte, 1957.

24 *Karl Larenz*, Methodenlehre der Rechtswissenschaft, 3. Aufl. 1975, S. 298 ff.

25 Siehe unten § 8.

Wortlauts der Verträge, die überdies in ihrem Zusammenhang und im Lichte der Vertragsziele ausgelegt werden müssen. Auch hier finden wir also die historische[26], die grammatikalische, die systematische und teleologische Auslegung. Noch stärker als die deutschen Grundrechte[27] sind aber die Freiheitsrechte der EMRK im Lichte der Vergleichung der Verfassung der Mitgliedstaaten des Europarats auszulegen. Das folgt schon aus der Tatsache, daß die Mitgliedstaaten in der EMRK ihre gemeinsame Grundrechtstradition verankern wollten. Überdies ist nicht anzunehmen, daß die Mitgliedstaaten entweder hinter dem gemeinsamen Standard zurückbleiben oder die nationalen Verfassungen »revolutionieren« wollten. Schließlich fordert die stark in das innerstaatliche Verfassungsleben eingreifende EMRK aber auch, daß die europäischen Regeln mit den nationalen Bestimmungen »zusammenpassen«.

3. Die in diesem Lehrbuch behandelten Prinzipien für die Abgrenzung der Grundrechtsträger, der Grundrechtsadressaten, für die Begrenzung der Grundrechte, die hier aufgezählten Funktionen der Grundrechte usw. sind nicht automatisch auf die EMRK übertragbar. Ob und in welchem Ausmaß man insoweit auf die deutschen Konzeptionen oder auf die Rechtsvergleichung zurückgreifen kann, ist jeweils sehr eingehend zu prüfen. Die Literatur zur EMRK hat sich um diese Fragen bisher kaum bemüht. Allgemein muß man die Specifica herausarbeiten, welche die EMRK von einer Vollverfassung unterscheiden. Die EMRK schützt so etwa grundsätzlich nur private – nicht auch – wie in den Kompetenznormen der nationalen Verfassungen – öffentliche Interessen. Die Schrankenlehre, welche für die Begrenzung der Grundrechte auf von der Verfassung geschützte öffentliche Interessen zurückgreift, kann hier also nicht herangezogen werden. Außerdem enthält die EMRK nur spezielle Grundrechte, nicht etwa den Art. 2 I GG. Die Folge ist, daß bei einer Drittwirkung dieser Rechte nicht Grundrechte der einen Privatperson mit den Grundrechten anderer Privatpersonen abgewogen werden können, die Grundrechte also bei einer Drittwirkung uferlos werden können. Diesen Problemen kann man gerecht werden, indem man die jeweils geschützten öffentlichen Interessen und privaten Interessen einem Vergleich der Verfassungen der Mitgliedstaaten entnimmt und die EMRK insoweit im Rahmen dieser speziellen Probleme ergänzt.

Die Frage, ob die Rechte der EMRK Drittwirkung haben, also auch im Verhältnis zwischen zwei Individuen eingreifen, ist äußerst umstritten. Dabei ist zunächst klarzustellen, daß sich das Problem der Drittwirkung hier anders als bei den Grundrechten des GG stellt. Sicher ist, daß das internationale Verfahren nur gegen Staaten und nicht gegen Individuen ange-

26 Die »travaux préparatoires«, d. h. die »Materialien« der Völkerrechtsverträge, sind allerdings nur subsidiär heranzuziehen.

27 Siehe unten § 8.

strengt werden kann – wie übrigens auch die Verfassungsbeschwerde nicht gegen Individuen gegeben ist. Fraglich ist einerseits nur, inwieweit der Staat die Grundrechte der Individuen durch seine Gesetzgebung auch gegen die Angriffe anderer Individuen schützen muß. Sicher ist dies nur für das Leben, das nach Art. 1 I S. 2 durch das Gesetz – wie sich aus II lit. a ergibt, auch gegenüber Privatpersonen – geschützt werden muß. Obwohl dort entsprechende Bestimmungen fehlen, wird man dies auch für das Verbot der Folter und der unmenschlichen Behandlung, für die persönliche Freiheit und das Verbot der Sklaverei annehmen müssen. Fraglich bleibt dies aber für das Recht auf Familienleben, die Freiheit der Wohnung, die Meinungsfreiheit usw. Insoweit bestimmt die EMRK nur, daß der Staat zum Schutz dieser Rechtsgüter die Freiheiten der Angreifer einschränken darf. Daraus folgt allerdings nicht zwingend, daß der Staat nicht in bestimmten Fällen diese Grundrechte einschränken *muß*.

Die EMRK muß sicher so ausgelegt werden, daß ihre Bestimmungen – ebenso wie die nationalen Grundrechte – höchstmögliche Effektivität erhalten. Dennoch bleibt es fraglich, ob man der EMRK positive Handlungspflichten der Mitgliedstaaten zu einer bestimmten Gesetzgebung entnehmen darf. Diese Frage ist schon für die nationalen Grundrechte so umstritten, daß man im internationalen Bereich nicht ohne weiteres auf solche Gesetzgebungspflichten schließen darf – vor allem deshalb nicht, weil die meisten Mitgliedstaaten solche positiven Gesetzgebungspflichten nicht kennen.

Eine andere Frage ist, ob die EMRK nicht selbst schon Rechtsverhältnisse zwischen Individuen begründen will. Gegen eine solche Konstruktion spricht schon, daß wir die Lösung mit geringerer Tragweite – die Verpflichtung des Staates zur entsprechenden Gesetzgebung – oben abgelehnt haben. Dagegen spricht ferner, daß diese Lösung mangels internationaler Verfahren nur im nationalen Rechtsraum zur Auswirkung kommen könnte, mangels entsprechender Anhaltspunkte aber nichts für die Verpflichtung der Staaten spricht, die EMRK in das nationale Recht einzuführen und dort unmittelbar anwendbar zu machen. Die Entstehung von Drittrechten hinge also von der im Belieben der Staaten stehenden Einführung der EMRK in die nationale Rechtssphäre ab. Und drittens ist die Drittwirkung im nationalen Raum gerade so umstritten, weil hier in der Regel zwei Grundrechte zusammentreffen, die miteinander abgewogen werden müssen (bei der Verweigerung des Abschlusses eines Mietvertrages mit einem Neger etwa das Gleichheitsrecht des Negers mit der Vertragsfreiheit des Vermieters): In der EMRK, die im Gegensatz zum GG kein vollendetes System von Grundrechten kennt (es fehlen etwa die Art. 1, 2, 3 und 12 GG), würden mangels entsprechender Grundrechte die Rechte des »Angreifers« vernachlässigt. Die Grundrechte der nationalen Verfassung aber könnten den Grundrechten der EMRK kaum entgegengehalten werden. Das schließt aber nicht aus, die Grundrechte der EMRK – wie die des GG – im

Rahmen der Generalklauseln (§§ 138, 826 BGB) zu berücksichtigen. Für eine generelle Drittwirkung spricht dagegen der Wortlaut des Art. 13 EMRK, der einen effektiven Rechtsschutz auch gegen die Verletzung der Grundrechte durch Privatpersonen zu verlangen scheint. Allerdings kann man diese Bestimmung auch dahin auslegen, daß ein effektiver Rechtsschutz gegen Privatpersonen nur insoweit erforderlich ist, als die Einzelrechte sich unzweideutig auch gegen Privatpersonen wenden.

4. Nach Art. 13 EMRK hat jede Person, deren durch die Konvention anerkannten Rechte verletzt worden sind, das Recht auf einen wirksamen Rechtsschutz vor einer nationalen Instanz, selbst wenn die Verletzung von Personen ausgeht, die offizielle Funktionen ausüben. Dieser Schutz tritt neben den Rechtsschutz auf der völkerrechtlichen Ebene. Art. 13 EMRK verlangt zunächst nicht unbedingt einen gerichtlichen Rechtsschutz. Wird der Rechtsschutz durch eine Behörde gewährt, muß das Verfahren, wenn es effektiv sein soll, aber wohl gerichtsförmig ausgestaltet sein. Im Gegensatz zu Art. 5 und 6 EMRK ist dieses Verfahren durch die EMRK aber nicht im einzelnen bestimmt. Insoweit kann man auf die Vergleichung der nationalen Verwaltungsverfahrens- und Verwaltungsgerichtsgesetze zurückgreifen.

Die EMRK verlangt nicht, daß sie selbst im innerstaatlichen Rechtsraum gelten und unmittelbar anwendbar sein soll. Auch Art. 13 EMRK ist also nicht in dem Sinne zu lesen, daß der Verletzte sich gegenüber der nationalen Instanz auf seine Grundrechte aus der EMRK soll berufen können. Es reicht vielmehr aus, daß der Verletzte sich auf den Rechten der EMRK entsprechende nationale Grundrechte berufen kann, ganz gleich, ob diese in der Verfassung oder in den Gesetzen verankert sind. Zweifelhaft bleibt, ob auch gegen ein nationales Gesetz der Rekurs vor einer nationalen Instanz gegeben sein muß, ob also etwa die Verfassungsbeschwerde gegen Gesetze durch die EMRK verlangt wird, oder ob sich Art. 13 EMRK nur auf die Verletzung der europäischen Grundrechte durch Verwaltung und Rechtsprechung bezieht. Auszugehen ist von der Tatsache, daß Rechtsmittel gegen die Verletzung der Grundrechte durch ein Gesetz nur in wenigen Staaten der EMRK gewährt werden. In einigen Staaten steht der richterlichen Überprüfung der Gesetze sogar der Verfassungssatz der Souveränität des Parlaments entgegen. Überdies wäre eine Überprüfung von Gesetzen nur möglich, wenn die EMRK Übergesetzesrang besäße; in den meisten Staaten besitzt sie aber in Übereinstimmung mit den nationalen Prinzipien über das Verhältnis von Völkerrecht und Landesrecht nur Gesetzesrang. Es ist nicht anzunehmen, daß die EMRK dieses nationale System grundlegend umstürzen wollte, obwohl auf der völkerrechtlichen Ebene durchaus auch Gesetze nachgeprüft werden müssen. Folglich verpflichtet Art. 13 EMRK nicht zur Einführung einer Gesetzeskontrolle.

5. Die EMRK gilt aufgrund der Transformation durch das Zustimmungsgesetz im deutschen Rechtsraum mit dem Rang eines Bundesgesetzes; die Bestimmungen, welche Rechte und Freiheiten enthalten, müssen von den Gerichten grundsätzlich angewendet werden.

Der Versuch, der EMRK über Art. 25 GG oder über Art. 1 II GG Verfassungsrang und Verfassungsqualität beizulegen, so daß ihre Verletzung vom BVerfG in den verschiedenen Verfahrensarten überprüft werden kann, ist gescheitert. Das BVerfG zieht allerdings die Grundrechte der EMRK zur Auslegung der nationalen Grundrechte mit heran[28]. Es empfiehlt sich eine noch stärkere Heranziehung der Grundrechte der EMRK und der anderen internationalen Grundrechte zur Auslegung der Grundrechte des GG, weil Art. 1 II GG zu erkennen gibt, daß die nationalen Grundrechte mit der Entwicklung der internationalen Grundrechte Schritt halten sollen.

Noch stärker als die Verträge über die europäischen Gemeinschaften enthält die EMRK allerdings einen »Sprengsatz«, der zur Entwicklung europäischer Prinzipien über das Verhältnis von Völkerrecht zu Landesrecht und damit zur Verdrängung der entsprechenden nationalen Prinzipien führen kann.

Dieser Sprengsatz findet sich weniger, wie die Lehre annimmt, im Art. 1 EMRK[29], sondern im Art. 13 EMRK. In der Tat könnte diese Bestimmung, wie wir oben schon angedeutet haben, mit der Zeit dahin ausgelegt werden, daß sie die innerstaatliche Geltung und Anwendbarkeit der europäischen Grundrechte im nationalen Rechtsraum sowie einen höheren Rang als sogar die Verfassung verlangt. Denn nur so ist eine »Wirksame Kontrolle« insbesondere von Gesetzen durch nationale Instanzen möglich. Die Lehre und Rechtsprechung scheinen diese Sprengkraft des Art. 13 EMRK dadurch entschärfen zu wollen, daß sie ihm die unmittelbare Anwendbarkeit versagen. Hinzuweisen ist darauf, daß, wenn Art. 13 EMRK einen höheren Rang der EMRK als die Verfassung verlangen sollte, mangels einer dem Art. 24 GG entsprechenden Vorschrift auf Art. 1 II GG zurückgegriffen werden müßte, der diesen Rang zulassen könnte.

6. Die EMRK hat als erster der internationalen Pakte ein effektives völkerrechtliches Überwachungssystem geschaffen. Die drei beteiligten Organe sind die Europäische Menschenrechtskommission, das Ministerkomitee des Europarats und der Europäische Gerichtshof für Menschenrechte mit Sitz in Straßburg.

Die Europäische Menschenrechtskommission besteht aus je einem Staatsangehörigen der Mitgliedstaaten, die vom Ministerkomitee des Europarats mit absoluter Mehrheit für die Dauer von sechs Jahren aus einer Liste ge-

28 BVerfGE 31, 58 ff.
29 Anerkennung von Rechten, vgl. *Hannfried Walter*, a.a.O. (Anm. 1).

wählt werden, die vom Büro der Versammlung des Europarats auf Vorschlag der Fraktionen aufgestellt wird. Die Mitglieder der EMRKom. sind nicht Vertreter ihrer Staaten und an Weisungen der Regierungen nicht gebunden.

Jeder Mitgliedstaat kann die Kommission mit der Verletzung der Konvention durch einen anderen Mitgliedstaat befassen; dabei ist nicht – wie beim diplomatischen Schutz – vorausgesetzt, daß die Vertragsverletzung einen Angehörigen des klagenden Staates betrifft. Ferner kann jede natürliche Person und jede Personengruppe eine Beschwerde bei der Kommission gegen jeden Mitgliedstaat, der sich diesem Verfahren unterworfen hat, mit der Behauptung erheben, dieser Mitgliedstaat habe ihre Rechte aus der EMRK verletzt.

In beiden Fällen ist erforderlich, daß das verletzte Individuum den Prinzipien des Völkerrechts entsprechend den innerstaatlichen Rechtsweg erschöpft hat. Das Individuum muß also gegen eine Entscheidung alle ihm durch die nationale Rechtsordnung gegebenen Rechtsmittel einschließlich der Verfassungsbeschwerde ausgeschöpft haben.

Die Individualbeschwerde wird bei Fehlen dieser Voraussetzung und u. a. dann zurückgewiesen, wenn die Beschwerde offensichtlich unbegründet ist oder mißbräuchlich eingelegt wurde.

Wird die Beschwerde nicht als unzulässig zurückgewiesen, folgt ein kontradiktorisches Verfahren, an dem die Vertreter der Parteien beteiligt sind, sowie eine objektive Untersuchung im Rahmen einer Unterkommission.

Gelingt es der Unterkommission nicht, einen Vergleich herbeizuführen, fertigt die Kommission einen Bericht an, der den Sachverhalt und eine Stellungnahme darüber enthält, ob der verklagte Mitgliedstaat die EMRK verletzt hat. Der Bericht wird dem Ministerkomitee und den beteiligten Staaten übergeben; er wird nicht veröffentlicht.

Nunmehr kann innerhalb von drei Monaten die Kommission, der Staat, dessen Angehöriger verletzt ist, der Staat, welcher die Kommission mit der Verletzung befaßt hat und der verklagte Staat – nicht aber das verletzte Individuum – den Europäischen Gerichtshof für Menschenrechte anrufen, wenn – im Falle der Kommissionsbeschwerde – der verklagte Staat, sonst die beteiligten Staaten sich der Gerichtsbarkeit dieses Gerichts unterworfen haben. Wird der Europäische Menschenrechtsgerichtshof in der Dreimonatsfrist nicht angerufen, entscheidet das Ministerkomitee des Europarats mit Zweidrittelmehrheit seiner Mitglieder, ob die EMRK verletzt worden ist. Kommt es zu dem Ergebnis, es liege eine Verletzung der EMRK vor, bestimmt es eine Frist, innerhalb welcher der betreffende Staat alle Maßnahmen ergreifen muß, die aus der Entscheidung des Ministerkomitees fließen.

Auch der Europäische Gerichtshof für Menschenrechte besteht aus je einem Angehörigen der Vertragsstaaten. Die Richter werden von der Beratenden Versammlung des Europarats durch einen Mehrheitsbeschluß für neun Jahre aus einer Liste gewählt, die von den Mitgliedern des Ministerkomitees aufgestellt wird – wobei jedes Mitglied drei Kandidaten bestimmen kann. Die Richterkandidaten müssen höchsten moralischen Anforderungen entsprechen und den Voraussetzungen genügen, die für die Ausübung höchster richterlicher Funktionen in ihrem Heimatstaat erforderlich sind, oder Juristen mit anerkannter Befähigung sein. Das Gericht wählt seinen Präsidenten und seinen Vizepräsidenten für die Dauer von drei Jahren.

Spruchkörper ist eine Kammer aus sieben Richtern. Dazu zählen die Staatsangehörigen der jeweils beteiligten Staaten oder ein Richter ihrer Wahl; die übrigen Richter werden ausgelost.

Vor dem Gerichtshof können an sich nur die Vertragspartner und die Kommission, nicht die verletzten Individuen auftreten. Die Kommission tritt aber nicht als Partei, sondern als objektiver Vertreter der Menschenrechte auf. In diesem Rahmen berichtet sie auch über die Stellungnahme des verletzten Individuums; sie kann diese Stellungnahme auch durch den Rechtsanwalt des verletzten Individuums vortragen lassen.

Die Staaten sind verpflichtet, aus dem Urteil des Europäischen Gerichtshofs für Menschenrechte alle Konsequenzen zu ziehen. Kann eine Grundrechtsverletzung faktisch oder rechtlich (Fehlen eines Wiederaufnahmegrundes bei rechtskräftigen Entscheidungen) nicht mehr rückgängig gemacht werden, muß der Staat eine Entschädigung zahlen.

II. Die Europäische Sozialcharta

1. Die europäische Sozialcharta führt im Teil I insgesamt 19 soziale Grundrechte auf:

1. Jedermann muß die Möglichkeit haben, seinen Lebensunterhalt durch eine frei übernommene Tätigkeit zu verdienen.
2. Alle Arbeitnehmer haben das Recht auf gerechte Arbeitsbedingungen.
3. Alle Arbeitnehmer haben das Recht auf sichere und gesunde Arbeitsbedingungen.
4. Alle Arbeitnehmer haben das Recht auf ein gerechtes Arbeitsentgelt, das ihnen und ihren Familien einen angemessenen Lebensstandard sichert.
5. Alle Arbeitnehmer und Arbeitgeber haben das Recht auf Freiheit zur Vereinigung in nationalen und internationalen Organisationen zum Schutz ihrer wirtschaftlichen und sozialen Interessen.
6. Alle Arbeitnehmer und Arbeitgeber haben das Recht auf Kollektivverhandlungen.
7. Kinder und Jugendliche haben das Recht auf besonderen Schutz gegen körperliche und sittliche Gefahren, denen sie ausgesetzt sind.
8. Arbeitnehmerinnen haben im Falle der Mutterschaft und in anderen geeigneten Fällen das Recht auf besonderen Schutz bei der Arbeit.

9. Jedermann hat das Recht auf geeignete Möglichkeiten der Berufsberatung, die ihm helfen soll, einen Beruf zu wählen, der seiner persönlichen Eignung und seinen Interessen entspricht.

10. Jedermann hat das Recht auf geeignete Möglichkeiten der Berufsausbildung.

11. Jedermann hat das Recht, alle Maßnahmen in Anspruch zu nehmen, die es ihm ermöglichen, sich des besten Gesundheitszustandes zu erfreuen, den er erreichen kann.

12. Alle Arbeitnehmer und ihre Angehörigen haben das Recht auf soziale Sicherheit.

13. Jedermann hat das Recht auf Fürsorge, wenn er keine ausreichenden Mittel hat.

14. Jedermann hat das Recht, soziale Dienste in Anspruch zu nehmen.

15. Jeder Behinderte hat das Recht auf berufliche Ausbildung sowie auf berufliche und soziale Eingliederung oder Wiedereingliederung ohne Rücksicht auf Ursprung und Art seiner Behinderung.

16. Die Familie als Grundeinheit der Gesellschaft hat das Recht auf angemessenen sozialen und wirtschaftlichen Schutz.

17. Das Recht der Mütter auf sozialen Schutz.

18. Die Staatsangehörigen einer Vertragspartei haben das Recht, im Hoheitsgebiet jeder anderen Vertragspartei gleichberechtigt mit deren Staatsangehörigen jede Erwerbstätigkeit aufzunehmen, vorbehaltlich von Einschränkungen, die auf triftigen wirtschaftlichen oder sozialen Gründen beruhen.

19. Wanderarbeitnehmer, die Staatsangehörige einer Vertragspartei sind, und ihre Familien haben das Recht auf Schutz und Beistand im Hoheitsgebiet jeder anderen Vertragspartei.

Diese Sozialrechte werden im Teil II näher präzisiert. Im Teil III verpflichten sich die Vertragspartner,

a) Teil I der Charta als eine Erklärung der Ziele anzusehen, die sie entsprechend dem einleitenden Absatz jenes Teils mit allen geeigneten Mitteln verfolgen werden;

b) mindestens fünf der folgenden sieben Artikel des Teils II dieser Charta als für sich bindend anzusehen: Art. 1, 5, 6, 12, 13, 16 und 19 (die Numerierung der Artikel im Teil II entspricht der Numerierung der Rechte im Teil I, s. o.);

c) zusätzlich zu den nach Maßgabe des Buchstabens b ausgewählten Artikeln so viele Artikel oder numerierte Absätze des Teils II der Charta auszuwählen und als für sich bindend anzusehen, daß die Gesamtzahl der Artikel oder numerierten Absätze, durch die sie gebunden sind, mindestens 10 Artikel oder 45 numerierte Absätze beträgt.

Diese Flexibilität war notwendig, weil der Stand der sozialen Entwicklung in den Mitgliedstaaten des Europarats sehr unterschiedlich ist. Die Europäische Sozialcharta setzt das Niveau der sozialen Staatsleistungen relativ niedrig an. Auch damit liegt sie zum Teil aber über dem Niveau bestimmter Entwicklungsstaaten.

2. Die Rechte des Teils I sind relativ knapp und völlig unpräzise gefaßt. Schon der Inhalt dieser »Rechte« steht der Bindung der Staaten entgegen.

Nach der Einleitung des Teils I und nach Art. 20 I lit. a) sind die Vertragspartner an diese Rechte überdies nur insofern gebunden, als sie verpflichtet sind, mit allen zweckdienlichen Mitteln staatlicher und zwischenstaatlicher Art eine Politik zu verfolgen, die darauf abzielt, geeignete Voraussetzungen für die Ausübung dieser Rechte zu schaffen. Eine echte juristische Bindung liegt insoweit also nicht vor.

Die konkrete Ausformulierung dieser Rechte im Teil II läßt mit wenigen Ausnahmen (etwa Art. 2 Ziff. 3: bezahlter Jahresurlaub von mindestens zwei Wochen; Art. 4 Ziff. 3: Recht auf gleiches Entgelt für Männer und Frauen; Art. 4: Vereinigungsrecht; Art. 6 Ziff. 4: Streik- und Aussperrungsrecht) den Staaten in der Regel einen weiten Ermessensspielraum: So verpflichtet etwa Art. 1 Ziff. 1 die Staaten, zwecks Verwirklichung der Vollbeschäftigung die Erreichung eines »möglichst hohen und stabilen« Beschäftigungsstands zu »einer ihrer wichtigsten« Zielsetzungen und Aufgaben zu machen; Art. 4 verpflichtet die Vertragspartner, das Recht der Arbeitnehmer auf ein Arbeitsentgelt anzuerkennen, welches ausreicht, um ihnen und ihren Familien einen »angemessenen« Lebensstandard zu sichern; das Recht der Arbeitnehmer auf Zahlung »erhöhter« Lohnsätze für Überstundenarbeit anzuerkennen, vorbehaltlich von Ausnahmen in »bestimmten« Fällen. Diese Bestimmungen gestatten nur in Ausnahmefällen – etwa wenn für Überstunden an keinen Arbeitnehmer erhöhte Lohnsätze gezahlt werden – die Feststellung einer Vertragsverletzung. Die Feststellung einer Vertragsverletzung ist vor allem dann häufiger möglich, wenn der Staat die Sozialrechte, die der Charta entsprechen, voll verwirklicht hat und rückgängig zu machen versucht. Dementsprechend bestimmt Art. 31, daß nach einer Verwirklichung der Rechte aus Teil I und II diese Rechte nur durch ein Gesetz und nur dann eingeschränkt werden dürfen, wenn dies »in einer demokratischen Gesellschaft zum Schutze der Rechte und Freiheiten anderer oder zum Schutz der Sicherheit und Ordnung, der Sicherheit des Staates, der Volksgesundheit und der Sittlichkeit notwendig ist«. Dabei dürften auch die Verknappung der Haushaltsmittel oder wirtschaftliche Rezessionen mitumfaßt sein, die überdies in Notzeiten nach der Notstandsklausel des Art. 30 weitergehende Einschränkungen gestatten.

3. Insgesamt enthalten die Teile I und II also sehr flexible Verbindlichkeiten der Mitgliedstaaten. Dementsprechend flexibel ist auch das internationale Verfahren gestaltet:

Nach Art. 21 übersenden die Mitgliedstaaten dem Generalsekretär des Europarats alle zwei Jahre einen Bericht über die Anwendung der von ihnen angenommenen Bestimmungen des Teils II der Charta. Nach Art. 22 sind überdies Berichte zu den nicht angenommenen Vertragsrechten vorgesehen. Abschriften der Berichte werden den Gewerkschaften und Arbeitgeberverbänden übersandt, die Mitglieder der internationalen Arbeitgeber-

und Arbeitnehmerorganisationen sind; diese nationalen Organisationen können Stellungnahmen zu den nationalen Berichten über ihre Regierungen an den Generalsekretär leiten.

Die Berichte werden in einem Sachverständigenausschuß aus sieben Mitgliedern beraten, die das Ministerkomitee des Europarats aus einer Liste unabhängiger, von den Vertragspartnern vorgeschlagener Sachverständiger von höchster Integrität und anerkannter Sachkenntnis in internationalen sozialen Fragen für sechs Jahre ernennt. An den Beratungen des Sachverständigenausschusses nimmt ein Vertreter der ILO teil.

Die Berichte der Vertragsparteien und die Beratungsergebnisse des Sachverständigenausschusses werden dem Unterausschuß des Regierungssozialausschusses des Europarats zur Prüfung vorgelegt, an dem neben den Vertretern der Vertragsparteien beratend Vertreter internationaler Arbeitgeber- und Arbeitnehmerorganisationen und Vertreter von *nongovernmental organizations* teilnehmen, die beim Europarat zugelassen sind.

Die Beratungsergebnisse des Sozialausschusses werden der Beratenden Versammlung zugeleitet, die eine Stellungnahme abgibt.

Das Ministerkomitee kann mit Zweidrittelmehrheit seiner Mitglieder aufgrund der Berichte des Unterausschusses und nach Anhörung der Beratenden Versammlung an jede Vertragspartei alle notwendigen – unverbindlichen – Empfehlungen richten.

Dieses Verfahren sichert also nicht, daß Vertragsverletzungen juristisch festgestellt und verbindlich sanktioniert werden.

4. Um so wichtiger ist die Frage, ob und in welchem Umfang die Europäische Sozialcharta durch das Zustimmungsgesetz von den Verwaltungsbehörden und den Gerichten der Vertragsparteien unmittelbar angewendet werden kann.

Die Lehre, welche die unmittelbare Anwendbarkeit der Sozialcharta überwiegend en bloc ablehnt, stützt sich im wesentlichen auf drei Argumente: einmal auf den Annex zum Teil III, nach dem die Charta rechtliche Verbindlichkeiten internationalen Charakters enthält, deren Anwendung der alleinigen Kontrolle nach Teil IV der Charta unterliegt. Durch diese Klausel sollen nach der h. L. nicht nur andere internationale, sondern auch alle nationalen Kontrollen ausgeschlossen werden. Diese Ansicht ist allerdings umstritten. In der Tat gestattet die – allerdings wenig klare – Entstehungsgeschichte, den Ausschluß nur auf andere internationale Kontrollen zu beziehen. Zweitens würden durch die Einführung einer strikten nationalen Kontrolle die internationalen Verpflichtungen, die international nur sehr flexibel kontrolliert werden, innerstaatlich zu echten Rechtspflichten. Hiergegen läßt sich einwenden, daß die internationalen Verpflichtungen auf der Völkerrechtsebene in der Regel in sehr flexiblen Verfahren durchgesetzt werden und daß diese Tatsache der unmittelbaren Anwendbarkeit der entsprechenden Vorschriften im innerstaatlichen Rechtsraum bisher nicht entgegengehalten wurde und auch nicht entgegengehalten werden kann, weil dies zum völligen Ausschluß der innerstaatlichen Anwendung von Völkerrecht führen würde. Und drittens enthielten die Einzelbestimmungen der Europäischen Sozialcharta im Gegensatz zu Art. 1 der EMRK nicht eine unmittelbare Anerkennung von Rechten, sondern nur eine »Verpflichtung zur Anerkennung von Rechten«. Damit wird auf zwei verschiedene Theorien abgehoben: Einmal ist nach der h. L. ein Vertrag nur unmittelbar anwendbar, wenn er seine unmittelbare Anwendung im Landesrechtsraum vorsieht. Dieser Wille sei der EMRK, nicht aber der Europäischen Sozialcharta zu entnehmen. Dabei wird übersehen, daß es zumindest nach deutschem Recht nicht auf den Willen der Vertragsparteien, sondern darauf ankommt, ob der Vertrag zur unmittelbaren Anwendung objektiv geeignet, also vor allem hinreichend bestimmt ist. Auf der anderen Seite soll die vertragliche Verpflichtung zur Gesetzgebung die unmittelbare Anwendbarkeit ausschließen; auf eine solche Gesetzgebungsverpflichtung beschränke sich aber die Sozialcharta. Nun ist es fraglich, ob die Gesetzgebungspflicht nicht gerade dadurch erfüllt wird, daß der Vertrag durch das Zustimmungsgesetz transformiert wird. Auf jeden Fall ist aber nicht ersichtlich, daß sich die Pflichten der Sozialcharta auf eine Gesetzgebungspflicht reduzieren.

Wir kommen deshalb zu dem Ergebnis, daß die Europäische Sozialcharta, soweit sie hinreichend bestimmte rechtliche Verpflichtungen enthält, innerstaatlich unmittelbar anwendbar ist. Überdies könnte man auch daran denken, der Europäischen Sozialcharta über eine völkerrechtskonforme Auslegung der deutschen Sozialstaatsklausel Verbindlichkeit im innerstaatlichen Rechtsraum zu schaffen.

5. Aus dem deutschen Recht ist bekannt, daß Rechtsstaats- und Sozialstaatsklausel in mannigfachem Sinne aufeinander einwirken. Das Zusammenspiel der europäischen Grundrechte mit den europäischen Sozialrechten ist dagegen noch völlig unerforscht. Die Voraussetzungen dafür sind auch wenig günstig, weil die Auslegung und Anwendung beider Rechtskategorien jeweils anderen internationalen Gremien anvertraut sind; das Zusammenspiel kann also nur von den nationalen Organen entwickelt werden, die allerdings Gefahr laufen, daß diese Entwicklung von den internationalen Instanzen nicht anerkannt wird.

Hier kann dieses Zusammenspiel nur kurz angedeutet werden: Einmal können die Sozialrechte zu einer Umdeutung oder Einschränkung der Freiheitsrechte führen, zum anderen können die Grundfreiheiten zu einer stärkeren Betonung der Rechtsstaatlichkeit bei den Sozialrechten und dazu führen, daß bestimmte Sozialrechte in Verbindung mit bestimmten Grundfreiheiten stärker präzisiert werden können.

III. Der UN-Pakt über die bürgerlichen und politischen Rechte

1. Der Pakt enthält folgende Rechte: Schutz des Lebens, Verbot der Folter und der grausamen, unmenschlichen oder entwürdigenden Behandlung oder Bestrafung, Verbot der Sklaverei und der Zwangsarbeit, persönliche Freiheit, Rechte der Strafgefangenen, Verbot der Schuldhaft, Freizügigkeit, freie Ausreise, Verbot des willkürlichen Exils, Einreiserecht für Staatsangehörige, Beschränkung der Ausweisung von Ausländern, faires Gerichtsverfahren, Unschuldsvermutung, *nulla poena sine lege,* Recht der Anerkennung als Rechtsperson, Recht auf Freiheit der Wohnung und des Briefwechsels, Gedanken-, Gewissens- und Religionsfreiheit, Meinungsfreiheit, Versammlungsfreiheit, Vereinigungsfreiheit, Schutz der Familie, Recht auf Eheschluß und auf Gründung einer Familie, Recht der Staatsangehörigen auf Teilnahme an den öffentlichen Angelegenheiten, aktives und passives Wahlrecht der Staatsbürger, Zugang der Staatsbürger zu öffentlichen Ämtern, Grundrechte der Minderheiten.

Diese Rechte werden teilweise mit konkreten Schranken versehen, teilweise ist eine Beschränkung möglich, soweit dies zur Verfolgung bestimmter öffentlicher Interessen in einer demokratischen Gesellschaft notwendig ist, teilweise fehlt jede Beschränkungsmöglichkeit. In Notzeiten sind die zwingend erforderlichen Maßnahmen zugelassen. Niemand darf sich auf die Grundfreiheiten stützen, um diese aufzuheben.

Besonders interessant ist die Regelung des Gleichheitssatzes. Während Art. 2 I und Art. 3 ein Diskriminierungsverbot hinsichtlich der durch die Konvention verliehenen Freiheiten enthalten, findet sich in Art. 24 ein genereller Gleichheitssatz.

2. Im Rahmen der UNO wird ein Ausschuß für Menschenrechte gebildet. Die 18 Mitglieder dieses Ausschusses setzen sich aus unabhängigen Sachverständigen von hohem sittlichen Ansehen und anerkannter Sachkenntnis auf dem Gebiet der Menschenrechte zusammen, die Angehörige der Vertragsstaaten sind. Sie werden für vier Jahre von einer Versammlung der Vertragsstaaten aus einer Liste gewählt, die der Generalsekretär der UNO aus Vorschlägen der Vertragsstaaten zusammenstellt. Der Ausschuß wählt einen Vorstand.

Die Staaten sind verpflichtet, Berichte über die Menschenrechte in ihren Staaten dem Generalsekretär der UNO zuzuleiten, welche von dem Ausschuß geprüft werden. Der Ausschuß kann den Staaten seine Berichte und allgemeine Bemerkungen zustellen.

Der Pakt kennt ferner ein sehr kompliziertes und wenig effektives »Klageverfahren«, das nur eingreift, wenn sich ihm der klagende und der beklagte Staat unterworfen haben. Das Verfahren beginnt mit einer »Mitteilung« der Vertragsverletzung durch den klagenden an den beklagten

Staat. Innerhalb von drei Monaten hat der Empfangsstaat dem klagenden Staat eine Stellungnahme zukommen zu lassen. Wird die Angelegenheit auf diese Weise nicht zur Befriedigung beider Staaten gelöst, kann jeder der beiden Staaten sechs Monate nach Empfang der ersten Mitteilung den Ausschuß befassen. Der Ausschuß muß auf eine gütliche Einigung der beiden Staaten hinwirken. Gelingt dies nicht, fertigt er einen Bericht an, der nur den Sachverhalt wiedergibt, aber keine Stellungnahme zur Verletzung des Paktes enthält. Sind beide Staaten einverstanden, kann der Ausschuß nun eine ad hoc-Vergleichskommission aus fünf Personen einsetzen, denen die beiden Staaten zustimmen müssen. Kommt es auch vor dieser Kommission nicht zu einer gütlichen Einigung, fertigt die Kommission einen Bericht an, in dem sie die »Feststellungen zu allen für den Streit zwischen den beteiligten Vertragsstaaten erheblichen Sachfragen« sowie ihre Ansichten über Möglichkeiten einer gütlichen Regelung festlegt. Der ursprüngliche Plan, am Ende des Verfahrens den IGH mit der Frage der Vertragsverletzung zu befassen, wurde abgelehnt.

3. Für die unmittelbare Anwendbarkeit der Konvention im innerstaatlichen Bereich spricht, daß die dort verankerten Rechte meist zumindest ebenso präzise gefaßt sind wie die der EMRK: Die Rechte stimmen zum Teil sogar wörtlich miteinander überein.

Der unmittelbaren Anwendbarkeit steht nicht entgegen, daß nach Art. 2 I der UN-Konvention sich jeder Vertragsstaat »verpflichtet, die in diesem Pakt anerkannten Rechte zu achten«, während nach Art. 1 der EMRK in der französischen Fassung »Les Hautes Parties Contractantes reconnaissent à toute personne relevant de leur juridiction les droits et libertés définis au Titre I de la présente Convention«. Man könnte zwar aus der Formulierung der EMRK im Gegensatz zur Formulierung des UN-Paktes herauslesen, daß die Vertragsparteien der EMRK wollen, daß die EMRK im nationalen Recht unmittelbar Rechte der Individuen begründen solle. Aber wie gezeigt ist dieser Vertragswille für die unmittelbare Anwendbarkeit nicht entscheidend; zumindest nach deutschem Recht kommt es allein auf die objektive Eignung der Norm zur unmittelbaren Anwendbarkeit, also vor allem auf die hinreichende Bestimmtheit an.

In Art. 2 II der UN-Konvention findet sich ferner die Verpflichtung, die Rechte der Konvention durch die Verabschiedung von Gesetzen effektiv zu machen. Auch eine solche Gesetzgebungsverpflichtung schließt die unmittelbare Anwendbarkeit nicht aus, da sie nach deutschem Recht durch das Zustimmungsgesetz vollzogen sein könnte. Allerdings steht die h. L. auf dem Standpunkt, daß Gesetzgebungspflichten nicht unmittelbar anwendbar sind. Das gilt aber wohl nur, soweit diese Pflichten nicht hinreichend bestimmt sind: und die Gesetzgebungspflichten der UN-Konvention sind hinreichend bestimmt, weil sie sich auf die Durchführung bestimmter Rechte beziehen. Überdies beschränken sich die Pflichten aus der UN-Konvention nicht auf Gesetzgebungspflichten. Im internationalen Verfahren könnten vielmehr wohl auch Verwaltungsakte angegriffen werden, die nicht auf konventionswidrigen Gesetzen beruhen.

IV. Der UN-Pakt über wirtschaftliche, soziale und kulturelle Rechte

Die Konvention enthält die folgenden Rechte[30]: Recht auf Arbeit, Recht auf gesunde und gerechte Arbeitsbedingungen, Recht auf Zusammenschluß in Gewerkschaften, Recht auf soziale Sicherheit, Schutz der Mutter, der Kinder und der Familie, Recht auf Lebensmittel, Kleidung und Wohnung, Recht auf einen angemessenen Lebensstandard, Recht auf Bildung, Recht auf Teilhabe am kulturellen Leben.

Diese »Rechte« sind zum größten Teil sehr unbestimmt formuliert. Nur vereinzelt lassen sich echte Staatenverbindlichkeiten feststellen (etwa: Recht auf gleichen Lohn für Mann und Frau; Gleichheit in der Gewährung der sozialen Rechte). Aber auch insoweit werden diese Rechte durch Art. 2 I der UN-Konvention noch relativiert, nach dem sich die Staaten nur verpflichten, im Höchstmaß der vorhandenen Mittel angemessene nationale und internationale Schritte zu unternehmen, um in ständigem Fortschritt die volle Verwirklichung dieser Rechte zu erreichen. Wenn allerdings die Staaten dem Vertrag entsprechend einmal die Rechte gewährt haben, können sie diese nach Art. 4 der UN-Konvention nur aufgrund von Gesetzen und nur insoweit beschränken, als dies »mit der Natur dieser Rechte vereinbar ist« (?) und nur, um die allgemeine Wohlfahrt in einer demokratischen Gesellschaft zu fördern.

Das internationale Verfahren besteht nur in einem System von Berichten der Staaten an den Sozial- und Wirtschaftsrat, die dieser an bestimmte andere Stellen, insbesondere an die Commission on Human Rights weiterleiten kann, die allgemeine Empfehlungen aussprechen kann.

Dem unbestimmten Charakter der Konvention entsprechend wird man ihr allgemein die unmittelbare Anwendbarkeit im innerstaatlichen Bereich absprechen müssen. Allerdings kann sich punktuell einmal eine echte Staatenverpflichtung ergeben. Insoweit ist die Konvention innerstaatlich unmittelbar anwendbar. Sie hat allerdings in der Bundesrepublik Deutschland nur Gesetzesrang, soweit man sie nicht zur Konkretisierung der Sozialstaatsklausel heranziehen will.

30 *Manfred Zuleeg*, Recht der Arbeit, 1974, S. 321.

V. Der Schutz der Menschenrechte in den Europäischen Gemeinschaften[31]

Die Europäischen Gemeinschaften und insbesondere die EWG können mit ihren Verordnungen und Entscheidungen unmittelbar die Bürger der Gemeinschaften binden. Damit stellt sich auch für diese Akte der neuen Hoheitsgewalt die Problematik der Begrenzung durch Grundrechte, und zwar in einem doppelten Sinn: Inwieweit kennt das Europäische Gemeinschaftsrecht eigene Grundrechte, welche das Handeln der Europäischen Gemeinschaften beschränken? Und inwieweit schränken auf der anderen Seite die nationalen Grundrechte die unmittelbare Anwendung der europäischen Hoheitsakte im deutschen Rechtsraum ein?

1. Die Gemeinschaftsverträge enthalten keine ausdrücklichen Freiheitsrechte. Der Europäische Gerichtshof hat aber unter Rückgriff auf die Lehre von den allgemeinen Rechtsgrundsätzen im Völkerrecht[32] und im nationalen Verwaltungsrecht[33] solche Grundrechte durch den Vergleich der nationalen Verfassungen entwickelt. In der Tat gehört nach der Rechtsprechung des EuGH zu den allgemeinen Rechtsgrundsätzen auch die »gemeinsame Verfassungstradition« der Mitgliedstaaten. Soweit die Mitgliedstaaten übereinstimmende Grundrechte kennen, können diese in das Europäische Gemeinschaftsrecht übernommen werden. Übernommen werden können auch die gemeinsamen rechtsstaatlichen Prinzipien[34]. So hat etwa der EuGH den Verhältnismäßigkeitsgrundsatz angewendet. Gemeinsam ist den Mitgliedstaaten auch die Bindung an die EMRK. Auch diese Grundrechte zählen deshalb zu den gemeinsamen Rechtsgrundsätzen des Europäischen Gemeinschaftsrechts. Das wirft Probleme der übereinstimmenden Auslegung der EMRK durch den EuGH und die Straßburger Organe auf[35].

2. Nach der Rechtsprechung des EuGH wirkt das Europäische Gemeinschaftsrecht in den Mitgliedstaaten unmittelbar und hat dort – wie Bundesrecht im Bundesstaat – höheren Rang als alles staatliche Recht einschließlich der Verfassung[36]. Das BVerfG hat anerkannt, daß das Europäische Gemeinschaftsrecht einen höheren Rang als die Bundesgesetze hat[37].

31 Vgl. *Albert Bleckmann*, Europarecht, Das Recht der Europäischen Wirtschaftsgemeinschaft, 2. Aufl. 1978, S. 80 ff., 164 ff., 186 ff.
32 Vgl. *ders.*, Grundgesetz und Völkerrecht, 1975, S. 63 ff.
33 Vgl. *Hans-Werner Rengeling*, Rechtsgrundsätze beim Verwaltungsvollzug des Europäischen Gemeinschaftsrechts, 1977.
34 *Albert Bleckmann*, Der Rechtsstaat in vergleichender Sicht, German Yearbook of International Law 1977, S. 406 ff.
35 Vgl. hierzu *Hermann Mosler / Rudolf Bernhardt / Meinhardt Hilf* (Hrsg.), Grundrechtsschutz in Europa, 1976.
36 RsprGH X, 1251.
37 BVerfGE 31, 145.

Es hat aber angenommen, daß, solange die europäischen Grundrechte nicht in einem Dokument schriftlich verankert sind, das BVerfG im Rahmen seiner Zuständigkeit überprüfen müsse, ob das Europäische Gemeinschaftsrecht gegen die Grundrechte des Grundgesetzes verstößt; sei dies der Fall, könne es in der Bundesrepublik Deutschland nicht angewendet werden[38]. Allerdings hält sich das BVerfG nur im Rahmen der konkreten Normenkontrolle für zuständig. Die Verfassungsbeschwerde gegen europäische Rechtsakte sei unzulässig[39].

38 BVerfGE 37, 271.
39 BVerfGE 22, 293.

§ 4 Naturrecht und Grundrechte[1]

1. Allem naturrechtlichen Denken ist gemeinsam, daß aus dem Wesen des Menschen und der Gemeinschaft ein vorstaatliches, nichtpositives Recht entwickelt wird, welches einen höheren Rang als alles positive Recht besitzt, an dem also alles staatliche Recht auf seine »Richtigkeit« hin gemessen werden muß *(Henkel)*. Im übrigen gibt es so zahlreiche Naturrechtslehren, wie es Autoren gibt, die sich mit dem Naturrecht beschäftigt haben. Alle Versuche, diesen verschiedenen Vorstellungen Gemeinsamkeiten zu entnehmen, sind bisher gescheitert.

2. Nach 1945 setzte als Reaktion auf den Nationalsozialismus eine wahre Flut an neuem Naturrechtsdenken ein. Insbesondere die Gerichte der Bundesrepublik Deutschland haben in zahlreichen Entscheidungen auf das Naturrecht zurückgegriffen[2]. Das war insbesondere deshalb erforderlich, weil man nur so die ursprüngliche Nichtigkeit der gegen zahlreiche Menschenrechte grob widersprechenden Akte des NS-Regimes begründen konnte. Gerade die Existenz der positivierten Grundrechte im Grundgesetz hat in der neueren Entwicklung den Naturrechtsgedanken wieder zurücktreten lassen, weil man hier einen positiven, stärker konkretisierten Maßstab für die Gerechtigkeit besaß als beim Rückgriff auf das Naturrecht.

3. Art. 1 II GG, der von den »unverletzlichen und unveräußerlichen Menschenrechten als Grundlage jeder menschlichen Gemeinschaft, des Friedens und der Gerechtigkeit in der Welt« spricht, läßt deutlich erkennen, daß das Grundgesetz selbst von der Existenz vorstaatlicher, im Naturrecht wurzelnder Grundrechte ausgeht, die durch das Grundgesetz nur positiviert worden sind. Diese Auffassung wird in der Lehre einmütig vertreten.

Damit fragt sich, welche Auswirkung diese Tatsache auf das GG hat:

1 Zur Literatur vgl. *Heinrich Henkel*, Einführung in die Rechtsphilosophie, 2. Aufl. 1977, S. 502 ff.; an dieser Stelle findet sich auch eine sehr lesenswerte kurze Darstellung der verschiedenen Richtungen des Naturrechtsdenkens. Sehr empfehlenswert ist auch das Bändchen von *Alfred Verdross*, Statisches und dynamisches Naturrecht, 1971.

2 Vgl. im einzelnen *Eleonore Linsmayer*, Das Naturrecht in der deutschen Rechtsprechung der Nachkriegszeit, 1963; *Lin, Sen-rong*, Der Wiederaufbau der Naturrechtslehre in Deutschland nach dem Zweiten Weltkrieg, 1977.

a) Erkennt das Grundgesetz an, daß es sich bei den Grundrechten zumindest in ihrem Kern (dazu unten) nur um positiviertes Naturrecht handelt, liegt es nahe, das Naturrecht zur Auslegung der Grundrechte heranzuziehen. Dem steht die Vielzahl der vertretenen Naturrechtskonzeptionen entgegen. Der Richter müßte zwischen den verschiedenen Naturrechtskonzeptionen wählen. Das wird ihm durch die in Art. 4 GG festgelegte weltanschauliche und religiöse Neutralität grundsätzlich verboten. Das BVerfG hat deshalb zu Recht den Rekurs auf das Naturrecht zur Auslegung der Grundrechte nicht zugelassen[3]:

»Die verfassungsrechtliche Prüfung an naturrechtlichen ›Vorstellungen zu orientieren, verbietet sich‹ ... schon durch die Vielfalt der Naturrechtslehren, die zutage tritt, sobald der Bereich fundamentaler Rechtsgrundsätze verlassen wird, und die sich vor allem bei der Erörterung der innerhalb der naturrechtlichen Diskussion selbst sehr bestrittenen Fragen des Verhältnisses ›Naturrecht und Geschichtlichkeit‹, ›Naturrecht und positives Recht‹ zeigt.«

Dem könnte man entgegenhalten, daß die Grundrechte des GG auf einer bestimmten Naturrechtsauffassung beruhen. Denn nach den weiter unten dargelegten Prinzipien der geisteswissenschaftlichen Auslegung sind die Grundrechte im Lichte der geisteswissenschaftlichen Entwicklung zu interpretieren, die zur Formulierung der Grundrechte geführt hat. Aber ganz abgesehen davon, daß es unmöglich ist, alle Grundrechte oder auch nur einzelne Grundrechte auf eine bestimmte Naturrechtsauffassung zurückzuführen, scheint das GG mit der Positivierung der Grundrechte selbst die Verbindung zur vorhergehenden geisteswissenschaftlichen Entwicklung weitgehend gekappt zu haben. Eine Parallele findet dieser Vorgang der Positivierung in der Kodifizierung des bürgerlichen Rechts im BGB; auch dort ist es heute nicht mehr möglich, auf das vorherige Gewohnheitsrecht zurückzugreifen, soweit es den Inhalt des BGB maßgebend bestimmt hat. Der Sinn der Kodifikation ist es eben, einerseits die Rechtssicherheit zu gewährleisten, die durch den Rückgriff auf den vorherigen Rechtszustand untergraben würde, andererseits aber auch das Recht stärker an den heutigen und zukünftigen Bedürfnissen als an der Vergangenheit auszurichten. Kodifikationen sind deshalb weitgehend nur aus sich selbst heraus auszulegen. Das gilt m. E. auch für das Grundgesetz.

b) Deshalb ist auch eine Ergänzung der Grundrechte des GG aus naturrechtlichen Erwägungen heraus abzulehnen. Für solche Ergänzungen ist auf die positivierten Staatsziele, insbesondere auf den Rechts- und Sozialstaatsgedanken zurückzugreifen, aus dem das BVerfG in der Tat zahlreiche neue Grundrechte entwickelt hat. Angesichts der abschließenden Kodifizierung der Grundrechte darf schließlich nur in den seltensten Ausnahmefällen auf das Naturrecht als Maßstab staatlichen Handelns neben dem GG un-

3 BVerfGE 10, 81.

mittelbar zurückgegriffen werden. Ein solcher Rückgriff ist heute auch nicht mehr erforderlich, weil das GG hinreichende Sicherungen enthält und es etwa im Rechtsstaatsprinzip auch die materielle Gerechtigkeit als Forderung an den Staat positiviert.

c) Damit ist aber nicht ausgeschlossen, daß aus der Tatsache, daß das GG Naturrecht positiviert, bei der Auslegung des Grundgesetzes selbst Folgerungen gezogen werden. Hier wird also scheinbar nur auf die formellen, den Naturrechtslehren gemeinsamen Eigenschaften der Grundrechte als Naturrecht, nicht auf den wechselnden Inhalt des Naturrechts abgestellt. So wird etwa aus der Unveräußerlichkeit der Grundrechte (Art. 1 II GG) auf die Unverzichtbarkeit, aus der Unbeschränkbarkeit des Naturrechts auf den Inhalt der Wesensgehaltsgarantien (Art. 1 II, 19 II und 79 III GG) geschlossen. Dabei wird in der Regel übersehen, daß die positivierten Grundrechte nicht in vollem Umfang Naturrecht enthalten, daß vielmehr der Naturrechtsgehalt bei der Kodifikation um positives Recht erweitert wurde. Auch nach Ansicht des Grundgesetzes sind also die Grundrechte nicht in vollem Umfang ihres Wortlauts und ihrer Schranken Naturrecht im obigen Sinne. Das bedeutet, daß man auch bei den Grundrechten zwischen naturrechtlichen Menschenrechten und positiven Bürgerrechten unterscheiden muß. Diese Unterscheidung wird manchmal horizontal gezogen: Die Deutschengrundrechte enthalten nur positives Recht, die Jedermann-Grundrechte dagegen naturrechtliche Menschenrechte. Richtiger ist die »vertikale« Trennung: Jedes Grundrecht hat einen menschenrechtlichen Kern und einen nur positivrechtlichen Hof.

Um die verschiedenen Rechtsfolgen, die man mit dem naturrechtlichen Charakter der Grundrechte verbindet, auf den naturrechtlichen Kern der Grundrechte beziehen zu können, ist also eine Aufteilung zwischen dem naturrechtlichen Kern und dem positivrechtlichen Hof der Grundrechte erforderlich. Das wäre aber nur möglich, wenn man den Inhalt des Naturrechts kennen würde. Das ist aber wegen der Verschiedenheit der Grundrechtskonzeptionen nicht möglich. Auch die genannten Rechtsfolgen müssen also an die positivierten Sätze des Naturrechts selbst, etwa an die Menschenwürde des Art. 1 I GG geknüpft werden.

4. Die bisherigen Erwägungen schließen nicht aus, aus dem GG selbst ein »positives« Naturrecht zu entwerfen, das für die Auslegung verbindlich ist. Ansatzpunkte hierzu finden sich in der Rechtsprechung, wenn das BVerfG am »Menschenbild« des GG anknüpft, um die Schranken der Grundrechte zu entwickeln. Ein anderer Weg wäre, dieses Menschenbild anhand der neueren Ergebnisse der Geisteswissenschaften zu entwickeln und die Grundrechte des GG auf dieses Menschenbild zu beziehen.

[illegible]

[illegible] Entscheidung [illegible]

[illegible] Menschenwürde [illegible]

[illegible] der Grundrechte [illegible]

[illegible]

§ 5 Begriff und Einteilung der Grundrechte

I. Zum Begriff der Grundrechte

Der Begriff der Grundrechte kann in einem rechtstechnischen und in einem reinen Ordnungssinn verstanden werden:

1. Fragt man nach dem Begriff der Grundrechte im rechtstechnischen Sinne, meint man eine Definition, an welche das Grundgesetz ausdrücklich oder stillschweigend bestimmte Rechtsfolgen geknüpft hat. Immer dann, aber auch nur dann, wenn es sich um Grundrechte in einem bestimmten Sinne handelt, greift diese Rechtsfolge ein. Der Grundrechtsbegriff ist hier also Tatbestandsvoraussetzung einer oder mehrerer bestimmter Rechtsfolgen. So sind etwa die in den einzelnen Absätzen des Art. 19 GG genannten Rechtsfolgen an bestimmte Grundrechtsbegriffe gebunden. Dabei kann überdies jeder Absatz des Art. 19 GG von einem anderen Grundrechtsbegriff ausgehen. So beziehen sich die Art. 19 I und III GG wohl nur auf die dem Art. 19 GG vorgehenden Grundrechte der Art. 1 bis 18 GG. Dagegen beziehen sich Art. 19 II GG und die einzelnen rechtsstaatlichen Sicherungen des Grundrechtsbegriffs auf die in Art. 1 bis 18 GG, aber auch an anderer Stelle, etwa in Art. 101 ff. GG genannten Grundrechte. Diese Prinzipien beziehen sich aber auf der anderen Seite nur auf die Grundrechte als Abwehrrechte, nicht auf die Funktion der Art. 1 bis 18 ff. GG usw. als institutionelle Garantie, als positive Leistungsrechte, als Wertordnung usw.

2. Der Grundrechtsbegriff kann aber auch in einem untechnischen Sinne als reiner Ordnungsbegriff im Sinne *Philipp Hecks* verstanden werden. Dann faßt er ohne Rücksicht auf bestimmte Rechtsfolgen einen Teilbereich zusammen, der dieselben Probleme aufwirft. In diesem Sinne muß der Grundrechtsbegriff einer allgemeinen Grundrechtslehre verstanden werden. Eine solche allgemeine Grundrechtslehre muß also alle Fragen zusammenfassen, die mit dem Grundrecht in einem Zusammenhang stehen.

Hier darf der Grundrechtsbegriff also nicht nur im Sinne eines subjektiv-öffentlichen Abwehrrechts verstanden werden, er muß auch die positiven Leistungsansprüche, die institutionellen Garantien, die Grundrechte als objektive Norm, die Grundrechte als Wertordnung usw. umfassen. In diesem Sinne müssen die Grundrechte definiert werden als alle objektiven Verfassungsnormen, welche das Verhältnis der Individuen zum Staat regeln. Dann sind etwa auch die Art. 7 und 33 V GG Grundrechte.

II. Die Einteilung der Grundrechte

1. Eine geläufige Unterteilung der Grundrechte stellt die Menschenrechte den Bürgerrechten gegenüber. Die Menschenrechte sind dabei vorstaatliche, naturrechtlich begründete Rechte, während die Bürgerrechte nur von der positiven Rechtsordnung begründete, nicht im Naturrecht wurzelnde Rechte sind. Wie wir im einzelnen sehen werden, ist diese Unterscheidung aus einem doppelten Grunde schwierig:

a) Da es zahlreiche Naturrechtslehren gibt, das Grundgesetz sich aber nicht für eine bestimmte Naturrechtsauffassung entschieden hat, fehlt ein Kriterium für die Abgrenzung der positiven von den naturrechtlichen Menschenrechten. Eine Abgrenzung kann man auch nicht mit *Günter Dürig* darin finden, daß man auf das Kriterium der in Art. 1 I GG verankerten Menschenwürde zurückgreift. Denn auf der einen Seite ist nichts so umstritten wie der Inhalt der Menschenwürde. Auf der anderen Seite aber scheint Art. 1 II GG davon auszugehen, daß alle Grundrechte aus der Menschenwürde fließen.

b) Selbst wenn man zwischen positivrechtlichen und naturrechtlichen Grundrechten unterscheidet, bedeutet dies nicht, daß die – aufgrund eines sicheren Kriteriums gefundenen – Menschenrechte in vollem Ausmaß der grundrechtlichen Verbürgung Grundrechtsgehalt haben. Der Grundgesetzgeber kann vielmehr bei der Regelung eines naturrechtlichen Grundrechts über den Naturrechtsgehalt hinausgegangen sein und insoweit nur positivrechtliche Grundrechte begründet haben. Auch hier könnte als Kriterium für die Abgrenzung nur auf die Menschenwürde zurückgegriffen werden; dieses Kriterium führt auch bei der Abgrenzung eines »naturrechtlichen Kerns der Grundrechte« zu den größten Schwierigkeiten.

2. Eine weitere Unterteilung stellt auf die »Deutschengrundrechte« und auf die »Jedermann-Grundrechte« ab. Damit wird zwar eine im Wortlaut des Grundgesetzes angelegte Unterscheidung getroffen, die spezielle Probleme aufwirft. Mit der Unterscheidung ist aber auf der anderen Seite nicht endgültig die Frage geklärt, ob Ausländer sich nicht doch in einem beschränkten Umfang auf die Deutschengrundrechte berufen können.

3. Richtig ist ferner die Unterscheidung zwischen Freiheits- und Gleichheitsrechten. Die Menschenwürde wird einerseits in Freiheitsrechten, andererseits in Gleichheitsrechten konkretisiert; beide Gruppen von Rechten gehören zum traditionellen Verfassungsbestand der westlichen Demokratien. Dabei

ist die allgemeine Handlungsfreiheit des Art. 2 I GG das »Muttergrundrecht«, aus dem die einzelnen konkreten Freiheitsrechte, also etwa die Art. 4, 5, 8 und 9 GG fließen. Auf der anderen Seite steht der allgemeine Gleichheitsgrundsatz des Art. 3 I GG, der etwa in Art. 3 III und II, 33 und 38 GG (Gleichheit der Wahl) näher konkretisiert wird.

Die Gruppe der Freiheitsrechte einerseits, der Gleichheitsrechte andererseits werfen einerseits jeweils typische Probleme auf. So stellt sich das Problem der rechtsstaatlichen Garantien, welche bei einem Eingriff in die Grundrechte als subjektiv-öffentliche Abwehrrechte eingreifen, in vollem Umfang nur bei den Freiheitsrechten. Und der Gleichheitssatz wirft die typischen Schwierigkeiten der Beurteilung der Gleichheit auf. Auf der anderen Seite stehen die Freiheitsrechte in einem typischen Spannungsverhältnis zu den Gleichheitsrechten. Die Gleichheit kann eine Nivellierung der Gesellschaft verlangen, die Freiheitsrechte halten an überkommenen Privilegien und Differenzierungen fest.

Hinzuweisen ist darauf, daß diese Einteilung nicht alle Grundrechte umfaßt. So enthalten etwa die Art. 33 V, Art. 14 und die Art. 101 ff. GG weder Freiheitsrechte noch Gleichheitsrechte.

4. Gängig ist auch die Unterscheidung der Grundrechte danach, ob sie nur eine objektive Norm, ein subjektiv-öffentliches Abwehrrecht, eine institutionelle Garantie, positive Leistungsansprüche usw. enthalten. Wie wir sehen werden, sind die Funktionen der einzelnen Grundrechte sehr zahlreich. Eine Einteilung auf dieser Basis ist deshalb nicht möglich.

5. Je nach der Stärke der Grundrechte wird auch einerseits zwischen unmittelbar anwendbaren Grundrechten und reinen Programmsätzen, andererseits danach unterschieden, ob die Grundrechte einen ausdrücklichen generellen oder speziellen Schrankenvorbehalt enthalten oder aber vorbehaltslos gewährt sind. Diese Unterscheidungen sind für die jeweils angesprochenen speziellen Fragen wichtig, eignen sich aber nicht zu einer generellen Einteilung der Grundrechte. Allerdings können aus der Stärke der Grundrechte u. U. Rechtsfolgen abgeleitet werden, die über die spezielle Schrankenproblematik hinausgehen.

6. Wichtig ist schließlich die Unterscheidung zwischen den »klassischen«, d. h. liberalen Grundrechten und den sozialen Grundrechten. Unter die erste Gruppe fallen die Freiheits- und Gleichheitsrechte, die Verfahrensgarantien und der Schutz des Eigentums auch dann, wenn sie vor dem Grundgesetz noch nicht bekannt waren. Dagegen sind die sozialen Grundrechte auf eine Leistung des Staates gerichtet oder fordern eine allgemeine soziale Politik: Solche Grundrechte sind etwa das Recht auf Arbeit, Gesundheit, Bildung usw.

Die liberalen Grundrechte unterscheiden sich von den sozialen Grundrechten im wesentlichen darin, daß sie in der Regel so bestimmt sind, daß ihre Einhaltung vom Richter überprüft werden kann. Das ist bei den sozialen Grundrechten in der Regel nicht der Fall, sie sind also nicht justiziabel. Ihre Verwirklichung setzt vielmehr eine vorherige Konkretisierung durch den Gesetzgeber voraus.

§ 6 Die unmittelbare Anwendbarkeit der Grundrechte

Nach Art. 1 III GG binden die nachfolgenden Grundrechte Gesetzgebung, vollziehende Gewalt und Rechtsprechung als unmittelbar geltendes Recht. Diese Bestimmung wendet sich gegen die zur Weimarer Reichsverfassung hinsichtlich zahlreicher Grundrechtsbestimmungen vertretene Auffassung, es handle sich nur um Programmsätze. Sie bezieht sich auf alle Grundrechte des Grundgesetzes, nicht nur auf die Art. 1 bis 18 GG. Aus ihr leiten sich zwei Grundsätze ab[1]:

1. Die Grundrechte sind unmittelbar anwendbar. Das bedeutet, daß sie trotz ihrer relativen Unbestimmtheit zum Maßstab des staatlichen Handelns gemacht worden sind, daß insbesondere das BVerfG sie in diesem Sinne unmittelbar anwenden kann. Eine äußerste Grenze findet die unmittelbare Anwendbarkeit, wenn das Grundrecht so unbestimmt ist, daß aus ihm keine Richtlinie für die Entscheidung mehr abgeleitet werden kann, der Richter damit entgegen dem Gewaltenteilungsprinzip also rein politisch-gesetzgeberisch tätig werden müßte. Ob man hier den Art. 1 III GG so auslegen muß, daß er diese Ausnahmen nicht erfaßt, oder ob man wegen des Verstoßes gegen höherrangige Normen des Grundgesetzes insoweit in Art. 1 III GG »verfassungswidriges Verfassungsrecht« sehen muß, ist eine Frage des Geschmacks. Festzuhalten ist, daß nach der Rechtsprechung des BVerfG kein Grundrecht so unbestimmt in diesem Sinne ist, daß es unjustiziabel wäre. Insbesondere die in der Literatur früher weit verbreitete Meinung[2], der Gleichheitssatz (Art. 3 I und II GG) sei aus diesen Gründen unjustiziabel, ist vom BVerfG ausdrücklich zurückgewiesen worden[3]. Selbst den Art. 6 V GG, der eindeutig nach seinem Wortlaut nur einen Gesetzgebungsauftrag enthält, sich also nur an den Gesetzgeber wendet, hat das BVerfG dahin ausgelegt, daß er Werte enthalte, die auch von den Gerichten bei der Entscheidung konkreter Fälle zu beachten sind; überdies scheint das BVerfG davon auszugehen, daß bei Nichterfüllung des Gesetzgebungs-

1 Vgl. zum folgenden *Günter Dürig,* in: *Theodor Maunz / Günter Dürig / Roman Herzog,* Grundgesetz-Kommentar, Bd. 1, Art. 1 Rdnr. 92 ff.

2 Vgl. dazu insbesondere *Ernst-Wolfgang Böckenförde,* Der allgemeine Gleichheitssatz und die Aufgabe des Richters. Ein Beitrag zur Frage der Justiziabilität von Art. 3 Abs. 1 des BGG, Diss. Münster, 1957.

3 BVerfGE 3, 229.

auftrags in angemessener Frist der Art. 6 V GG in vollem Umfang justiziabel geworden wäre[4]. Auch die Auffassung von *Hermann von Mangoldt / Friedrich Klein,* daß Art. 2 I GG nicht justiziabel ist, wurde vom BVerfG implizit abgelehnt. Wir können also festhalten, daß heute alle Grundrechte justiziabel sind. Dies gilt aber nur für die Funktion der Grundrechte als Abwehrrechte, als institutionelle Garantie und als Wertordnung. Soweit die Grundrechte Teilhaberechte, positive Leistungsansprüche begründen, sind diese Ansprüche in der Tat so unbestimmt, daß sie nicht justiziabel sind[5].

2. Art. 1 III GG begründet ferner eine Vermutung, daß die Grundrechte des Grundgesetzes zumindest immer auch subjektive öffentliche Abwehrrechte der Individuen begründen[6]. Daß dies für alle Grundrechte zutrifft, haben Rechtsprechung und Lehre in der Tat angenommen. Nur der Grundrechtscharakter des Art. 1 I GG (Menschenwürde) ist insoweit umstritten[7]. Das liegt sicher auch an den Bedenken, »hehre« Rechtsgüter in »alltägliche Münze« umzusetzen, die Grundrechte für »jede Kleinigkeit« heranzuziehen. Diese Meinung verkennt, daß die Grundrechte gerade umgekehrt ihre Ausstrahlungswirkung auf die gesamte Rechtsordnung nur erzielen können, wenn sie selbst in Kleinigkeiten Wertmaßstäbe liefern.

4 BVerfGE 8, 216 f.; ferner: BVerfGE 12, 53; 17, 284; 25, 167; 26, 60; 26, 206.
5 *Günter Dürig,* a.a.O. (Anm. 1), Rdnr. 95.
6 Ebenda.
7 *Werner Krawietz,* Grundrecht der Menschenwürde, in: Gedächtnisschr. f. *Friedrich Klein,* 1977, S. 248 ff.

§ 7 Der Anwendungsbereich der Grundrechte

1. Nach Art. 1 III GG binden die nachfolgenden Grundrechte Gesetzgebung, vollziehende Gewalt und Rechtsprechung als unmittelbar geltendes Recht. Da die Bundesrepublik Deutschland nach Völkerrecht durch ihre Akte auswärtige Staaten nicht binden kann, bezieht sich diese Bestimmung nur auf die Hoheitsgewalt der Bundesrepublik Deutschland. Die Bundesrepublik Deutschland kann in begrenztem Umfang aber auch das Verhalten von Individuen und insbesondere von Deutschen im Ausland regeln. Einmal kann sie durch in der Bundesrepublik ansässige Organe aufgrund ihrer Personalhoheit Deutsche im Ausland binden. Auf der anderen Seite können auch deutsche Organe, die im Ausland ansässig sind, Deutsche und Ausländer bindende einseitige Hoheitsakte setzen. Das ist etwa der Fall, wenn in den deutschen Botschaften und Konsulaten im Ausland Hoheitsakte erlassen werden, dem Ausländer etwa ein Einreisevisum verweigert wird oder ein Akt eines Deutschen beurkundet wird, wenn ein deutscher Offizier einem deutschen Soldaten in einem amerikanischen Luftstützpunkt Befehle erteilt, wenn der Kapitän eines Schiffes auf Hoher See oder in einem fremden Hafen oder der Kapitän eines Flugzeugs, das sich über dem Hohen Meer oder über einem fremden Staat befindet, als »beliehener Unternehmer« von seiner Polizeihoheit Gebrauch macht, wenn die Organe der Bundesrepublik auf einem fremden Hoheitsgebiet aufgrund eines völkerrechtlichen Servituts oder im Kriege aufgrund der völkerrechtlichen Besatzungsgewalt deutsche Hoheitsgewalt ausüben usw.

Nach Art. 23 GG »gilt« das Grundgesetz nun zunächst nur in bestimmten Ländern, welche zusammen das Hoheitsgebiet der Bundesrepublik ausmachen. Man könnte deshalb der Auffassung sein, auch die Grundrechte gälten nur in diesem Gebiet. Das könnte einerseits bedeuten, daß die Grundrechte nur Handlungen der Individuen auf deutschem Staatsgebiet und Rechtsgüter (Art. 14 GG) schützen, die auf dem Gebiet der Bundesrepublik belegen sind. Das könnte aber auch heißen, daß nur Organe der Bundesrepublik, die auf deutschem Hoheitsgebiet handeln, an das Grundgesetz gebunden sind. Im zweiten Fall könnte man das Handeln auf dem Hoheitsgebiet wiederum unterschiedlich definieren: Der Akt müßte entweder auf deutschem Hoheitsgebiet gesetzt sein. Dann könnten seine Wirkungen auch im Ausland eintreten. Die Grundrechte schützten insoweit auch das Handeln von Individuen und Rechtsgütern im Ausland. Oder aber, der

Effekt des staatlichen Handelns muß im Inland eintreten. Dann ist nur das Handeln der Individuen und sind nur die Güter im Gebiet der Bundesrepublik geschützt.

Art. 23 GG kann aber m. E. nicht dahin ausgelegt werden, daß er den Anwendungsbereich der Grundrechte in der einen oder anderen Weise auf das Gebiet der Bundesrepublik beschränkt. Er will nur dem generellen völkerrechtlichen Grundsatz Rechnung tragen, daß die Gebietshoheit und damit grundsätzlich auch die Gesetze und Verfassungsgesetze auf das Gebiet des betreffenden Staates beschränkt sind. Damit werden die Hoheitsgewalt und damit auch die Verfassung über das Völkerrecht hinausgehend nicht eingeschränkt. Art. 23 GG will die nach Völkerrecht möglichen Wirkungen der deutschen Verfassung und Hoheitsakte außerhalb des Gebietes der Bundesrepublik sicher nicht einschränken. Auch der Grundsatz in dubio pro libertate spricht für die weite Auslegung des Anwendungsbereichs der Grundrechte. Dafür spricht ferner die »Entscheidung der Bundesrepublik für eine offene Staatlichkeit«[1]. Die einzige Beschränkung des Anwendungsbereichs der Grundrechte ergibt sich damit aus Art. 1 III GG: Die deutsche Hoheitsgewalt ist immer an die Grundrechte gebunden. Insoweit besteht keine Veranlassung, die Bindung der deutschen Hoheitsgewalt bei Akten im Ausland dann auszuschließen, wenn dieses Handeln völkerrechtswidrig ist, die Bundesrepublik also im Ausland nach Völkerrecht nicht handeln darf. Denn auch insoweit liegt eine Ausübung deutscher Hoheitsgewalt vor, die nach Art. 1 III GG an die Grundrechte gebunden ist. Hier ist dann das Handeln der Bundesrepublik neben den Grundrechten auch an dem nach Art. 25 GG transformierten Völkerrecht zu messen.

2. Allerdings sind die Grundrechte auf das Handeln der Individuen in der Bundesrepublik, nicht auf das Handeln im Ausland zugeschnitten: Übt die Bundesrepublik deutsche Hoheitsgewalt über fremdes Staatsgebiet aus, ist deshalb folgendes zu berücksichtigen:

a) Die dort ansässigen Deutschen sind nicht Staatsangehörige des betreffenden Staates, sondern Ausländer. Was der Bundesrepublik Recht ist, muß auch dem fremden Staat Recht sein. Ob die Bundesrepublik den Deutschen auf dem betreffenden Staatsgebiet die Deutschengrundrechte zubilligen darf, richtet sich nach der konkreten völkerrechtlichen Lage. Nur in diesem Rahmen sind dann die Deutschengrundrechte anwendbar. Es besteht dann aber kein Grund, den im Ausland lebenden Deutschen etwa die Berufsfreiheit, die Versammlungsfreiheit und die Vereinigungsfreiheit vorzuenthalten.

Andererseits sind die Einwohner des betreffenden Staates dessen Staatsangehörige. Es liegt damit nahe, den Staatsangehörigen des betreffenden

1 *Klaus Vogel,* Die Verfassungsentscheidung des GG für eine internationale Zusammenarbeit, 1964.

Staates auf dessem Gebiet die Deutschengrundrechte in vollem Umfang zuzubilligen. Der Grund für die Beschränkung der politischen Rechte auf Deutsche liegt nämlich in der Tatsache, daß in der Bundesrepublik nur Deutsche bei der Willensbildung des deutschen Volkes mitwirken dürfen. In einem fremden Staat besteht dieser Grund nicht. Wenn die Bundesrepublik verpflichtet ist, Wahlen zu Gremien innerhalb des von ihr besetzten Gebietes oder zu Gremien im übrigen Gebiet des betreffenden Staates zuzulassen, oder wenn sie diese Wahlen auch nur faktisch zuläßt, müssen die Deutschengrundrechte für die Staatsangehörigen des fremden Staates greifen. Die Bundesrepublik dürfte nämlich verfassungsrechtlich verpflichtet sein, fremdes Staatsgebiet, wenn das Völkerrecht nichts anderes vorsieht, nach den Prinzipien zu verwalten, die für den deutschen Staat gelten.

b) Die Bundesrepublik ist völkerrechtlich in der Ausgestaltung der fremden Lebensordnung nicht völlig frei. Auch faktisch muß sie sich innerhalb der im fremden Staatsgebiet geltenden Wertordnung halten. Möglicherweise ist sie aufgrund des deutschen Verfassungssatzes der Völkerrechtsfreundlichkeit der deutschen Rechtsordnung zu dieser Rücksichtnahme auf fremde Werte sogar verpflichtet. Das bedeutet aber, daß die Grundrechte nur im Rahmen einer fremden Wertordnung zum Zuge kommen können. Hier ergeben sich also rechtliche und faktische Grenzen des Anwendungsbereichs der deutschen Grundrechte. Überdies wird die Bundesrepublik meist verpflichtet sein, die fremde Rechtsordnung weitgehend aufrechtzuerhalten. Wenn sie deshalb im Rahmen und aufgrund dieser fremden Rechtsordnung Hoheitsakte setzt, können auch diese Hoheitsakte nicht in vollem Umfang an die Grundrechte gebunden sein.

c) Diese Schwierigkeiten bei der Übertragung der Grundrechte auf das Ausland lassen die Frage aufwerfen, ob nicht wegen der mangelnden Anpassung der deutschen Grundrechte an die Verhältnisse im Ausland der Anwendungsbereich der deutschen Grundrechte auf das Bundesgebiet beschränkt bleiben muß. Ein solcher Schluß wäre aber voreilig: Auch der Anwendungsbereich der Grundrechte muß so bestimmt werden, daß die Grundrechte möglichst effektiv bleiben. Das bedeutet aber, daß man sich der schwierigen, oben sicherlich nicht ganz vollständig und sicherlich nicht endgültig gelösten Anpassung der deutschen Grundrechte im Ausland unterziehen muß. Denn auch bei der Anwendung der Grundrechte auf Ausländer in der Bundesrepublik muß etwa im IPR die besondere Wertordnung der Ausländer bei der Auslegung der Grundrechte beachtet, müssen die Grundrechte den Auslandssachverhalten also angepaßt werden.

d) Wenn ich für eine volle Anwendung der deutschen Grundrechte auf Handlungen Deutscher im Ausland plädiere, übersehe ich nicht, daß für die Rechtsstellung der im Ausland lebenden Ausländer etwas anderes gelten kann. Diese Personengruppe genießt zwar, soweit es ihr Handeln im Ausland betrifft, nach den obigen Darlegungen den vollen Schutz der an die auswärtigen Verhältnisse angepaßten deutschen Grundrechte für ihre Handlungen im Ausland. Es könnte aber sein, daß der Grundrechtsschutz der Ausländer für deren Handeln in der Bundesrepublik erst eingreift, sobald sie den Boden der Bundesrepublik betreten haben, und daß dann der Schutz der Grundrechte nicht schon mit einem Schlage in vollem Umfang einsetzt, sondern sich mit dem Maß ihrer Integrierung in die deutsche Gemeinschaft allmählich verstärkt[2]. Nach dieser Auffassung könnten sich die im Ausland lebenden Ausländer gegen die Versagung eines Einreisevisums durch den Konsul der Bundesrepublik nicht etwa auf ihr in Art. 2 I GG verankertes Recht auf Aufenthalt in der Bundesrepublik berufen, während, wenn sie erst einmal in der Bundesrepublik wohnen, eine Ausweisung an dem Aufenthaltsrecht des Art. 2 I GG gemessen werden muß. Diese Konstruktion der Grundrechtswirkung ist im wesentlichen für diesen Fall entwickelt worden. Es gibt aber sicherlich noch andere rechtliche Möglichkeiten, das den Interessen der Bundesrepublik abträgliche Aufenthaltsrecht der Ausländer auf ein vernünftiges Maß herabzuschrauben, so daß man die Konstruktion, die in ihrer vollen Anwendungsbreite zu mit der Grundrechtseffektivität und dem Grundsatz der offenen Staatlichkeit nicht vereinbaren Ergebnissen führt, nicht braucht. Das Handeln und die Rechtsgüter der Ausländer in der Bundesrepublik müssen durch die Grundrechte geschützt sein, ganz gleich, ob der Ausländer im Ausland oder im Inland wohnt. Auch wenn ein Amerikaner in New York lebt, ist sein Grundstück in der Bundesrepublik durch Art. 14 GG geschützt.

3. Wenn aber das Handeln und die Rechtsgüter im Ausland und im Inland gegen die deutsche Staatsgewalt geschützt sind, muß auch der grenzüberschreitende Verkehr in den Schutzbereich der Grundrechte fallen. Das ergibt sich auch aus dem Grundsatz der offenen Staatlichkeit, der gerade gegen eine Abkapselung der Bundesrepublik nach außen gerichtet ist und den freien Grenzverkehr fordert. Damit kann die Meinungs- und Wissenschaftsfreiheit Reisen in das Ausland decken, um dort Vorträge zu halten. Die Berufsfreiheit umfaßt das Recht zum Export und Import der Waren. Die Religionsfreiheit umfaßt das Recht eines Katholiken, nach Rom zu reisen, um dort an religiösen Zeremonien teilzunehmen und im Vatikan an Verhandlungen etwa der Kirchengerichte teilzunehmen[3].

4. Die fremde Staatsgewalt ist zwar an die deutschen Grundrechte nicht gebunden. Die deutschen Grundrechte binden aber die deutsche Staatsgewalt

2 *Karl Doehring / Josef Isensee*, Die staatsrechtliche Stellung der Ausländer in der Bundesrepublik Deutschland, VVDStRL 32 (1974), S. 7.

3 *Albert Bleckmann / Bartold Busse*, Die Ausreisefreiheit der Deutschen, DVBl. 1977, S. 794.

auch bei dem Verkehr mit auswärtigen Staaten. Das bedeutet einerseits, daß die Bundesrepublik bei einem Verstoß des fremden Staates gegen deutsche Grundrechte nicht mitwirken und fremde Staatsakte nicht anerkennen und vollstrecken darf; auch besteht bei Eingriffen der fremden Staatsgewalt in deutsche Grundrechte die Verpflichtung der Bundesrepublik, zugunsten ihrer Staatsangehörigen alles zu tun, was mit den deutschen Allgemeininteressen übereinstimmt, um diesen Eingriff abzuwehren. Diese Grundsätze gelten aber nur im Rahmen des völkerrechtlich Möglichen. So darf die Bundesrepublik den diplomatischen Schutz nur für ihre eigenen Staatsangehörigen ausüben. Sie darf und kann die fremden Regierungen also nicht an Eingriffen in die Rechte ihrer eigenen Staatsangehörigen hindern.

5. Damit stellt sich generell die Frage der Verbindlichkeit der deutschen Grundrechte für die deutsche Außenpolitik, die *Christian Tomuschat* auf der Tagung der Vereinigung der Deutschen Staatsrechtslehrer im Jahre 1977 in einem allerdings sehr weiten Ermessensspielraum der Regierung vertreten hat, wobei er auf den Protest insbesondere von *Wilhelm Carl Geck* gestoßen ist. Allerdings liegt es nahe, den Grundrechten als Direktive der gesamten Staatstätigkeit die Funktion einer Leitlinie auch für die deutsche Außenpolitik in und außerhalb der internationalen Organisationen nicht zu versagen. Die Bundesrepublik wäre dann im Rahmen eines gewissen Ermessensspielraums, in dem sie andere deutsche Allgemeininteressen mitberücksichtigen kann und vielleicht auch muß, verpflichtet, etwa eine bestimmte Südafrika-Politik zu betreiben. Eine solche Ausstrahlung des Grundgesetzes auch auf die Außenpolitik ist dabei nichts neues, verpflichten doch etwa die Präambel und die Art. 24 ff. GG die Bundesrepublik in einem ähnlichen Ermessensrahmen zu einer bestimmten Deutschland- und Europapolitik. Ebenso kann man die Auffassung vertreten, daß Art. 1 II GG die Bundesrepublik zu einer bestimmten Menschenrechtspolitik, etwa dazu verpflichtet, sich für den Abschluß und die Effektivität einer Menschenrechtskonvention einzusetzen. Diese Problematik könnte auch vor das BVerfG kommen, etwa wenn die Bundesrepublik mit Südafrika einen Vertrag schließt, der die Apartheitspolitik unmittelbar oder mittelbar fördert. Die Frage hat also unmittelbar praktische Relevanz.

Dieser Ansatz von *Christian Tomuschat* wäre dann richtig, wenn die gesamte staatliche Tätigkeit nur der Grundrechtsverwirklichung dienen dürfte. Auch dann müßte man allerdings noch fragen, ob für die Außenpolitik angesichts deren Besonderheiten nicht von der Innenpolitik abweichende Grundsätze gelten müssen. Wie ich im Rahmen der Funktionen der Grundrechte zeigen werde, würde dieser Ansatz selbst der staatlichen Innenpolitik zu enge Entfaltungsmöglichkeiten bieten und damit von dem die Funktionsfähigkeit des Staates anzielenden Grundgesetz nicht gewollt sein. Es kann sich immer nur die Frage stellen, ob und in welchem Umfang das Grundgesetz eine auf die Grundrechtsverwirklichung gerichtete Innen- und Außenpolitik neben anderen Staatszielen verlangt und inwieweit dieser Grundrechtspolitik im Konfliktsfall der Vorrang vor den anderen Staatszielen gebührt. Diese Fragen sind aber meines Erachtens bis auf Extremfälle schon deshalb nicht mehr justiziabel, weil die Festlegung der Staatsziele und des Verhältnisses zwischen verschiedenen Staatszielen und Mitteln im Ergebnis in die Kompetenz des demokratisch legitimierten Gesetzgebers oder der Regierung fallen; das gilt auch für die Wahl zwischen den in der Regel unendlich breiten Variationsmöglichkeiten der geeigneten Mittel zur Befolgung dieser Ziele. Dann bleibt die verfassungsgerichtliche Kontrolle aber auch im Rahmen der Außenpolitik auf die Frage beschränkt, ob Eingriffe in Grundrechte vorliegen oder die Grundrechte im konkreten Fall ein Leistungsrecht begründen.

Folgt man der Auffassung von *Christian Tomuschat*, müssen folgende Grenzen berücksichtigt werden:

Die Grundrechte als Staatszielbestimmungen, als Verfassungsleitsätze, als Verfassungsdirektiven oder als Wertordnung müssen das gesamte staatliche Handeln einschließlich der Außenpolitik bestimmen. Auf der anderen Seite müssen die Grundrechte insoweit zwei Schranken finden: an anderen, ebenso wichtigen deutschen Allgemeininteressen einschließlich der Interessen an guten und friedlichen Beziehungen mit fremden Staaten, zum anderen an dem im internationalen Leben faktisch Möglichen. In einem Prozeß vor dem BVerfG müßte zumindest untersucht werden, ob die Bundesrepublik Abwägungen zwischen diesen drei Prinzipien durchgeführt hat. Ob das BVerfG darüber hinaus beurteilen kann, ob die Menschenrechte in einem fremden Staat verstärkt werden, ob und wie die Bundesrepublik die Menschenrechte in diesem fremden Staat hätte fördern können, ob bei einer solchen Förderung der fremden Menschenrechte deutsche Allgemeininteressen verletzt worden wären, ob schließlich bei einer Gesamtabwägung die Grundrechte oder die deutschen Allgemeininteressen das Übergewicht haben, scheint mir dagegen sehr fraglich.

§ 8 Die Auslegung der Grundrechte

Es muß der Darstellung der Grundlagen des Staatsrechts vorbehalten bleiben, die Grundsätze der Verfassungsinterpretation[1] generell auszuarbeiten und ihre Anwendbarkeit auch auf die Grundrechte zu überprüfen. Im folgenden sollen – ohne Anspruch auf Vollständigkeit – nur die Methoden dargestellt werden, die sich speziell auf die Auslegung der Grundrechte beziehen. Insoweit ist in der Literatur der Bundesrepublik Deutschland eine Lücke festzustellen. Die Arbeit von *Carl Hermann Ule* über die Auslegung der Grundrechte aus dem Jahre 1932[2] ist zwar auch heute noch wichtig, steht aber natürlich nicht auf dem neuesten Stand. Der Aufsatz von *Christian Graf von Pestalozza* zur Auslegung der Grundrechte[3] spricht nur einen Teil der Probleme an. Im übrigen kann auch hier selbstverständlich nur ein kurzer Überblick gegeben werden.

1. Die von *Guenter Holstein* und *Rudolf Smend* zur Zeit der Weimarer Reichsverfassung entwickelte geisteswissenschaftliche Methode[4] will die »ideengeschichtlichen Zusammenhänge unserer Rechtskultur bewußt als Erkenntnisquelle des positiven Rechts und die Herausarbeitung seiner leitenden Gedanken« nutzbar machen *(Holstein)*. Diese Methode kann auf zwei verschiedene Ansätze gestützt werden. In einem umfassenden Sinne stellt sie die Grundrechte im Lichte der Entwicklung der allgemeinen geisteswissenschaftlichen Diskussion dar. Hier wäre dann auf die Entwicklung etwa der philosophischen, theologischen, politikwissenschaftlichen Diskussionen einzugehen, die zur Formulierung des betreffenden Grundrechts

1 *Ralf Dreier / Friedrich Schwegmann,* Probleme der Verfassungsinterpretation, 1976; *Hans-Joachim Koch,* Die juristische Methode im Staatsrecht, 1977; *Martin Kriele,* Theorie der Rechtsgewinnung, dargestellt am Problem der Verfassungsinterpretation, 1967; *Friedrich Müller,* Juristische Methodik, 1971; *Fritz Ossenbühl,* Probleme und Wege der Verfassungsauslegung, DÖV 1965, S. 649; *Klaus Stern,* Das Staatsrecht der Bundesrepublik Deutschland, Bd. I, 1977, S. 102 ff.; *Ernst Wolfgang Böckenförde,* Die Methoden der Verfassungsinterpretation, NJW 1976, S. 2089.

2 *Carl Hermann Ule,* Über die Auslegung der Grundrechte, AöR 1932, S. 60, 37.

3 *Christian Graf von Pestalozza,* Kritische Bemerkungen zur Grundrechtsauslegung, Der Staat 2 (1963), S. 425.

4 Vgl. *Fritz Ossenbühl,* a.a.O. (Anm. 1); *Carl Hermann Ule,* a.a.O. (Anm. 2).

geführt haben. Dabei können die einzelnen Grundrechte durchaus verschiedenen historischen geisteswissenschaftlichen Schichten zugeordnet werden. Häufig wird diese Methode darauf hinauslaufen, die Grundrechte etwa im Lichte des Liberalismus, des Sozialismus, der christlichen Naturrechtslehre oder auch im Lichte eines der Werke eines einzigen Philosophen wie etwa von *Locke, Hobbes, Rousseau* usw. aus zu sehen. Dabei wird etwa wie bei *Eberhard Grabitz*[5] eine jeweils spezifische Sicht der Grundrechte mit einem bestimmten Staatsverständnis verbunden. So ist etwa *Grabitz* der Auffassung, die Interpretation der Grundrechte als Abwehrrechte erkläre sich aus der Sicht des liberalen Konstitutionalismus und könnte in einer parlamentarischen Demokratie, für die, wie der Blick etwa auf *Locke* zeige, ganz andere Funktionen der Grundrechte in den Vordergrund treten, nicht aufrechterhalten werden.

Die geisteswissenschaftliche Methode in diesem umfassenden Sinn muß dem Einfluß der verschiedenen geisteswissenschaftlichen Strömungen auf die Entwicklung eines bestimmten Grundrechts oder Grundrechtsverständnisses und der Änderung dieser Sicht unter dem Einfluß neuer geisteswissenschaftlicher Auffassungen in der historischen Entwicklung nachgehen. In einer engeren Konzeption der geisteswissenschaftlichen Methode wird nun der Einfluß der allgemeinen Geisteswissenschaften auf die Grundrechte nicht mehr untersucht. Die Analyse konzentriert sich vielmehr allein auf die verfassungsgeschichtliche Entwicklung eines bestimmten Grundrechts. Es wird also untersucht, wie sich das Verständnis des betreffenden Grundrechts im Laufe der Geschichte entwickelt hat. Diese »verkürzte« geisteswissenschaftliche Methode kann dabei zwei Ansätze wählen: Einmal die Entwicklung der Grundrechte nur in Deutschland, zum anderen eine stärker rechtsvergleichende Sicht, welche die deutsche Verfassungsentwicklung in den Zusammenhang der Entwicklung der Grundrechte in der ganzen Welt stellt. Auf jeden Fall muß diese Methode stärker als die umfassende geisteswissenschaftliche Methode darauf abstellen, wie die Grundrechte in den einzelnen Ländern und Epochen von der Rechtspraxis verstanden wurden. Es kommt also auf die Praxis der Parlamente, auf die Rechtsprechung und auf die Meinungen der rechtswissenschaftlichen Literatur an.

Gegenüber der geisteswissenschaftlichen Methode im weiteren Sinn hat diese Verkürzung den Vorteil, daß einerseits entgegen dem Rückgriff auf einzelne Philosophen die Breitenwirkung einer bestimmten Grundrechtskonzeption klargestellt wird; auf der anderen Seite führt diese Methode zu wesentlich präziseren Aussagen.

Die geisteswissenschaftliche Methode ist sicher eine wichtige Auslegungsmethode der Grundrechte. Sie darf aber nicht verabsolutiert werden, weil

5 *Eberhard Grabitz,* Freiheit und Verfassungsrecht, 1976.

sie zu stark der Vergangenheit verhaftet ist und damit die heutigen Probleme der Grundrechte nicht sehen kann.

2. Stark historisch ausgerichtet ist auch eine Grundrechtssicht, welche in den Grundrechten »spezifische Antworten« auf ein konkretes soziales Problem sieht[6]. Dieser Ansatz verkürzt die Grundrechtsauslegung auf eine bestimmte historische Konstellation und die Grundrechte deshalb auf bestimmte Sachverhalte. Die Grundrechte enthalten also immer nur punktuell Freiheitsrechte; eine systematische Sicht, welche vom umfassenden Schutz der Freiheitsrechte ausgeht, ist ihr fremd. In ihrer engen Fassung wird sie der heutigen Problematik der Grundrechte nicht gerecht.

Allerdings kann sie bezogen auf das Grundgesetz wichtige Anhaltspunkte liefern: Die Einführung und die Fassung der Grundrechte war einerseits eine Reaktion auf den Nationalsozialismus und den Kommunismus, sollte andererseits den Anschluß der Bundesrepublik an gemeinsame westliche Verfassungstraditionen sichern. In dieser doppelten Reaktion des Verfassungsgebers liegen also eine Absage an das sowjetische Modell und eine Übernahme der gemeinsamen westlichen Tradition. Die Rechtsvergleichung hat hier eine bestimmte Aufgabe. Einerseits ist das Grundgesetz auf das Gegenbild der nationalsozialistischen und der sowjetischen Grundrechtskonzeption hin auszulegen. Auf der anderen Seite ist anzunehmen, daß das Grundgesetz zumindest den gemeinsamen Grundrechtsstandard des Westens erreichen will. Auf diese Ansätze werden wir weiter unten zurückkommen.

3. Mit der geisteswissenschaftlichen Methode nahe verwandt ist die Auslegung der Grundrechte anhand der vorhergehenden Gesetze; nur übernehmen hier nicht, wie bei der geisteswissenschaftlichen Methode, die fremden oder eigenen früheren Verfassungen, sondern die früheren Gesetze die Führungsrolle. Diese Auslegungsmethode kann auf verschiedene Ansätze zurückgreifen: Wir werden sehen, daß die Auffassung der Grundrechte als institutionelle Garantie dazu führt, daß die charakteristischen Züge der bisher gesetzlich geregelten Institute verfassungsrechtlich überhöht werden. Man kann auch versuchen, die Begriffe der Grundrechtstatbestände und Schranken anhand der vorherigen Gesetzgebung auszulegen. So wäre etwa dem bisherigen Presserecht zu entnehmen, was unter »Presse« zu verstehen ist[7]. Oder aber, man interpretiert die Zulässigkeit von Eingriffen in die Grundrechte nach dem bisherigen Standard der Gesetzgebung in dieser Materie, begründet also etwa einen umfassenden generellen Gesetzesvorbehalt für das Polizei- oder Strafrecht im bisherigen Sinne. Sicherlich ließen sich mehrere andere Ansätze einer solchen Auslegung anhand der einfachen Gesetze finden.

6 *Ulrich Scheuner,* Der Inhalt der Koalitionsfreiheit, in: *Werner Weber / Ulrich Scheuner / Rolf Dietz,* Koalitionsfreiheit, 1961, S. 36, 85.

7 So geht etwa *Walter Leisner,* Die Pressegleichheit, 1976, S. 31 ff., vor.

Diese Methode der Verfassungsinterpretation ist sicher punktuell zumindest dann erlaubt, wenn die Verfassung eine solche Verweisung auf unterverfassungsrechtliches Recht mehr oder weniger deutlich enthält. *Walter Leisner*[8] hat aber vor einem zu weitgehenden Rückgriff auf die einfache Gesetzlichkeit dringend gewarnt und die Notwendigkeit aufgezeigt, zunächst anhand anderer Auslegungsmethoden eine selbständige Begrifflichkeit der Grundrechte zu entwickeln. Wie wir im Rahmen der Darstellung der institutionellen Garantie sehen werden, will *Peter Häberle* gerade umgekehrt die Grundrechte von den sozialen, d. h. aber auch von den gesetzlich geprägten Institutionen her auslegen, so daß die Auslegung anhand der Gesetze zur Regel wird. *Otto Majewski*[9] unterscheidet dagegen zwischen »sachgeprägten« Grundrechten wie etwa Art. 4 I und 5 III GG, deren Begriffe (Wissenschaft, Kunst, Glauben) im rechtlichen Vorfeld liegen, d. h. aber wohl allgemein geisteswissenschaftlich geprägt sind, während die »rechtserzeugten Grundrechte« wie etwa die Prozeßgarantien nach dem »vorverfassungsrechtlichen Gesamtbild des Prozeßrechts« auszulegen sind[10].

4. Während die bisher dargestellten Methoden stärker auf die Vergangenheit abstellten, gibt es seit 1949 Methoden, welche versuchen, der heutigen Situation der grundrechtlichen Interpretation Rechnung zu tragen.

a) Hinzuweisen ist zunächst auf die Bedeutung der Sicht der Grundrechte als einem umfassenden System, das in vorbildlicher Weise von *Günter Dürig* in seiner Kommentierung entwickelt worden ist. Implizit von der weiter unten besprochenen Maxime in dubio pro libertate ausgehend, wird angenommen, daß das Grundgesetz die Freiheit in einer umfassenden Weise sichern wolle. Die Grundrechte sind also so auszulegen, daß keine irgendwie denkbare Freiheit diesem Schutz entzogen wird. Das führt insbesondere zur Auslegung des Art. 2 I GG als allgemeine Handlungsfreiheit, die durch die speziellen Freiheitsrechte konkretisiert wird.

b) Nahe verwandt mit dieser Methode ist ein zweiter Ansatz, nach dem die Grundrechte der heutigen Situation des Menschen gerecht werden müssen. Die Grundrechte sind nach dieser Konzeption so auszulegen, daß sie alle heutigen Gefährdungen der Freiheit abwehren. Das führt etwa zur Drittwirkung der Grundrechte und zur Sicht der Grundrechte als Grundlagen für positive Leistungsansprüche.

Der Nachteil dieser sehr wichtigen Methode, die bei Widersprüchen im Vordergrund der Auslegung stehen sollte, ist sicherlich, daß über die heuti-

8 *Ders.*, Von der Verfassungsmäßigkeit der Gesetze zur Gesetzmäßigkeit der Verfassung, 1964; *ders.*, Die Gesetzmäßigkeit der Verfassung, JZ 1964, S. 201.

9 *Otto Majewski*, Auslegung der Grundrechte durch einfaches Gesetzesrecht. Zur Problematik der sogenannten Gesetzmäßigkeit der Verfassung, 1971.

10 Vgl. auch *Jürgen Knebel*, Koalitionsfreiheit und Gemeinwohl, 1978, S. 131 ff.

gen Bedürfnisse des Menschen und die heutigen Freiheitsgefährdungen sehr unterschiedliche Auffassungen bestehen können, daß auf diese Weise ferner die reine Utopie Eingang in die Grundrechtsauslegung finden kann. Das kann aber weitgehend dadurch aufgefangen werden, daß man die »heutige Bedeutung der Grundrechte im sozialen Leben«[11] den heutigen Erkenntnissen der Geisteswissenschaften, insbesondere der Philosophie, Soziologie, Politikwissenschaft, Theologie usw. entnimmt. Hier stoßen wir also auf eine zweite Form der geisteswissenschaftlichen Methode, die diesmal nicht rein historisch ausgerichtet ist. Ansätze zu einer solchen Methode sind noch selten. Auch inwieweit man insoweit näher auf die Verfassung zurückgreifen muß, ist noch weitgehend ungeklärt.

Im einzelnen könnte diese Methode folgendermaßen vorgehen: Zunächst ist aufgrund anthropologischer, philosophischer und theologischer Untersuchungen der neueren Zeit[12] ein Bild des heutigen Menschen mit seinen grundlegenden Bedürfnissen zu entwerfen und in dieser Sicht die Funktion der Freiheits-, Gleichheits- und Sozialrechte zu untersuchen. Dann ist aufgrund politikwissenschaftlicher und soziologischer Untersuchungen festzustellen, wie diese Bedürfnisse in der heutigen Gesellschaft erfüllt werden können und welche Gefahren für die so verstandenen Freiheiten in der modernen Welt bestehen.

Diese Ansätze laufen also auf ein neues Naturrecht hinaus. Ansätze zu einem solchen Naturrecht finden sich in der Tat in der Rechtsprechung des BVerfG, das häufig auf das »Menschenbild« des Grundgesetzes abhebt[13]. Dieser Ansatz scheint mir nur insoweit unrichtig zu sein, als es nicht auf das historische Bild des Verfassungsgebers, sondern auf die heutigen Erkenntnisse über den Menschen und seine Gefährdungen ankommt.

Insbesondere bin ich entgegen der Auffassung des BVerfG[14] der Meinung, daß etwa ein Begriff wie das »Gewissen« in Art. 4 GG nicht von Juristen allein definiert werden kann, sondern daß hierfür auf die Erkenntnisse der Geisteswissenschaften selbst dann zurückzugreifen ist, wenn hier unterschiedliche Auffassungen bestehen.

5. Einen wieder anderen Bezug der Grundrechte zur wechselnden Gegenwart will *Peter Häberle*[15] einführen. Die Verfassung beruht nach dieser, hier etwas vereinfachten Interpretation auf dem heutigen und nicht dem

11 BVerfGE 7, 377.

12 Vgl. etwa *Hans G. Gadamer / Peter Vogler* (Hrsg.), Neue Anthropologie, 7 Bde., 1972–1975.

13 BVerfGE 4, 15; 27, 6; 32, 107.

14 BVerfGE 12, 55.

15 *Peter Häberle,* Die offene Gesellschaft der Verfassungsinterpreten, JZ 1975, S. 297 ff.; *ders.*, Verfassungsinterpretation und Verfassungsgebung, Zeitschr. f. Schweiz. Recht 97 (1978), S. 1.

ursprünglichen Konsens der Gemeinschaft. Das bedeutet aber, daß bei einer Auslegung die heutige Rechtsüberzeugnung der Verfassungsgemeinschaft – der Staatsorgane und Behörden, aber auch der politischen Parteien, der Interessenverbände, der öffentlichen Meinung (Presse!) – zu berücksichtigen ist. Etwa komme es für die Beurteilung der Sitte auf die heutige sehr liberale Auffassung der Bevölkerung an. Oder aber für den Inhalt des Bekenntnisses in Art. 4 GG müsse auf die Überzeugungen der jeweiligen Religions- und Weltanschauungsgemeinschaften abgestellt werden. Da diese Verfassungsinterpreten die Auslegung der Grundrechte und der übrigen Verfassungsbestimmungen nicht rechtstechnisch vornehmen, kommt es, um einen Ausdruck aus dem Strafrecht zu entleihen, auf die »Parallelwertung in der Laiensphäre« an. Diese Auffassung hätte zur Folge, daß man anstelle oder neben der Rechtsprechung und der gelehrten Kommentarliteratur auf die Rechtsauffassung der Staatsorgane abstellen müßte (die Auswertung der Bundestags- und Bundesratsdrucksachen in dieser Richtung steckt noch in den Anfängen), daß ferner die Presse, die Verbandsmitteilungen und die schöngeistige, philosophische, theologische Literatur usw. auf ihre Grundrechtsauffassungen hin ausgelotet werden müßten.

Diese Methode ist sicherlich in ihrem Ansatz richtig, darf aber aus drei Gründen nicht im Mittelpunkt der Grundrechtsauslegung stehen: Einmal würde hier die jeweilige, häufig schwankende, meist nicht eindeutige Auffassung der Mehrheit, die durchaus vom erwünschten Grundrechtsstandard abweichen kann, die Verfassung lenken und den Minderheiten und Einzelindividuen ihre Meinung diktieren. Damit würde einerseits die Lenkungsfunktion der Verfassung ausgehöhlt, zum anderen der von der Verfassung angestrebte Minderheitenschutz in sein Gegenteil verkehrt. Auf der anderen Seite würden die von der Lehre und Rechtsprechung zur Garantie der Rechtssicherheit entwickelten Methoden der Verfassungsauslegung umgangen, weil die Staatsorgane, die Verbände und die öffentliche Meinung stärker politisch, emotional und interessen- als rechtlich gebunden argumentieren. Und schließlich würde, wenn bei der Verfassungsauslegung die Rechtsauffassung der Staatsorgane eine ausschlaggebende Rolle spielte, die verfassungsgerichtliche Kontrolle dieser Staatsorgane unmöglich gemacht.

6. Wie *Ernst-Wolfgang Böckenförde*[16] im einzelnen dargelegt hat, spielt die jeweils vertretene Grundrechtstheorie bei der Grundrechtsauslegung eine entscheidende Rolle. Unter Grundrechtstheorie versteht *Böckenförde* dabei »eine systematisch orientierte Auffassung über den allgemeinen Charakter, die normative Zielrichtung und die inhaltliche Reichweite der Grundrechte«. Sie finde ihren Bezugspunkt in einer bestimmten Staatsauffassung und/oder

16 *Ernst-Wolfgang Böckenförde*, Grundrechtstheorien und Grundrechtsinterpretation, NJW 1974, S. 1529; *ders.*, Staat, Gesellschaft, Freiheit, 1976, S. 221 ff.

Verfassungstheorie. In der Literatur und Rechtsprechung habe man sich auf eine solche Theorie bisher nicht einigen können. Auch das BVerfG ziehe diese Theorien wahlweise heran, je nachdem, ob es ein bestimmtes Auslegungsergebnis decke oder nicht. Im einzelnen unterscheidet *Böckenförde* zwischen folgenden Grundrechtstheorien:

a) Für die liberale (bürgerlich-rechtsstaatliche) Grundrechtstheorie seien die Grundrechte Freiheitsrechte des einzelnen gegenüber dem Staat. Sie seien dazu bestimmt, wichtige Bereiche der individuellen Freiheit, die nach der geschichtlichen Erfahrung der Bedrohung durch die Staatsmacht besonders ausgesetzt sind, vor eben dieser Bedrohung zu sichern. Diese Freiheitsrechte seien vor-staatlich, d. h. nicht erst durch den Staat konstituiert. Außerdem sei die Staatsmacht gegenüber diesen Freiheiten generell begrenzt. Es handle sich um die Freiheit schlechthin (freies Belieben), nicht Freiheit zu bestimmten Zwecken (Förderung des demokratisch-politischen Prozesses, Wertverwirklichung, Integration des politischen Gemeinwesens usw.). Ob, aus welchen Motiven und zu welchen Zwecken, der Grundrechtsträger von seinem Freiheitsrecht Gebrauch mache, sei – im Rahmen der festgelegten Verträglichkeitsgrenzen – seine Sache und Entscheidung. Die vom BVerfG im Lüth-Urteil[17] vorgenommene Privilegierung der Meinungsfreiheit zu öffentlichen Zielen, etwa zur Bildung einer öffentlichen Meinung gegenüber ihrem Gebrauch zu privaten Zwecken, sei mit dieser Theorie nicht in Einklang zu bringen. Ferner müsse nach dieser Theorie der Grundrechtseingriff prinzipiell begrenzt, meßbar, berechenbar sein. Hierauf beruhe die Übernahme des Verhältnismäßigkeitsgrundsatzes durch das BVerfG. Das Individuum würde schließlich als autark angesehen. Aus den Grundrechten könnten deshalb keine Teilhaberechte fließen.

b) Die Grundrechtsauffassung, welche die Grundrechte in erster Linie als institutionelle Garantie sehe, gestatte einerseits dem Gesetzgeber einen gewissen Spielraum bei der Einschränkung der Grundrechte. Ferner werde die Freiheit auf bestimmte soziale Funktionen hin ausgerichtet.

c) Nach der Werttheorie der Grundrechte legen die Grundrechte grundlegende Gemeinschaftswerte fest, um sicherzustellen, daß sie der staatlichen Integration dienen. Das Gewicht liege deshalb bei der Auffassung, die Grundrechte enthielten eine objektive Norm. Da auch die institutionelle Garantie die Norm in den Vordergrund rücke, deckten sich die Folgen der beiden Auffassungen weitgehend. Es seien aber gewisse Eigenarten der Werttheorie festzustellen: Die geisteswissenschaftliche Interpretation rücke in den Vordergrund. Die Grundrechte seien auf die Verwirklichung der Werte des Grundgesetzes hin angelegt; es werde zwischen wertverwirklichendem und wertgefährdendem Freiheitsgebrauch unterschieden.

17 BVerfGE 7, 198.

d) Die demokratisch-funktionale Grundrechtstheorie sehe die Grundrechte von ihrer öffentlichen und politischen Funktion her. Im Vordergrund ständen dabei die demokratischen Grundrechte: Meinungsfreiheit, Pressefreiheit, Versammlungsfreiheit und Vereinigungsfreiheit. Die Grundrechte erhielten ihren Sinn und ihre prinzipielle Bedeutung als konstituierende Faktoren im demokratischen Prozeß der öffentlichen Willensbildung. Die Gewährleistung von Grundrechten erfolge primär, um diese Funktion zu ermöglichen. Diese Konzeption habe zur Folge, daß sie die Ausrichtung und damit Beschränkung der Freiheit noch stärker fordere als die bisher besprochenen Theorien, und dabei die Freiheit zu einer Kompetenz, zu einem Amt, die Freiheitsausübung damit zur Pflicht mache[18].

e) Die sozialstaatliche Grundrechtstheorie schließlich stelle die sozialen Leistungsansprüche gegen den Staat in den Vordergrund der Betrachtung.

Böckenförde ist nun im Gegensatz zu der – unreflektierten – Auffassung der Rechtsprechung und Literatur der Meinung, diese verschiedenen, sich teilweise in ihren Konsequenzen widersprechenden Konzeptionen könnten nicht nebeneinander gelten, nicht wahlweise herangezogen werden, da sie jeweils auf einem bestimmten Staatsverständnis aufbauten, das einheitlich sein müsse. Er meint, das Grundgesetz biete auch für eine vereinheitlichende Auslegung hinreichende Anhaltspunkte. Auszugehen sei von der klaren Entscheidung zugunsten der liberalen Grundrechtstheorie. Diese sei durch das Grundgesetz um eine sozialstaatliche Komponente erweitert worden. Das Demokratieprinzip schließlich könne keine Auswirkungen auf die Grundrechte haben, da Demokratie und Rechtsstaat nebeneinander stehen sollen.

f) Das BVerfG hat aber durchaus anerkannt, daß einzelne Grundrechte sowohl eine demokratische als auch eine liberale Komponente haben. Es hat ausgeführt[19]:

»Für die in Art. 5 Abs. 1 Satz 1 GG gewährleistete Informationsfreiheit sind danach zwei Komponenten wesensbestimmend. Einmal ist es der Bezug zum demokratischen Prinzip des Art. 20 Abs. 1 GG: Ein demokratischer Staat kann nicht ohne freie und möglichst gut informierte öffentliche Meinung bestehen. Daneben weist die Informationsfreiheit eine individualrechtliche, aus Art. 1, Art. 2 Abs. 1 GG hergeleitete Komponente auf. Es gehört zu den elementaren Bedürfnissen des Menschen, sich aus möglichst vielen Quellen zu unterrichten, das eigene Wissen zu erweitern und sich so als Persönlichkeit zu entfalen. Zudem ist in der modernen Industriegesellschaft der Besitz von Informationen von wesentlicher Bedeutung für die soziale Stellung des Einzelnen. Das Grundrecht der Informationsfreiheit ist wie das Grundrecht der freien Meinungsäußerung eine der wichtigsten Voraussetzungen der freiheitlichen Demokratie (vgl. BVerfGE 7, 198 [208]). Erst mit seiner Hilfe

18 Zur demokratischen Theorie vgl. auch *Hans H. Klein*, Die Grundrechte im demokratischen Staat, 1972.

19 BVerfGE 27, 71, 81 f.

wird der Bürger in den Stand gesetzt, sich selbst die notwendigen Voraussetzungen zur Ausübung seiner persönlichen und politischen Aufgaben zu verschaffen, um im demokratischen Sinne verantwortlich handeln zu können. Mit zunehmender Informiertheit erkennt der Bürger Wechselwirkungen in der Politik und ihre Bedeutung für seine Existenz und kann daraus Folgerungen ziehen; seine Freiheit zur Mitverantwortung und zur Kritik wächst. Nicht zuletzt können die Informationen den Einzelnen befähigen, die Meinungen anderer kennenzulernen, sie gegeneinander abzuwägen, damit Vorurteile zu beseitigen und Verständnis für Andersdenkende zu wecken.«

7. Das BVerfG hat ferner häufig auf die Rechtsvergleichung zurückgegriffen[20].

a) Das BVerfG hat die Rechtsvergleichung für die Grenzen der Gewissensfreiheit bemüht[21]:

»Das Institut der allgemeinen Wehrpflicht verstößt als solches weder gegen die Menschenwürde noch sonst gegen die Grundlagen unseres verfassungsrechtlichen Wertsystems. Die allgemeine Wehrpflicht besteht heute in fast allen freiheitlich-demokratischen Staaten, auch in den dauernd neutralen. In den meisten dieser Staaten wird sie seit langem als eine selbstverständliche Pflicht des (männlichen) Staatsbürgers angesehen, eine Pflicht zumal, in der ideelle Grundprinzipien gerade eines demokratischen Gemeinwesens – die Zugehörigkeit zu dem allen gemeinsamen, nicht mehr obrigkeitlichen Staat, der Grundsatz der gleichen Lasten für alle – sich besonders deutlich aussprechen. Sie steht auch in Deutschland in einer Tradition, die auf die preußische Reformzeit zu Beginn des 19. Jahrhunderts und ihren – vielfach bereits von demokratischen Gedanken inspirierten – politischen Idealismus zurückführt; bezeichnend ist, daß auch die Weimarer Verfassung sich im Prinzip zu ihr bekannt hat (Art. 133). Mit den rechtlichen und geistig-politischen Prinzipien, die das Grundgesetz beherrschen, ist die allgemeine Wehrpflicht vollends vereinbar: Das Grundgesetz ist eine wertgebundene Ordnung, die den Schutz von Freiheit und Menschenwürde als den obersten Zweck allen Rechts erkennt; sein Menschenbild ist nicht das des selbstherrlichen Individuums, sondern das der in der Gemeinschaft stehenden und ihr vielfältig verpflichteten Persönlichkeit. Es kann nicht grundgesetzwidrig sein, die Bürger zu Schutz und Verteidigung dieser obersten Rechtsgüter der Gemeinschaft, deren personale Träger sie selbst sind, heranzuziehen.«

In BVerfGE 18, 112, 118 ging es um die Frage, ob die Auslieferung gegen Art. 102 GG verstößt, wenn der Ausgelieferte mit der Todesstrafe

20 Zur Funktion der Rechtsvergleichung im öffentlichen Recht, insbesondere bei der Verfassungsauslegung, vgl. *Rudolf Bernhardt,* Eigenheiten und Ziele der Rechtsvergleichung, ZaöRV 1964, S. 431; *Léon Constantinesco,* Rechtsvergleichung, 2 Bde., 1971; *Jörg Manfred Mössner,* Rechtsvergleichung und Verfassungsrechtsprechung, AöR 99 (1974), S. 193; *Fritz Münch,* Einführung in die Verfassungsvergleichung, ZaöRV 1977, S. 126; *Konrad Zweigert,* Die Rechtsvergleichung als universale Interpretationsmethode, RabelsZ 15 (1949/50), S. 5.

21 BVerfGE 12, 45, 50.

zu rechnen habe. Um insoweit die Tragweite dieses Grundrechts auszuloten, führte das BVerfG aus, daß nicht wenige Kulturstaaten, und darunter gerade auch die leitenden Demokratien der westlichen Welt, die Todesstrafe beibehalten haben; auch die allgemeine Menschenrechtserklärung der UNO und die Europäische Menschenrechtskonvention gingen von der Zulässigkeit dieser Strafe aus. Hierzu führte das BVerfG aus[22]:

»Zu einer solchen Verabsolutierung der grundgesetzlichen Entscheidung gegen die Todesstrafe würde es der deutschen Rechtsordnung an der inneren Legitimation fehlen. Angesichts des Standes der Gesetzgebung und der öffentlichen Meinung in der gesamten heutigen Kulturwelt läßt sich die Feststellung nicht treffen, die Todesstrafe sei mit dem heute erreichten Stand der Zivilisation dermaßen unverträglich, daß den Staaten, die sie abgeschafft haben, gestattet oder gar geboten wäre, ihre Auffassung unbedingt durchzusetzen, damit eine rechtsstaatlich-sittliche Superiorität für sich in Anspruch zu nehmen und fremde Rechtsordnungen in diesem Punkte zu diskriminieren.«

Bei der Auslegung des Grundrechts auf Gewissensfreiheit nach Art. 4 III GG meinte das BVerfG[23]:

»Aus einem Vergleich mit Regelungen anderer Länder läßt sich ebenfalls nichts herleiten. Ein international oder wenigstens im westlichen Kulturbereich übereinstimmend definiertes Institut der Kriegsdienstverweigerung existiert nicht. Dementsprechend bieten die ausländischen gesetzlichen Regelungen, die in keinem anderen Land Bestandteil einer geschriebenen Verfassung sind, in ihren Voraussetzungen und Verfahrensbestimmungen auch keinen Anhalt für eine allgemeine Rechtsüberzeugung (vgl. *Hecker*, Die Kriegsdienstverweigerung im deutschen und ausländischen Recht, Dokumente, Heft XIII, herausgegeben von der Forschungsstelle für Völkerrecht und ausländisches öffentliches Recht der Universität Hamburg, 1954).«

Hinzuweisen ist schließlich darauf, daß auch die abweichenden Stellungnahmen zum Schwangerschaftsabbruch[24] die ausländischen Gerichtsentscheidungen zur Verfassungsmäßigkeit des Schwangerschaftsabbruchs zur Auslegung der deutschen Verfassung herangezogen haben.

Diese rechtsvergleichende Interpretation ist durch die Tatsache gedeckt, daß auch die deutsche Verfassung in der westlichen Verfassungstradition steht (geisteswissenschaftliche Auslegung) und überdies die Väter des Grundgesetzes sich für das gemeinsame westliche Modell des Verfassungsstaates entschieden haben. Wie wir gesehen haben, kann dabei die Rechtsvergleichung einerseits den Tatbestand des Grundrechts verdeutlichen. Sie kann aber auch herangezogen werden, um die Schranken zu bestimmen, »die in einer demokratischen Gesellschaft« notwendig sind.

b) Wie wir gesehen haben, stellt die Europäische Menschenrechtskonvention nach Rang und Qualität kein deutsches Verfassungsrecht dar. Das

22 BVerfGE 18, 117 f.
23 BVerfGE 28, 243, 258.
24 BVerfGE 39, 68.

BVerfG kann also die Einhaltung der EMRK nicht überprüfen. Wenn das BVerfG dennoch in mehreren Entscheidungen neben den deutschen die Grundrechte der EMRK zitiert hat[25], muß davon ausgegangen werden, daß das BVerfG die Konvention zur Auslegung der deutschen Grundrechte herangezogen hat. Dies kann auf dem Hintergrund der geisteswisschaftlichen Auslegung oder zur Feststellung der gemeinsamen westlichen Verfassungstradition gesehen werden. Es ist aber auch möglich, auf den Grundsatz der völkerrechtskonformen Auslegung allen deutschen Rechts einschließlich des Grundgesetzes zurückzugreifen.

8. Im folgenden sollen kurz noch einige Auslegungsmaximen dargelegt werden.

a) Das BVerfG greift in einigen Entscheidungen[26] auf den Grundsatz in dubio pro libertate zurück, nach dem die Grundrechte im Zweifel so auszulegen sind, daß sie ihre volle Wirkungsmöglichkeit entfalten können[27].

Allerdings begründet dieser Grundsatz sicherlich keinen Freibrief für eine unbegrenzte Auslegung der Grundrechte. Wie sein Name besagt, kann er vielmehr nur eingreifen, wenn die hier dargestellten Methoden sowie die grammatikalische, die systematische, die historische und die teleologische Auslegung Zweifel am Inhalt und an den Schranken der Grundrechte offen lassen. Das bedeutet aber, daß zumindest eine der genannten Auslegungsmethoden zu dem Auslegungsergebnis führen muß, welches mit diesem Prinzip erreicht werden soll. Der Grundsatz greift also meines Erachtens einerseits, wenn eine bestimmte Methode wie etwa die Auslegung am Wortlaut zu zwei verschiedenen Ergebnissen – zu einem weiteren und einem engeren Grundrechtsverständnis – führt, oder aber, wenn die verschiedenen Methoden unterschiedliche Ergebnisse zur Folge haben. Hier kann der Grundsatz in dubio pro libertate auch dann den Ausschlag geben, wenn einerseits die betreffende Auslegungsmethode nicht so »stark« ist, daß sie allein dieses Ergebnis tragen könnte, wenn andererseits eine vom BVerfG bei der Abwägung der verschiedenen Methoden beiseite gesetzte Auslegung wie etwa die historische, auf die Materialien des Parlamentarischen Rates gestützte Auslegung gegenüber der grammatikalischen (Wortlaut!) und teleologischen Methode (Auslegung am Zweck des jeweiligen Grundrechts) zu einem für die Grundrechte günstigeren Ergebnis führt. Meines Erachtens bewirkt also der Grundsatz in dubio pro libertate, daß auch der Rang der Auslegungs-

25 BVerfGE 4, 111; 6, 440; 10, 271; 14, 8; 19, 347; 20, 146; 27, 82.

26 BVerfGE 3, 231; 4, 168; 6, 32, 42.

27 Vgl. *Fritz Ossenbühl*, a.a.O. (Anm. 1), S. 657 ff. und die dort in Fußn. 11 zitierte Literatur, insbesondere *Peter Schneider*, »in dubio pro libertate«, in: Festschr. z. Deutschen Juristentag 1960, Bd. 2, S. 263 ff.; VVDStRL 20 (1969), S. 31 ff.; *Hermann von Mangoldt / Friedrich Klein*, Das Bonner Grundgesetz, Bd. I, 2. Aufl. 1955/57, Vorbem. BXIV 3, S. 118.

mittel bei den Grundrechten anders aufgebaut ist als beim sonstigen Verfassungs- und Gesetzesrecht[28]. Nur hingewiesen werden soll darauf, daß der Grundsatz in dubio pro libertate in der Form der »Grundrechtsoptimierung« im Europäischen Gemeinschaftsrecht herangezogen wird, um aufgrund einer »wertenden« Rechtsvergleichung allgemeine Rechtsgrundsätze nicht aufgrund des »gemeinsamen Minimums« des Grundrechtsstandards der Mitgliedstaaten, sondern aufgrund der die Grundrechte am stärksten schützenden Rechtsordnung zu entwickeln[29].

b) In zahlreichen Entscheidungen hat das BVerfG die Schranken der Grundrechte herangezogen, um den Grundrechtstatbestand zu interpretieren. So hat es etwa im Elfes-Urteil[30] gesagt, daß die Schranken des Art. 11 GG offensichtlich nicht ausreichen, um die Ausreisefreiheit der Deutschen vernünftig zu beschränken; deshalb könne Art. 11 GG diese Freiheit nicht umfassen. Umgekehrt wurde auch aus dem Grundrechtstatbestand die Schranke interpretiert. Dabei gilt der Grundsatz, daß je umfassender ein Grundrecht in den sozialen Bereich vorstößt, es um so stärker Schranken unterworfen ist.

c) Die Verfassung bildet eine Einheit. Die Grundrechte sind deshalb auch im Lichte der Kompetenzbestimmungen auszulegen und umgekehrt. Wie wir bei der Darstellung der Schranken vorbehaltlos gewährter Grundrechte sehen werden, schützen die Kompetenznormen öffentliche Interessen, die zur Einschränkung dieser Grundrechte herangezogen werden. Wenn die Kompetenznormen Gesetze vorsehen, die notwendig in die bestimmten Freiheitsrechte eingreifen, müssen diese Eingriffe durch die Verfassung selbst gedeckt sein. So enthält die Kompetenz des Bundes zum Erlaß von Atomrecht[31] die Aussage, daß generell jedenfalls die Genehmigung von Kernreaktoren nicht unzulässig in Art. 2 II GG eingreift[32].

Der Gedanke der Einheit, der Konkordanz der Verfassung, der dahinter stehende Gedanke der systematischen Auslegung des Grundgesetzes könnte nicht nur im Verhältnis der Grundrechte zum Organisationsteil der Verfassung und insbesondere zur Kompetenzordnung, sondern auch im Verhältnis der Grundrechte zueinander greifen. Aus der Tatsache, daß die Freizügigkeit in Art. 11 GG geregelt ist, könnte dann etwa der Schluß gezogen werden, die Ausreisefreiheit der Deutschen könne nicht in Art. 2 GG oder in anderen Grundrechten (etwa Art. 4 GG: Ausreisefreiheit eines Katho-

28 Zu den verschiedenen Auslegungsmethoden und ihrer Rangordnung vgl. *Karl Larenz*, Methodenlehre der Rechtswissenschaft, 3. Aufl. 1975, S. 298 ff.

29 Zu den verschiedenen Methoden der Entwicklung europäischer Grundrechte vgl. *Albert Bleckmann*, Zur Entwicklung europäischer Grundrechte, DVBl. 1978, S. 457.

30 BVerfGE 6, 32.

31 Art. 74 Nr. 11 a GG.

32 Vgl. auch BVerfGE 12, 45; 26, 8; 41, 218.

liken, um Kirchen in Rom zu besichtigen) geregelt sein. Eine solche systematische Auslegung setze den Verfassungssatz voraus, daß alle Freiheitsrechte im Grundgesetz jeweils nur an einer Stelle, in den Grundrechten geregelt werden, die der betreffenden Freiheit sachlich am nächsten stehen. Diesen Satz gibt es im deutschen Verfassungsrecht aber nicht. Die Grundrechte sind insoweit nur aus sich selbst, nicht in ihrer Abgrenzung von anderen Grundrechten zu entwickeln. Deshalb kann eine bestimmte Freiheit aus mehreren Grundrechten fließen. Die durch die unterschiedliche Schrankenziehung der Grundrechte dann erforderliche Abgrenzung erfolgt nur durch die Lehre der Grundrechtskonkurrenzen.

d) Die verfassungsrechtlichen Grundrechtsnormen schützen auch die Grundrechte, deren Existenz für die Ausübung der ausdrücklich gewährleisteten Grundrechte notwendig ist. Dieser in der schweizerischen Rechtsprechung entwickelte Grundsatz[33] ist auch vom BVerfG vereinzelt herangezogen worden[34]. Diese Theorie der »implizierten« Grundrechte kann sowohl zur Auslegung des Grundrechtstatbestandes der ausdrücklich gewährten Grundrechte als auch zur Entwicklung neuer Grundrechte herangezogen werden. So dürfte das Einreise- und Aufenthaltsrecht der Deutschen nicht im Art. 11 GG, sondern in einem ungeschriebenen, unbeschränkten Grundrecht verankert sein: In der Tat ist notwendige Voraussetzung der Ausübung aller Grundrechte durch die Deutschen, daß sie sich in der Bundesrepublik aufhalten können.

33 Vgl. *Peter Saladin,* Grundrechte im Wandel, 2. Aufl. 1975, S. 286 ff.
34 Vgl. BVerfGE 18, 28; 20, 176; 27, 81.

§ 9 Die Grundrechtsträger

I. Natürliche Personen

1. Das Grundgesetz unterscheidet zwischen Menschenrechten, die allen natürlichen Personen (»allen Menschen«, »jedermann«) zustehen, und Deutschengrundrechten (Versammlungsfreiheit: Art. 8; Vereinigungsfreiheit: Art. 9; Schutz der deutschen Staatsangehörigkeit: Art. 16; staatsbürgerliche Gleichstellung der Deutschen: Art. 33), die den Deutschen im Sinne des Grundgesetzes vorbehalten sind. Nur die Deutschen sind also Inhaber aller Grundrechte des Grundgesetzes. Unter die Deutschen fallen dabei nach Art. 116 I GG zwei Personengruppen: die deutschen Staatsangehörigen, zu denen auch die DDR-Bürger zählen[1], und die Flüchtlinge oder Vertriebenen deutscher Volkszugehörigkeit, die im Gebiet des Deutschen Reiches nach dem Stande vom 31. Dezember 1937 Aufnahme gefunden haben[2].

2. Bei manchen Grundrechtsbestimmungen ist fraglich, wer der Träger des Grundrechts ist. So steht das Elternrecht des Art. 6 II 1 GG sicherlich den leiblichen Eltern ehelicher Kinder zu. Umstritten ist dagegen, ob das Elternrecht dem sogenannten Scheinvater – der Ehemann hat das Kind nicht gezeugt, die Nichtehelichkeit ist jedoch nicht rechtskräftig festgestellt – der nichtehelichen Mutter, dem nichtehelichen Vater, den Adoptiveltern, den Pflegeeltern, dem Vormund und dem Pfleger zusteht[3]. Ebenso ist umstrit-

1 BVerfGE 36, 1, 31: »Der Vertrag (der Grundlagenvertrag mit der DDR) bedarf weiter der Auslegung, daß ... die Bundesrepublik Deutschland jedem Bürger der Deutschen Demokratischen Republik, der in den Schutzbereich der Bundesrepublik und ihrer Verfassung gerät, gemäß Art. 116 Abs. 1 GG und 16 GG als Deutschen wie jeden Bürger der Bundesrepublik behandelt. Er genießt deshalb, soweit er in den Geltungsbereich des Grundgesetzes gerät, auch den vollen Schutz der Gerichte der Bundesrepublik und alle Garantien der Grundrechte des Grundgesetzes ...« Zur Geltung der Grundrechte für Deutsche in der Deutschen Demokratischen Republik s. oben § 2 V, § 7.

2 Einzelheiten vgl. *Albert Bleckmann*, Grundgesetz und Völkerrecht, 1975, S. 137, 145.

3 Vgl. hierzu *Klaus Hansmann*, Der Elternbegriff des Art. 6 Abs. 2 des GG, FamRZ 1962, S. 452; *ders.*, Nochmals zum Elternbegriff des Grundgesetzes, FamRZ 1963, S. 489; *Klaus Hahnzog*, Inhaber des Elternrechts aus Art. 6 Abs. 2 GG, FamRZ 1971, S. 334; *Wolfgang Rüfner*, Zum Elternbegriff des Grundgesetzes, FamRZ 1963, S. 153.

ten, ob die Pressefreiheit des Art. 5 I 2 dem Verleger-Eigentümer, dem Chefredakteur, den Redakteuren und/oder den einzelnen Journalisten zusteht[4]. Ähnliche Probleme stellen sich bei der Rundfunkfreiheit[5]. Auch bleibt umstritten, ob die Freiheit der Wissenschaft, Forschung und Lehre (Art. 5 III GG) nur den Hochschullehrern oder auch den Assistenten, den Studenten, den Privatgelehrten, den Grundschul- und Gymnasiallehrern zusteht[6]. All dies sind Fragen, auf die eine generelle Antwort nicht gegeben werden kann. Sie sind vielmehr durch Auslegung der Einzelgrundrechte zu beantworten.

II. Deutsche juristische Personen des privaten Rechts[7]

Nach Art. 19 III GG gelten die Grundrechte auch für inländische juristische Personen, soweit sie ihrem Wesen nach auf diese anwendbar sind.

1. Diese Bestimmung kann auf eine lange historische Entwicklung zurückblicken. Wie *Siegfried Maser*[8] im einzelnen nachgewiesen hat, wurden schon die Verfassungen Badens und Bayerns von 1818 und des Großherzogtums Oldenburg von 1852 in dem Sinne ausgelegt, daß die Grundrechte auch juristischen Personen zustanden. Auch im 1815 gegründeten Deutschen Bund stand das Beschwerde- und Petitionsrecht den »moralischen« Personen zu. *Bernatzik*[9] und *Georg Jellinek*[10] sprechen den juristischen Personen und insbesondere auch den Gemeinden den »status negativus« insoweit zu, als

4 Vgl. u. a. *Bernd Rebe,* Die Träger der Pressefreiheit nach dem Grundgesetz, 1968.

5 Vgl. hierzu BVerfGE 20, 162; 25, 256.

6 Vgl. hierzu *v. Münch* Grundgesetz-Kommentar Bd. 1, 1975, Art. 5 Anm. 66–69.

7 *Gerald Beyer,* Zur Beschwerdebefugnis von Verbänden wegen Grundrechtsverletzungen, 1976, S. 48 ff.; *Harald Egner,* Die juristische Person als Trägerin von Grundrechten, 1956; *Manfred Feiler,* Das BGG und die juristische Person als Träger von Grundrechten, 1963; *Gerhard Körner,* Verfassungskontrolle juristischer Personen, BayVBl. 1957, S. 184; *Wolfgang Leist,* Grundrechtsfähigkeit juristischer Personen, 1969; *Siegfried Maser,* Die Geltung der Grundrechte für juristische Personen und teilrechtsfähige Verbände, 1964; *Manfred Oechsle,* Zur wesensmäßigen Anwendung der Grundrechte auf juristische Personen des Zivilrechts, 1960; *Wolfgang Rüfner,* Zur Bedeutung und Tragweite des Art. 19 Abs. 3 des GG, AöR 89 (1964), S. 261; *Otto Schütze,* die Geltung der Grundrechte für juristische Personen, 1955.

8 *Siegfried Maser,* a.a.O. (Anm. 7), S. 4 ff.

9 *Bernatzik,* Kritische Studien über den Begriff der juristischen Person und über die juristische Persönlichkeit der Behörden insbesondere, AöR 5 (1890), S. 169.

10 *Georg Jellinek,* System der subjektiven öffentlichen Rechte, 1. Aufl. 1892.

nicht in der Natur der Sache liegende Gründe oder ausdrückliche gesetzliche Ausnahmen entgegenstehen.

Diese lange deutsche Verfassungstradition wurde in der Weimarer Republik zum Teil übersehen. Insbesondere *Carl Schmitt*[11] verstand die Grundrechte als reine Menschenrechte; er griff insoweit auch auf die Tradition der französischen Revolution von 1789 zurück, die extrem koalitionsfeindlich war[12]. Die Gegenposition wurde von *Ludwig Gebhard* in seinem Handkommentar zur Verfassung des Deutschen Reichs vertreten; *Gebhard* verwendete dabei schon eine Formulierung, die dem Art. 19 III GG fast wörtlich entsprach. Im übrigen war die Literatur geteilt. Während *Fritz Stier-Somlò* der Anwendbarkeit des Gleichheitssatzes auf juristische Personen widersprach, war *Gerhard Leibholz* der entgegengesetzten Ansicht[13].

2. Von *Carl Schmitt* und *Rolf Serick*[14] stark beeinflußt, geht die heute wohl überwiegende Lehre[15] davon aus, daß die Grundrechte als überpositives Recht[16] nur dem der Rechtsordnung vorgegebenen Menschen und nicht den durch die positive Rechtsordnung erst begründeten juristischen Personen zustehen können. Erst durch Art. 19 III GG würden die Grundrechte auf juristische Personen erstreckt; dabei handle es sich auch nicht im engeren Sinne um echte Grundrechte, sondern nur um den Grundrechten ähnliche, inhaltsgleiche Rechte[17]. Ob diese Qualifizierung zutrifft, kann hier dahingestellt bleiben, weil von ihr, soweit ersichtlich, keinerlei Rechtsfolgen abhängen. Auf die rechtsphilosophischen Spekulationen näher einzugehen, welche die Literatur – insbesondere *Wolfgang Leist* – verfolgen, erübrigt sich also. Nur hingewiesen werden kann darauf, daß die deutsche Tradition des 19. Jahrhunderts und zahlreiche moderne ausländische Rechte einerseits die Grundrechte auf juristische Personen erstrecken, obwohl sich in diesen Rechtsordnungen eine positive, dem Art. 19 III GG entsprechende Norm nicht findet, und man andererseits mit den insbesondere im 19. Jahrhundert vertretenen Auffassungen davon ausgehen kann, daß den juristischen Personen durchaus schon vor der Verleihung der Rechtsfähigkeit durch die positive Rechtsordnung ein soziologisches Substrat zugrunde liegt.

11 *Carl Schmitt,* Verfassungsrechtliche Aufsätze aus den Jahren 1924–1954, 1958, S. 208.

12 Vgl. *Wolfgang Rüfner,* a.a.O. (Anm. 3), S. 262.

13 Vgl. im einzelnen *Siegfried Maser,* a.a.O. (Anm. 7), S. 9 f.; ebenda, S. 10 zur Entwicklung des Art. 19 Abs. 2 GG im Parlamentarischen Rat.

14 *Rolf Serick,* Rechtsform und Realität juristischer Personen, 1955.

15 Vgl. die Darlegungen bei *Wolfgang Leist,* a.a.O. (Anm. 7), S. 8 ff.

16 Siehe dazu oben § 5.

17 So sehr pronunziert *Siegfried Maser,* a.a.O. (Anm. 7), S. 31 f.; vgl. dazu *Gerald Beyer,* a.a.O. (Anm. 7), S. 77 ff.

3. Art. 19 III GG erstreckt die Grundrechtsfähigkeit auf alle inländischen juristischen Personen. Damit wären einerseits die juristischen Personen des Privatrechts und des öffentlichen Rechts grundrechtsfähig, die teilrechtsfähigen Personengesellschaften und Vereine dagegen nicht. Literatur und Rechtsprechung sind von diesem Wortlaut des Art. 19 III GG in mehrfacher Hinsicht abgewichen.

a) Unstreitig besitzen juristische Personen des Privatrechts (AG, GmbH, KG, e. V. usw.) die Grundrechtsfähigkeit, soweit ihre Mitglieder Privatpersonen sind. Umstritten ist dies nur für die Stiftung des privaten Rechts, weil hier der eine Grundgedanke des Art. 19 III GG, daß die Grundrechte der juristischen Person im Endergebnis ihre Mitglieder, also natürliche Personen, schützen soll, mangels Mitglieder der Stiftung nicht zutrifft. Man kann auch nicht davon ausgehen, daß der Wille des Stifters oder die Nutzungsberechtigten oder gar die Verwalter der Stiftung auf diese Weise geschützt werden sollen. Allerdings spricht der Wortlaut des Art. 19 III GG für die Ausdehnung der Grundrechtsfähigkeit auch auf Stiftungen des privaten Rechts[18].

b) Ob juristische Personen des öffentlichen Rechts grundrechtsfähig sind, ist äußerst umstritten[19]. Wenn man dies bejaht, besteht kein Grund, die Grundrechtsfähigkeit öffentlicher Unternehmen, d. h. der von der öffentlichen Hand getragenen juristischen Personen des Privatrechts, abzulehnen. Verneint man dagegen diese Ausgangsfrage, liegt es nahe, das Problem nicht anhand der formalen Rechtslage zu entscheiden, sondern dem Zweck des Art. 19 III GG entsprechend unter »Durchgriff« durch die juristische Person[20] zu fragen, ob die Grundrechtsfähigkeit der juristischen Person im Endergebnis natürlichen Personen – den Mitgliedern der juristischen Person – zugute kommen soll[21]. Das ist bei juristischen Personen des Privatrechts, deren Anteile zu 100 % in der öffentlichen Hand liegen, nicht der Fall. Auf der anderen Seite darf in diesen Fällen der Organisationsgewalt des Staates über seine eigenen Unternehmen keine Grenzen gezogen werden; der Staat muß insoweit seine Handlungsfreiheit bewahren; von ihm angestellte Manager dürfen die Verfügungsgewalt des Staates über seine Verwaltung nicht durch Berufung auf Grundrechte durchkreuzen können. Fraglich ist dagegen die Grundrechtsfähigkeit der gemischtwirtschaftlichen Unternehmen, deren Anteile zum Teil der öffentlichen Hand, zum anderen

18 Vgl. im einzelnen *Siegfried Maser*, a.a.O. (Anm. 7), S. 19 ff.; *Gerald Beyer*, a.a.O. (Anm. 7), S. 50; *Albert von Mutius*, Zur Grundrechtssubjektivität privatrechtlicher Stiftungen, VerwArch. 65 (1974), S. 87.

19 Vgl. dazu *v. Münch*, a.a.O. (Anm. 6) Art. 19, 30.

20 Zum Durchgriff vgl. *Karl-Heinz Böckstiegel*, Der Staat als Vertragspartner ausländischer Privatunternehmen, 1971.

21 Vgl. im einzelnen *Siegfried Maser*, a.a.O. (Anm. 7), S. 155 ff.; *Gerald Beyer*, a.a.O. (Anm. 7), S. 80 ff.; BVerfGE 21, 362, 369.

Teile Privatpersonen zustehen. *Siegfried Maser*[22] will die Grundrechtsfähigkeit der juristischen Person dann ablehnen, wenn der Staat mehr als ein Viertel des Gesellschaftskapitals besitzt oder wenn er entscheidenden Einfluß auf die Verwaltung des Unternehmens hat, sei es aufgrund von Abmachungen, sei es aufgrund gesetzlicher Vorschriften; in allen anderen Fällen müsse die Rechtslage eingehend geprüft werden; dabei sei im Zweifel gegen die Grundrechtsfähigkeit zu entscheiden, denn erfahrungsgemäß sei die staatliche Beteiligung am Kapital oder an der Verwaltung von besonders großem Gewicht.

Dieser Auffassung vermag ich nicht zu folgen. Wenn auch nur ein einziger Privatmann überdies sehr geringe Anteile am Unternehmen besitzt, verlangt Art. 19 III GG den mittelbaren Schutz seiner Grundrechte. Dabei ist davon auszugehen, daß Art. 19 III gerade deswegen erforderlich wurde, weil durch die Begründung der juristischen Person die Rechte der Mitglieder von denen der Gesellschaft streng getrennt wurden und das Mitglied in der Regel Rechte der Gesellschaft nicht geltend machen kann. Zwar dürfte die Erweiterung des Eingriffsbegriffs[23] dazu führen, daß auch die Rückwirkung des Eingriffs in Rechte der juristischen Person auf die Individualrechte des Mitglieds als Eingriff in die individuellen Grundrechte gewertet werden kann, die Enteignung der Gesellschaft also gleichzeitig etwa einen Eingriff in das Grundrecht des Mitglieds aus Art. 14 GG oder zumindest Art. 2 GG beinhaltet. Damit werden aber wahrscheinlich nicht alle mittelbaren Grundrechtsverletzungen des Mitglieds erfaßt. Auf der anderen Seite wollte Art. 19 III GG wohl gerade auch den Grundrechtsschutz des Individuums dadurch verbessern, daß der juristischen Person in diesen Fällen selbst ein Grundrecht gewährt wurde.

Dabei kann dahingestellt bleiben, daß Art. 19 III GG nicht nur den mittelbaren Individualschutz der Mitglieder, sondern auch den Schutz der Kollektivinteressen selbst im Auge hat, und daß diese Kollektivinteressen möglicherweise nicht schutzwürdig sind, wenn der Staat in der juristischen Person den beherrschenden Einfluß besitzt. Ebenso kann nicht entscheidend sein, daß ein Mitglied mit geringen Anteilen die Geschäftsführung zur Geltendmachung der kollektiven Grundrechte nicht zwingen kann. Und schließlich muß der Gedanke, daß der Staat über seine Verwaltung (ungehindert durch Grundrechte) verfügen können muß, hinter dem notwendigen mittelbaren Grundrechtsschutz der Mitglieder zurücktreten.

c) Das BVerfG gewährt den Grundrechtsschutz auch nichtrechtsfähigen Personengruppen, und zwar je nach der Bedeutung der jeweiligen Grundrechte für diese Personengruppen und ihrer Rechtsstellung im allgemeinen

22 *Siegfried Maser*, a.a.O. (Anm. 7), S. 159 ff.

23 Dazu unten § 12 IV.

Recht, also etwa den politischen Parteien und Gewerkschaften als nichtrechtsfähigen Vereinen[24] oder der OHG[25].

Die Begründung für diese – einmütig vertretene – Ausdehnung des Art. 19 III GG auf teilrechtsfähige Vereine ist umstritten. Das BVerfG hat seine Ansicht dogmatisch nicht entwickelt. Es verweist vielmehr nur darauf, daß bei Handelsgesellschaften die Gesellschafter nur unter einer gemeinsamen Firma handeln; ein solches Handeln komme auch bei der Verteidigung von Grundrechten in Frage[26]. Handelsgesellschaften seien geradezu geschaffen, um einer wirtschaftliche Interessen vertretenden Personenmehrheit eine einheitliche Willensbildung und Willensverwirklichung zu ermöglichen[27].

In der Erstfassung seiner Kommentierung des Art. 19 III GG[28] hatte *Günter Dürig* die Auffassung vertreten, die Assoziationsgrundrechte der Art. 9 I und III sowie 21 GG schützten nicht nur das Bestehen, sondern auch das Leben und Wirken der Vereinigung; dies führe folgerichtig zur Grundrechtsfähigkeit von Personengruppen, denen die allgemeine Rechtsfähigkeit fehle. Dem hat *Siegfried Maser*[29] entgegengehalten, Art. 9 I GG umfasse nicht das tatsächliche Handeln der Vereinigung als solches; überdies werde bei einer solchen Auslegung Art. 19 III GG überflüssig, weil Art. 9 I GG sich auf Vereinigungen beziehe, auch wenn diese die Rechtsfähigkeit besitzen. *Maser* will deshalb die Grundrechtsfähigkeit der teilrechtsfähigen Vereine auf eine Analogie zu Art. 19 III GG stützen bzw. den Begriff »juristische Personen« so fassen, daß er nicht nur vollrechtsfähige, sondern auch teilrechtsfähige Verbände umfaßt.

4. Nach Art. 19 III GG gelten die Grundrechte für juristische Personen, soweit sie ihrem Wesen nach auf sie anwendbar sind. Diese Formulierung hat zu diffizilen Unterscheidungen geführt[30], die m. E. nicht viel weiter führen und deshalb hier nicht näher untersucht zu werden brauchen. Brauchbare Ansätze finden sich dagegen wieder bei *Siegfried Maser*[31]. Dieser Autor stellt mit der wohl herrschenden, auf den allgemeinen Grundsatz der grundrechtsfreundlichen Auslegung gestützten Lehre zunächst fest, daß

24 BVerfGE 3, 383 ff.; 6, 277; 7, 99, 103; 14, 121, 129 f.; 27, 152, 158.
25 BVerfGE 4, 7, 12; 10, 89, 99; insges. *Siegfried Maser,* a.a.O. (Anm. 7), S. 176 ff.
26 BVerfGE 4, 7, 12.
27 BVerfGE 10, 89, 99.
28 *Günter Dürig,* in: *Theodor Maunz / Günter Dürig / Roman Herzog / Rupert Scholz,* Kommentar zum Grundgesetz, 4. Aufl., Losebl.-Sammlung: Stand Mai 1977, Art. 19 III Rdnr. 56.
29 *Siegfried Maser,* a.a.O. (Anm. 7), S. 177.
30 Vgl. dazu im einzelnen *Albert von Mutius,* in: Kommentar zum Bonner Grundgesetz, Art. 19 III m. w. N.
31 *Siegfried Maser,* a.a.O. (Anm. 7), S. 21 ff.

das Grundgesetz von einer grundsätzlichen Vermutung zugunsten der Anwendbarkeit der Grundrechte auf juristische Personen ausgehe[32]. Die Gegenansicht von *Günter Dürig* treffe nicht zu, weil – wie die deutsche und ausländische Verfassungstradition zeige – Art. 19 III GG die Grundrechtsfähigkeit juristischer Personen nicht erst positiv begründe und diese Bestimmung deshalb auch nicht als Ausnahmevorschrift angesehen werden könne, die eng auszulegen sei.

In diesem Rahmen sind nun verschiedene Kriterien möglich. Nach *Günter Dürig*[33] sind die Grundrechte auf juristische Personen anzuwenden, soweit diese Grundrechte korporativ und nicht nur individuell betätigt werden können. Dieses Kriterium bleibt relativ unbestimmt. Sicherlich ist damit nicht gemeint, daß die betreffenden Grundrechte dem Staat gegenüber kollektiv verteidigt werden können, denn das ist bei allen Grundrechten möglich. Abzustellen ist vielmehr darauf, ob das vom Grundrecht geschützte *Verhalten* kollektiv denkbar ist oder nicht. So kann etwa die Gewissensfreiheit immer nur individuell ausgeübt werden. Anders ist es, worauf *Maser* zu Recht hinweist, bei der Glaubensfreiheit; wenn auch nur der einzelne in diesem Sinn »glauben« kann, sind zahlreiche gemeinsame Betätigungen im Glaubensbereich denkbar.

Siegfried Maser[34] formuliert dagegen folgendermaßen: »Auf juristische Personen sind alle die Freiheitsrechte anwendbar, die nicht die natürlichen Eigenschaften des Menschen, wie die Körperlichkeit – insbesondere Geschlecht, Alter, Verwandtschaft, Rasse, körperliche Betätigung und körperliche Bewegungsfreiheit – einerseits, die inneren geistig-seelischen Güter andererseits notwendig voraussetzen.« Nach dieser Definition sind auf juristische Personen z. B. anwendbar die Art. 2 I, 3, 9[35], 10, 12[36], 13, 14, 15[37], nicht dagegen die Art. 1 I, 2 II, 6, 7 II und III, 11, 16 etc. Welche Grundrechte im einzelnen auf juristische Personen anzuwenden sind und welche Aspekte hierbei zu berücksichtigen sind, kann allerdings erst bei den Einzelgrundrechten gezeigt werden[38]. Hier sollen nur zwei Beispiele aufgezeigt werden: Nach der wohl herrschenden Lehre ist die Versammlungsfreiheit des Art. 8 GG auf juristische Personen nicht anwendbar, weil die räumliche Zusammenfassung einer Mehrzahl von Personen nur bei natürlichen Personen logisch denkbar ist. Dagegen soll Art. 8

32 Ebenda, S. 91 m. w. N.

33 *Günter Dürig*, a.a.O. (Anm. 28), Art. 19 II Rdnr. 32.

34 *Siegfried Maser*, a.a.O. (Anm. 7), S. 29 ff.

35 BVerfGE 4, 96 (Art. 9 III GG).

36 BVerfGE 21, 261.

37 Pressefreiheit: BVerfGE 21, 271, 277 f.

38 Vgl. für die Einzelgrundrechte *Siegfried Maser*, a.a.O. (Anm. 7), S. 34 ff.; *Wolfgang Rüfner*, a.a.O. (Anm. 3), S. 280 ff.; *Gerald Beyer*, a.a.O. (Anm. 7), S. 62 ff.

GG für juristische Personen insoweit gelten, als die Versammlungstätigkeit in der Form des Veranstaltens in Frage steht[39]. Soweit man Art. 2 I GG im Sinne der allgemeinen Handlungsfreiheit auslegt, ist seine Anwendung auf juristische Personen möglich. Nicht auf juristische Personen bezogen werden kann dagegen der Kernbereich des Art. 2 I, der die persönlichkeitsbezogenen Betätigungen schützt[40]. Beide Beispiele zeigen, daß die Frage, ob ein bestimmtes Grundrecht auf die juristische Person anzuwenden ist oder nicht, häufig nicht für das gesamte Grundrecht global entschieden werden kann, sondern daß sie in bezug auf die einzelnen Betätigungsarten untersucht werden muß, die unter das betreffende Grundrecht fallen.

5. Die juristischen Personen besitzen im Gegensatz zu den natürlichen Personen nur die Handlungsfähigkeit, die ihnen Gesetz und Satzung einräumen. Sie können in der Regel nur tätig werden, um bestimmte, ihnen durch Gesetz oder Satzung vorgegebene Zwecke zu verfolgen. Je nach dem generellen Typ der juristischen Person und den Grenzen der konkreten Satzung können sie deshalb nur Grundrechte wahrnehmen, die Tätigkeiten schützen, welche in den Kreis ihrer Handlungsfähigkeit fallen. Da die Handlungsfähigkeit aber vom Gesetzgeber abgegrenzt wird, kann der Gesetzgeber mittelbar auch die Grundrechte bestimmen, welche einem bestimmten Typ der juristischen Personen zustehen. Diese Beschränkungsmöglichkeit des Gesetzgebers ist ihrerseits wiederum durch die Art. 9 und 21 GG begrenzt, soweit diese Bestimmungen hinsichtlich der einzelnen Vereinstypen die Handlungsfähigkeit garantieren. Man kann aber auch davon ausgehen, daß Art. 19 III GG seinerseits dieser Beschränkungsmöglichkeit des Gesetzgebers insoweit gewisse äußerste Grenzen setzt, als diese Bestimmung selbst einen minimalen Kern von Grundrechten für juristische Personen positiv festlegt[41].

6. Während wir bisher nur die Frage behandelt haben, ob und in welchem Umfang juristische Personen Träger von Grundrechten sein können, die das Grundgesetz seinem Wortlaut nach den Individuen zuweist, gewährt das Grundgesetz umgekehrt kollektive Grundrechte, bei denen es fraglich ist, ob die Mitglieder dieser Gruppen sich auf sie berufen können. Dem Wortlaut nach kennt das Grundgesetz allerdings nur ein einziges Grundrecht dieser Art: Es sichert in Art. 9 III 3 GG das Streikrecht der Gewerkschaf-

39 *Ingo von Münch*, in: *Ingo von Münch*, Grundgesetz-Kommentar, Bd. 1, 1974, Art. 8 Rdnr. 7, S. 301 f.

40 *Hildegard Niemöhlmann*, in: *Ingo von Münch*, a.a.O. (Anm. 39), Art. 2 Rdnr. 6, S. 37.

41 Zu diesen Fragen vgl. *Wolfgang Rüfner*, a.a.O. (Anm. 3), S. 266 ff.; *Gerald Beyer*, a.a.O. (Anm. 7), S. 60 ff.

ten. Darüber hinaus ist man sich aber einig, daß Art. 9 III 1 GG die Tariffähigkeit der Wirtschaftsverbände schützt[42]. Kollektive Grundrechte enthalten ferner für die Religionsgemeinschaften die Art. 137 ff. WRV, auf welche Art. 140 GG verweist.

Bei der Frage, ob diese Kollektivgrundrechte auch von den Mitgliedern der betreffenden Gruppen ausgeübt werden können, sind zwei Probleme zu unterscheiden. Einmal stellt sich die Frage, ob auch der einzelne Träger dieser Grundrechte sein kann. Dies wird zumeist zu verneinen sein, weil es sich um den Schutz von Tätigkeiten handelt, die wie der Streik nur kollektiv ausgeübt werden können, oder weil es sich um Rechte (wie das Selbstverwaltungsrecht der Kirchen) handelt, die sinnvollerweise eben nur einer Vereinigung gewährt sein können. Eine ganz andere Frage ist, ob nur die Vereinigung selbst, das heißt die Organe dieser Vereinigung, oder ob auch die einzelnen Mitglieder die ihren Vereinigungen zugewiesenen Kollektivgrundrechte geltend machen können, also etwa unabhängig von den Organen ihrer Vereinigung eine Verfassungsbeschwerde einlegen können.

Das BVerfG hat nun in zahlreichen Fällen den umgekehrten Fall dahin entschieden, daß Vereinigungen die Verletzung von Grundrechten ihrer Mitglieder selbst dann nicht mit der Verfassungsbeschwerde geltend machen können, wenn ihre Aufgaben sich satzungsgemäß auf diesen Schutz erstrecken[43]. In dieser Rechtsprechung kommt zum Ausdruck, daß die Rechte der juristischen Person und die Rechte ihrer Mitglieder streng voneinander getrennt sind. Wendet man diesen Gedanken auf unseren Fall an, können auch die Mitglieder der juristischen Person die Grundrechte der juristischen Person nicht selbständig geltend machen. Zu einem anderen Ergebnis gelangt man nur, wenn man annimmt, daß die Kollektivgrundrechte nicht oder nicht in erster Linie den Schutz der Kollektivinteressen, sondern vor allem oder zumindest auch den Schutz der Individualinteressen der Mitglieder bezwecken. Natürlich ist es auf der anderen Seite auch in diesem Falle denkbar, daß die Verletzung der Kollektivgrundrechte tatsächlich und damit im Sinne der modernen Eingriffstheorie verfassungsrechtlich relevant Rückwirkungen auf andere Individualgrundrechte der Mitglieder hat. So kann etwa die staatliche Beschränkung der Selbstverwaltungsrechte der Religionsgesellschaften die Glaubensfreiheit ihrer Mitglieder aus Art. 4 GG und die Beschränkung der Tariffähigkeit oder des Streikrechts der Gewerkschaften Grundrechte der Mitglieder etwa aus Art. 12 oder 2 I GG verletzen.

42 *Theodor Maunz,* in: *Theodor Maunz / Günter Dürig / Roman Herzog / Rupert Scholz,* a.a.O. (Anm. 28), Art. 9 Rdnr. 128 ff.; *Ingo von Münch,* in: Kommentar zum Bonner Grundgesetz, a.a.O. (Anm. 30), Art. 9 Rdnr. 150; *ders.,* in: *Ingo von Münch,* a.a.O. (Anm. 39), Art. 9, S. 340; BVerfGE 4, 106.

43 Vgl. *Gerald Beyer,* a.a.O. (Anm. 7).

7. Wie schon kurz dargelegt[44], lehnt das BVerfG die in der Lehre wachsende Tendenz zur Zulassung der Verbandsklage im Verwaltungsprozeß[45] und insbesondere auch bei der Verfassungsbeschwerde ab und gestattet auch den satzungsgemäß zum Schutz der Grundrechte ihrer Mitglieder gebildeten Verbänden die Wahrnehmung dieser Funktion im Verfassungsprozeß nicht[46]. Die Verfassungsbeschwerde der Verbände wird vielmehr nur zugelassen, soweit durch den Eingriff in die Individualgrundrechte der Mitglieder auch die Kollektivgrundrechte selbst verletzt werden. So kann etwa eine Koalition unter Berufung auf Art. 8 und 9 GG gegen die Weigerung klagen, die Mitglieder an einer von ihr veranstalteten Demonstration vom Dienst zu befreien, wenn dadurch die Veranstaltung an sich unmöglich gemacht wird[47].

Zahlreiche praktische Gründe sprechen aber für eine solche Verbandsklage. Im Gegensatz zum Verband besitzt der einzelne häufig nicht die für eine erfolgreiche Prozeßführung erforderlichen Kenntnisse. Seine Abhängigkeit vom Staat bewegt ihn möglicherweise dazu, auf einen Prozeß zu verzichten. Dasselbe gilt für die oft hohen Prozeßkosten. Für den einzelnen ist ferner häufig die Prozeßfrage nicht von entscheidender Bedeutung; für die Gesamtheit der Mitglieder des Verbandes mag es sich aber um eine grundsätzliche Frage handeln. Dem steht die Gefahr einer Klageüberflutung der Gerichte und der Ausweitung der Herrschaft der Verbandsbürokratie gegenüber[48].

Die Lehre hat für die Zulässigkeit der Verbandsklage mehrere Konstruktionen entwickelt[49]. Teilweise wird darauf zurückgegriffen, daß die Rechtsordnung der Bundesrepublik den Verbänden in weiten Bereichen, insbesondere gegenüber der Gesetzgebung, der Verwaltung und auch der Rechtsprechung das Recht verleihe, die Interessen ihrer Mitglieder zu vertreten. Hieraus und aus der Zulassung der Verbandsklage in einzelnen Bereichen des Zivilrechts müsse ein allgemeines Rechtsprinzip gefolgert werden, wo-

44 Ebenda.

45 *Karl August Bettermann,* Zur Verbandsklage, ZZP 85 (1972), S. 133; *Albert Bleckmann,* Die Klagebefugnis der Verbände im Anfechtungsprozeß, VerwArch. 63 (1972), S. 183 ff.; *Heiko Faber,* Die Verbandsklage im Verwaltungsprozeß, 1972; *Fritz Haueisen,* Wirtschaftsverbände und Verwaltungsprozeß, BB 1955, S. 946; *Albert von Mutius,* Zulässigkeit der Verbandsklage?, VerwArch. 64 (1973), S. 311; *Richard Naumann,* Klagebefugnis von Verbänden im Verwaltungsprozeß, DÖV 1971, S. 378 ff.; *Manfred Wolf,* Zur Zulässigkeit der Verbandsklage, BB 1971, S. 1293 ff.; *ders.*, Die Klagebefugnis der Verbände, 1971.

46 BVerfGE 2, 292, 294; 10, 134; 16, 147; 13, 54, 89.

47 OVG Koblenz, ZBR 1973, S. 109.

48 Vgl. *Gerald Beyer,* a.a.O. (Anm. 7), S. 149 ff.

49 Vgl. im einzelnen ebenda.

nach die Verbände die Grundrechte ihrer Mitglieder vertreten dürfen. Oder aber, aus der Tatsache, daß ein Akt der öffentlichen Gewalt nicht nur einzelne Individualinteressen, sondern die Interessen einer großen Gruppe von Verbandsmitgliedern trifft, verwandle die Individualinteressen in Gruppeninteressen. Auf der anderen Seite nähmen die Verbände mit der Vertretung der Gruppeninteressen öffentliche Funktionen wahr. Die Verfassungsbeschwerde diene nicht nur dem Individualrechtsschutz, sondern auch dem Schutz der objektiven Verfassungsordnung, für die in einer pluralistischen Verbandsdemokratie auch die Verbände zuständig seien. Oder aber, es wird darauf abgestellt, daß Art. 19 III GG nicht eigentlich die Kollektivinteressen, sondern die Individualinteressen der Mitglieder der Vereine schützt. Der Verband sei also im Rahmen des Art. 19 III nur Sachwalter der Grundrechte seiner Mitglieder. Dann bestehe kein Grund, die Treuhandschaft nicht auch auf die Grundrechte der Mitglieder auszudehnen. Auch für die Verbandsklage wird schließlich auf Art. 9 I GG zurückgegriffen. Diese Bestimmung schütze auch den Tätigkeitskreis der Verbände, also gerade auch die satzungsgemäße Tätigkeit zum Schutz der Grundrechte der Mitglieder.

8. Nur hingewiesen werden kann hier schließlich auf ein weiteres, bei den Einzelgrundrechten näher zu behandelndes Problem. Werden die Grundrechte der Einzelpersonen nämlich auf juristische Personen übertragen, ist unter Umständen eine Anpassung dieser Grundrechte an die neuen Sachverhalte erforderlich. Das Grundrecht der juristischen Person kann so einen anderen Inhalt gewinnen als das ursprüngliche Individualgrundrecht. Diese Möglichkeit der Anpassung der Grundrechte bei ihrer Übertragung bedeutet aber auf der anderen Seite auch, daß Individualgrundrechte, die ihrem Inhalt nach auf juristische Personen scheinbar nicht anwendbar sind, den juristischen Personen nicht ohne weiteres verweigert werden dürfen. Soweit unter Berücksichtigung des Zweckes des Grundrechts eine Anpassung möglich ist, kann die juristische Person vielmehr auch Träger solcher Grundrechte sein.

III. Juristische Personen des öffentlichen Rechts

1. Literatur und Rechtsprechung

Art. 19 III GG scheint nach seinem Wortlaut neben den juristischen Personen des Privatrechts auch den juristischen Personen des öffentlichen Rechts die Grundrechtsfähigkeit einzuräumen. Dennoch scheint diese Erstreckung der Grundrechtsfähigkeit auf juristische Personen des öffentlichen Rechts aus einer ganzen Reihe von Gründen nicht zu passen. Diese Frage ist in Literatur und Rechtsprechung deshalb äußerst umstritten.

a) Die Literatur hat sich auf einen allgemeinen Nenner noch nicht einigen können[50]. Ein Teil der Lehre will allen juristischen Personen des öffentlichen Rechts die Grundrechtsfähigkeit zuerkennen[51]. Die wohl herrschende Lehre lehnt die Grundrechtsfähigkeit solcher Personen ebenso global ab[52]. Häufig wird einerseits zwischen den juristischen Personen des öffentlichen Rechts unterschieden, soweit sie Hoheitsgewalt ausüben oder soweit sie privatrechtlich als Fiskus auftreten[53], bzw. es werden Unterscheidungen hinsichtlich der einzelnen juristischen Personen des öffentlichen Rechts, etwa des Bundes, der Länder, der Gemeinden, der Universitäten, der Kirchen, der Sozialversicherungsträger, der Rundfunkanstalten, der kommunalen Sparkassen usw., gemacht.

b) Auch die Rechtsprechung ist nicht einheitlich. Nach Ansicht des BVerfG[54] »gelten die Grundrechte grundsätzlich nicht für juristische Personen des öffentlichen Rechts, soweit sie öffentliche Aufgaben wahrneh-

50 Aus der umfangreichen Literatur seien herausgegriffen: *Herbert Bethge*, Zur Problematik von Grundrechtskollisionen, 1977, S. 45 ff.; *Karl August Bettermann*, Gewerbefreiheit der öffentlichen Hand, in: Festschr. f. *Hirsch*, 1968, S. 1; *ders.*, Juristische Personen des öffentlichen Rechts als Grundrechtsträger, NJW 1969, S. 1321; *Joachim Burmeister*, Vom staatsbegrenzenden Grundrechtsverständnis zum Grundrechtsschutz für Staatsfunktionen, 1971; *Ralf Dreier*, Zur Grundrechtssubjektivität juristischer Personen des öffentlichen Rechts, in: Festschr. f. *Hans-Ulrich Scupin*, 1973, S. 81; *Heinrich Dülp*, Die Berufung juristischer Personen des öffentlichen Rechts auf Grundrechte, 1964; *Rüdiger Feine*, Der grundrechtliche Schutz der öffentlichen Hand, 1964; *Ernst-Werner Fuß*, Grundrechtsgeltung für Hoheitsträger?, DVBl. 1958, S. 739; *Heinz Gaßdorf*, Die Inanspruchnahme von Freiheitsrechten durch juristische Personen des öffentlichen Rechts, 1958; *Ralf Groß*, Genießen juristische Personen des öffentlichen Rechts den Schutz der Eigentumsgarantie?, SKV 1967, S. 289; *Siegfried Maser*, a.a.O. (Anm. 7), S. 89 ff.; *Hans-Carl Nipperdey*, Gewerbefreiheit der öffentlichen Hand, 1951, S. 1534; *Henning von Olshausen*, Zur Anwendbarkeit von Grundrechten auf juristische Personen des öffentlichen Rechts, 1969; *Friedrich E. Schnapp*, Die Stellung der Sozialversicherungsträger in der Verfassungsordnung, in: Soziale Sicherheit 1970, S. 199; *Werner Siepermann*, Die öffentliche Hand als Grundrechtsträger, DÖV 1975, S. 263; *Klaus Stern / Joachim Burmeister*, Die kommunalen Sparkassen, 1972, S. 199 ff.; *Gerhard Ulsamer*, Zur Geltung der Grundrechte für juristische Personen des öffentlichen Rechts, in: Festschr. f. *Willi Geiger*, 1974, S. 199.

51 *Karl August Bettermann*, a.a.O. (Anm. 50); *Ralf Dreier*, a.a.O. (Anm. 50); *Friedrich E. Schnapp*, a.a.O. (Anm. 50); vgl. im übrigen die Literatur bei *Albert von Mutius*, a.a.O. (Anm. 30), Art. 19 III Rdnr. 80.

52 *Herbert Bethge*, a.a.O. (Anm. 50), S. 36 ff.; *Günter Dürig*, a.a.O. (Anm. 28), Art. 19 III Rdnr. 36 ff.; *Klaus Stern / Joachim Burmeister*, a.a.O. (Anm. 50), S. 206; vgl. im übrigen die Literatur bei *Albert von Mutius*, a.a.O. (Anm. 30).

53 Vgl. die Literatur bei *Albert von Mutius*, a.a.O. (Anm. 30).

54 BVerfGE 21, 362; vgl. 23, 30.

men«. Damit bleibt die Frage nach der Grundrechtsfähigkeit des Fiskus offen. Andererseits hat das BVerfG auch dem Staat die Gerichtsgrundrechte der Art. 101 ff. GG eingeräumt[55]. Nach Ansicht des Gerichts kann sich nämlich jeder, der in einem gerichtlichen Verfahren Partei ist, mit den in der Prozeßordnung vorgesehenen Mitteln wehren, wenn er meint, seinem gesetzlichen Richter entzogen zu sein. Das gelte auch für den Staat, wenn er Partei in einem Gerichtsverfahren ist. Es sei daher folgerichtig, dem Staat zur Durchsetzung eines verfahrensrechtlich gesicherten prozessualen Rechts auch die Verfassungsbeschwerde zur Verfügung zu stellen[56].

Auf der anderen Seite hat das BVerwG[57] die Grundrechtsfähigkeit der juristischen Personen des öffentlichen Rechts generell akzeptiert, da Art. 19 III GG zwischen juristischen Personen des öffentlichen Rechts und juristischen Personen des Privatrechts keinen Unterschied mache. Das BVerfG gestattet ferner Religionsgesellschaften, die den Status von öffentlich-rechtlichen Körperschaften besitzen, die Berufung auf Art. 4 GG[58] und auf andere Grundrechte, etwa auf Art. 3 GG[59]. In BVerfGE 21, 362 rechtfertigt es diese »Ausnahme von seinem Grundsatz« der Grundrechtsunfähigkeit von juristischen Personen des öffentlichen Rechts damit, daß die Kirchen und sonstigen Religionsgemeinschaften des öffentlichen Rechts im außerstaatlichen Bereich wurzeln und in ihrem Eigenbereich weder staatliche Aufgaben wahrnehmen noch staatliche Gewalt ausüben. Ebenso gewährt das BVerfG den Universitäten die Grundrechtsfähigkeit[60]. Dem stehe nicht entgegen, daß die Universität – und damit auch die Fakultät – als (im konkreten Fall) Einrichtung des Landes Hessen Teil des staatlichen Gefüges sei. In der Regel könnten zwar weder der Staat noch seine Einrichtungen Grundrechte als subjektive öffentliche Rechte in Anspruch nehmen, da sie nicht gleichzeitig Träger und Adressat von Grundrechten sein könnten. Dieser Grundsatz gelte jedoch nicht, wenn Einrichtungen des Staates Grundrechte in einem Bereich verteidigten, in dem sie vom Staat unabhängig seien. Dies sei insbesondere bei den deutschen Universitäten der Fall, die zwar in der Regel vom Staat gegründet worden seien und auch von ihm unterhalten würden, aber in Wissenschaft, Forschung und Lehre frei seien.

55 BVerfGE 6, 45; 13, 132; 21, 362, 373.

56 BVerfGE 6, 45, 49; vgl. auch VGH München, BayVGH NF 16 I, 21, 22; VerwRspr. 12, Nr. 90, 372; BSGE 6, 180, 183 f.; BFHE 62, 115; 74, 385, 394 ff.; 75, 632, 635 f.; OVG Berlin, OVGE 7, 128; VGH München, NJW 1964, 218; vgl. auch *Karl August Bettermann*, Juristische Personen des öffentlichen Rechts als Grundrechtsträger, a.a.O. (Anm. 50).

57 BVerwG, DÖV 1959, 61, 62. Ebenso VerfGH NRW, AS 14, 372, 374; 14, 377; BayVGH NF 3 II, 129, 135; 5 II, 1, 6; BGHZ 19, 130, 138.

58 BVerfGE 19, 129; 24, 236, 246.

59 Vgl. ebenda.

60 BVerfGE 15, 262.

2. *Allgemeine Erwägungen für und gegen die Erstreckung des Art. 19 III GG auf juristische Personen des öffentlichen Rechts*

Zunächst seien zur Veranschaulichung der Situation einige Fälle herausgegriffen. Die Lehre ist sich darüber einig, daß der Staat sich gegenüber einer Privatperson (Drittwirkung der Grundrechte) nicht selbst auf Grundrechte berufen kann, daß also bei einem staatlichen Eingriff in Rechte von Privatpersonen nicht die Grundrechte des Individuums mit Grundrechten des Staates abgewogen werden müssen, wie dies bei der Drittwirkung der Grundrechte immer wieder erforderlich ist[61]. Die Frage ist also nur, inwieweit sich einerseits eine juristische Person des öffentlichen Rechts gegenüber einem anderen Organ derselben juristischen Person des öffentlichen Rechts auf Grundrechte berufen kann. Kann sich eine Gemeinde, deren wirtschaftliche Tätigkeit durch ein Gesetz des Bundes oder seines Landes beschnitten wird oder deren Eigentum enteignet wird, auf Art. 12 bzw. 14 GG stützen? Kann die Gemeinde sich auf Art. 5 oder 2 I GG berufen, um Aufsichtsmaßnahmen des Landes etwa gegen Meinungsäußerungen ihres Gemeinderates abzuwehren? Kann der Bund sich auf die Grundrechte stützen, wenn er der Polizeigewalt eines Landes (Baugenehmigung für Bundesbahnhof) unterworfen wird?

a) Der Wortlaut des Art. 19 III GG erstreckt die Grundrechtsfähigkeit eindeutig auf juristische Personen des öffentlichen Rechts. Man kann dem wohl nicht entgegenhalten, daß Grundrechte ihrem Wesen nach auf juristische Personen des öffentlichen Rechts nicht paßten. Denn im parlamentarischen Rat wurde auf das Wesen der Grundrechte nur abgehoben, um eine sonst notwendige Einzelaufzählung der auf juristische Personen anwendbaren Grundrechte zu vermeiden. Der Hinweis auf das Wesen der Grundrechte soll also nicht die juristischen Personen abgrenzen, die überhaupt grundrechtsfähig sind. Art. 19 III GG geht vielmehr von der Grundrechtsfähigkeit aller juristischen Personen aus. Mit dem Wesen der Grundrechte sollten nur die Grundrechte abgegrenzt werden, die auf juristische Personen anwendbar sind[62].

b) Die Entstehungsgeschichte des Art. 19 III GG ist in diesem Punkt nicht ganz eindeutig. Zwar ist im parlamentarischen Rat die Ansicht vertreten worden, auch juristische Personen des öffentlichen Rechts besäßen die Grundrechtsfähigkeit, doch bezogen sich diese Äußerungen wohl nur auf die Religionsgesellschaften, die Körperschaften des öffentlichen Rechts sind[63].

61 *Gerhard Ulsamer*, a.a.O. (Anm. 50), S. 209.

62 *Karl August Bettermann*, Juristische Personen des öffentlichen Rechts als Grundrechtsträger, a.a.O. (Anm. 50), S. 1321, 1324; *Werner Siepermann*, a.a.O. (Anm. 50).

63 Vgl. *Karl August Bettermann*, a.a.O. (Anm. 50); *Ralf Dreier*, a.a.O. (Anm. 50), S. 87; *Werner Siepermann*, a.a.O. (Anm. 50).

Auch die Dogmengeschichte des 19. Jahrhunderts scheint gegen die Grundrechtsfähigkeit der juristischen Personen des öffentlichen Rechts zu sprechen[64].

c) Bei der Bestimmung der Grundrechtsfähigkeit der juristischen Personen des Privatrechts haben wir gezeigt, daß die wohl herrschende Lehre davon ausgeht, daß die Grundrechte als Menschenrechte ursprünglich nur natürlichen Personen zustehen. Deshalb wird angenommen, daß die Kollektivgrundrechte nur Interessen der hinter der juristischen Person stehenden natürlichen Personen schützen sollen, oder sogar, daß die Kollektivgrundrechte nur eine Treuhänderschaft oder eine Sachwalterschaft der juristischen Personen für Individualgrundrechte begründen. Unter Durchgriff durch den Schleier der juristischen Person wird deshalb zwecks Feststellung der Grundrechtsfähigkeit der juristischen Person untersucht, ob ihr im Einzelfall ein »personelles Substrat« zugrunde liegt; nur in diesem Fall sei die Grundrechtsfähigkeit anzunehmen. Das sei aber bei den juristischen Personen des öffentlichen Rechts nicht der Fall.

Gegen diese Theorie wird vor allem geltend gemacht, daß Art.19 III GG von der individualistischen Betrachtungsweise der Grundrechte abrücke und gerade auch die Kollektivinteressen selbst schützen wolle[65]. Natürlich kann man sich auch fragen, ob der Staat und die anderen juristischen Personen des öffentlichen Rechts nicht insoweit das erforderliche personelle Substrat besitzen, als diese Personen ja nur die Organisation der gesamten bzw. eines Teils der Aktivbürger sind. Dann stellt sich natürlich die Frage, ob die Aktivbürger in dieser Situation schutzwürdig sind.

Diese Theorie führt also nicht weiter.

d) Häufig begegnet man ferner dem Argument, das Grundgesetz verpflichte den Staat als Grundrechtsadressaten; er könne dann aber nicht gleichzeitig Grundrechtsträger sein. Daran ist sicherlich richtig, daß der Staat nicht hinsichtlich desselben Rechtsverhältnisses an Grundrechte gebunden und sich auf Grundrechte berufen kann. Die juristischen Personen üben aber auf der einen Seite gegenüber Privatpersonen Hoheitsgewalt aus; insoweit sind sie an Grundrechte nur gebunden. Auf der anderen Seite kann eine juristische Person auch gegenüber anderen juristischen Personen Hoheitsgewalt ausüben. In diesem Rechtsverhältnis übt die juristische Person, gegen die die Hoheitsgewalt ausgeübt ist, nicht selbst Hoheitsgewalt aus. Es geht deshalb hier nicht um die Grundrechtsbindung dieser juristischen Person, sondern nur um ihre Grundrechtsträgerschaft. Logisch erscheint mir

64 *Siegfried Maser*, a.a.O. (Anm. 7), S. 89 f.

65 Vgl. im einzelnen *Karl August Bettermann*, a.a.O. (Anm. 50); *Ralf Dreier*, a.a.O. (Anm. 50); *Rüdiger Feine*, a.a.O. (Anm. 50), S. 21 ff.; *Friedrich E. Schnapp*, a.a.O. (Anm. 50); *Gerhard Ulsamer*, a.a.O. (Anm. 50)

also das hier entwickelte Argument der Konfusion von Grundrechtsadressaten und Grundrechtsträgerschaft nicht[66].

e) Tragfähiger ist das Argument der Einheit des Staates. Die juristischen Personen des öffentlichen Rechts stellen, so wird argumentiert, nur künstliche Zweckschöpfungen dar. Hinter allen juristischen Personen des öffentlichen Rechts stehe der einheitliche Staat. Bei der Verwaltung durch juristische Personen des öffentlichen Rechts handele es sich deshalb nur um »mittelbare Staatsverwaltung«. Wie innerhalb der einheitlichen juristischen Person die einzelnen Organe, so besäßen auch die formell unabhängigen juristischen Personen des öffentlichen Rechts im Verhältnis zueinander nicht echte Rechte, und vor allem nicht Grundrechte, sondern nur Kompetenzen. Verleihe man den Organen einer juristischen Person einerseits, den juristischen Personen des öffentlichen Rechts im Verhältnis zueinander alle Rechte oder sogar Grundrechte, würde die Organisationsgewalt des Staates gelähmt. Der Staat müsse in der Lage bleiben, seine Verwaltung Zweckmäßigkeitserwägungen entsprechend ohne grundrechtliche Hindernisse frei umzugestalten. Da der Staat die Frage, ob eine bestimmte Verwaltungstätigkeit durch ihn selbst oder durch eine formell unabhängige juristische Person des öffentlichen Rechts erledigt werden solle, nach reinen Zweckmäßigkeitserwägungen entscheide, würde die grundrechtliche Absicherung diese Zweckmäßigkeitserwägung versteinern, so daß sie den neueren Gegebenheiten nicht mehr angepaßt werden könne. Für eine solche Versteinerung aber biete der Zweck der Grundrechte, der im wesentlichen auf den Schutz von Individualinteressen und nicht von öffentlichen Interessen (den Zweckmäßigkeitserwägungen, die hinter der Bildung von juristischen Personen des öffentlichen Rechts stehen) gerichtet sei, keine Anhaltspunkte[67].

Das subjektive Rechte des Staates oder der Staatsorgane ausschließende oder zumindest beschränkende Argument der Einheit des Staates stammt aus dem 19. Jahrhundert. Ursprünglich wurde es mit der »Impermeabilität« der juristischen Person begründet. Danach konnten zwischen Organen ein- und derselben juristischen Person des öffentlichen Rechts keine Rechtsverhältnisse entstehen, weil Rechte und Pflichten die Rechtsfähigkeit voraussetzen, diese aber Organen und Behörden im Gegensatz zur juristischen Person selbst nicht zusteht. Auf der anderen Seite wirkte der allgemeine Gesetzesvorbehalt auf die Problematik ein. Danach mußte ein Gesetz immer und nur dann ergehen, wenn Eingriffe in Freiheit oder Eigentum der Pri-

66 Vgl. im einzelnen: *Karl August Bettermann*, a.a.O. (Anm. 50); *Ralf Dreier*, a.a.O. (Anm. 50), S. 86; *Rüdiger Feine*, a.a.O. (Anm. 50), S. 21; *Ernst-Werner Fuß*, a.a.O. (Anm. 50); *Ralf Groß*, a.a.O. (Anm. 50); *Wolfgang Leist*, a.a.O. (Anm. 7), S. 80 ff.; *Siegfried Maser*, a.a.O. (Anm. 7), S. 90.

67 Vgl. im einzelnen: *Karl August Bettermann*, a.a.O. (Anm. 50); *Ralf Dreier*, a.a.O. (Anm. 50), S. 87; *Ralf Groß*, a.a.O. (Anm. 50); *Friedrich E. Schnapp*, a.a.O. (Anm. 50); *Werner Siepermann*, a.a.O. (Anm. 50).

vatpersonen vorlagen. Diese Formel wurde nicht nur herangezogen, um das Gesetz zu definieren. Sie galt vielmehr auch für die Abgrenzung der Rechtsnormen. Folglich konnte es im Verhältnis zwischen Organen und Behörden der juristischen Person des öffentlichen Rechts und im Verhältnis zwischen verschiedenen juristischen Personen des öffentlichen Rechts Rechtsbeziehungen nicht geben. Dies mußte natürlich in noch stärkerem Maße von den Grundrechten gelten.

Diese Auffassung ist heute weitgehend aufgegeben worden. Nicht nur im Verhältnis zwischen juristischen Personen des öffentlichen Rechts, sondern auch im Verhältnis zwischen Organen und Behörden derselben juristischen Person des öffentlichen Rechts werden heute Rechtsbeziehungen angenommen. So sind Organstreitigkeiten zwischen Verfassungsorganen vor dem BVerfG und den Landesverfassungsgerichten[68], Streitigkeiten zwischen verschiedenen Organen derselben Gemeinde[69] und Streitigkeiten zwischen verschiedenen Organen derselben Universität[70] vor den Verwaltungsgerichten in weitem Umfang möglich geworden[71].

68 *Dimitri Th. Tsatsos,* Der verwaltungsrechtliche Organstreit, 1969.

69 *Rolf Bleutge,* Der Kommunalverfassungsstreit, 1970; *Heinz Bonk,* Kommunalverfassungsrechtliche Organstreitigkeiten innerhalb der Gemeinden Schleswig-Holsteins, 1966; *Klaus Ewald,* Zur Beteiligungsfähigkeit im Kommunalverfassungsstreitverfahren, DVBl. 1970, S. 237; *Wilhelm Henrichs,* Kommunalverfassungsstreitverfahren vor den Verwaltungsgerichten, DVBl. 1959, S. 548; *Wolfgang Kiock,* Die Kommunalverfassungsstreitigkeiten und ihre Eingliederung in die VwGO, 1972.

70 *Klaus Ewald,* Die prozessuale Behandlung des inneruniversitären Verfassungsstreits, WissR 1970, S. 35; *Ernst-Werner Fuß,* Verwaltungsrechtliche Streitigkeiten im Universitätsinnenbereich, WissR 1972, S. 97; *Manfred Henrich,* Verwaltungsgerichtliche Streitigkeiten im Hochschulinnenbereich, 1975; *Michael Hoffmann-Becking,* Die Beteiligungsfähigkeit und passive Prozeßführungsbefugnis nichtrechtsfähiger Organe der Universitäten im Verwaltungsprozeß, DVBl. 1972, S. 299.

71 Vgl. auch *Norbert Achterberg,* Die Bedeutung des Rechtsverhältnisses für die Grundrechtssubjektivität von Organen, in: Gedächtnisschr. f. *Friedrich Klein,* 1977, S. 1; *Hans-Henning Becker-Birck,* Der Insichprozeß in der Verwaltungsgerichtsbarkeit, 1966; *Herbert Bethge,* Probleme verwaltungsrechtlicher Organstreitigkeiten, Die Verwaltung 8 (1975), S. 459; *Ernst-Wolfgang Böckenförde,* Organ, Organisation, Juristische Person, in: Festschr. f. *Hans-Julius Wolff,* 1973, S. 269; *Hans O. Freitag,* Behörden als Zurechnungssubjekt relativer Rechtsbeziehungen, VerwArch. 1976, S. 26; *Werner Hoppe,* Organstreitigkeiten und organisationsrechtliche subjektive öffentliche Rechte, DVBl. 1970, S. 845; *Gunter Kisker,* Insichprozeß und Einheit der Verwaltung, 1968; *ders.,* Organe als Träger subjektiver Rechte, JuS 1975, S. 704; *Konrad Machens,* Die Klagemöglichkeit von einzelnen Gruppen von Mitgliedern gegen ihr eigenes Kollegialorgan innerhalb der öffentlichen Verwaltung, 1964; *Max Wallerath,* Die öffentlichrechtliche Innenhaftung von Organwaltern, DVBl. 1971, S. 197.

Wenn auch dogmatische Gründe heute nicht mehr gegen die Annahme von Rechtsverhältnissen und das Zugeständnis von Grundrechten im Verhältnis zwischen mehreren juristischen Personen des öffentlichen Rechts und zwischen Organen derselben juristischen Person des öffentlichen Rechts sprechen, stehen doch zwei Argumente einer uferlosen Ausweitung der neueren Auffassungen entgegen: Einmal die Lähmung des Staates, zum anderen die häufig mangelnde Schutzwürdigkeit der Interessen der juristischen Person des öffentlichen Rechts bzw. ihrer Organe. Zum einen muß man wohl davon ausgehen, daß die Vorschriften des Grundgesetzes über die Staatsorganisation gerade auch die notwendige Handlungsfreiheit des Staates im Bereich der Organisationsgewalt sichern sollten. Zum anderen setzt jedes Recht und folglich gerade auch jedes Grundrecht die Existenz eines schutzwürdigen Interesses auch verfassungsrechtlich voraus. Beide Argumente stehen dabei offensichtlich in einer Wechselbeziehung: Die Notwendigkeit der Handlungsfreiheit des Staates muß im Einzelfall mit dem Grad der Schutzwürdigkeit der Interessen im Lichte des Grundgesetzes abgewogen werden.

f) Damit erweist sich auch das Argument *Karl August Bettermann*s, es komme auf die gleiche Schutzwürdigkeit der Interessen der juristischen Personen des öffentlichen Rechts mit den Interessen natürlicher Personen an, diese bestimme sich aber allein aus der Tatsache, daß die juristische Person des öffentlichen Rechts im konkreten Falle der Hoheitsgewalt einer anderen juristischen Person unterworfen sei[72], als unrichtig. Einmal besagt die Unterworfenheit unter die Hoheitsgewalt einer juristischen Person oder eines anderen Organs derselben juristischen Person nichts über die Schutzwürdigkeit des tangierten Interesses im Lichte des Grundgesetzes, zum anderen kann im konkreten Fall diese Hoheitsgewalt gerade begründet worden sein, um im Interesse der Staatseinheit die Handlungsfähigkeit des Gesamtstaates zu schützen.

g) Nach einem Teil der Lehre[73] soll die juristische Person des öffentlichen Rechts die Grundrechte nicht in ihrer Funktion als Abwehrrechte, sondern als objektive Wertordnung, institutionelle Garantie, objektiven Satz des Verfassungsrechts geltend machen können. In diesem Rahmen sind drei verschiedene Aspekte zu unterscheiden:

(1) Das Grundgesetz enthält in seinem Organisationsteil Bestimmungen, welche die Struktur der Staatsorganisation regeln. Es ist durchaus denkbar, daß sich auch im Grundrechtsteil des Grundgesetzes solche Strukturprinzipien finden. Das gilt etwa für Art. 5 I GG, der eine bestimmte Organisation und ein bestimmtes Verhältnis des Rundfunks zum Staat voraus-

72 *Karl August Bettermann,* Juristische Personen des öffentlichen Rechts als Grundrechtsträger, a.a.O. (Anm. 50).

73 Vgl. *Albert von Mutius,* a.a.O. (Anm. 30).

setzt, und für Art. 5 III GG, der eine bestimmte Struktur und ein bestimmtes Verhältnis der Universitäten zum Staat festlegt. Ob dieser Gedanke auch auf andere Grundrechte zutrifft, ist eine Frage der Interpretation der Einzelgrundrechte. Es ist anzunehmen, daß die durch Art. 5 GG geschützten Träger sich auf diese Organisationsprinzipien dem Staat gegenüber auch dann stützen können, wenn sie nicht allgemein Grundrechtsträger sind, weil nur auf diese Weise diese Organisationsprinzipien geschützt werden können.

(2) Auch im Verhältnis der juristischen Personen des öffentlichen Rechts zueinander gelten gewisse Grundsätze der Rechtsstaatlichkeit und der Gerechtigkeit. So ist etwa der Grundgedanke des Willkürverbots in Art. 3 I GG auch auf das Verhältnis des Bundes zu den Ländern und der Länder zueinander anwendbar[74]. Ebenso haben die Verfassungsgerichte zahlreiche Prinzipien, die im Verhältnis zwischen Staat und Bürgern aus den Grundrechten und dem Rechtsstaatsprinzip entwickelt worden sind, auf die Gesetze der Länder angewendet, welche die Gemeindeverwaltung reformierten. Solche Gesetze müssen im öffentlichen Interesse liegen und insbesondere auch die Grundsätze der Verhältnismäßigkeit beachten[75].

(3) Zu beachten ist ferner, daß die Länder im Organstreit, im Zwischenländerstreit, bei der abstrakten Normenkontrolle entweder ganz oder zumindest beschränkt auch die Verletzung von Grundrechten Dritter geltend machen können[76].

(4) Soweit die juristischen Personen des öffentlichen Rechts auch in ihrer Hoheitsausübung der Polizeigewalt einer anderen juristischen Person des öffentlichen Rechts unterworfen sind[77], gelten die im Rahmen des Polizeirechts aus den Grundrechten und dem Rechtsstaatsprinzip entwickelten Grundsätze auch für die juristischen Personen des öffentlichen Rechts.

h) Mit *Günter Dürig*[78] ist schließlich zu beachten, daß trotz der Kontroverse über die prinzipielle Grundrechtsfähigkeit juristischer Personen des öffentlichen Rechts eine Reihe von Problemen außer Streit steht:

(1) Wenn man die Grundrechtsfähigkeit juristischer Personen des öffentlichen Rechts ablehnt, kommt ihnen mittelbar ein Grundrechtsschutz zu. So ist die öffentliche Gewalt der Länder bei polizeilichen Maßnahmen gegenüber einer anderen juristischen Person an das entsprechende Polizeigesetz gebunden; das Polizeirecht ist aber stark durch die Grundrechte geprägt.

74 *Friedrich Klein*, Gleichheitssatz und föderative Struktur der Bundesrepublik Deutschland, in: Festschr. f. *Hans-Ulrich Scupin*, 1973, S. 165; *Herbert Bethge*, Zur Problematik von Grundrechtskollisionen, a.a.O. (Anm. 50).

75 *Franz Bieler*, Zur Anwendung des Art. 3 Abs. 1 GG im Rahmen der Verwaltungs- und Gebietsreform, DÖV 1976, S. 37.

76 *Herbert Bethge*, Grundrechtsschutz im Bund-Länder-Streitverfahren, Der Staat 4 (1971), S. 481.

77 *Ernst-Werner Fuß*, a.a.O. (Anm. 50).

78 *Günter Dürig*, a.a.O. (Anm. 28), Rdnr. 39 ff.

Dasselbe gilt für die Verwaltungsverfahrensgesetze und für die Prozeßordnungen. Insoweit ist also auch bei Eingriffen in Rechte einer juristischen Person des öffentlichen Rechts die Auslegung an den Prinzipien des Rechtsstaates und der Grundrechte geboten. Nur eine Überprüfung der Gesetze anhand der Grundrechte, um ihre Verfassungswidrigkeit festzustellen, ist nicht möglich. Andererseits kann es etwa im Rahmen des § 826 BGB[79] nicht zu einer Abwägung der Grundrechte der juristischen Person des öffentlichen Rechts mit den Rechten der Privatpersonen kommen.

(2) Selbst wenn die Grundrechte der juristischen Personen des öffentlichen Rechts anerkannt werden, bedeutet dies nicht, daß die Grundrechte die Kompetenzen der juristischen Person erweitern; sie sollen diese vielmehr nur absichern und könnten höchstens zur Auslegung der Kompetenznormen herangezogen werden. Um Beispiele von *Günter Dürig*[80] zu nennen, kann die Bundesbank nicht etwa unter Berufung auf Art. 12 I GG über den gesetzlichen Auftrag hinaus Bankgeschäfte gewerbsmäßig betreiben und kann eine Gemeindeprüfungsanstalt nicht unter Berufung auf Art. 5 I GG eine Tageszeitung herausgeben.

3. *Differenzierende Meinungen*

Zunehmend wird entgegen den bisherigen pauschalen Argumenten einer Differenzierung zwischen den einzelnen juristischen Personen des öffentlichen Rechts das Wort geredet. Dabei werden aber unterschiedliche Kriterien benutzt[81]:

a) Ein Teil der Lehre will den juristischen Personen des öffentlichen Rechts die Grundrechtsfähigkeit verwehren, soweit sie Hoheitsträger sind, nicht jedoch, soweit sie als Fiskus auftreten.

b) Andere Autoren wollen die Grundrechtsfähigkeit den juristischen Personen des öffentlichen Rechts gewähren, die organisationsrechtlich vom Staat unabhängig sind (Unabhängigkeit, Eigenverantwortlichkeit, Selbstverwaltungsrecht), wenn und soweit sie einen vom Staat unabhängigen Handlungsspielraum haben. Grundrechtsfähig sind dann etwa die kommunalen Gebietskörperschaften, die Universitäten, Rundfunkanstalten und Sparkassen.

c) Wieder andere wollen die Grundrechtsfähigkeit nach den Aufgaben und zu verfolgenden Interessen abgrenzen. Bei der Wahrnehmung öffentlicher Aufgaben komme die Grundrechtssubjektivität nicht in Betracht, wohl aber, soweit die juristische Person des öffentlichen Rechts als Träger zusammengefaßter individueller und ihrer Interessenlage dem im Staat verkörperten Gemeininteresse entgegengesetzter Rechte auftritt.

79 Lüth-Urteil: BVerfGE 7, 198 ff.
80 *Günter Dürig*, a.a.O. (Anm. 28), Rdnr. 40.
81 Vgl. *Albert von Mutius*, a.a.O. (Anm. 30), Rdnr. 82 ff.

d) *Karl-August Bettermann* will dagegen die Grundrechte gewähren, soweit die juristische Person des öffentlichen Rechts einer anderen juristischen Person des öffentlichen Rechts grundrechtstypisch unterworfen ist, d. h. soweit die juristische Person des öffentlichen Rechts wie eine Privatperson einer anderen juristischen Person untersteht. Nicht auf Grundrechte berufen kann sich die juristische Person des öffentlichen Rechts dagegen in Aufsichtsverhältnissen zum Staat.

4. Die Grundrechtsfähigkeit der einzelnen juristischen Personen des öffentlichen Rechts

a) Soweit die juristische Person des öffentlichen Rechts in ihrem öffentlichen Aufgabenkreis und vor allem in einem Aufgabenkreis betroffen wird, in denen sie Hoheitsgewalt gegenüber Dritten ausübt, ist mit dem BVerfG die Grundrechtsfähigkeit grundsätzlich abzulehnen, weil die juristische Person des öffentlichen Rechts insoweit nur Kompetenzen ausübt, die im Interesse der grundgesetzlich geschützten Handlungsfreiheit und Organisationsgewalt des Staates im weiteren Sinne nicht durch Grundrechtssicherungen versteinert werden dürfen. So hat das BVerfG neulich für Gemeinden wieder ausgeführt[82]:

»Auch soweit sich die Beschwerdeführer auf die Verletzung der Grundrechte aus Art. 2 Abs. 1, Art. 3 Abs. 1 und Art. 12 Abs. 1 GG berufen, sind die Verfassungsbeschwerden nicht zulässig.

Zwar gelten die Grundrechte nach Art. 19 Abs. 3 GG auch für juristische Personen, soweit sie ihrem Wesen nach auf diese anwendbar sind. Wie das Bundesverfassungsgericht wiederholt entschieden hat, sind jedoch die Grundrechte und der zu ihrer Verteidigung geschaffene Rechtsbehelf der Verfassungsbeschwerde auf juristische Personen des öffentlichen Rechts, soweit sie öffentliche Aufgaben erfüllen, grundsätzlich nicht anwendbar (BVerfGE 21, 362, 369 ff.; 23, 353, 372; 25, 198, 205; 26, 228, 244; 35, 263, 271; 39, 302, 312 ff.). Auf die Begründungen dieser Entscheidungen wird verwiesen. Die hiergegen im juristischen Schrifttum zum Teil vorgebrachten Einwendungen geben dem Bundesverfassungsgericht keinen Anlaß, diese Rechtsprechung aufzugeben oder zu modifizieren.

Die Ausgangsverfahren der Verfassungsbeschwerden einschließlich der angefochtenen gerichtlichen Entscheidungen betreffen die Beschwerdeführer zu 1 a), 2) und 3) ausschließlich in ihrer spezifischen Funktion als Träger öffentlicher Aufgaben. Gemeinden und Landkreise nehmen als Gebietskörperschaften des öffentlichen Rechts im Bereich der Daseinsvorsorge öffentliche Aufgaben wahr, zu denen auch die Einrichtung der Wasserversorgung gehört (vgl. BVerfGE 38, 258, 270). Es kommt nicht darauf an, ob die Wasserversorgung in (verwaltungs-)privatrechtlichen oder öffentlich-rechtlichen Formen durchgeführt wird, sondern allein darauf, daß die daseinsfürsorgende Leistung ihrer Rechtsnatur nach in Erfüllung einer öffentlichen Aufgabe erbracht wird. Um die Erledigung dieser Aufgabe sicherzu-

82 BVerfGE 45, 78 f.

stellen, ist den betroffenen Grundstückseigentümern die wasserrechtliche Erlaubnis versagt worden. Bei der deswegen erfolgten Verurteilung der Beschwerdeführer zur Entschädigung handelt es sich mithin um eine Rechtsfolge dieser im hoheitlichen Funktionsbereich liegenden öffentlichen Aufgabe.

Einer der Ausnahmefälle, in denen nach der zitierten Rechtsprechung auch einer juristischen Person des öffentlichen Rechts Grundrechtsfähigkeit zuzuerkennen ist (BVerfGE 21, 362, 373 f.; 31, 314, 322), liegt nicht vor. Weder handelt es sich um die Verletzung eines sogenannten Verfahrensgrundrechts, noch sind die beschwerdeführenden Gebietskörperschaften unmittelbar dem Lebensbereich der Bürger zugeordnet, der durch die als verletzt gerügten Grundrechte geschützt wird. Das letztere setzt voraus, daß es sich – wie bei den Kirchen, Universitäten und Rundfunkanstalten – um juristische Personen handelt, die den Bürgern zur Verwirklichung ihrer individuellen Grundrechte dienen und als eigenständige, vom Staat unabhängige oder jedenfalls distanzierte Einrichtungen Bestand haben. Davon kann bei den beschwerdeführenden Gebietskörperschaften keine Rede sein.

Diese haben bei ihrer Maßnahme zur Sicherung der Wasserversorgung auch nicht individuelle Rechte der hinter ihnen stehenden natürlichen Personen gegenüber der öffentlichen Gewalt verfolgt und stehen dem Staat nicht in der gleichen ›grundrechtstypischen Gefährdungslage‹ gegenüber wie der einzelne Eigentümer. Vielmehr sind sie in Erfüllung einer ›staatlichen Aufgabe‹ tätig geworden. Die Verpflichtung zur Zahlung einer Enteignungsentschädigung ist den Beschwerdeführern auferlegt worden, weil sie die ›Nutznießer‹ der nicht erteilten wasserrechtlichen Erlaubnis sind. Sie sind – nach der in den angegriffenen Urteilen vertretenen Rechtsauffassung – durch die ›Enteignung‹ begünstigt und haben deshalb einen Wertausgleich durch Entschädigung zu leisten.«

Ausnahmen greifen insoweit nur ein, wenn und soweit die Kompetenz der verletzten juristischen Person des öffentlichen Rechts selbst wieder durch ein Grundrecht (Art. 5 III GG: Selbstverwaltung der Universitäten) oder durch ein grundrechtsähnliches Recht (Art. 28 GG für Gemeinden und Gemeindeverbände)[83] geschützt wird. Auch die so geschützten juristischen Personen des öffentlichen Rechts könnten allerdings nur diese die Selbstverwaltung absichernden Grundrechte, nicht andere Grundrechte geltend machen, wenn der Eingriff in einen hoheitlichen Tätigkeitskreis erfolgt. Eine andere Frage ist, ob dann etwa die Art. 5 III oder 28 GG nicht so weit ausgelegt werden müssen, daß sie zumindest den Gehalt einzelner anderer Grundrechte (etwa der Art. 14 und 12 GG) umfassen.

b) Aber auch soweit der Eingriff in einen Tätigkeitsbereich einer juristischen Person des öffentlichen Rechts erfolgt, in welchem diese privatrechtlich, etwa erwerbswirtschaftlich handelt, oder bei Eingriffen in das Vermögen der juristischen Person des öffentlichen Rechts, vermag ich einer anderen Auffassung nicht zu folgen. In der Tat hat die Lehre insoweit gegenüber den die Grundrechtsfähigkeit der juristischen Personen des öffent-

83 Zur Grundrechtsfähigkeit der Gemeinden vgl. insbesondere *Friedrich E. Schnapp*, Der Städtetag 1969, S. 534, (für) und *Herbert Bethge*, nochmals: Gemeinden als Grundrechtsträger, Der Städtetag 1970, S. 66.

lichen Rechts allgemein betreffenden Argumenten kaum neue Gesichtspunkte gebracht[84]. Die Auffassung, daß der Fiskus eine neben den Staat tretende juristische Person des Privatrechts sei, ist lange aufgegeben. Überdies wurde die Fiskustheorie entwickelt, um den Staat zumindest an privatrechtliche Grundsätze zu binden und um gegen den Staat den Rechtsweg zu einer Zeit zu eröffnen, in welcher die staatliche Unterworfenheit unter das Recht noch bestritten war; die Grundrechtsfähigkeit juristischer Personen des öffentlichen Rechts im Fiskalbereich würde diese Theorie auf den Kopf stellen[85]. Angesichts der Tatsache, daß die öffentliche Hand in großem Umfang Wahlfreiheit besitzt, ob sie öffentlich-rechtlich oder privatrechtlich handeln will[86], würde die Abgrenzung der Grundrechtsfähigkeit offensichtlich unmöglich. Und schließlich läßt gerade Art. 28 GG erkennen, daß auch die privatrechtliche Tätigkeit der Gemeinden und deren Vermögensfragen nicht unter Art. 2, 12, 14, sondern unter Art. 28 GG fallen sollen und damit Kompetenzfragen und nicht Grundrechte berührt werden. Würde man diese beiden Bereiche unter die grundrechtlichen Garantien bringen, würde die Organisationsgewalt des Staates zu stark beengt.

c) Der Gedanke der notwendigen Einheit des Staates und seiner Handlungsfähigkeit greift dagegen nicht, soweit es sich um Religionsgesellschaften handelt, die Körperschaften des öffentlichen Rechts sind. Denn diese Körperschaften sind unabhängig vom Staat begründet und durch die Verleihung des Status einer Körperschaft des öffentlichen Rechts auch nicht in die »mittelbare Staatsverwaltung« einbezogen worden[87].

d) Gegenüber öffentlich-rechtlichen Sparkassen greift zwar der Gedanke der notwendigen Einheit des Staates; dieser Gedanke wird hier aber zurückgedrängt durch das auch im Lichte des Grundgesetzes schutzwürdige Interesse vor allem der Sparer, das auch durch die selbständige Organisationsform geschützt wird[88].

e) Im Gegensatz zu den juristischen Personen des öffentlichen Rechts besitzen die Beamten und Angestellten, welche die öffentlichen Aufgaben wahrnehmen, grundsätzlich die umfassende Grundrechtsfähigkeit natürlicher Personen. Hier greifen jedoch zwei Schranken ein. Zunächst einmal können die Beamten sich auf ihre eigenen natürlichen Grundrechte nur be-

84 Vgl. hierzu insbesondere etwa *Günter Kriegbaum,* Grundrechtsschutz für den Staat im Fiskalbereich, BayVBl. 1972, S. 481; *Günter Dürig,* Die Geltung der Grundrechte für den Staatsfiskus und sonstige Fiskalakte, BayVBl. 1959, S. 201 ff. (ablehnend: *Günter Dürig,* a.a.O. [Anm. 28]).

85 Vgl. *Joachim Burmeister,* Der Begriff des »Fiskus« in der heutigen Verwaltungsrechtsdogmatik, DÖV 1975, S. 695.

86 Vgl. *Albert Bleckmann,* Subventionsrecht, 1978, S. 85 ff.

87 *Ernst-Werner Fuß,* a.a.O. (Anm. 50); *Günter Dürig,* a.a.O. (Anm. 28), Rdnr. 41 ff.

88 Vgl. *Klaus Stern / Joachim Burmeister,* a.a.O. (Anm. 50), S. 199 ff.

rufen, soweit sie als Privatperson auftreten, im privaten Bereich handeln. Wenn sie dagegen im Rahmen ihrer offiziellen Aufgaben auftreten, können sie sich auf private Grundrechte nur dann berufen, wenn das Grundgesetz dies wie etwa bei der Lehr- und Forschungstätigkeit der Hochschullehrer (Art. 5 III GG) ausdrücklich vorsieht. So können auch die Studenten, welche den ASTA vertreten, sich auf ihre privaten Grundrechte, etwa auf die Meinungsfreiheit, nicht berufen, soweit sie offiziell für den ASTA oder die Studentenschaft handeln[89]. In der offiziellen Eigenschaft kann der Beamte vielmehr nur Grundrechte seiner juristischen Person des öffentlichen Rechts geltend machen. Davon zu unterscheiden ist die Tatsache, daß der Beamte auch als Privatperson wegen des »besonderen Gewaltverhältnisses«, in dem er zur juristischen Person des öffentlichen Rechts steht, seine natürlichen Grundrechte nicht in vollem Umfang ausüben darf.

f) Manche Privatpersonen üben, ohne Beamte zu sein, öffentliche Aufgaben und öffentliche Hoheitsgewalt aus. Das gilt etwa für den Notar, aber auch für die sogenannten Beliehenen[90] wie etwa für den TÜV, der staatliche Prüfungsaufgaben wahrnimmt, für den Bezirksschornsteinfeger, für den Kapitän eines Flugzeugs oder eines Schiffes, der Polizeigewalt ausüben kann. Für Eingriffe in diesen offiziellen Hoheits- oder Aufgabenbereich können diese Personen sich auf Grundrechte nicht berufen, da sie insoweit mittelbare Staatsgewalt ausüben. Würde dem TÜV so etwa die Prüfungstätigkeit genommen, könnte er sich trotz dieser Bedrohung seiner Existenzgrundlage unabhängig von der Frage, ob Art. 14 GG auch Kompetenzen umfassen kann, nicht auf Art. 14 GG berufen, weil er insoweit nicht Grundrechtsträger ist[91].

IV. Ausländer[92]

Ausländer sind alle Personen, die nicht Deutsche im Sinne des Grundgesetzes sind (Art. 116 I GG). Zu den Ausländern zählen also alle Fremden, welche nur eine oder mehrere (Doppelstaater!) fremde Staatsangehörigkeiten besitzen oder staatenlos sind. Ausländer sind in der Bundesrepublik Deutschland auf vierfache Weise geschützt. Einmal ist die Bundesrepublik an die Regeln des völkerrechtlichen Fremdenrechts (Gewohnheitsrecht und Verträge) gebunden, die über Art. 25 GG bzw. durch das Zustimmungsgesetz zum Vertrage in deutsches Recht transformiert werden. Diese Regeln

89 Vgl. *Henning von Olshausen,* a.a.O. (Anm. 50), S. 42 ff.; *Herbert Bethge,* Zur Problematik von Grundrechtskollisionen, a.a.O. (Anm. 50), S. 73 ff. m. w. N.
90 Vgl. *Udo Steiner,* Öffentliche Verwaltung durch Private, 1975.
91 Vgl. etwa *Hans H. Rupp,* Privateigentum an Staatssanktionen?, 1963.
92 Zum Fremdenrecht vgl. zusammenfassend *Albert Bleckmann,* Grundgesetz und Völkerrecht, a.a.O. (Anm. 2), S. 34 ff.

können und brauchen hier nicht im einzelnen dargestellt zu werden[93], da die deutsche Rechtsordnung über den völkerrechtlich gesicherten, sogenannten Mindeststandard meist weit hinausgeht. Zweitens greift auch für Ausländer der Schutz der EMRK in vollem Umfang ein; im Gegensatz zum Grundgesetz unterscheidet die Konvention nämlich grundsätzlich nicht zwischen Bürger- und Menschenrechten, sondern gewährt ihre Rechte jedermann[94]. Das ist besonders wichtig für die Versammlungs- und Vereinigungsfreiheit, die Art. 11 EMRK im Gegensatz zu Art. 8 und 6 GG als Jedermann-Grundrecht ausgestaltet hat. Drittens greifen für die Staatsangehörigen der 9 Mitgliedstaaten der EWG das Diskriminierungsverbot und das Freizügigkeits- und Niederlassungsrecht der EWG (Art. 7, 48 ff. EWGV) ein[95]. Und viertens gewähren auch die Grundrechte des Grundgesetzes den Ausländern einen gewissen Schutz[96].

a) Das Grundgsetz scheint seinem Wortlaut nach die Grundrechte, welche nur für Deutsche gelten sollen, ausdrücklich zu benennen. Es gibt aber Grundrechte, die nach ihrem Wortlaut jedermann zustehen, in Wirklichkeit aber nur den Deutschen gewährt sind. So ist Art. 38 II GG dahin auszulegen, daß aktiv und passiv zum Bundestag wahlberechtigt nur Deutsche im Sinne des Art. 116 I GG sind. Denn das Grundgesetz geht davon aus, daß alle Staatsgewalt vom Volke ausgeht; die Wahlen sind aber die wichtigsten Fälle der Ausübung der Staatsgewalt durch das Volk (Art. 20 II GG). Unter dem »Volk« versteht Art. 20 aber das deutsche Volk. Das bedeutet, daß aktiv und passiv zu den Bundestagswahlen, aber auch zu den

93 Vgl. die Literatur ebenda, S. 367 ff.

94 Vgl. die Literatur ebenda.

95 Vgl. *ders.*, Europarecht, Das Recht der Europäischen Wirtschaftsgemeinschaft, 2. Aufl. 1978, S. 282 ff.

96 *Otto Behrend*, Zur staatsrechtlichen Stellung der Ausländer in der Bundesrepublik III: Kommunalwahlrecht für Ausländer, DÖV 1973, S. 376; *Arno Bordewin*, Das Aufenthaltsrecht der Ausländer, 1962; *Karl Doehring / Josef Isensee*, Die staatsrechtliche Stellung der Ausländer in der Bundesrepublik Deutschland, VVDStRL 32 (1974), S. 7 ff.; *Klaus-Peter Dolde*, Die politischen Rechte der Ausländer in der Bundesrepublik Deutschland, 1972; *ders.*, Zur staatsrechtlichen Stellung der Ausländer in der Bundesrepublik II: Zur Beteiligung von Ausländern am politischen Willensbildungsprozeß, DÖV 1973, S. 370; *Gerhard Heuer*, Politische Betätigung von Ausländern und ihre Grenzen, 1970; *Ingo Klinkhardt*, Die politische Meinungsfreiheit im Ausländerrecht, DVBl. 1965, S. 487; *Helmut Rittstieg*, Rechtsstaat auch für Ausländer, JZ 1972, S. 353; *Rolvering*, Die Rechtsgarantien für eine politische Betätigung von Ausländern in der Bundesrepublik Deutschland, 1970; *Peter Ruppel*, Der Grundrechtsschutz der Ausländer im deutschen Verfassungsrecht, 1968; *Klaus Thomsen*, Die politische Betätigung von Ausländern nach deutschem Verfassungs- und Verwaltungsrecht, 1968; *Christian Tomuschat*, Zur politischen Betätigung der Ausländer in der Bundesrepublik Deutschland, 1968.

Landtagswahlen und zu den Wahlen für Gemeindevertretungen nur Deutsche sein können[97]. Das Grundgesetz deutet diese Beschränkung der politischen Rechte der Ausländer auch dadurch an, daß die für den politischen Prozeß so wichtigen Grundrechte der Versammlungs- und Vereinigungsfreiheit nur Deutschen gewährt werden; wir werden gleich sehen, daß diese Beschränkung der politischen Tätigkeit auch bei der Meinungsfreiheit des Art. 5 I GG eingreift. Da die Parteien und Verbände bei der politischen Willensbildung des Volkes mitwirken (Art. 21 GG), auch diese Mitwirkung aber durch Art. 20 II GG auf Deutsche beschränkt ist, dürfen Ausländer zumindest keine leitenden Funktionen in politischen Parteien und etwa in Gewerkschaften ausüben. Darüber hinaus ist möglicherweise sogar die einfache Mitgliedschaft in deutschen Parteien den Ausländern durch das Grundgesetz verwehrt. Etwas anderes gilt für die Gründung ausländischer Parteien und der Mitwirkung in diesen Verbänden, die dann allerdings nicht grundrechtlich geschützt ist.

Die insbesondere auch im Europarat stark unterstützten Pläne zur Einräumung des aktiven und passiven Gemeindewahlrechts an Ausländer, das deren soziale und wirtschaftliche Lage stärken soll, stößt in der Bundesrepublik also an verfassungsrechtliche Schranken. Dasselbe gilt für die Vorschläge, neben den Gemeindevertretungen von den Gastarbeitern gewählte Repräsentationsorgane zu schaffen, die keine eigenen Hoheitsbefugnisse ausüben, sondern von den Gemeindevertretungen vor ihrer Entscheidung über die Gastarbeiter betreffenden Fragen angehört werden sollen. Soll die Stellung dieser Gremien nämlich dem Zweck dieser Vorschläge entsprechend stark ausgebaut werden, verstieße die Einflußmöglichkeit auf die Willensbildung des Deutschen Volkes wohl gegen Art. 28, 20 II GG.

b) Wenn das Grundgesetz bestimmte Rechte auf Deutsche beschränkt, bedeutet dies nicht ein Verbot für den Gesetzgeber, entsprechende Grundrechte auf Ausländer auszudehnen. Das ist etwa im Vereins- und im Versammlungsgesetz geschehen. Dadurch werden den Ausländern aber die Vereins- und Versammlungsfreiheit nur gesetzlich, nicht verfassungsrechtlich gewährt.

c) Wir haben gezeigt, daß das Grundgesetz die politische Betätigungsfreiheit der Ausländer bewußt beschränkt. Diese Beschränkung hat zwei Gründe. Einmal besitzen die Ausländer in der Bundesrepublik keine politischen Aktivrechte zu den Wahlen in der Bundesrepublik, so daß insoweit die politischen Rechte nicht erforderlich sind. Auf der anderen Seite ist eine an die Organe ihres Heimatlandes gerichtete politische Betätigung der Ausländer dann unerwünscht, wenn sie die internationalen Beziehungen der

97 Vgl. *Manfred Birkenheier,* Wahlrecht für Ausländer, 1976; *Karl Lamers,* Repräsentation und Integration der Ausländer in der Bundesrepublik Deutschland unter besonderer Berücksichtigung des Wahlrechts, 1977.

Bundesrepublik gefährden könnte. Hauptsächlich aus diesem zweiten Grund hat § 6 des Ausländergesetzes der politischen Betätigung der Ausländer Grenzen gezogen. Diese Schranken sind in der Literatur äußerst umstritten[98], aber wohl nicht verfassungswidrig. Denn Art. 5 und 2 GG, auf welche die Ausländer sich berufen könnten, ziehen den Grundrechten Schranken durch die allgemeinen Gesetze einerseits, die verfassungsmäßige Ordnung andererseits. Die in § 6 AuslG geschützten Interessen der Bundesrepublik überwiegen abstrakt das Interesse der Ausländer an einer politischen Betätigung. Allerdings müssen die Verwaltungsbehörden und Gerichte die konkreten Interessen im Einzelfall miteinander abwägen.

d) Wieder eine andere Frage ist, ob den Ausländern nicht auch im Bereich der Deutschengrundrechte ein unmittelbarer Grundrechtsschutz zusteht. Ansatzpunkt hierfür ist einmal die Menschenwürde des Art. 1 I GG, zum anderen das Recht auf freie Entfaltung der Persönlichkeit aus Art. 2 I GG, und schließlich die Wesensgehaltsgarantie des Art. 19 II GG:

(1) Nach *Günter Dürig* schützt Art. 19 II GG mit dem Wesensgehalt den Menschenwürdegehalt der Grundrechte. Da die Menschenwürde auch den Ausländern zusteht, müsse Art. 19 II GG für Ausländer auch dann eingreifen, wenn eine formale Beschränkung des betreffenden Grundrechtsinhalts auf Deutsche erfolgt ist. Dieser Theorie kann aus einem doppelten Grunde nicht gefolgt werden. Dabei kann hier zunächst dahingestellt bleiben, ob Art. 19 II GG wirklich immer nur den Menschenwürdegehalt der Grundrechte schützt. Denn einerseits läuft die Theorie *Dürigs* auf die unter (2) besprochene Theorie hinaus, wonach die Ausländer sich auf den Menschenwürdegehalt der Deutschengrundrechte berufen können, so daß es des Rückgriffs auf Art. 19 II GG nicht bedarf. Zum anderen schützt Art. 19 II GG immer nur den Kernbereich der einzelnen Grundrechte; sind etwa die Art. 8, 9, 11 und 12 GG auf Ausländer nicht anwendbar, kann es für diese auch keinen Kernbereich dieser Grundrechte geben[99].

(2) Art. 1 I GG schützt die Menschenwürde. Aus Art. 1 II GG folgt, daß das Grundgesetz die unverletzlichen und unveräußerlichen Menschenrechte gewährt, um die Achtung der Menschenwürde zu sichern. Die unverletzlichen und unveräußerlichen Menschenrechte sind also nur Ausfluß des obersten Konstitutionsprinzips der Verfassung, des Satzes von der Menschenwürde. Die Menschenwürde aber ist auch in der Person der Ausländer zu schützen. Aus diesen Ansätzen zieht ein Teil der Lehre den Schluß, daß dann auch die Deutschengrundrechte den Ausländern in ihrem Wesensgehalt zustehen müssen, der Ausdruck der Menschenwürde ist[100].

98 Vgl. die Literatur in Anm. 96.

99 Vgl. im einzelnen *Peter Ruppel*, a.a.O. (Anm. 96), S. 54 ff.

100 Vgl. die Nachweise bei *Peter Ruppel*, a.a.O. (Anm. 96), S. 57 ff., insbesondere *Otto Bachof* und *Günter Dürig*.

Dieses Argument greift allerdings nur bei den unverletzlichen und unveräußerlichen Menschenrechten, also den naturrechtlich begründeten Rechten, nicht aber bei den nur positivrechtlich eingeräumten Grundrechten, etwa aus Art. 33 und 38 II GG. Man könnte nun der Auffassung sein, das Grundgesetz habe selbst durch die Ausgestaltung etwa der Art. 8, 9, 11 und 12 GG als Deutschengrundrechte entschieden, daß es sich hier nicht um naturrechtliche Menschenrechte handelt. Dem steht entgegen, daß diese Grundrechte unzweifelhaft für eine menschenwürdige Gestaltung der Lebensbedingungen unbedingt erforderlich sind. Könnte man diese Grundrechte nicht im Sinne des Art. 1 I GG auslegen, wäre die Einschränkung der Deutschengrundrechte unbeachtlich, weil es sich um gegen oberste Konstitutionsprinzipien verstoßendes und damit verfassungswidriges Verfassungsrecht handeln würde.

Den Ausländern steht damit der Kerngehalt der Deutschengrundrechte über Art. 1 I GG zu[101]. Die notwendigen Beschränkungen dieser Ausländerrechte sind über die Beschränkung der Aufenthaltserlaubnis zu ziehen. Wenn die Bundesrepublik Ausländer auf ihrem Gebiet zuläßt, muß sie ihnen auch ein menschenwürdiges Dasein gestatten. Umgekehrt darf sich dann ein Ausländer nicht auf Art. 12 GG berufen können, um als notwendige Voraussetzung für die Aufnahme der Arbeit in der Bundesrepublik die Arbeitserlaubnis erwerben zu können. Allerdings ist der Kern der Deutschengrundrechte ebenso schwer zu bestimmen wie der Wesensgehalt der Grundrechte. Schon die Tatsache, daß die Bundesrepublik aus Art. 12 GG verpflichtet ist, die Arbeitsplätze in erster Linie für Deutsche zu reservieren, läßt eine unbeschränkte Anwendung des Art. 12 GG auf Ausländer nicht zu. Es kommt wohl alles auf eine Interessenabwägung im Einzelfall an. Ein Ausländer, der seit langen Jahren in der Bundesrepublik wohnt und arbeitet und sich in die deutsche Gemeinschaft integriert hat, kann sich wahrscheinlich in weiterem Umfang auf Art. 8, 9, 11 und 12 GG berufen als ein nur kurzfristig anwesender Ausländer.

(3) Der dritte Ansatzpunkt für den Grundrechtsschutz der Ausländer im Bereich der Deutschengrundrechte ist Art. 2 I GG. Soweit die Deutschengrundrechte als leges speciales nicht greifen, ist das Auffanggrundrecht des Art. 2 I GG auf Ausländer anwendbar[102]. Die Deutschengrundrechte können also nicht dahin ausgelegt werden, daß in ihrem Schutzbereich die Ausländer überhaupt keine Grundrechte besitzen. Das bedeutet, daß Eingriffe in Art. 2 I GG nur aufgrund eines hinreichend bestimmten Gesetzes zulässig sind. Das Gesetz muß legitime, die Interessen des Ausländers überwiegende öffentliche Interessen verfolgen und zur Erreichung dieser Interessen

101 Die entgegengesetzte Meinung in *Albert Bleckmann,* Grundgesetz und Völkerrecht, a.a.O. (Anm. 2), S. 355, gebe ich auf.

102 BVerfGE 35, 382, 399.

erforderlich und geeignet sein (Grundsatz der Verhältnismäßigkeit). Bei der Anwendung des Gesetzes auf den Einzelfall sind die Interessen des Ausländers mit den öffentlichen Interessen abzuwägen.

(4) Selbst wenn man diesen Theorien nicht folgt, ist der Ausländer nicht ganz schutzlos:

aa) Zunächst bindet das Rechtsstaatsprinzip als objektive Norm den Gesetzgeber, die Verwaltung und die Gerichtsbarkeit dem Ausländer gegenüber auch in Bereichen, in denen er sich auf Grundrechte nicht berufen kann. Es gilt so etwa der Vorbehalt des hinreichend bestimmten Gesetzes, das Rückwirkungsverbot, der Grundsatz der formellen (Rechtssicherheit) und materiellen Gerechtigkeit usw.

bb) Ist man der Auffassung, der Ausländer könne sich im Bereich der Deutschengrundrechte auf Art. 2 I GG berufen, kann er u. U. in einer auf dieses Grundrecht gestützten Verfassungsbeschwerde auch die Deutschengrundrechte geltend machen, weil ein Grundrecht auch dann verletzt ist, wenn der Staatsakt objektives Verfassungsrecht verletzt und die Grundrechte auch objektives Verfassungsrecht begründen. Klagt ein Ausländer aufgrund des Art. 2 I GG gegen ein Gesetz, das den Einzelhandel von einer Genehmigung abhängig macht, die nur nach einer Fachprüfung gewährt wird, müßte das BVerfG deshalb inzident auch prüfen, ob die Deutschengrundrechte des Art. 12 GG verletzt sind.

e) Die in den Jahren um 1970 durch Aufsätze von *Fritz Franz*[103], *Hans-Joachim Rose*[104], *Helmut Rittstieg*[105], *Manfred Zuleeg*[106], *Werner Kanein*[107] und *Friedrich E. Schnapp*[108] ausgelöste, zum Teil sehr polemisch geführte Diskussion um die Verfassungsmäßigkeit des Ausländergesetzes, die auf der Staatsrechtslehrertagung von 1973 in den beiden Referaten von *Karl Doehring* und *Josef Isensee*[109] ihren Höhepunkt fand, ist seit der Entscheidung des BVerfG vom 18. Juli 1973[110], die allerdings noch Anmerkungen auslöste[111], völlig verstummt. Dabei ist die grundlegende Proble-

103 *Fritz Franz,* Zur Reform des Ausländer-Polizeirechts, DVBl. 1963, S. 797.

104 *Hans-Joachim Rose,* Ausländerrecht in Grenzen oder grenzenloses Ausländerrecht, JZ 1971, S. 721.

105 *Helmut Rittstieg,* Zum ausländerbehördlichen Ermessen, JZ 1971, S. 113; *ders.*, Aktuelle Fragen des Ausländerrechts, NJW 1972, S. 2153.

106 *Manfred Zuleeg,* Zur staatsrechtlichen Stellung der Ausländer in der Bundesrepublik Deutschland, DÖV 1973, S. 361.

107 *Werner Kanein,* Das Ausländergesetz im Meinungsstreit, NJW 1973, S. 729.

108 *Friedrich E. Schnapp,* Verfassungswidrigkeit ohne Grundrechte-Verletzung? Zur Verfassungsmäßigkeit von § 8 AuslRuStG, § 12 und 7 AuslG, DÖV 1973, S. 593.

109 *Karl Doehring / Josef Isensee,* a.a.O. (Anm. 96).

110 BVerfGE 35, 382 ff.

111 Vgl. *Helmut Rittstieg,* Urteilsanmerkung in JZ 1974, S. 261.

matik der Anwendung der Rechtsstaatsprinzipien auf Ausländer bei weitem noch nicht völlig gelöst.

(1) Schon der 1963 veröffentlichte Aufsatz von *Fritz Franz* vertrat die Auffassung, der Entwurf des neuen Ausländergesetzes verstoße gegen das Völkerrecht und gegen die Verfassung. Insbesondere seien die an den Belangen der Bundesrepublik Deutschland ausgerichteten Voraussetzungen der Aufenthaltserlaubnis zu unbestimmt; auf der anderen Seite müsse ein Rechtsanspruch des Ausländers auf Aufenthalt bestehen, wenn die deutschen Belange dem nicht entgegenstünden. Diese Vorwürfe hat *Franz* in seinem 1970 erschienenen Aufsatz wiederholt, in dem insbesondere die allein auf »angebliche« Belange der Bundesrepublik und nicht auch auf die Interessen des Ausländers abstellende Kommentarliteratur gerügt wurde. 1971 hat dann *Rittstieg* versucht, entgegen den Tendenzen in den Kommentaren eine rechtsstaatliche Kontrolle der Ermessensentscheidungen der Ausländerbehörden einzuführen: Das Ermessen müsse immer pflichtgemäß ausgeübt werden. Dazu gehöre, daß von der Verfassung zugelassene, von den betreffenden Gesetzen geschützte öffentliche Interessen der Aufenthaltserlaubnis nicht entgegenstehen und diese öffentlichen Interessen überdies die privaten Belange des Ausländers überragten; stünden öffentliche Interessen der Gewährung der Aufenthaltserlaubnis nicht entgegen, sei nach rechtsstaatlichen Prinzipien die Aufenthaltserlaubnis zu gewähren. Rechtsdogmatisch begründet wurden diese Ansätze 1972 von *Zuleeg*, der den Ausländern generell das Auffanggrundrecht des Art. 2 II GG auch in Bereichen zusprach, in denen die Deutschengrundrechte bei den Ausländern an sich eine Lücke lassen. Art. 2 I GG umfasse aber heute den generellen Anspruch, nicht durch staatlichen Zwang mit einem Nachteil belastet zu werden, der nicht in der verfassungsmäßigen Ordnung begründet ist. Das Grundgesetz verbiete Eingriffe der Staatsgewalt, die nicht dem Rechtsstaat entsprechen. Dies bedeute, daß alle belastenden Maßnahmen ihre Grundlage in einer gemäß der Verfassung zustandegekommenen Rechtsnorm finden müssen, die hinreichend bestimmt ist; die belastenden Maßnahmen unterlägen dem Abwägungsgebot, die Einschränkungen seien im Sinne der Wechselwirkungslehre von der Freiheit her zu deuten. Auch *Hans-Jochen Fricke* ist der Auffassung, die erheblichen Belange der Bundesrepublik Deutschland seien nicht hinreichend bestimmt, so daß Art. 2 und 10 AuslG verfassungswidrig seien[112].

(2) Die Autoren, welche die Gegenposition vertreten, unterscheiden sich in ihren Ergebnissen nicht so stark von den bisher dargelegten Auffassungen, daß diese Gegensätze die heftige Polemik rechtfertigen, die diese Materie beherrschte. So ist etwa *Rose* zwar der Auffassung, § 2 AuslG sei

112 *Hans-Jochen Fricke*, Die erheblichen Belange der Bundesrepublik Deutschland im Ausländergesetz und das Bestimmtheitsgebot, 1973.

nicht dahin auszulegen, daß, wenn die Belange der Bundesrepublik einer Erteilung der Aufenthaltserlaubnis nicht entgegenstehen, die Erlaubnis gewährt werden müsse; aber die Belange der Bundesrepublik umfaßten jedes nur denkbare öffentliche Interesse, so daß sich eigentlich keine Fälle denken ließen, in denen die Versagung der Aufenthaltserlaubnis trotz des Fehlens solcher Belange bei Beachtung der Grundsätze des Willkürverbots und der Verhältnismäßigkeit zu rechtfertigen wäre. Auch seien die öffentlichen Interessen der Bundesrepublik mit den Belangen des Ausländers abzuwägen. Bei dieser Interessenabwägung müsse aber berücksichtigt werden, daß die Ausländergesetzgebung eines jeden Staates auf dem Prinzip des Vorrangs der eigenen Interessen vor ausländischen und Ausländer-Interessen aufbaue. Bei einem Konflikt zwischen beiden Interessenbereichen müsse deshalb das fremde Interesse stets zurückstehen, sofern nicht die Außerachtlassung der privaten Interessen des Ausländers außer Verhältnis zu dem mit dem AuslG verfolgten Zweck stehe. Im übrigen seien die Belange der Bundesrepublik durch die Ministerialerlasse hinreichend bestimmt, so daß aus rechtsstaatlichen Erwägungen heraus keine Bedenken bestünden. Auch *Kanein* ist der Auffassung, die richterliche Kontrolle könne einen Ermessensfehlgebrauch der Ausländerbehörden korrigieren. Aufenthaltserlaubnis und Ausweisungsverfügung verlangten eine Interessenabwägung. Der Grundsatz der Verhältnismäßigkeit biete gegenüber der Ausweisung weitgehenden Schutz.

(3) In seiner Entscheidung vom 18. Juli 1973 ist das BVerfG in seinem dogmatischen Ansatz weitgehend den Ausführungen der Gegner des Ausländergesetzes gefolgt. Art. 2 I GG verleihe den Ausländern unter dem Vorbehalt eines verfassungsmäßigen Gesetzes ein Aufenthaltsrecht. Das Gesetz müsse rechtsstaatlichen Anforderungen genügen und deshalb hinreichend bestimmt sein. Diesen Forderungen entspreche aber § 10 Abs. 1 Nr. 11 AuslG, weil sich Inhalt und Zweck dieser Bestimmung, insbesondere die Auslegung des unbestimmten Rechtsbegriffs »erhebliche Belange der Bundesrepublik«, aus dem Zusammenhang mit der Aufzählung näher umschriebener Ausweisungsgründe in § 10 Abs. 1 Nr. 1 bis 10 AuslG hinreichend ermitteln ließen. Im übrigen müßte im Rahmen des Ermessens über die Ausweisung der Grundsatz der Verhältnismäßigkeit beachtet werden. Danach seien Eingriffe in die Freiheitssphäre nur dann und insoweit zulässig, als sie zum Schutz öffentlicher Interessen unerläßlich seien; die gewählten Mittel müßten in einem vernünftigen Verhältnis zum angestreben Erfolg stehen. Demgemäß sei bei der Abwägung der Tatbestände des § 10 Abs. 1 AuslG das durch die betreffende Einzelvorschrift jeweils geschützte öffentliche Interesse abzuwägen gegen die privaten Belange des betroffenen Ausländers, d. h. etwa gegen die Folgen der Ausweisung für seine wirtschaftliche, berufliche und persönliche Existenz, insbesondere für die Ehe mit einer Frau, die ihm nicht ins Ausland folgen will oder kann, sowie für andere soziale Bindungen.

Dieser Beschluß ist auf unterschiedliche Resonanz gestoßen. Während *Jürgen Schwabe* die Anwendung des Art. 2 GG auf Ausländer auch in Bereichen angreift, die durch die Deutschengrundrechte geschützt werden, weil sonst den Ausländern systemwidrig eine stärkere als oder zumindest die gleiche Stellung wie den Deutschen eingeräumt würde, begrüßt *Rittstieg* diese Entscheidung, ist aber der Meinung, aus den Nummern 1 bis 10 lasse sich für die Auslegung des § 10 Abs. 1 Nr. 11 AuslG nichts herleiten; überdies sei die wichtigere Ausweisungsproblematik noch nicht gelöst. Allerdings müsse man aus dem Beschluß die Folgerung ziehen, § 2 AuslG sei verfassungswidrig, weil er keinen Anspruch auf Erteilung der Aufenthaltserlaubnis gewähre, wenn dem die Belange der Bundesrepublik nicht entgegenstünden.

(4) Ob Art. 2 GG auf den Aufenthalt und die Tätigkeit von Ausländern in der Bundesrepublik, etwa auch im Bereich des Deutschengrundrechts aus Art. 12 GG auf berufliche Betätigung, an sich in vollem Umfang auf Ausländer mit der Folge angewendet werden kann, daß das grundsätzlich für Deutsche entwickelte Rechtsstaatsprinzip (Gesetzesvorbehalt und Verhältnismäßigkeit) auf Ausländer voll Anwendung findet, soll hier dahingestellt bleiben. Im folgenden werden wir vielmehr nur die Frage aufwerfen, ob nicht andere, im Grundgesetz ebenso stark verankerte Prinzipien die aus Art. 2 GG und dem Rechtsstaatsprinzip fließenden Folgen zurückdrängen. Dabei soll vorausgesetzt werden, daß Art. 2 GG und das Rechtsstaatsprinzip nach der Rechtsprechung des BVerfG folgende Regelung nach sich ziehen:

aa) Die Ausweisung ist nur aus den in § 10 Abs. 1 AuslG genannten Gründen zulässig. Dabei muß die Nummer 11 anhand der Nummern 1 bis 10 ausgelegt werden. Das hätte aber die notwendige Folge, daß eine Ausweisung – wie bei den Angehörigen der Mitgliedstaaten der EWG – nur noch möglich ist, wenn der Ausländer durch sein persönliches Verhalten dazu Anlaß gegeben hat; alle Ausweisungsgründe der Nummern 1 bis 10 zielen nämlich auf ein solches Verhalten. Möglicherweise ist darüber hinaus nur noch eine Ausweisung wegen einer Straftat oder Ordnungswidrigkeit denkbar, weil die Nummern 1 bis 10 sich im wesentlichen auf solche Verstöße konzentrieren. Eine Ausweisung sogar aus gesundheitlichen Gründen, die bei EWG-Ausländern an sich möglich wäre, insbesondere aber eine Ausweisung aus wirtschaftlichen Gründen und um eine Überfremdung der Bundesrepublik zu verhindern, wäre nicht mehr möglich.

Das BVerfG hat sich nicht dazu geäußert, welches Gewicht die deutschen Interessen im Rahmen der bei der Verhältnismäßigkeitsprüfung notwendigen Abwägung mit den Belangen der Bundesrepublik haben sollen. Sind hier die allgemeinen Prinzipien anzuwenden, kann man von einem generellen Vorrang der deutschen Interessen nicht mehr ausgehen, weil dann eine Abwägung im Einzelfall überhaupt nicht mehr stattfindet.

bb) Bezieht sich Art. 2 GG auch auf die erste Aufenthaltsnahme oder auf die Verlängerung der Aufenthaltserlaubnis, müssen die Belange der Bundesrepublik in § 2 Abs. 1 AuslG im Sinne des verfassungskonform ausgelegten § 10 Abs. 1 AuslG interpretiert werden. Eine Einschränkung der Einreise von Ausländern aus wirtschaftlichen oder integrationspolitischen[113] Gesichtspunkten erscheint dann nicht mehr möglich. Denn wenn diese eng verstandenen Belange der Bundesrepublik dem nicht entgegenstehen, wäre nach dem Rechtsstaatsprinzip die Einwanderung zu gestatten.

(5) Bevor auf die Verfassungsprinzipien eingegangen werden soll, welche die Anwendung dieser Regeln des Rechtsstaatsprinzips zurückdrängen, soll noch kurz auf das an anderer Stelle[114] behandelte Prinzip der Völkerrechtsfreundlichkeit der deutschen Rechtsordnung eingegangen werden, das die aus dem Rechtsstaatsprinzip fließenden Ergebnisse für die Ausländer sogar noch verstärkt. Wenn die Entscheidung der Bundesrepublik Deutschland für die offene Staatlichkeit[115] grundsätzlich die Freiheit des grenzüberschreitenden Verkehrs und damit auch die Ausreisefreiheit der Deutschen[116] begründet, muß dieses Prinzip umgekehrt auch für die Einreisefreiheit und das Aufenthaltsrecht der Ausländer in der Bundesrepublik herangezogen werden. Das begründet die Vermutung, daß Art. 2 GG sich auch auf die Einreise der Ausländer bezieht und auf diese Einreise die Rechtsstaatsprinzipien anzuwenden sind.

(6) Diese relativ starke grundrechtliche Stellung der Ausländer wird aber durch andere Verfassungsprinzipien wieder abgeschwächt. Dabei sollen hier nur fünf Verfassungsprinzipien etwas näher untersucht werden; möglicherweise könnten sich noch andere Verfassungsprinzipien finden lassen, die in dieselbe Richtung weisen.

aa) Würden aus dem Beschluß des BVerfG die letzten Konsequenzen gezogen, könnte nach dem verfassungskonform ausgelegten Ausländergesetz (das allerdings durch die Aufzählung weiterer konkreter öffentlicher Interessen in einem Ergänzungsgesetz erweitert werden könnte) dem Zustrom ausländischer Arbeitskräfte aus wirtschaftlichen Gesichtspunkten keine Schranken mehr gezogen werden. Dann würden aber durch das Überange-

113 Vgl. etwa die Entscheidung des VGH München vom 4. 6. 1969, NJW 1970, S. 1012 (Anm. *Fritz Franz,* NJW 1970, S. 1012; Anm. *Peter Wirtz,* NJW 1970, S. 2177), nach welcher die Bundesrepublik kein Einwanderungsland ist und die ständige Niederlassung von Ausländern in der Regel staatliche Belange beeinträchtigt.

114 *Albert Bleckmann,* Die Völkerrechtsfreundlichkeit der deutschen Rechtsordnung, DÖV 1979, S. 309.

115 Vgl. *Karl Vogel,* Die Verfassungsentscheidung des Grundgesetzes für eine internationale Zusammenarbeit, 1964.

116 *Albert Bleckmann / Bartold Busse,* Die Ausreisefreiheit der Deutschen, DVBl. 1977, S. 794.

bot von billigen ausländischen Arbeitskräften auch die Arbeitsplätze der Deutschen gefährdet. Wenn es auch fraglich erscheint, ob der Staat allgemein[117] verpflichtet ist, die materiellen Voraussetzungen der Grundrechte und insbesondere des Art. 12 GG[118] zu schaffen (Lehre von den positiven Teilhaberechten), muß er es doch sicherlich unterlassen, durch seine Tätigkeit diese Voraussetzungen zu verschlechtern. Art. 12 begründet also die Verpflichtung des Staates, die Arbeitsplätze der Deutschen vor der Gefahr eines zu starken ausländischen Konkurrenzangebots zu schützen. Der Staat ist also nicht nur berechtigt, sondern verfassungsrechtlich verpflichtet, solche wirtschaftlichen Gesichtspunkte im Rahmen des § 10 Abs. 1 Nr. 11 AuslG geltend zu machen. Verfassungskonform ausgelegt verlangte diese Norm also entgegen der Ansicht des BVerfG gerade nicht eine reine Abstrahierung aus den Gründen der Nummern 1 bis 10, sondern auch die Berücksichtigung nicht-persönlicher Ausweisungsgründe.

bb) Legt man Art. 109 Abs. 2 GG dahin aus, daß er die Beachtung der Ziele des magischen Vierecks nicht nur bei der Haushaltswirtschaft, sondern generell vorschreibt, können auch diese Ziele Ablehnungsgründe bei einer entsprechenden konjunkturellen oder strukturellen Situation zwingend vorschreiben.

cc) Auch das Sozialstaatsprinzip kann in einem doppelten Sinne verfassungsrechtlich gebotene nicht-persönliche Ablehnungsgründe für eine Aufenthaltserlaubnis oder ihre Verlängerung enthalten:

Bei einem ungehinderten Zustrom von Ausländern können für diese Ausländer, im Endergebnis aber auch für die Deutschen, die materiellen Voraussetzungen für die Ausübung der Grundrechte – ein bestimmtes Lohn- und Sozialversicherungsniveau, Wohnraum, modernen Ansprüchen genügende Kindergärten, Schulen, Krankenhäuser, Altersheime, Sportplätze usw. – nicht auf dem heutigen Stand gehalten werden. Der Staat ist aber aus den in den Grundrechten und im Sozialstaatsprinzip verankerten Teilhaberechten heraus verpflichtet, den bisher erreichten Standard durch seine Tätigkeit zumindest nicht zu verschlechtern[119].

Ein im Sozialstaatsprinzip ebenfalls angelegter Grundsatz ist, daß der Staat den sozialen Frieden zu sichern hat[120]. Das Grundgesetz verankert überdies die Pflicht der Bundesrepublik, den internationalen Frieden, der auch den sozialen Frieden im innerstaatlichen Bereich umfaßt, zu sichern. Dieser innere und äußere soziale Friede würde durch den ungehemmten Zuzug fremder Arbeitskräfte gefährdet, weil die Gegensätze zwischen den

117 Dazu neuerdings *Eberhard Grabitz*, Freiheit und Verfassungsrecht, 1976, S. 33 ff.; *Jürgen Schwabe*, Probleme der Grundrechtsdogmatik, 1977, S. 201 ff.

118 Numerus-clausus-Urteil, BVerfGE 33, 303.

119 *Werner von Simson*, Das demokratische Prinzip im GG, VVDStRL 29 (1970), S. 3 ff.

120 Ebenda.

Deutschen und den Ausländern und den verschiedenen Ausländergruppen sich dann aller Erfahrung nach verschärfen und zu Konflikten zwischen diesen Bevölkerungsgruppen, aber auch mit den Heimatstaaten der Ausländer führen würden. Auch insoweit verlangt das Grundgesetz also eine Beschränkung des Zustroms von Ausländern in die Bundesrepublik.

dd) Das Grundgesetz bestärkt in seiner Präambel den Willen des Deutschen Volkes, seine nationale und staatliche Einheit zu wahren. Nach Ansich des BVerfG handelt es sich hierbei nicht nur um unverbindliche Programmsätze. Das BVerfG hat aus der Präambel vielmehr die Pflicht aller Staatsorgane abgeleitet, auf die Wiedervereinigung hinzuwirken und alle Maßnahmen zu unterlassen, die der Wiedervereinigung entgegenstehen[121]. Die Pflicht zur Wahrung der nationalen Einheit geht aber über diese konkreten Forderungen weit hinaus. Sie beinhaltet z. B. die Forderung, daß der Staat in seinem Erziehungsprogramm auf die Wahrung der nationalen Einheit, etwa durch Verstärkung des Deutsch- und Geschichtsunterrichts, hinwirkt. Zumindest muß es dem Staat verboten sein, einer Zunahme des ausländischen Bevölkerungsanteils tatenlos zuzusehen, wenn diese Personen in die deutsche Bevölkerung nicht mehr integriert werden können und damit die Gefahr einer Überfremdung der Bundesrepublik heraufbeschworen wird. Auch das in der Präambel verankerte Nationalstaatsprinzip verlangt also eine Beschränkung des Zuzugs von Ausländern in die Bundesrepublik.

ee) In den bisherigen Darlegungen wurden nur partielle Verfassungsaufträge der Bundesrepublik behandelt, die dazu führen, die grundsätzlich verfassungskonforme Beschränkung des § 10 Abs. 1 Nr. 11 AuslG auf persönliche Ausweisungsgründe teilweise zu durchbrechen. Es fragt sich aber, ob das Grundgesetz nicht allgemein entgegen dem das Ermessen strikt beschränkenden Rechtsstaatsprinzip bei Ausländern einen weiteren Ermessensspielraum fordert:

Die bisher aufgeführten Gründe stehen einer Zulassung von Ausländern über eine aufgrund wissenschaftlicher Gutachten zu berechnenden Prozentzahl des Anteils der Ausländer an der Gesamtbevölkerung und in den einzelnen Städten und Gemeinden entgegen. Das kann aber nicht bedeuten, daß bis zur Erreichung dieser Grenze die Bundesrepublik alle Ausländer zuzulassen hat, bei denen persönliche Versagungsgründe nicht vorliegen. Wenn auch nach der Erreichung dieser Grenze eine generelle Ausländersperre bis auf grundgesetzlich besonders geschützte Ausländer (Art. 6 GG) und bis auf EWG-Ausländer möglich erscheint, muß das vor dieser Sperre liegende System flexibel gehandhabt werden können. Wiederum aus verfassungsrechtlichen Gründen kann nicht der Grundsatz gelten: »Wer zuerst kommt, mahlt zuerst«. Die verschiedenen verfassungsrechtlichen Gründe, die für eine Ablehnung von Ausländern sprechen, greifen vielmehr bei den einzelnen Aus-

121 BVerfGE 5, 127; 36, 17.

ländern unterschiedlich ein. So können etwa Europäer leichter in die deutsche Gemeinschaft integriert werden als Asiaten; auch die sozialen Spannungen mögen hier geringer sein. Bei Spezialisten, die in der Bundesrepublik selten sind, greift der Grundsatz des Schutzes der deutschen Arbeitsplätze aus Art. 12 GG nicht ein. Gerade verfassungsrechtlich geschützte öffentliche Interessen, wie etwa die Verteidigungsbereitschaft der Bundesrepublik oder die Entwicklung von Kunst und Wissenschaft, können den Zuzug bestimmter Fachkräfte fordern. Bei gutverdienenden Fachkräften greifen auch die Bedenken nicht so stark ein, der deutsche Sozialstaat werde überfordert. Schon die verfassungsrechtlichen Prinzipien, welche die Abweisung von Ausländern grundsätzlich fordern, verlangen also eine gewisse Flexibilität des Ausländerrechts, einen breiten Ermessenspielraum der Ausländerbehörden.

ff) Darüber hinaus fordert aber die Flexibilität der Auswärtigen Gewalt zumindest bei der Versagung der Aufenthaltserlaubnis ein umfassendes Ermessen der Ausländerbehörden:

Das Grundgesetz hat in mehreren Bestimmungen (etwa Art. 32, 59) die Auswärtige Gewalt in Abweichung von den für den Innenbereich geltenden Prinzipien geregelt, um diesen Notwendigkeiten zu entsprechen. So ist gegenüber der Gesetzgebungsgewalt die Vertragsschlußkompetenz des Bundes erweitert worden[122], so liegt das Vertragsschlußrecht bei der Exekutive und nicht wie das Gesetzgebungsrecht beim Parlament[123]. Mit der Übertragung der Auswärtigen Gewalt auf die Exekutive sollte der Tatsache Rechnung getragen werden, daß der Außenbereich nicht der einseitig-hoheitlichen Bestimmungsmöglichkeit des Staates unterworfen ist, sondern sich dem ständigen Wandel der internationalen Kooperation einheitlich und schnell anpassen muß[124]. Ebenso gilt es zu vermeiden, der Auswärtigen Gewalt durch innerstaatliche Bindungen echte rechtliche Schranken dort aufzuerlegen, wo die völkerrechtlichen Bestimmungen nur in einem sehr flexiblen Verfahren auf der völkerrechtlichen Ebene durchgeführt werden und die Souveränität des Staates intakt lassen. Das Bundesverfassungsgericht hat zwar die auswärtige Gewalt an die Schranken des GG gebunden[125], aber in der Annäherungs-Theorie die notwendige Beweglichkeit der Auswärtigen Gewalt, wenn auch bisher nur in bezug auf den Abbau des Besatzungsregimes, gesichert[126]. Ebenso dürfen völkerrechtliche Verträge, die auf der völkerrechtlichen Ebene sehr flexibel gehandhabt werden und deshalb nur eine sehr lockere Bindung der Auswärtigen Gewalt bewirken innerstaatlich nicht dahin ausgelegt werden, daß sie die nationalen

122 *Albert Bleckmann*, Grundgesetz und Völkerrecht, a.a.O. (Anm. 2), S. 204.
123 Ebenda, S. 215.
124 Ebenda.
125 BVerfGE 4, 162.
126 BVerfGE 4, 157; 14, 7; 27, 253.

Gerichte an diese Verträge binden können. Solche Verträge sind wie etwa das GATT-Abkommen innerstaatlich nicht unmittelbar anwendbar.

Es ist nun zwar umstritten, ob die Gesetzgebung gegenüber Ausländern zur Auswärtigen Gewalt gehört oder ob unter die Auswärtige Gewalt nur die nach außen gerichteten Kompetenzen zum Vertragsschluß, zur Kriegserklärung usw. subsumiert werden können[127]. Der Begriff der Auswärtigen Gewalt ist aber ein Ordnungsbegriff, der so weit auszulegen ist, wie die Notwendigkeit der Flexibilität der Auswärtigen Gewalt reicht[128]. Die Gesetzgebung gegenüber Ausländern fällt an sich in den Innenbereich und kann ohne Kooperation mit fremden Staaten einseitig-hoheitlich geregelt werden. Diese Regelung ist aber stets eingebettet in ein umfassendes System von Niederlassungsverträgen. Außerdem können die ausländischen Staaten für ihre Angehörigen den diplomatischen Schutz ausüben. Das zeigt, daß dem Staat in diesem Bereich eine gewisse Flexibilität zukommen muß. Die Notwendigkeit einer solchen Flexibilität besteht also nicht nur deshalb, weil die wirtschaftliche und soziale Entwicklung in der Bundesrepublik Deutschland nicht überblickt werden und deshalb das Aufenthaltsrecht der Ausländer nicht endgültig fixiert werden kann. Hinzu kommt, daß der Regierung im Interesse der deutschen Staatsangehörigen ein Verhandlungsspielraum mit den fremden Staaten offenstehen muß, in dem sie Vorteile der Ausländer gegen Vorteile der deutschen Staatsangehörigen eintauschen kann. Daß die Verknüpfung von rechtsstaatlich geforderten Rechten für Ausländer mit der Gegenseitigkeit nicht gegen das Rechtsstaatsprinzip verstößt, hat das BVerfG ausdrücklich festgestellt[129].

Wir kommen also zu dem Ergebnis, daß § 10 Abs. 1 Nr. 11 und § 2 Abs. 1 AuslG verfassungskonform dahin ausgelegt werden müssen, daß nur in der Person des jeweiligen Ausländers liegende Gründe die Ablehnung der Aufenthaltserlaubnis und die Ausweisung rechtfertigen, daß darüber hinaus aber auch im Rahmen dieser Bestimmungen unmittelbar auf Verfassungsprinzipien zurückgegriffen werden muß, welche die Ablehnung der Aufenthaltserlaubnis und die Ausweisung rechtfertigen. Dabei ist das gesamte System flexibel zu halten und den Ausländerbehörden ein breiter Ermessensspielraum zu gewähren.

f) (1) Die Rspr. ist bei der Anwendung des Art. 3 GG auf Ausländer äußerst vorsichtig; diese Bestimmung soll nicht zu einer inländischen Inländer- oder Meistbegünstigungsklausel führen. Sie verlangt weder die absolute Gleichstellung aller Ausländer untereinander noch die absolute Gleichstellung der Ausländer mit Inländern. Die Diskriminierung wegen der Staatsangehörigkeit verstößt also nicht gegen Art. 3 III GG: Die Staats-

127 *Albert Bleckmann*, Grundgesetz und Völkerrecht, a.a.O. (Anm. 2), S. 201 f.
128 Ebenda, S. 202.
129 BVerfGE 30, 409.

angehörigkeit ist weder »Heimat« noch »Herkunft« im Sinne dieser Bestimmung.

Das schließt nicht aus, daß nach der Rspr. des BVerfG zu Art. 3 I GG Ausländer untereinander und im Verhältnis zu Inländern nur dann ungleich behandelt werden dürfen, wenn sich hierfür ein sachlicher Gesichtspunkt findet[130]. Umstritten ist nur, ob bestimmte Sachverhalte als ein solcher hinreichender Grund zur Ungleichbehandlung anzusehen sind:

Die Diskriminierung zwischen Ausländern verschiedener Staatsangehörigkeit ist etwa im Niederlassungsrecht möglich, weil Europäer besser in das deutsche Wirtschafts- und Sozialleben integriert werden können als Asiaten. Allgemein hat die Rspr. das Recht der Exekutive unterstrichen, bestimmte Rechte – insbesondere aus Gründen der Gegenseitigkeit – dem Abschluß von Staatsverträgen vorzubehalten und nur den Ausländern die Rechte zu gewähren, mit deren Heimatstaaten entsprechende Verträge abgeschlossen worden sind[131]. Überdies gilt der Grundsatz, daß der deutsche Staat Leistungen auch ohne solchen Grund immer auf deutsche Staatsangehörige beschränken darf[132].

(2) Besondere verfassungsrechtliche Probleme entstehen, wenn das Rechts- oder Sozialstaatsprinzip die Einräumung bestimmter Rechte auch an Ausländer fordert, der Gesetzgeber die Gewährung dieser Rechte aber von der Gegenseitigkeit, also davon abhängig macht, daß auch der Heimatstaat des betreffenden Ausländers entsprechende Rechte deutschen Staatsangehörigen gewährt.

In seiner Entscheidung vom 21. September 1970[133] stellt das OLG Frankfurt fest, daß der Ausschluß der Amtshaftung gegenüber Ausländern bei fehlender Gegenseitigkeit durch § 7 des Preußischen Gesetzes über die Haftung des Staates und anderer Verbände für Amtspflichtverletzungen von Beamten bei Ausübung der öffentlichen Gewalt vom 1. August 1909[134] weder durch Art. 131 WRV noch durch Art. 24 GG aufgehoben worden ist und auch nicht gegen den Gleichheitssatz verstößt. Einerseits verlange der Gleichheitssatz keineswegs eine völlige Gleichstellung von Deutschen und Ausländern, zumal dann nicht, wenn die rechtliche Gleichstellung lediglich von einer Gegenseitigkeitserklärung abhängig gemacht werde. Ob Haftungsbeschränkungen gegenüber Ausländern angesichts des Wachstums des grenzüberschreitenden Verkehrs, der Inanspruchnahme ausländischer Arbeitskräfte für die eigene Volkswirtschaft und der Tendenz zur fortschreitenden internationalen Kommunikation heute noch zeitgemäß seien, möge

130 BFHE 88, 63.

131 BVerfGE 23, 313.

132 Vgl. etwa OVG Münster, Urteil vom 29. 9. 1972 = OVGE 28 Nr. 30, S. 120 ff., 126.

133 NJW 1970, S. 2172.

134 Vgl. *Albert Bleckmann*, Grundgesetz und Völkerrecht, a.a.O. (Anm. 2), S. 362.

zweifelhaft erscheinen. Dies sei jedoch eine Frage, die sich allein dem Gesetzgeber, nicht aber der Rspr. stelle. Die Beschränkung der Staatshaftung widerspreche dem Gleichheitssatz auch insofern nicht, als sie zu verschiedener Behandlung des Beamten führe, je nachdem, ob er einen Deutschen oder einen Ausländer geschädigt habe[135]. Richtig sei, daß infolge des Haftungsausschlusses des Staates die persönliche Haftung des Beamten gegenüber dem Ausländer nach § 839 BGB bestehen bleibe. Im Ergebnis bleibe es sich aber gleich, ob der Beamte unmittelbar vom Geschädigten oder über den Rückgriff von seinem Dienstherrn zum Ersatz herangezogen werde. Benachteiligt werde der Beamte nur insofern, als er das Prozeßrisiko im ersten Fall zu tragen habe. Diese Ungleichbehandlung sei durch die Erwägung, aufgrund der Gegenseitigkeit eine günstige Regelung für Deutsche auch durch dritte Staaten zu erreichen, hinreichend gedeckt. Die Rücksichtnahme auf allgemeine politische Belange sei aber gerade für den Beamten keine unbillige Zumutung. Ein Verstoß gegen den Gleichheitssatz könne höchstens bei leichter Fahrlässigkeit vorliegen, für die zwar § 839 BGB die Haftung begründe, auf die sich der Rückgriffsanspruch aber nicht erstreckt[136].

Nach dem Beschluß des BVerfG vom 23. März 1971[137] ist es mit Art. 3 GG vereinbar, daß § 12 des Gesetzes betreffend die Entschädigung für unschuldig erlittene Untersuchungshaft vom 14. Juli 1904[138] eine Haftentschädigung an Ausländer nur gewährt, wenn die Gegenseitigkeit verbürgt ist. Art. 3 I GG stehe auch Ausländern zu, da er allen Menschen die Gleichbehandlung vor dem Gesetz garantiert[139]. Eine verfassungswidrige Schlechterstellung fremder Staatsangehöriger enthalte die angegriffene Regelung aber nicht. Die unterschiedliche Behandlung knüpfe nicht an die bloße Ausländereigenschaft an: Die Vorschrift grenze vielmehr Deutsche und solche Ausländer, mit deren Heimatstaaten Gegenseitigkeit verbürgt ist, von denjenigen ab, bei denen dies nicht zutrifft. Die Differenzierung nach dem Merkmal der Gegenseitigkeitsverbürgung begegne unter dem Gesichtspunkt des allgemeinen Gleichheitssatzes keinen Bedenken. Die Gegenseitigkeitsverbürgung sei eine Erscheinungsform des völkerrechtlichen Gegenseitigkeitsprinzips, das der Wahrnehmung eigener staatlicher Belange gegenüber anderen Staaten diene und auf dem Gebiet des allgemeinen Völkerrechts, des völkerrechtlichen Vertragsrechts, aber auch des innerstaatlichen Rechts Anwendung finde. Der Grundgedanke des § 12 bestehe darin, Angehörigen

135 Anderer Ansicht *Jochen A. Frowein*, Staatshaftung gegenüber Ausländern, JZ 1964, S. 409 ff.; vgl. auch *Werner Wiese*, Staatshaftung gegenüber Ausländern und Fürsorgepflicht des Dienstherrn, DVBl. 1964, S. 571, 573.

136 Vgl. zu diesem Urteil *Albert Bleckmann*, ZaöRV 32 (1972), S. 131.

137 BVerfGE 30, 409.

138 RGBl. 321.

139 BVerfGE 23, 104.

anderer Staaten im Inland keine Rechte einzuräumen, die ein Deutscher in ihrem Heimatstaat nicht genießt. Maßgebend hierfür sei die Erwägung, diesen anderen Staaten die Gleichstellung ihrer Staatsangehörigen als Gegenleistung für eine entsprechende Verstärkung des Schutzes der eigenen Staatsangehörigen bieten zu können, um durch Abschluß von Staatsverträgen oder in anderer Weise Regelungen zu erreichen, die für beide Seiten von Nutzen sind, indem sie den jeweiligen Ausländern »inländische« Rechte verschaffen. Diese Erwägung sei sachgerecht. Sie entspreche einem legitimen Anliegen des Staates, zu dessen traditionellen Aufgaben es gehört, auch außerhalb seiner Grenzen den Schutz der eigenen Staatsbürger nach Möglichkeit zu gewährleisten. Die in § 12 getroffene Differenzierung sei auch nicht deshalb willkürlich, weil der Ausländer, mit dessen Heimatstaat die Gegenseitigkeit nicht verbürgt sei, für einen Umstand hafte, den er nicht gesetzt habe und der seinem Einfluß entzogen sei. Denn der einzelne sei mit seinem Staat enger verbunden als aufgrund eines jederzeit lösbaren Vertrages. Es sei nicht unangemessen, ihm die Haltung eines Staates jedenfalls insoweit zuzurechnen, als es sich um die Gewährung einer Haftentschädigung handele.

(3) Auch der Ausländer besitzt für seine ihm aus dem Grundgesetz und dem übrigen deutschen Recht, aber auch für die ihm aus dem Völkerrecht und aus dem Europarecht erwachsenden Rechte die Rechtsschutzgarantie des Art. 19 IV GG. Wichtig ist diese Bestimmung vor allem im Rahmen des AuslG. Art. 19 IV GG verbietet die Abschiebung und damit die Erschwerung der Verteidigung, bevor über die Rechtmäßigkeit des Aufenthalts und der Abschiebung gerichtlich entschieden wurde[140].

V. Ausländische juristische Personen des Privatrechts[141]

Art. 19 III GG erstreckt die Grundrechtsfähigkeit nur auf inländische juristische Personen. Diese Abgrenzung und der Status der ausländischen juristischen Personen des Privatrechts ist umstritten.

1. Nach der durchaus herrschenden Lehre verweist Art. 19 III GG mit dem Begriff der »inländischen juristischen Person«, d. h. der »deutschen« juristischen Person, auf die einschlägigen Normen des IPR und des Völkerrechts.

140 BVerfGE 35, 382.

141 *Siegfried Maser*, a.a.O. (Anm. 7); *Karl Matthias Meessen*, Ausländische juristische Personen als Träger von Grundrechten, JZ 1970, S. 602; *Hermann Niessen*, Der Schutz der Grundrechte ausländischer juristischer Personen, NJW 1968, S. 1017, *Walther Wieland Schmidt*, Grundrechte und Nationalität juristischer Personen, 1966; *Ernst-Hasso Ritter*, Grundrechtsschutz ausländischer juristischer Personen, NJW 1964, 279.

Insoweit werden in den einzelnen Staaten der Welt drei Theorien vertreten. Nach der in den meisten Staaten befolgten Lehre kommt es darauf an, daß der effektive Hauptverwaltungssitz (nicht der in der Satzung genannte Sitz) im Inland liegt. Eine zweite Theorie stellt darauf ab, daß die juristische Person nach dem Recht des betreffenden Staates gegründet wurde. Die Kontrolltheorie dagegen will eine inländische juristische Person nur annehmen, wenn die Staatsangehörigen des betreffenden Staates den entscheidenden Einfluß auf die Geschäfte der juristischen Person besitzen. Das deutsche IPR vertritt geschlossen die Sitztheorie[142]. Danach kommt es auf die Errichtung der Gesellschaft nach deutschem Recht und auf die Staatsangehörigkeit der Mitglieder nicht an.

a) Eine Mindermeinung[143] vertritt die Auffassung, Art. 19 III GG beziehe sich nicht auf den Begriff des deutschen IPR, sondern auf die Tatsache, daß die juristische Person von der deutschen Rechtsordnung anerkannt werde. Da die deutsche Rechtsordnung alle Personen anerkennt, denen durch eine ausländische Rechtsordnung die Rechtspersönlichkeit verliehen wurde[144], würde diese Theorie die Abgrenzung des Art. 19 III GG aufheben. Das BVerfG hat in den später zitierten Entscheidungen deshalb implizit die Sitztheorie akzeptiert.

b) Nach *Hermann Niessen*[145] kann auch das Völkerrecht die Inländereigenschaft begründen. So begründeten die Niederlassungsverträge, welche ausländischen Gesellschaften die Inländerbehandlung, d. h. die gleiche Behandlung wie den deutschen Gesellschaften einräumen, die Inländereigenschaft der ausländischen juristischen Personen im Sinne des Art. 19 III GG. Ebenso verleihe der EWGV den juristischen Personen der Mitgliedstaaten der EWG die Inländereigenschaft in diesem Sinne.

Diese Ansicht ist abzulehnen. Natürlich kann ein Niederlassungsvertrag den Begriff der juristischen inländischen Person näher abgrenzen. Diese Abgrenzung ist dann auch für Art. 19 III GG verbindlich. Die Gewährung der Inländergleichbehandlung stellt aber eine solche Definition nicht dar. Selbst wenn, was umstritten ist, bei der vertraglichen Gewährung der Inländerbehandlung an Ausländer die Bundesrepublik verpflichtet wäre, den Ausländern Grundrechte und insbesondere auch die Deutschengrundrechte einzuräumen, hätte diese vertragliche Pflicht in der Bundesrepublik doch

142 Vgl. *Alexander von Makarov,* Grundriß des internationalen Privatrechts, 1970, S. 67, 114.

143 Vgl. *Hermann von Mangoldt,* Das Bonner Grundgesetz, 1. Aufl. 1953, Erl. 8 zu Art. 19; *Hermann von Mangoldt / Friedrich Klein,* Das Bonner Grundgesetz, 2. Aufl. 1955 ff., Erl. IV 2 zu Art. 19; *Friedrich Giese,* Grundgesetz für die Bundesrepublik Deutschland, 4. Aufl. 1955, zu Art. 19, Anm. 5.

144 Vgl. *Alexander von Makarov,* a.a.O. (Anm. 142), S. 115 f.

145 Vgl. *Hermann Niessen,* a.a.O. (Anm. 141).

nur Gesetzesrang und könnte deshalb zur Abgrenzung des Art. 19 III GG nicht herangezogen werden.

c) Art. 19 III GG verweist auf die Regeln des deutschen IPR, also auf einfaches Gesetzesrecht bzw. auf Gewohnheitsrecht mit Gesetzesrang. Es ist nicht anzunehmen, daß Art. 19 III GG die 1949 vertretenen Auffassungen versteinern wollte. Eine Änderung dieser Auffassungen muß also zu einem veränderten Inländerbegriff führen. Das bedeutet aber auf der anderen Seite nicht, daß der einfache Gesetzgeber die juristischen Personen abgrenzen könnte, denen nach Art. 19 III GG die Grundrechtsfähigkeit zusteht. Der Gesetzgeber kann vielmehr nur generell für das gesamte IPR die Staatsangehörigkeit der juristischen Personen definieren; diese neue Definition wäre dann auch bei der Auslegung des Art. 19 III GG heranzuziehen[146].

d) Inländisch ist eine juristische Person, wenn sie ihren Sitz im Inland hat. Ob die DDR im Rahmen des Art. 19 III GG zum Inland zählt, ist umstritten[147]. Die herrschende Lehre will auch den juristischen Personen der DDR die Grundrechtsfähigkeit einräumen. Sie stützt sich dafür auf die Tatsache, daß die Bundesrepublik generell die DDR allgemein staatsrechtlich zum Inland zählt[148], und auf die Parallele zur deutschen Staatsangehörigkeit für die DDR-Bürger nach Art. 116 GG. *Walther Wieland Schmidt*[149] dagegen meint, der Zweck des Art. 19 III schließe die DDR-Gesellschaften aus, weil Grundrechte nur Gesellschaften haben könnten, die von der Bundesrepublik kontrolliert werden. Überdies seien alle juristischen Personen in der DDR in der Hand des Staates, so daß schon aus diesem Grund die Grundrechtsfähigkeit entfalle.

2. Umstritten ist ferner, ob Art. 19 III GG die Grundrechtsfähigkeit der ausländischen juristischen Personen generell ausschließt. Das BVerfG[150] folgt in der Tat dieser Auffassung der herrschenden Lehre, die in Art. 19 III GG ein »nur« hineinliest. *Ernst-Hasso Ritter*[151] meint dagegen, Art. 19 III GG sage nichts zur Grundrechtsfähigkeit ausländischer juristischer Personen aus. Es sei deshalb zu fragen, ob der Analogie- oder der Umkehrschluß richtig sei. Er zieht eine Analogie zu Art. 19 III GG, weil auf jeden Fall die Rechtsstaatsprinzipien auf ausländische juristische Personen anwendbar seien und der Rechtsstaat Grundrechte impliziere. Hiergegen hat

146 Vgl. *Karl Matthias Meessen*, a.a.O. (Anm. 141); *Albert von Mutius*, in: Kommentar zum Bonner Grundgesetz, a.a.O. (Anm. 30), Rdnr. 57.
147 Vgl. ebenda, Rdnr. 56; vgl. *Walther Wieland Schmidt*, a.a.O. (Anm. 141), S. 151 ff.
148 Vgl. *Albert Bleckmann*, Grundgesetz und Völkerrecht, a.a.O. (Anm. 2).
149 *Walther Wieland Schmidt*, a.a.O. (Anm. 141).
150 BVerfGE 21, 207.
151 *Ernst-Hasso Ritter*, a.a.O. (Anm. 141).

sich vor allem *Karl Matthias Meessen*[152] gewandt. Nach *Meessen* kann die Analogie auch nicht aus dem Willkürverbot des Art. 3 I GG geschlossen werden, weil zwischen inländischen und ausländischen juristischen Personen entscheidende Unterschiede bestünden. Die ausländischen juristischen Personen stünden unter der Kontrolle und dem Einfluß fremder Staaten und nicht der Bundesrepublik, was ihre Tätigkeit im Inland gefährlich machen könne. Der Bundesrepublik müsse ferner die Möglichkeit offengehalten werden, durch völkerrechtliche Verträge im Wege der Gegenseitigkeit auch deutschen juristischen Personen im Ausland entsprechende Rechte zu sichern.

3. Trotzdem sind ausländische juristische Personen nicht ganz schutzlos.

a) Nach der Rechtsprechung des BVerfG können sich auch ausländische juristische Personen auf die Prozeßgrundrechte der Art. 101 ff., 103 GG berufen, weil Art. 19 III GG nur für die Art. 1–19 GG gelte und alle Personen, die parteifähig seien, sich auf die Prozeßgrundsätze der Verfassung berufen können[153]. Insoweit besteht eine deutliche Parallele zu den Prozeßrechten der juristischen Personen des öffentlichen Rechts.

b) Die ausländischen juristischen Personen können sich ferner auf den generellen Gesetzesvorbehalt stützen. Bei Eingriffen in Recht und Freiheit – nicht notwendig in einzelne Grundrechte! – ist ein Gesetz erforderlich[154].

c) Auf die ausländischen juristischen Personen finden ferner die Rechtsstaatsprinzipien Anwendung. Danach muß zusätzlich das notwendige Eingriffsgesetz hinreichend bestimmt sein. Es gelten auch die Grundsätze der Verhältnismäßigkeit: Das Gesetz muß zur Erreichung eines legitimen öffentlichen Interesses erforderlich und geeignet sein, die öffentlichen Interessen müssen die Privatinteressen überwiegen. Die ausländischen juristischen Personen sind also ganz so gestellt, als ob sie sich auf Art. 2 I GG berufen könnten.

d) Bei der Anwendung der Polizei-, Verwaltungsverfahrens-, Verwaltungsgerichts-, Baugesetze usw. sind diese Gesetze nach den Prinzipien des Rechtsstaats und aus den Grundrechten entwickelten Grundsätzen auch dann auszulegen, soweit es sich um die Anwendung auf ausländische juristische Personen handelt.

e) Schließlich kann der Eingriff in Interessen der ausländischen juristischen Person mittelbar die Individualgrundrechte der Mitglieder verletzen. Ob hier die Deutschengrundrechte eingreifen, richtet sich nach der Staatsangehörigkeit des klagenden Mitglieds.

152 *Karl-Matthias Meessen,* a.a.O. (Anm. 141).
153 BVerfGE 12, 16; 18, 441.
154 *Jürgen Schwabe,* Probleme der Grundrechtsdogmatik, 1977, a.a.O. (Anm. 117).

4. Inländische juristische Personen können sich nach einmütiger Auffassung der Lehre auf die Deutschengrundrechte berufen. Umstritten ist dies lediglich für inländische juristische Personen, die sich nur aus Ausländern zusammensetzen[155]. Hier entstünde in der Tat die merkwürdige Situation, daß die Ausländer sich nicht auf Art. 12 GG berufen könnten, diese Bestimmung aber in dem Augenblick anwendbar wird, wo die Ausländer sich zu einer juristischen Person zusammenschließen. Deshalb ist in diesem Fall die Berufung auf Deutschengrundrechte ausgeschlossen. Das gilt allerdings nicht mehr, wenn auch nur ein einziger Deutscher selbst mit geringen Anteilen an der juristischen Person beteiligt ist, weil dann die Interessen dieses Deutschen zu schützen sind.

VI. Politische Parteien

Politische Parteien sind in der Regel nichtrechtsfähige Vereine, denen nach den obigen Regeln wegen ihrer Teilrechtsfähigkeit die Grundrechtsfähigkeit zukommt. Insoweit gelten aber besondere Regeln:

1. Der zweite Senat des BVerfG hatte in seinem Urteil vom 5. April 1952[156] festgestellt, daß die politischen Parteien, die gemäß Art. 21 GG am politischen Willensbildungsprozeß des Volkes teilnehmen, insoweit nicht »einfache Bürger«, sondern – wenn nicht Staatsorgan, so doch – Verfassungsorgane sind, die vor dem BVerfG im Wege des Organstreits klagen können. Dabei wurde die Möglichkeit einer Verfassungsbeschwerde offengelassen. Der erste Senat hatte dann in einer Entscheidung vom 1. August 1953[157] den politischen Parteien daneben die Möglichkeit eröffnet, das Recht auf gleiche Chancen bei der Wahl im Wege der Verfassungsbeschwerde zu verfolgen. Wegen dieser voneinander abweichenden Entscheidungen wurde das Plenum des BVerfG zuständig, das am 20. Juli 1954 entschied, daß politische Parteien die Sicherung ihres verfassungsrechtlichen Status durch die Gestaltung des Wahlverfahrens nur im Wege des Organstreits geltend machen können[158].

2. In der Folgezeit hat das BVerfG mehrfach entschieden, daß politische Parteien die Verletzung ihrer Grundrechte außerhalb einer Regelung des Wahlverfahrens durch die Verfassungsbeschwerde geltend machen können. Im einzelnen gilt deshalb folgende Regelung:

155 *Walther Wieland Schmidt,* a.a.O. (Anm. 141), S. 158 ff., 168, für die Grundrechtsgeltung; dagegen *Ernst-Hasso Ritter,* a.a.O. (Anm. 141).
156 BVerfGE 1, 209, 225.
157 BVerfGE 3, 19; vgl. auch BVerfGE 3, 383.
158 BVerfGE 4, 27 ff.

a) Wahlgesetze auf der Bundes-, Länder- und Gemeindeebene[159] können die politischen Parteien nur im Organstreit geltend machen. Hier kann die Klage nur auf Art. 38 II bzw. 28 GG, nicht auf Grundrechte zurückgreifen.

b) Alle anderen staatlichen Maßnahmen können die Parteien mit der Verfassungsbeschwerde angreifen, soweit sie in den durch Art. 19 III GG gewährten Grundrechten verletzt sind. Das gilt auch dann, wenn der hoheitliche Eingriff in enger Verbindung zur Wahl steht. So kann eine politische Partei sich auf Art. 3 I GG berufen, um die steuerliche Anrechnungsfähigkeit von Parteispenden anzugreifen[160]. Ebenso kann eine politische Partei die Verfassungsbeschwerde anstrengen, wenn sie behauptet, durch eine Verwaltungsmaßnahme in ihrem Recht auf gleichberechtigte Nutzung einer Anstalt des öffentlichen Rechts verletzt zu sein (Verletzung der Verteilung der Sendezeiten durch den Rundfunk)[161].

159 Vgl. BVerfGE 6, 367.
160 BVerfGE 6, 277.
161 BVerfGE 7, 99.

§ 10 Die Grundrechtsadressaten

Mit der Frage nach den Grundrechtsadressaten wird das Problem angesprochen, wer durch die Grundrechte gebunden ist, wessen Handeln die Grundrechte Grenzen ziehen. Unumstritten sind grundsätzlich alle juristischen Personen des öffentlichen Rechts – der Bund, die Länder, die Gemeinden und die Gemeindeverbände, die Anstalten und Stiftungen des öffentlichen Rechts des Bundes und der Länder – an die Grundrechte des Grundgesetzes gebunden. Fraglich ist insoweit einerseits nur, ob auch die Kirchen und anderen Religionsgemeinschaften als Körperschaften des öffentlichen Rechts an Grundrechte gebunden sind, und ob zweitens die Grundrechtsbindung sich nur auf das hoheitliche, auch auf das schlichthoheitliche oder gar auf das privatrechtliche (fiskalische) Handeln der juristischen Personen des öffentlichen Rechts erstreckt. Auf der anderen Seite ist umstritten, ob die Grundrechte auch Privatpersonen binden (Problem der Drittwirkung der Grundrechte).

I. Die Bindung der einzelnen Staatsfunktionen

In Literatur und Rechtsprechung wird einmütig die Auffassung vertreten, daß der Staat in all seinen Funktionen (Gesetzgebung, Verwaltung, Rechtsprechung, auswärtige Gewalt) an die Grundrechte gebunden ist. Insoweit sind aber bei den einzelnen Staatsfunktionen Besonderheiten zu beachten:

1. Für den Gesetzgeber greifen folgende Differenzierungen ein:

a) Die Verfassung und insbesondere die Grundrechte enthalten häufig Gesetzgebungsaufträge, d. h. ein mehr oder weniger bestimmtes, für den Gesetzgeber verbindliches Programm, das durch Gesetze zu verwirklichen ist. Soweit der Gesetzgebungsauftrag einem Grundrecht entfließt, hat der Grundrechtsträger möglicherweise einen Anspruch auf Erlaß des Gesetzes. Dann stellt sich das Problem, ob solche Ansprüche im Wege der Verfassungsbeschwerde durchgesetzt werden können. Es ist ferner möglich, daß der Gesetzgebungsauftrag einem zunächst nicht unmittelbar wirkenden Grundrecht wie etwa dem Art. 6 V GG entnommen wird. Dann kann der Grundrechtsträger gegen eine Verletzung des Grundrechts durch Verwaltung und Rechtsprechung keine Verfassungsbeschwerde erheben. Die Klage ist nur gegen den Gesetzgeber denkbar. Alle diese Probleme werden wir bei den Funktionen der Grundrechte abhandeln.

b) Der Gesetzgeber ist das durch die Wahlen am stärksten demokratisch legitimierte Verfassungsorgan. In einer Demokratie müssen seine Entscheidungen deshalb ein besonderes Gewicht haben. Das wirkt sich unter anderem dahin aus, daß das BVerfG die Verfassungsmäßigkeit der Gesetze nicht in vollem Umfang nachprüft, sondern dem Gesetzgeber einen »Ermessens-« oder »Beurteilungsspielraum« beläßt. So kann der Gesetzgeber in weitem Umfang das öffentliche Interesse, zu dessen Verfolgung die Grundrechte eingeschränkt werden, selbst bestimmen. Das BVerfG überläßt dem Gesetzgeber in gewissen äußersten Grenzen ferner die Abwägung, ob ein bestimmtes Gesetz als Mittel zur Erreichung dieser öffentlichen Interessen geeignet und erforderlich ist. Ebenso prüft das BVerfG nicht in vollem Umfang nach, ob die vom Gesetzgeber getroffene Unterscheidung im Rahmen des Art. 3 GG sachgerecht oder willkürlich ist. Diese Problematik werden wir im Rahmen der Schranken der Grundrechte und der Verhältnismäßigkeit näher untersuchen.

c) Schließlich haben *Peter Häberle*[1] und *Eberhard Grabitz*[2] darauf hingewiesen, daß das traditionelle Verständnis des Gesetzes als Schranke der Grundrechte nicht richtig ist, daß das Gesetz vielmehr häufig gerade ein Instrument zur Verwirklichung der Grundrechte darstellt. Diesen Fragen werden wir im Rahmen der Schranken der Grundrechte nachgehen.

2. Für die Verwaltung haben Lehre und Rechtsprechung solche Grenzen der Prüfungsbefugnisse des BVerfG ausdrücklich nicht entwickelt. Die Bindung der Verwaltung an die Grundrechte kommt dabei insbesondere zum Tragen, soweit das Gesetz der Verwaltung ein Ermessen einräumt. Es ist nämlich allgemein anerkannt, daß die Verwaltung bei der Ausübung ihres Ermessens an die Grundrechte gebunden ist[3].

Nun gilt der Grundsatz, daß die Verwaltungsgerichte die Anwendung unbestimmter Rechtsbegriffe durch die Verwaltung zwar nachprüfen können, der Verwaltung aber in bestimmten Fällen wie etwa bei Prüfungen und der Feststellung der Geeignetheit eines Bewerbers für ein öffentliches Amt ein unüberprüfbarer Beurteilungsspielraum zusteht; im übrigen kann die Verwaltungsgerichtsbarkeit die Rechtsanwendung durch die Verwaltung und deren Tatsachenfeststellungen voll nachprüfen. Dann muß auch das BVerfG die Anwendung der Grundrechte durch die Verwaltung hin-

1 *Peter Häberle*, Die Wesensgehaltsgarantie des Art. 19 Abs. 2 GG, 1962.
2 *Eberhard Grabitz*, Freiheit und Verfassungsrecht, 1976.
3 *Peter Badura*, in: *Hans Uwe Erichsen / Wolfgang Martens*, Allgemeines Verwaltungsrecht, 3. Aufl. 1978, S. 158 ff.

sichtlich der Rechtsanwendung und der Tatsachenfeststellungen voll nachprüfen können. Die Beschränkungen der Kontrolle gegenüber dem Gesetzgeber greifen also bei der Verwaltung nicht. Fraglich kann nur sein, ob das BVerfG in den Beurteilungsspielraum der Verwaltung eingreifen kann. Hier gilt aber der Grundsatz, daß schon die Verwaltungsgerichte und deshalb um so mehr das BVerfG die Anwendung von Grundrechten voll nachprüfen können, weil diese Fragen stets außerhalb eines Beurteilungsspielraums liegen.

3. Besonders schwierig ist die Abgrenzung der Kontrollbefugnisse des BVerfG und damit auch der Wirkung der Grundrechte gegenüber der rechtsprechenden Gewalt. Das BVerfG hat in ständiger Rechtsprechung betont, daß es keine »Superrevisionsinstanz« gegenüber den obersten Bundesgerichten darstellt. Das BVerfG kann gerichtliche Entscheidungen nicht allgemein auf Rechtsfehler, sondern nur auf die Verletzung von Grundrechten nachprüfen. Daß die Gestaltung des Verfahrens, die Feststellung und Würdigung des Tatbestandes, die Auslegung des Gesetzes oder seine Anwendung auf den einzelnen Fall möglicherweise Fehler enthält, rechtfertige noch keine Verfassungsbeschwerde. Fehlerhafte Rechtsanwendung bedeute für sich allein nicht schon Verfassungsverletzung[4].

So einfach diese Formel zu sein scheint, so schwierig ist doch die Abgrenzung der Prüfungsbefugnis des BVerfG und damit der Reichweite der Grundrechte bei der Überprüfung richterlicher Entscheidungen. Hier ist zunächst zu bedenken, daß nach der ständigen Rechtsprechung des BVerfG einfache Gesetze im Sinne der Verfassung und insbesondere der Grundrechte, also verfassungskonform auszulegen sind; dies gilt insbesondere für Gesetze, welche den Grundrechten Schranken ziehen[5]. Das bedeutet, daß

4 Vgl. BVerfGE 9, 231, 236; 11, 343, 349; 18, 85, 92, u. a.; zu allem: *Joachim Burmeister,* Das BVerfG als Revisionsinstanz, DVBl. 1969, S. 605; *Burkard Grünewald,* Verfassungsbeschwerde gegen Entscheidungen der Strafgerichte, 1959; *Albert von Mutius,* Zu den Schranken der Kunstfreiheit sowie der Prüfungstätigkeit des BVerfG gegenüber gerichtlichen Entscheidungen, VerwArch. 63 (1972), S. 75; *Helmut Ostermeyer,* Grenzen der Nachprüfbarkeit von Strafurteilen durch die Verfassungsgerichte, NJW 1967, S. 1595; *Hans-Jürgen Papier,* »Spezifisches Verfassungsrecht« und »einfaches Recht« als Argumentationsformeln des BVerfG, in: Festschr. z. 25jährigen Bestehen des BVerfG, Bd. 1, 1976, S. 432; *Ekkehard Schumann,* Verfassungs- und Menschenrechtsbeschwerde gegen richterliche Entscheidungen, 1963; *Walter Seuffert,* Die Abgrenzung der Tätigkeit des BVerfG gegenüber der Gesetzgebung und der Rechtsprechung, NJW 1969, S. 1369; *Ulrich Steinwedel,* »Spezifisches Verfassungsrecht« und »einfaches Recht«. Der Prüfungsumfang des BVerfG bei Verfassungsbeschwerden gegen Gerichtsentscheidungen, 1976.

5 Vgl. *Harald Bogs,* Die verfassungskonforme Gesetzesauslegung des Richters, 1963.

das BVerfG gezwungen ist, die Auslegung und Anwendung auch einfachen Gesetzesrechts punktuell zu überprüfen. Zweitens befürwortet das BVerfG eine mittelbare Drittwirkung der Grundrechte über die Auslegung des zwingenden Rechts und der Generalklauseln des Privatrechts: Im Lüth-Urteil hat das BVerfG deshalb im einzelnen anhand der Art. 5 und 2 GG in vollem Umfang nachgeprüft, ob ein Boykottaufruf im Sinne des § 826 BGB sittenwidrig ist[6].

Drittens schützt etwa Art. 2 I GG auch gegen jede rechtswidrige Belastung des Bürgers. Ist dann nicht auch die Anwendung des einfachen Rechts eine Verfassungsfrage, die vom BVerfG voll nachgeprüft werden muß? Ferner überprüft das BVerfG die Anwendung einfachen Rechts auf seine Vereinbarkeit mit dem im Art. 3 I GG enthaltenen Willkürverbot[7].

Die durch die Tatsache, daß das BVerfG keine Superinstanz ist, geforderte Einschränkung der Verfassungskontrolle des der Beurteilung der Verwaltungsgerichte unterliegenden Individualaktes wird aber aus einem anderen Grunde mehr als fragwürdig. Die Konstruktion des BVerfG geht nämlich davon aus, daß man die voll in seine Zuständigkeit fallende Kontrolle des dem Verwaltungsakt zugrunde liegenden Gesetzes von der grundsätzlich nicht in seine Kontrollzuständigkeit fallenden Überprüfung der Verfassungsmäßigkeit des Verwaltungsakts trennen könne. Diese Theorie verlangt, daß die Verfassungsprüfung in zwei Akten vor sich geht: Zunächst ist die Verfassungsmäßigkeit des Gesetzes, dann die Verfassungsmäßigkeit der Anwendung des Gesetzes zu prüfen. Diese Forderungen sind aber unvollziehbar:

Nehmen wir zunächst ein relativ konkretes Gesetz: Das, das den Apotheken den Verkauf von Schlafmitteln nur aufgrund eines Rezeptes gestattet. Hier ist ein zwar generelles, aber doch relativ konkretes Verbot auf seine Verfassungsmäßigkeit zu überprüfen. Wird die Verfassungsmäßigkeit bejaht, bleibt für die Prüfung der Verfassungsmäßigkeit der Gesetzesanwendung kein Raum mehr. Wird die Verfassungsmäßigkeit verneint, ist auch die Anwendung schon verfassungswidrig. Eine Zweiteilung der Prüfung ist in beiden Fällen nicht denkbar.

Nehmen wir nun ein höchst abstraktes Gesetz wie die Generalklausel des Polizeigesetzes. Es erscheint mir sehr fraglich, ob man die Verfassungsmäßigkeit eines solchen Gesetzes abstrakt prüfen kann. Denn das Polizeigesetz gestattet unendlich viele verschiedene Eingriffe zur Verwirklichung der verschiedensten öffentlichen Interessen in fast alle Grundrechte. Abstrakt läßt sich die Frage, welches öffentliche Interesse hier mit welchen Grundrechten abzuwägen ist, welche Handlung zur Verfolgung welcher öffent-

6 BVerfGE 7, 198 ff.
7 Ständige Rspr. ab BVerfGE 4, 1, 6.

licher Interessen geeignet, erforderlich und zumutbar ist, nicht beantworten. Man muß vielmehr für diese Prüfung auf den konkreten Sachverhalt zurückgreifen. Damit wird nicht nur der Einzelfall geprüft, sondern die Verfassungsmäßigkeit des Gesetzes. Denn es ist – nach der für das BVerfG verbindlichen Entscheidung der Verwaltungsgerichte – davon auszugehen, daß das abstrakte Gesetz diesen konkreten Fall bzw. alle konkreten Fälle dieser Art deckt. Damit stellt sich die konkrete Frage, ob das abstrakte Gesetz insoweit verfassungswidrig ist, als es diese Fallgruppe deckt. Oder nehmen wir das Elfes-Urteil des BVerfG: Abstrakt läßt sich hier im Gegensatz zu den beiden vorhergehenden Fällen an sich durchaus fragen, ob die innere oder die äußere Sicherheit der Bundesrepublik Deutschland den Eingriff in die Ausreisefreiheit durch Versagung des Passes deckt. Die Ausreisefreiheit ist aber die Voraussetzung für die Ausübung der Grundrechte, die auch im Ausland gegenüber der deutschen Staatsgewalt gelten, im Ausland. Durch die Paßverweigerung kann also gerade das konkrete Grundrecht beeinträchtigt sein (unmittelbar moderner Eingriffsbegriff), das der Paßbewerber im Ausland ausüben wollte. Im Elfes-Fall wollte (Finalität!) die Bundesregierung die Äußerung einer speziellen Meinung des Paßbewerbers im Ausland unterbinden: der typische Fall der Verhinderung der freien Meinungsäußerung, der durch die Schranken des allgemeinen Gesetzes nach Art. 5 II GG gerade nicht gedeckt ist. Die Prüfung der Verfassungsmäßigkeit des Einzelfalls nur auf den Eingriff in die Ausreisefreiheit zu beschränken, verstieße also evident gegen die Prinzipien der Grundrechtsanwendung. Das BVerfG konnte diese Prüfung der Verfassungsmäßigkeit dieses Einzelfalls auch nicht den Verwaltungsgerichten überlassen. Denn das Paßgesetz deckt in der für das BVerfG prozessual verbindlichen Auslegung durch die Verwaltungsgerichte gerade auch diese Gruppe von Einzelfällen, in denen die Meinungsfreiheit final beeinträchtigt wurde. Das BVerfG hätte also zu prüfen gehabt, ob das Paßgesetz in dieser Anwendung auf eine bestimmte Gruppe von Einzelfällen verfassungswidrig war.

Zur Abgrenzung des »spezifischen Verfassungsrechts« vom »einfachen Gesetzesrecht« hat das BVerfG eine Reihe von Formeln entwickelt[8]. Das spezifische Verfassungsrecht soll dann verletzt sein, wenn der Fehler in der Nichtbeachtung von Verfassungsrecht liegt, wenn das Instanzgericht von einer »grundsätzlich unrichtigen Anschauung von der Bedeutung eines Grundrechts« ausgegangen ist, oder wenn es die »Reichweite und Wirkkraft«, die »Ausstrahlungswirkung« oder »Tragweite« eines Grundrechts oder der Grundrechte allgemein nicht berücksichtigt oder verkannt hat, wenn der Richter »von Erwägungen ausgegangen ist, die ein Grundrecht

8 Vgl. *Ulrich Steinwedel*, a.a.O. (Anm. 4), S. 33 ff.

verletzen« oder wenn seine Auslegungsgrundsätze mit den Grundrechten nicht vereinbar sind.

Ulrich Steinwedel hat im einzelnen nachgewiesen, daß auch diese Formeln zur Abgrenzung der Prüfungskompetenzen des BVerfG nicht ausreichen. So schwankt die Rechtsprechung des BVerfG zu der Frage, ob und in welchem Umfang es für die Grundrechtsanwendung relevante Tatsachen überprüfen muß oder sich auf die Tatsachenfeststellung durch die Instanzgerichte verlassen kann. Ebenso unsicher ist die Rechtsprechung, wenn es sich um die Abwägung von Grundrechten untereinander oder von Grundrechten zu Schranken ziehenden öffentlichen Interessen im Einzelfall handelt. Während es Entscheidungen gibt, welche diese Probleme voll nachprüfen, hat das BVerfG im Mephisto-Beschluß[9] entschieden, eine Verletzung von Grundrechten liege nur dann vor, »wenn der zuständige Richter entweder nicht erkannt hat, daß es sich um eine Abwägung widerstreitender Grundrechtsbereiche handelt, oder wenn seine Entscheidung auf einer grundsätzlich unrichtigen Anschauung des einen oder anderen der Grundrechte ... beruht«. Hier wurde die Abwägung im Einzelfall also grundsätzlich den Instanzgerichten überlassen.

In der Literatur sind zunächst zwei Extreme hervorzuheben. Die eine Richtung, zu der *Hans-Hugo Klein, Hans-Uwe Erichsen* und *Walter Stree* gehören, wollen die Verfassungsbeschwerde gegen Urteile weitgehend abschaffen. Auf der anderen Seite will etwa *Franz Pelka* die Verfassungsbeschwerde auch auf die Nachprüfung der Anwendung einfachen Gesetzesrechts erstrecken[10].

Diese beiden extremen Tendenzen sind aber Ausnahmen geblieben. Die herrschende Lehre ist grundsätzlich mit der Unterscheidung zwischen spezifischem Verfassungsrecht und einfachem Gesetzesrecht einverstanden und bemüht sich nur – wie etwa *Ekkehard Schumann, Hans-Jürgen Papier* und *Ulrich Steinwedel* – die Rechtsprechung des BVerfG zu kategorisieren. Hier muß wegen des Umfangs der Rechtsprechung des BVerfG auf die zitierte Literatur verwiesen werden. *Steinwedel*[11] faßt etwa die Rechtsprechung des BVerfG folgendermaßen zusammen:

(1) Das BVerfG prüft zunächst stets, ob das angewendete Gesetz gegen Grundrechte verstößt und damit nichtig ist.

(2) Hinsichtlich der verfassungskonformen Auslegung überprüft das Gericht, ob die Auslegung, die das Gericht dem Gesetz gegeben hat, gegen das Grundgesetz verstößt.

(3) Hinsichtlich der Einzelfallprüfung gelten folgende Grundsätze. Das BVerfG greift ein:

9 BVerfGE 30, 173.
10 Vgl. zu diesen Theorien *Ulrich Steinwedel,* a.a.O. (Anm. 4), S. 43 ff.
11 Ebenda, S. 193.

- wenn das Instanzgericht die Sachverhaltsprüfung im konkreten Einzelfall oder eine verfassungsrechtlich gebotene Einzelfallabwägung überhaupt unterlassen hat, sowie dann,
- wenn das Instanzgericht bei der Sachverhaltsprüfung oder der gebotenen Abwägung einen wesentlichen verfassungsrechtlichen Gesichtspunkt des Falles nicht berücksichtigt hat.

Überdies lasse sich eine Tendenz beobachten, bei der erstmaligen Prüfung, besonders grundrechtsrelevanter Fallkonstellationen, einen erweiterten Prüfungsumfang vorzunehmen.

4. Besonderheiten greifen schließlich bei der verfassungsrechtlichen Kontrolle und damit bei der Grundrechtsgebundenheit der auswärtigen Gewalt ein[12].

12 *Rudolf Bernhardt,* BVerfG und völkerrechtliche Verträge, in: Festschr. z. 25jährigen Bestehen des BVerfG, Bd. 2, 1976, S. 154; *Erich Kaufmann,* Normenkontrollverfahren und völkerrechtlicher Vertrag, in: Gedächtnisschr. f. *Georg W. Jellinek,* 1955, S. 445; *Otto Kimminich,* Das Völkerrecht in der Rechtsprechung des BVerfG, AöR 93 (1968), S. 485; *Friedrich Klein,* BVerfG und richterliche Beurteilung politischer Fragen, 1966; *Hans Hugo Klein,* BVerfG und Staatsraison, 1968; *Martin Kriele,* Außenpolitik und Staatsgerichtsbarkeit, 1956; *Peter Lerche,* Das BVerfG und die Vorstellung der Annäherung an den verfassungsgewollten Zustand, DÖV 1971, S. 721; *Hellmuth Loening,* Regierungsakte und Verwaltungsgerichtsbarkeit, DVBl. 1951, S. 233; *Georg Ress,* Mangelhafte diplomatische Protektion und Staatshaftung. Überlegungen zum gerichtlichen Schutz gegen Akte der Auswärtigen Gewalt im französischen und deutschen Recht, ZaöRV 32 (1972), S. 420; *Gerd Roellecke,* Politik und Verfassungsgerichtsbarkeit, 1961; *Helmut Rumpf,* Regierungsakte im Rechtsstaat, 1955; *Ulrich Scheuner,* Der Bereich der Regierung, in: Festschr. f. *Rudolf Smend,* 1952, S. 253; *Carl Schmitt,* Der Begriff des Politischen, 1932, Nachdruck 1963; *Hans Schneider,* Gerichtsfreie Hoheitsakte, Recht und Staat 160/1, 1951; *Gunnar Folke Schuppert,* Die verfassungsgerichtliche Kontrolle der auswärtigen Gewalt, 1973; *Ignaz Seidl-Hohenveldern,* Control of Constitutionality of International Agreements, AJIL 49 (1955), S. 451; *Walter Seuffert,* Der gerichtsfreie Hoheitsakt und die Grenze des Rechts, in: Festschr. f. *Gebhard Müller,* 1970, S. 491 ff.; *Hans Spanner,* Verfassungsrecht und politische Wirklichkeit bei der Kontrolle von Staatsverträgen, in: Festschr. f. *Gerhard Leibholz,* Bd. 2, 1966, S. 607; *ders.,* Zum Schutz gegen Grundrechtsverletzungen durch völkerrechtliche Verträge, DÖV 1966, S. 375; *Christian Tomuschat,* Auswärtige Gewalt und verfassungsgerichtliche Kontrolle, DÖV 1973, S. 801; *Wittig,* Politische Rücksichten in der Rechtsprechung des BVerfG, Der Staat 1969, S. 137; *Franz Christoph Zeitler,* Verfassungsgericht und völkerrechtlicher Vertrag, 1974; *Rüdiger Zuck,* Policial Question Doktrin, Judicial self-restraint und das BVerfG, JZ 1974, S. 361 ff.

a) Der Begriff der auswärtigen Gewalt ist in der Literatur äußerst umstritten[13]. Einig ist man sich nur darüber, daß es sich um Zuständigkeiten oder Tätigkeiten des Staates (nicht von Privatpersonen) mit Auslandsbezug handelt und daß die auswärtige Gewalt zumindest die Zuständigkeit zu völkerrechtlichen Akten umfaßt, die gegenüber anderen Völkerrechtssubjekten (Staaten oder internationalen Organisationen) abgegeben werden. So fallen der Abschluß und die Kündigung völkerrechtlicher Verträge, die Anerkennung von fremden Staaten und Regierungen, der Verzicht auf völkerrechtliche Rechte, die Kriegserklärung, um nur einige Beispiele zu nennen, unter die Akte der auswärtigen Gewalt. Fraglich ist dagegen, ob auch innerstaatliche Akte mit Auslandsbezug, etwa der Erlaß eines Gesetzes, welches die Rechtsstellung der Deutschen im Ausland oder fremder Staatsangehöriger im Inland regelt, unter die auswärtige Gewalt fallen. Bei diesen innerstaatlichen Akten stellen sich allerdings besondere Probleme der Bindung an Grundrechte und hinsichtlich der Kontrolle durch das BVerfG nicht. Diese Probleme greifen dagegen bei den völkerrechtlichen Akten der Bundesrepublik ein. Dabei stehen die Grundrechtsbindung und die Kontrolle des BVerfG bei Völkerrechtsverträgen im Vordergrund der Problematik.

b) Gegen die richterliche Kontrolle von Akten der auswärtigen Gewalt im engeren Sinne und vor allem völkerrechtlicher Verträge sprechen erhebliche Bedenken. Denn der Richter begibt sich damit in den Bereich der Außenpolitik, die flexibel bleiben muß und deshalb grundsätzlich in den Kernbereich der Exekutive fällt und von innerstaatlichen Bindungen weitgehend freigestellt bleiben muß. Im Bereich der auswärtigen Gewalt kann die Bundesrepublik ferner nicht wie im innerstaatlichen Bereich einseitige Entscheidungen fällen. Die Rechtswirkungen werden vielmehr durch zwei- oder mehrseitige Völkerrechtsverträge festgelegt, deren Inhalt die Bundesrepublik nicht frei gestalten kann. Häufig wird angesichts der Stellungnahme der anderen Staaten eine Regelung, die in vollem Umfang dem Grundgesetz entspricht, nicht zu erreichen sein. Die Bundesrepublik kann dann häufig trotzdem auf den Vertragsschluß nicht verzichten, weil andere öffentliche Interessen eine Regelung dringend erfordern. Auch kann man der Auffassung sein, das Grundgesetz könne nicht so ausgelegt werden, daß seine Wertentscheidungen mittelbar auch für fremde Staaten verbindlich

13 *Angerer,* Die Lehre von der auswärtigen Gewalt in der Bundesrepublik Deutschland, 1958; *Albert Bleckmann,* Grundgesetz und Völkerrecht, 1975, S. 201; *Josef Brix,* Der Begriff der Auswärtigen Gewalt, 1952; *Friedrich Adolf von der Heydte,* Zur Problematik der Begriffe Souveränität und Auswärtige Gewalt, DÖV 1953, S. 585; *Hermann Mosler,* Auswärtige Gewalt, in: Evangelisches Staatslexikon, 1966; *ders.,* Die Auswärtige Gewalt im Verfassungssystem der Bundesrepublik Deutschland, in: Festschr. f. *Carl Bilfinger,* 1954, S. 243; *Siegfried Weiß,* Auswärtige Gewalt und Gewaltenteilung, 1971.

würden; es müssen im auswärtigen Bereich weitergehende Kompromisse mit den Wertentscheidungen der anderen Staaten zugelassen sein als in der nationalen Rechtsordnung. Drittens fehlt dem nationalen Richter meist eine hinreichende Kenntnis der Außenpolitik und des Völkerrechts, also in Bereichen, die wegen ihrer Kompliziertheit, und weil zahlreiche Vorgänge geheim sind, nur die Regierung übersieht. Ferner ist den deutschen Gerichten durch die Regeln der materiellen Immunität der Staaten die Kontrolle über Akte fremder Staaten verboten; man könnte aber der Auffassung sein, durch die Überprüfung der Verfassungsmäßigkeit der Verträge würden auch die fremden Staaten kontrolliert. Und schließlich kann die Kontrolle durch das BVerfG nur dazu führen, daß die innerstaatliche Wirkung der Völkerrechtsakte, nicht aber deren völkerrechtliche Verbindlichkeit für die Bundesrepublik wegfällt; die richterliche Kontrolle hat also zur Folge, daß Völkerrecht und Landesrecht nicht mehr miteinander übereinstimmen, das Völkerrecht nicht mehr innerstaatlich vollzogen werden kann. Hierin liegt eine Verletzung des verfassungsrechtlichen Grundsatzes der Völkerrechtsfreundlichkeit der deutschen Rechtsordnung.

Aus all diesen Gründen sind nach der französischen Auffassung alle Akte im Bereich der auswärtigen Gewalt vom Richter nicht nachprüfbare Regierungsakte (actes de gouvernement). Auch die englische und die französische Lehre von den »acts of States« bzw. von den »political questions« schließen in bestimmtem Umfang die Nachprüfung solcher Akte aus[14]. In der Bundesrepublik wurde die Lehre vom Regierungsakt vor allem von *Hans Schneider*[15] vertreten. Hier war die Verfassungslage allerdings insoweit anders, als das Rechtsstaatsprinzip, Art. 19 IV und Art. 93 GG, eine umfassende richterliche Kontrollbefugnis begründen. Deshalb konnte sich die Lehre vom Regierungsakt weder in der Verwaltungsgerichtsbarkeit noch in der Verfassungsgerichtsbarkeit durchsetzen.

Nach Ansicht des BVerfG[16] kann zwar nicht der völkerrechtliche Vertrag, wohl aber das nach Art. 59 II GG ergangene Zustimmungsgesetz des deutschen Bundestags auf seine Übereinstimmung mit der Verfassung hin geprüft werden. Grundsätzlich kann das Gesetz dabei in allen Verfahren angegriffen werden, die gegen Gesetze allgemein offenstehen. Insbesondere ist auch die Verfassungsbeschwerde zulässig, soweit der Beschwerdeführer gegenwärtig und unmittelbar in seinen Grundrechten verletzt ist[17].

14 *Hans-Ernst Folz,* Die Geltungskraft fremder Staatsäußerungen. Eine Untersuchung über die anglo-amerikatische Act of State Doktrin; *Georg Ress,* a.a.O. (Anm. 12); *Franz Christoph Zeitler,* a.a.O. (Anm. 12).

15 *Hans Schneider,* a.a.O. (Anm. 12).

16 BVerfGE 1, 396, 410; 4, 157, 162; 6, 309, 326; 24, 33; 29, 348 ff., 358; 36, 1 ff. u. a. m.

17 Zu den Voraussetzungen der verschiedenen Verfahrensarten vgl. *Albert Bleckmann,* a.a.O. (Anm. 13), S. 247 ff.

c) Auch die auswärtige Gewalt ist nach Art. 1 III und 20 III GG an sich in vollem Umfang an die Grundrechte gebunden[18], ganz gleich, ob die deutschen Organe im Inland oder Ausland (Konsulate) handeln. Auch ein Zustimmungsgesetz, das gegen Grundrechte verstößt, ist nichtig. Die Gründe, die ursprünglich gegen die Zulässigkeit der richterlichen Kontrolle der auswärtigen Gewalt geltend gemacht wurden, müssen aber heute im Rahmen der Frage berücksichtigt werden, ob ein Verfassungsverstoß vorliegt. Da hier die internationalen Beziehungen der Bundesrepublik gestört werden können, ist das Bundesverfassungsgericht in diesem Bereich in der Tat mit der Annahme einer Verfassungswidrigkeit sehr vorsichtig.

(1) Das BVerfG hat die Bindung der auswärtigen Gewalt an das Grundgesetz in mehreren Entscheidungen durch die »Näher-am-Grundgesetz«-Theorie eingeschränkt. Entwickelt wurde diese Theorie im Saar-Urteil[19]. Die Bundesrepublik hatte die völlige Ausgliederung des Saarlands aus dem deutschen Staatsverband durch den Abschluß des Saarvertrages von 1954 mit Frankreich aufgehalten. Nach diesem Vertrag sollte das Saarland bis zum Abschluß eines Friedensvertrages mit Deutschland ein europäisches Statut erhalten. Ein Drittel der Mitglieder des Bundestags hatten gegen das Zustimmungsgesetz zu diesem Vertrage mit der Behauptung ein abstraktes Normenkontrollverfahren eingeleitet, das Gesetz verstoße gegen Art. 5, 9, 16, 23, 116, 144 und 146 GG.

Das BVerfG führte u. a. aus, es dürfe, wenn es einen völkerrechtlichen Vertrag, der die politischen Beziehungen des Bundes regele, am Grundgesetz messen solle, die politische Ausgangslage, aus der der Vertrag erwachsen sei, die politischen Realitäten, die zu gestalten oder zu ändern er unternimmt, nicht aus dem Blick verlieren. Die Lage im Saarland sei durch das Besatzungsregime entstanden, welches vom Grundgesetz zwar nicht erwähnt, aber vorausgesetzt wurde. Werde das Besatzungsregime durch den Vertrag abgebaut, müsse es genügen, daß die im Vertrag vorgesehenen Maßnahmen »mit dem Willen unternommen sind und die Tendenz in sich tragen, dem voll verfassungsmäßigen Zustand wenigstens so weit, wie es politisch erreichbar ist, näher zu kommen, seiner Erreichung vorzuarbeiten«. Wenn nur diese Grundtendenz zur Verfassungsmäßigkeit hin gewahrt werde, müsse hinsichtlich der Auswahl der im einzelnen im Vertrage vorzusehenden Maßnahmen für die vertragsschließenden Organe der Bundesrepublik »ein breiter Bereich politischen Ermessens bestehen, zumal der Kreis der an sich zur Wahl stehenden vertraglichen Lösungen sich praktisch an das dem jeweiligen Vertragspartner gegenüber politisch Erreichbare verengt«. Auch die Frage, was gegenüber dem Vertragspartner zu erreichen ist, steht im Ermessen der Bundesregierung. Das BVerfG fährt fort:

18 BVerfGE 4, 162.
19 BVerfGE 4, 157 ff., 168 ff.

»Diese Grundsätze können in ihrer Gesamtheit im praktischen Ergebnis bedeuten, daß politische Verträge, die eine besatzungsrechtliche Ordnung schrittweise abbauen, ohne zugleich eine auf Dauer berechnete völlige Neuordnung an ihre Stelle zu setzen, für ein Verfassungsgericht weithin in den Bereich der Nichtjustiziabilität rücken. Die verfassungsrechtlichen Grenzen, die auch in diesem Fall gezogen sind und deren Überschreitung die Ungültigkeit des Vertragsgesetzes zur Folge hätte, liegen dort, wo unverzichtbare Grundprinzipien des Grundgesetzes klar verletzt werden, also etwa die in Art. 79 III oder Art. 19 II GG bezeichneten Grundsätze. Einschränkungen anderer Verfassungsnormen können für eine Übergangszeit hingenommen werden, wenn sie in einem unmittelbaren Zusammenhang mit der Regelung stehen, die in ihrer gesamten Tendenz darauf gerichtet ist, dem der Verfassung voll entsprechenden Zustand näherzukommen. Bis zu den angedeuteten Grenzen sind die vertragsschließenden Organe der Bundesrepublik für die von ihnen vertraglich vereinbarten Maßnahmen nur politisch verantwortlich. Die rechtliche Feststellung einer Verfassungswidrigkeit wird grundsätzlich dadurch ausgeschlossen, daß der durch den Vertrag geschaffene Zustand ›näher beim Grundgesetz steht‹ als der vorher bestehende. Wollte man nur eine dem Grundgesetz voll entsprechende vertragliche Regelung als verfassungsmäßig gelten lassen, so hieße das, einen verfassungsrechtlichen Rigorismus vertreten, der sich in den Satz verdichten ließe: Das Schlechte darf dem Besseren nicht weichen, weil das Beste (oder von diesem Standpunkt aus: das allein Gute) nicht erreichbar ist. Das kann vom Grundgesetz nicht gewollt sein.«

Auf diese Grundsätze haben sich das BVerfG[20] und der BGH[21] gestützt – immer im Rahmen von Regelungen, die sich auf den Abbau des Besatzungsregimes bezogen.

Obwohl nun das BVerfG die Annäherungstheorie für die Ablösung der Besatzungsbefugnisse entwickelt hat, ist sie wohl auf diesen Bereich nicht beschränkt[22]. Eine Anwendung dieser Theorie ist allerdings nicht möglich, soweit der Vertrag die deutsche Rechtsordnung gestalten soll. Denn insoweit hat der deutsche Staat heute völlige Handlungsfreiheit, muß er also auch voll dem Grundgesetz unterworfen sein. Anders ist dagegen die Lage in fremden Staaten. Hier hat der deutsche Staat nur eine beschränkte Handlungsfähigkeit. Es ist also angemessen, einen Vertrag der Bundesrepublik nicht als verfassungswidrig anzusehen, wenn er zwar dem fremden Staat Handlungen gegenüber Deutschen gestattet, die, wenn sie von deutschen Organen ausgingen, Grundrechtsverstöße darstellten, sofern der Vertrag die Lage der Deutschen im Ausland so weit verbessert, wie das der – dem Beurteilungsspielraum der Bundesregierung überlassene – Verhandlungsspielraum zuließ. Eine interessante Anwendung der Annäherungstheorie findet sich ferner im Rahmen des Art. 24 GG. Hier war es der Bundesrepublik nicht möglich und nicht zuzumuten, darauf zu bestehen,

20 BVerfGE 14, 7; 27, 253 ff., 281 ff.
21 BGH, MDR 1967, 97; vgl. auch BGH, MDR 1973, 567.
22 Vgl. etwa BGH, MDR 1973, 567.

daß die Strukturen der Europäischen Gemeinschaften voll dem Grundgesetz entsprechen: trotzdem wird die Übertragung von Hoheitsrechten an eine solche internationale Einrichtung nicht als verfassungswidrig anzusehen sein.

(2) Seit dem Saar-Urteil[23] vermeidet das BVerfG ferner durch eine verfassungskonforme Auslegung, das Zustimmungsgesetz für nichtig zu erklären:

»Bei der Auslegung des Abkommens sind die für die Auslegung völkerrechtlicher Verträge allgemein entwickelten Grundsätze anzuwenden. Danach ist jedes Abkommen so auszulegen, daß die Vertragspartner einerseits das von ihnen gemeinsam angestrebte Ziel durch den Vertrag erreichen können, andererseits nicht über das gewollte Maß hinaus als gebunden angesehen werden dürfen. Wird der Inhalt völkerrechtlicher Verträge vom Verfassungsgericht auf seine Verfassungsmäßigkeit geprüft, so sind Auslegungsmöglichkeiten, die bei den in solchen Verträgen oft verwandten vagen und mehrdeutigen Formulierungen an sich denkbar wären, außer Betracht zu lassen, falls sie fernliegen. Es wäre nicht vertretbar, einen Vertrag für unvereinbar mit dem Grundgesetz zu erklären, weil bei einer fernliegenden Auslegung das Grundgesetz in der Tat verletzt wäre. Es muß grundsätzlich davon ausgegangen werden, daß die politischen Organe der Bundesrepublik Deutschland, die am Zustandekommen eines völkerrechtlichen Vertrages beteiligt waren, nicht grundgesetzwidrige Bindungen haben eingehen wollen, daß sie vielmehr die Vereinbarkeit mit dem Grundgesetz geprüft haben und auch weiter auf eine grundgesetzmäßige Auslegung und Anwendung des Vertrages achten werden. Solange und soweit die Auslegung offen ist, muß deshalb unter verschiedenen in Betracht kommenden Auslegungsmöglichkeiten derjenigen der Vorzug gegeben werden, bei der der Vertrag vor dem Grundgesetz bestehen kann.«

Auf die Prinzipien der verfassungskonformen Auslegung stützte sich das BVerfG insbesondere auch im Grundlagenvertrags-Urteil[24]. Das BVerfG meinte dabei, diese Auslegung könne (ausnahmsweise) auch der DDR entgegengehalten werden:

Die DDR habe vor Inkrafttreten des Vertrages volle Kenntnis von dem beim BVerfG anhängigen Verfahren, von den Kompetenzen des BVerfG, von der Bindung der Bundesregierung und aller Verfassungsorgane, Gerichte und Behörden des Bundes und der Länder an die Entscheidungen des BVerfG gehabt. Sie habe die rechtlichen Darlegungen der Bundesregierung im Gesetzgebungsverfahren, die in der Substanz mit der durch dieses Urteil verbindlich gewordenen Rechtsauffassung nicht in Widerspruch ständen, gekannt, und sei von der Bundesregierung ohne Widerspruch immer wieder darauf hingewiesen worden, daß sie den Vertrag nur so abschließen könne, wie er mit dem Grundgesetz vereinbar sei. Diese Umstände seien geeignet, auch in der völkerrechtlichen Auseinandersetzung, insbesondere

23 BVerfGE 4, 168.
24 BVerfGE 36, 1 ff., 13 ff., 35 f.

auch gegenüber dem Vertragspartner, dem Vertrag die Auslegung zu geben, die nach dem Grundgesetz erforderlich sei. Das stehe im Einklang mit einem Satz des allgemeinen Völkerrechts, der in der Staatenpraxis Bedeutung habe, wenn es darum gehe, ob ausnahmsweise ein Vertragsteil sich dem anderen gegenüber darauf berufen kann, dieser hätte erkennen können und müssen, daß dem Vertrag in einer bestimmten Auslegung das innerstaatliche Verfassungsrecht entgegenstehe.

Dabei übersieht das BVerfG, daß auch die DDR sich in der Präambel zum Grundlagenvertrag ihre Rechtsauffassung vorbehalten hat.

(3) Der verfassungsrechtliche Grundsatz der Völkerrechtsfreundlichkeit der deutschen Rechtsordnung verpflichtet die Bundesrepublik ferner mit verfassungsrechtlicher, die Geltung der deutschen Grundrechte zurückdrängender Wirkung, in Fällen mit Auslandsbeziehungen nicht ausschließlich auf den deutschen Wertvorstellungen zu beharren, sondern auch die Wertvorstellungen der fremden Staaten zu berücksichtigen. So hat das BVerfG auf der einen Seite festgestellt, daß die Grundrechte bei Fällen mit Auslandsbezug Differenzierungen zulassen; dabei komme es auf die Auslegung der einzelnen Grundrechte an[25]. Auf der anderen Seite wird in der deutschen Literatur zunehmend die treffende Auffassung vertreten, das Grundgesetz habe die volle Bindung auch der Europäischen Gemeinschaften an die deutschen Grundrechte nicht gewollt, weil dies einer auch den Interessen der anderen Mitgliedstaaten entsprechenden Betrachtungsweise nicht entspricht[26].

(4) Die Prüfungsbefugnis des BVerfG ist einerseits auf die Kontrolle der deutschen Hoheitsgewalt beschränkt. Auf der anderen Seite verpflichten die deutschen Grundrechte fremde Staaten nicht. Aus beiden Gründen folgt, daß das BVerfG nur die Teile eines völkerrechtlichen Vertrages auf ihre Verfassungsmäßigkeit prüfen darf, die Pflichten oder Rechte der Bundesrepublik oder ihrer Bewohner begründen oder aufheben oder die in der Bundesrepublik durch deutsche Organe vollzogen werden. Von diesen Grundsätzen gibt es aber eine Ausnahme. Es handelt sich nämlich auch um eine Ausübung der deutschen Hoheitsgewalt, wenn die Bundesrepublik fremde Staaten zum Vorgehen gegen deutsche Staatsangehörige ermächtigt oder wenn die Bundesrepublik gegen eine solche Maßnahme eines fremden Staates nichts unternimmt. Im ersten Fall kann ein mittelbarer Eingriff in deutsche Grundrechte durch die Bundesrepublik angenommen werden. Beim zweiten Fall, dem Unterlassen, muß dagegen, wenn ein Grundrechtsverstoß angenommen werden soll, eine aus den Grundrechten zu entwickelnde Schutzpflicht der Bundesrepublik vorliegen. In beiden Fällen reicht eine Verletzung deutscher Grundrechte gegenüber im Aus-

25 BVerfGE 31, 58, 77.
26 Vgl. die Literatur bei *Albert Bleckmann,* a.a.O. (Anm. 13), S. 321.

land wohnenden Ausländern durch die Bundesrepublik wohl nicht aus. Alle diese Fragen werden einerseits beim Geltungsbereich der Grundrechte, andererseits bei der Schutzpflicht der Bundesrepublik näher untersucht[27].

II. Die Bindung des Fiskus[28]

Ist man der Auffassung, auch der Privatrechtsverkehr sei in vollem Umfang unmittelbar an Grundrechte gebunden, entsteht das besondere Problem der Bindung des privatrechtlich handelnden Fiskus an die Grundrechte nicht. Nur wenn man diese Grundrechtsbindung entweder ganz ablehnt oder eine mittelbare, beschränkte Grundrechtsbindung der Privaten vertritt, muß untersucht werden, ob der privatrechtlich handelnde Staat nur wie eine Privatperson mittelbar oder aber als Staat unmittelbar in vollem Umfang durch die Grundrechte gebunden ist. Dabei ist festzuhalten, daß sich das Problem der Grundrechtsbindung des Fiskus nur für die Verwaltung, nicht aber für die Gesetzgebung und die Rechtsprechung stellt.

27 Vgl. auch ebenda, S. 241, 245.

28 *Hermann Bayer,* Privatrechtliche Leistungsverhältnisse und öffentliche Daseinsvorsorge, 1965; *Walter Bayerlein,* Die dogmatische Grundlegung des Verwaltungsprivatrechts, 1964; *Martin Bullinger,* Zu den Handlungsformen und Handlungsprinzipien hoheitlicher und nichthoheitlicher Verwaltung, DÖV 1960, S. 746; *Hans-Ulrich Evers,* Verfassungsrechtliche Bindungen fiskalischer Regierungs- und Verwaltungstätigkeit, NJW 1960, S. 2073; *Ernst Forsthoff,* Der Staat als Auftraggeber, 1963; *ders.,* Rechtsfragen der leistenden Verwaltung, 1959; *ders.,* Zur Grundrechtsbindung des Staates als Auftraggeber, BayVBl. 1964, S. 101; *Eckart Furtwängler,* Die Bindung des öffentlichen Auftraggebers an den Gleichheitssatz und andere Grundrechte, 1967; *Diether Haas,* Das Verwaltungsprivatrecht im System der Verwaltungshandlungen und der fiskalische Bereich, DVBl. 1960, S. 303; *Rudolf Knodel,* Die Grundlagen und Grenzen der fiskalischen Betätigung der öffentlichen Hand, 1963; *Arnold Köttgen,* Die erwerbswirtschaftliche Betätigung der öffentlichen Hand und das öffentliche Recht, in: Recht und Staat in Geschichte und Gegenwart, H. 29, 1928; *Peter Labus,* Der Gleichheitssatz in der schlichten Hoheitsverwaltung und der fiskalischen Verwaltung, 1972; *Walter Mallmann / Konrad Zeidler,* Schranken nichthoheitlicher Verwaltung, VVDStRL 19 (1961), 65 ff., 208 ff.; *Friedrich Menger,* Staat und Gemeinden als Auftraggeber der Wirtschaft, 1966; *Robert Porz,* Die privatrechtliche Betätigung der öffentlichen Hand und das Grundgesetz, DÖV 1958, S. 205; *Wilfried Schaumann,* Grundrechtsanwendung im Verwaltungsprivatrecht, JUS 1961, S. 110; *Franz-Jörg Semler,* Das Diskriminierungsverbot bei der Vergabe öffentlicher Aufträge, 1968; *Wolfgang Siebert,* Privatrecht im Bereich öffentlicher Verwaltung, in: Festschr. f. *Hans Niedermeyer,* 1953, S. 271; *Wilhelm Wertenbruch,* Grundrechtsanwendung im Verwaltungsprivatrecht, JUS 1961, S. 105; *Bernhard Wilhelm,* Die Bindung des Fiskus an Grundrechte, BayVBl. 1963, S. 78; *Jost Pietzcker,* Der Staatsauftrag als Instrument des Verwaltungshandelns 1978, S. 955 ff.

1. Bevor auf die Argumente für und gegen die Grundrechtsbindung des Fiskus eingegangen wird, müssen die verschiedenen Einteilungen der Verwaltungstätigkeit festgelegt werden. Es sind also die hoheitliche, die obrigkeitliche, die schlichthoheitliche und die fiskalische Verwaltung, die Eingriffs- und die Leistungsverwaltung voneinander zu trennen.

a) Für die obrigkeitliche Verwaltung ist deren Bindung an alle Grundrechte unbestritten. Dabei ist unter der obrigkeitlichen Verwaltung die einseitig-hoheitlich, in der Form des Verwaltungsakts handelnde Verwaltung gemeint.

b) Unbestritten ist ferner, daß die Verwaltung immer dann unmittelbar an die Grundrechte gebunden ist, wenn sie in öffentlich-rechtlicher Form handelt. Neben dem Verwaltungsakt steht der Verwaltung der Abschluß öffentlich-rechtlicher Verträge zu; auch insoweit liegt eine öffentliche Aufgabenerfüllung in öffentlich-rechtlicher Form vor, bei welcher die Verwaltung in vollem Umfang unmittelbar an die Grundrechte gebunden ist.

c) Die Verwaltung kann aber in zahlreichen Bereichen öffentliche Interessen in den Formen des Privatrechts verfolgen. So kann die Verwaltung eine im öffentlichen Interesse gewährte Subvention in den Formen des Verwaltungsakts, des öffentlich-rechtlichen Vertrages oder eines privatrechtlichen Vertrages gewähren. Hier besteht ein Wahlrecht der Verwaltung zwischen öffentlich-rechtlicher und privatrechtlicher Handlungsform[29]. Es gibt aber auch Bereiche, in denen die Verwaltung öffentliche Aufgaben nur in den Formen des Privatrechts verwirklichen kann. Das ist insbesondere bei der »Daseinsvorsorge«[30] der Fall, etwa bei der Lieferung von Gas, Elektrizität oder Wasser durch städtische Unternehmen und bei den Verträgen, welche die städtischen Theater mit ihren Besuchern abschließen. In diesen Fällen sollen nach einem Teil der Lehre auch öffentlich-rechtliche Beziehungen einschließlich der Grundrechte auf die Verwaltung anwendbar sein. Dieses durch öffentlich-rechtliche Elemente durchsetzte Privatrecht wird nach *Hans Julius Wolff* »Verwaltungsprivatrecht« genannt.

d) Die Verwaltung kann schließlich mit ihrer Tätigkeit auch nur mittelbar öffentliche Zwecke in den Formen des Privatrechts verfolgen. Dabei handelt es sich einerseits um Hilfsgeschäfte der Verwaltung, die auf den Kauf etwa von Schreibmaterial, Heizöl usw. gerichtet sind, zum anderen um die wirtschaftliche, auf Gewinnerzielung gerichtete Tätigkeit der öffentlichen Hand in den öffentlichen Unternehmen. Ob der Staat in diesen beiden Bereichen der fiskalischen Verwaltung unmittelbar in vollem Umfang an die Grundrechte gebunden ist, bleibt stark umstritten.

e) Während die bisher definierten Begriffspaare auf die Anwendung des öffentlichen Rechts und insbesondere der Grundrechte ausgerichtet sind,

29 *Albert Bleckmann*, Subventionsrecht, 1978, § 7 II.
30 *Ernst Forsthoff*, a.a.O. (Anm. 28).

stellt die Unterscheidung zwischen Eingriffs- und Leistungsverwaltung die Frage nach der Anwendbarkeit des allgemeinen Gesetzesvorbehalts. Nach der traditionellen Lehre vom Eingriffsvorbehalt soll nur bei Eingriffen in Freiheit und Eigentum ein Gesetz erforderlich sein, das den Eingriff gestattet, nicht bei der Gewährung von Leistungen. Obwohl dabei ursprünglich die Eingriffsverwaltung auf öffentlich-rechtliche Eingriffe beschränkt war und die Leistungsverwaltung im wesentlichen privatrechtlich gewährte Leistungen des Staates erfaßte, ist diese Unterscheidung heute hinfällig geworden: Auch privatrechtliche Eingriffe können u. U. den Gesetzesvorbehalt fordern, wie umgekehrt auch öffentlich-rechtliche Leistungen u. U. ohne ein Gesetz auskommen können. Überdies ist durch Literatur und Rechtsprechung die enge Abstellung des Gesetzesvorbehalts auf den Eingriff überwunden worden[31].

2. Die herrschende Lehre geht von der unmittelbaren vollen Bindung der Verwaltung bei der Verfolgung öffentlicher Interessen in Formen des Privatrechts an alle Grundrechte aus. Das gilt vor allem für die Vertreter des Verwaltungsprivatrechts. Dabei bleibt aber einerseits unklar, ob das Verwaltungsprivatrecht nur aus einem unsystematischen Nebeneinander von öffentlichen und privaten Rechtselementen besteht, die nebeneinander zum Zuge kommen, ob es in erster Linie das anwendbare Privatrecht ist, wie das »wie« bei der nur mittelbaren Grundrechtswirkung, oder ob das öffentliche Recht über die zwingenden Normen und die Generalklauseln eingreift, oder ob aus den öffentlichen und den privatrechtlichen Elementen eine neue, systematisch geordnete Rechtsmasse geschaffen werden soll.

Unbestritten ist diese Bindung allerdings nicht. Die Problematik wird dadurch weitgehend entschärft, daß nach der im Subventionsrecht herrschenden, auch vom BVerwG vertretenen Zweistufentheorie das »ob« der Subventionsgewährung durch Verwaltungsakt entschieden und nur das »wie« durch einen privatrechtlichen Vertrag festgelegt wird[32]. Für die erste Stufe wird aber (obrigkeitliche Verwaltung!) die unmittelbare volle Grundrechtswirkung generell anerkannt. Nur bei der zweiten Stufe bestehen Meinungsverschiedenheiten. Nach *Günter Dürig*[33] soll hier die mittelbare Drittwirkung wie im Privatrechtsverkehr allerdings mit der Maßgabe eingreifen, daß etwa bei einem Monopol (einziges Kino etc.!) die öffentliche Hand strenger an die Grundrechte und insbesondere an den Gleichheitssatz gebunden ist als Privatpersonen. Außerdem kann die öffentliche Hand nach unseren Darlegungen zur Grundrechtsträgerschaft den

31 Zum Stand der Meinungen vgl. *Albert Bleckmann,* Subventionsrecht, 1978, § 5.
32 Vgl. ebenda.
33 *Günter Dürig,* in: *Theodor Maunz / Günter Dürig / Roman Herzog / Rupert Scholz,* Kommentar zum Grundgesetz, Art. 1 II Rdnr. 136.

Grundrechten der Privatpersonen selbst nicht eigene Grundrechte entgegenstellen, so daß zwischen beiden Grundrechten abzuwägen sei.

3. Unverkennbar besteht in neuerer Zeit die Tendenz, auch den Fiskus unmittelbar in vollem Umfang an alle Grundrechte zu binden[34]. Auf der anderen Seite sprechen sich immer noch zahlreiche Autoren gegen diese Grundrechtsgeltung aus[35]. Auch der BGH folgt dieser Auffassung[36].

Für die volle unmittelbare Grundrechtsbindung wird geltend gemacht: Einerseits handle der Staat auch in seinem fiskalischen Tätigkeitsbereich immer als Staat, so daß Art. 1 III GG eingreife. Die unmittelbare Grundrechtsbindung der Privatpersonen werde zweitens abgelehnt, weil dies die Privatautonomie zu stark beeinträchtige; diese Gründe griffen aber beim Fiskus nicht, weil der Staat keine Privatautonomie besitze. Drittens sei der Staat auch bei Fiskalgeschäften immer an öffentliche Zwecke gebunden, so daß die Unterscheidung zwischen öffentlicher Zweckverfolgung und rein privatrechtlicher Tätigkeit nicht greife. Viertens dürfe es dem Staat nicht erlaubt sein, sich durch Auswechslung der Rechtsformen seiner öffentlichrechtlichen Bindungen zu entledigen. Gegen die Grundrechtsbindung wird etwa von *Hermann von Mangoldt / Friedrich Klein*[37] vorgetragen, Art. 19 IV GG garantiere die richterliche Kontrolle für eine Verletzung von Rechten nur bei Eingriffen der öffentlichen Gewalt. Dadurch gebe das Grundgesetz zu erkennen, daß es eine Grundrechtsbindung nur der öffentlichen Gewalt, nicht aber des Fiskus anstrebe.

Bejaht man die mittelbare Grundrechtsbindung der Privatpersonen, gilt zumindest diese Bindung auch für den Fiskus. Ist man überdies mit *Günter Dürig* der Auffassung, daß bei der öffentlichen Hand etwa im Falle der Monopole und in sonstigen Fällen, in denen die Grundrechte der Individuen besonders schutzwürdig sind, diese Grundrechtsbindung des Fiskus stärker als bei Privatpersonen greifen müsse, verliert die Kontroverse an

34 Vgl. *Bernd Bender,* Der Rechtsweg bei Klagen gegen Auftragssperren der öffentlichen Hand, JUS 1962, S. 178, 181; *Hans-Ulrich Evers,* a.a.O. (Anm. 28); *Herbert Krüger,* Allgemeine Staatslehre, 2. Aufl. 1967, S. 327; *Walter Leisner,* Werbefernsehen und öffentliches Recht, 1967, S. 158; *Walter Mallmann / Konrad Zeidler,* a.a.O. (Anm. 28), S. 201; *Hans Zacher,* Verwaltung durch Subventionen, VVDStRL 25 (1967), S. 308, 343 ff.

35 *Ernst Forsthoff,* a.a.O. (Anm. 28), und die Literatur bei *Walter Mallmann / Konrad Zeidler,* a.a.O. (Anm. 28), und bei *Eckart Furtwängler,* a.a.O. (Anm. 28), S. 100.

36 BGHZ 29, 76, 80; 33, 230, 233; 37, 1, 27; 52, 325, 327; BGH, Urteil vom 26. 10. 1961, NJW 1962, S. 196, DÖV 1962, S. 24.

37 *Hermann von Mangoldt / Friedrich Klein,* Das Bonner Grundgesetz, 2. Aufl. 1966, Art. 1 Anm. V 4 b, S. 159.

Schärfe. Es kommt in der Tat darauf an, einerseits den Fiskus zwar an Grundrechte zu binden, ihn andererseits aber so weit freizustellen, daß er seine öffentlichen Aufgaben erfüllen kann.

Das bedeutet einerseits, daß der Staat – ob nun mittelbar oder unmittelbar – auch im Fiskalbereich an alle Grundrechte gebunden ist. Bei der Auswahl unter mehreren Bewerbern für einen Auftrag hat er also im Gegensatz zu einer Privatperson ausschließlich nach öffentlichen Interessen zu entscheiden; die persönliche Zuneigung oder Abneigung eines Beamten, die Zugehörigkeit zu einer Partei oder zu einer Religionsgemeinschaft oder zu einem Verein darf nicht den Ausschlag geben. Auf der anderen Seite bedeutet die Bindung an Art. 3 I GG bei der Auftragsvergabe nicht, daß der Zuschlag unter sonst gleichen Bedingungen immer dem billigsten Angebot erteilt werden müsse. Denn sachgerecht ist es auch, wenn die Verwaltung aufgrund ihrer bisherigen Erfahrungen mit einer bestimmten Firma auf deren bessere Leistungsfähigkeit vertraut.

Das bedeutet aber, daß, da die Verwaltung sich nicht auf eigene Grundrechte berufen kann, bei der nur mittelbaren Geltung der Grundrechte für die fiskalische Tätigkeit die Grundrechte der dem Staat gegenüberstehenden Privatpersonen, etwa der Art. 3 I GG, nicht durch Grundrechte des Staates und vor allem durch die in Art. 2 I GG geschützte Privatautonomie der Individuen zurückgedrängt werden. Das führt grundsätzlich zur vollen Anwendbarkeit der Grundrechte. Diese werden nur so weit zurückgedrängt, als eine sinnvolle Beschaffungs- und Unternehmertätigkeit nach dem Grundgesetz auch dem Staate möglich sein muß. Überdies könnte die im Sozialstaatsprinzip verankerte Ermächtigung zu umfassender wirtschaftlicher und sozialer Gestaltung im Einzelfall die Grundrechte der Bürger zurückdrängen.

Eine volle Anwendung der Grundrechte ist im Gegensatz zu den Rechtsverhältnissen zwischen Privatpersonen insbesondere bei den privatrechtlichen Arbeitsverhältnissen des Staates anzunehmen. Hier gilt schon bei der Anstellung Art. 3 GG. Überdies greifen hier die Grundrechte aus Art. 4 und 5 GG in weiterem Umfang als bei Privatpersonen – die Berufung auf Art. 4 und 5 GG dürfte etwa in Tendenzbetrieben (Zeitungen, Vereine einer bestimmten politischen und religiösen Richtung usw.) weitgehend ausgeschlossen sein, wenn es sich um die Beurteilung eines Rechtsverhältnisses unter Privaten handelt – auch im Anstellungsverhältnis selbst ein. Insoweit kann das privatrechtliche Verhältnis zum Staat nicht abweichend vom Beamtenverhältnis beurteilt werden. Im übrigen besteht im Arbeitsverhältnis des Staates wie übrigens auch in entsprechenden Rechtsverhältnissen zwischen Privaten in diesem Bereich die Notwendigkeit, analog zur Rechtsfigur des besonderen Gewaltverhältnisses im Beamtenrecht unter Rückgriff auf die Zwecke des Anstellungsverhältnisses die Grundrechte einzuschränken.

Diese wenigen Beispiele zeigen schon, daß das eigentliche Problem nicht die Entscheidung zwischen der unmittelbaren und der nur mittelbaren Anwendung der Grundrechte auf den Fiskus, sondern eine auf die verschiedenen möglichen Fallgruppen abstellende Betrachtungsweise sein muß. Wenn auch beim Fiskus im Gegensatz zu den Privaten von der vollen, wenn auch nur mittelbaren Anwendung der Grundrechte ausgegangen werden muß, ist doch bei den einzelnen Fallgruppen jeweils zu erwägen, ob nicht bestimmte andere verfassungsrechtliche Erwägungen den Wirkungskreis gerade des betreffenden Grundrechts einschränken müssen.

III. Zur Grundrechtsbindung der Kirchen[38]

Die Bindung der Kirchen an die staatlichen Grundrechte wirft staatskirchliche Fragen auf, die hier nicht umfassend behandelt werden können. Im folgenden können deshalb nur grundsätzliche Hinweise gegeben werden.

1. Die Rechtsprechung hat die Frage der Grundrechtsbindung der Kirchen bisher noch nicht abschließend entschieden. Das BVerwG hat diese Frage offengelassen[39]. Nach Ansicht des BVerwG ist Art. 33 V GG auf die Dienstverhältnisse der Kirchen jedenfalls nicht anwendbar. Das OVG Lüneburg[40] will Art. 3 GG auf das Dienstverhältnis zwischen den Kirchen und ihren Beamten anwenden, das VG München[41] hält Art. 4 GG für anwendbar. Auch in der Lehre sind die Meinungen geteilt. Während sich etwa *Horst Säcker* für die Grundrechtsbindung ausspricht, *Hermann Weber* und *Axel Wufka* differenzierende Lösungen vertreten, haben *Wolfgang Rüfner, Frhr. von Campenhausen* und vor allem *Konrad Hesse* die Grundrechtsbindung in vollem Umfang abgelehnt[42].

38 *Axel Frhr. von Campenhausen,* Staatskirchenrecht, 1973, S. 87 f.; *Johann Frank,* Dienst- und Amtsrecht, in: *Ernst Friesenhahn / Ulrich Scheuner,* Handbuch des Staatskirchenrechts der Bundesrepublik Deutschland, Bd. 1, 1974, S. 669, 686 ff.; *Konrad Hesse,* Grundrechtsbindung der Kirchen?, in: Festschr. f. *Werner Weber,* 1974, S. 467; *Dietrich Prison,* Grundrechte in der Kirche, ZevKR 1972, S. 358; *Wolfgang Rüfner,* Die Geltung von Grundrechten im kirchlichen Bereich, in: Essener Gespräche zum Thema Staat und Kirche, Bd. 7, 1972, S. 9; *Horst Säcker,* Die Grundrechtsbindung der kirchlichen Gewalt, DVBl. 1969, S. 5; *Rudolf Smend,* Glaubensfreiheit als innerkirchliches Grundrecht, ZevKR 1953, S. 113; *Hermann Weber,* Die Grundrechtsbindung der Kirchen, ZevKR 1972, S. 386; *E. Wufka,* ZevKR 1971, S. 198 ff.

39 BVerwGE 28, 345, 351; 30, 316, 331.

40 ZevKR 1970, S. 267, 270.

41 ZevKR 1970, S. 418.

42 Vgl. *Horst Säcker, Hermann Weber, E. Wufka, Wolfgang Rüfner* und *Axel Frhr. von Campenhausen* sowie *Konrad Hesse,* a.a.O. (Anm. 38).

2. Nach einmütiger Auffassung kann die Grundrechtsbindung der Kirchen, die nach Art. 140 GG in Verbindung mit Art. 137 V WRV den Statuts einer Körperschaft des öffentlichen Rechts besitzen, nicht auf diesen Status gestützt werden, so daß zwischen den öffentlichen Körperschaften und den Kirchen erhebliche Unterschiede bestehen, die Kirchen insbesondere nicht in die Staatsorganisation einbezogen sind[43]. Ebenso kann man nicht argumentieren, die Beziehungen der Kirchen zu den Gläubigen und zu ihren Beamten stellten öffentliches Recht dar, die Kirchen übten in diesen Beziehungen öffentliche Gewalt aus, so daß sie an Grundrechte gebunden wären. Denn abgesehen von der Tatsache, daß es umstritten ist, ob diese Qualifizierungen überhaupt auf das Kirchenrecht anwendbar sind, handelte es sich doch insofern um kirchliche, nicht um staatliche öffentliche Gewalt, und Art. 1 III GG bezieht sich eben nur auf die staatliche Gewalt[44].

3. Man kann auch nicht umgekehrt ohne weiteres annehmen, die Kirchen seien wie Privatpersonen zu behandeln, so daß sie zumindest mittelbar an die Grundrechte gebunden sind. Bei den Kirchen stellt sich nämlich entgegen der Lage bei Privatpersonen das Problem, daß sie nicht nur wie Privatpersonen im Gegensatz zum Staat auch eigene Grundrechte besitzen, sondern daß auch ihre Selbstverwaltung durch die Verfassung garantiert wird, und jede Grundrechtswirkung diese Selbstverwaltung notwendig einschränkt.

4. Nach völlig einmütiger Auffassung sind die Kirchen dagegen an die staatlichen Grundrechte gebunden, soweit sie vom Staat übertragene, d. h. aber staatliche Hoheitsgewalt ausüben. Ihre Lage ähnelt dann der Situation der Beliehenen, die ebenfalls an die Grundrechte gebunden sind. In diesem übertragenen Aufgabenkreis gelten die Grundrechte in vollem Umfang unmittelbar. In diesem Bereich können die Kirchen sich gegenüber den Grundrechten der Bürger ebensowenig wie der Staat wiederum auf eigene Grundrechte berufen. Nur ist äußerst strittig, wie der Kreis der übertragenen Aufgaben abgegrenzt werden muß. Zwar fallen nach der durchaus herrschenden Meinung das Kirchensteuer- und das Friedhofswesen unter den übertragenen Hoheitsbereich. Umstritten ist diese Abgrenzung dagegen für den theologischen und religiösen Unterricht an kirchlichen und staatlichen Schulen und Hochschulen und vor allem für das kirchliche Amtsrecht. Die Befugnis, Beamte zu ernennen und Dienstverhältnisse öffentlichrechtlich auszugestalten, gehört zum traditionellen Bestand der Rechte, die in der Privilegierung der öffentlich-rechtlichen Religionsgemeinschaften enthalten sind. Damit soll den Kirchen ein Stück staatlicher Gewalt übertragen

43 Vgl. *Wolfgang Rüfner*, a.a.O. (Anm. 38), S. 10 m. w. N.
44 Ebenda, S. 11.

sein. Die Kirchen nähmen zwar bei der Ausgestaltung ihrer Dienstverhältnisse eigene Angelegenheiten wahr, aber mit Mitteln, die an sich dem Staat vorbehalten sind. Der Staat könne ihnen dieses Privileg nicht gewähren, ohne daß er als Korrelat auch die Grundrechtsbindung auf diese Rechtsverhältnisse erstrecke. Dem steht entgegen, daß die Ausgestaltung der Dienstverhältnisse zum engsten Kreis der Selbstverwaltungsaufgaben der Kirchen gehört[45].

5. Hinsichtlich der nicht-staatlichen Aufgaben der Kirchen bestehen erhebliche Differenzen. *Hermann Weber*[46] will dieses Problem dadurch lösen, daß er zwischen verschiedenen Bereichen der kirchlichen Aufgaben unterscheidet. Man müsse den staatsfreien kirchlichen Innenbereich von dem Wirken der Kirchen »nach außen«, also in den weltlichen Bereich (und der staatlichen Regelung offen stehenden Bereich) scharf trennen. Diese Trennung ermögliche es, der Garantie kirchlicher Eigenständigkeit gerecht zu werden, ohne auf der anderen Seite die staatliche Ordnungsaufgabe im weltlichen Bereich zu vernachlässigen, eine Aufgabe, aus der nicht zuletzt die Pflicht des Staates folge, die weltlichen Rechtspositionen seiner Bürger einschließlich der Grundrechte auch den Kirchen gegenüber zu schützen. Im innerkirchlichen Bereich, dem Raum der eigenständigen Kirchengewalt und des inneren Kirchenrechts, nehme der Staat keinerlei Einflußmöglichkeiten mehr in Anspruch. Der Verzicht auf die staatliche Ingerenz in den kirchlichen Eigenbereich entspreche nicht nur der Garantie der Religionsfreiheit; in ihm komme auch der säkulare Charakter des Staates zum Ausdruck. Er bewirke, daß Fragen wie die Gewährung oder Versagung von Sakramenten, die Ordnung des Gottesdienstes oder die Gestaltung religiöser Lebensordnungen aus dem Regelungsbereich des staatlichen Rechts herausfallen. Während die Kirchen im Bereich der staatlich delegierten Hoheitsbefugnisse unmittelbar voll an die Grundrechte gebunden seien, im innerkirchlichen Bereich dagegen die Grundrechtsbindung generell abzulehnen sei, seien die Kirchen in der Sphäre ihres Tätigwerdens nach außen wie Private an die Grundrechte mittelbar gebunden. Nach dieser Auffassung kommt es also darauf an, die Prinzipien der mittelbaren Grundrechtsbindung für die einzelnen Tätigkeitsbereiche herauszuarbeiten. Insoweit sei auf meine Ausführungen weiter unten verwiesen. Diesen Ausführungen ist vor allem *Konrad Hesse*[47] entgegengetreten. Nach seiner Auffassung kann das Verhältnis zwischen Staat und Kirchen nicht nach Bereichen unterschieden werden. Eine

45 Vgl. für die Bindung *Wolfgang Rüfner*, a.a.O. (Anm. 38), S. 11 f., sowie *Hermann Weber, E. Wufka*, a.a.O. (Anm. 38).
46 *Hermann Weber*, a.a.O. (Anm. 38).
47 *Konrad Hesse*, a.a.O. (Anm. 38), S. 452 f.

Abgrenzung des innerkirchlichen vom weltlichen Bereich sei nicht möglich, kirchliche und staatliche Aufgaben ließen sich nicht klar unterscheiden, die Bereiche seien mehrfach überlagert und verzahnt. Art. 137 WRV habe deshalb auf diese Bereichstrennung zu Recht nicht abgestellt.

6. Nach der durchaus herrschenden Lehre kommt es darauf an, ob die staatlichen Grundrechte im Sinne des Art. 137 III WRV »für alle geltenden Gesetze« sind, welche die verfassungsrechtlich gewährte Selbstverwaltung der Kirchen einschränken.

a) Hier ist allerdings vorweg auf die Auffassung eines Teils der Lehre hinzuweisen, nach der diese Schranke durch die stärkere Eigenständigkeit der Kirchen nach dem Grundgesetz obsolet geworden ist. Die herrschende Lehre geht jedoch vom Fortbestand dieser Schranken aus[48].

b) Umstritten ist zweitens die Abgrenzung dieser Schranken. Der BGH hat zunächst[49] die von *Johannes Heckel*[50] entwickelte Definition übernommen, nach der es sich bei diesen Schranken um für die Rechtsgemeinschaft unabdingbare Rechtsakte handelt und versteht darunter solche Rechtssätze, die für den sozialen Rechtsstaat unabdingbar sind und die deshalb jedes Recht, auch das kirchliche, mit Notwendigkeit enthalte. In der Entscheidung BGHZ 34, 372, 374 hat das Gericht als Recht in diesem Sinne alle Normen bezeichnet, »die sich als Ausprägungen und Regelungen grundsätzlicher, jedem Recht wesentlicher, für einen sozialen Rechtsstaat unabdingbarer Postulate darstellen«. *Horst Säcker* meint dazu, das Kriterium dieser Rechtsnormen müsse es sein, daß sie gleichermaßen für das staatliche und das kirchliche Recht gelten. So präge z. B. das demokratische Prinzip den Charakter unseres Staates entscheidend und dennoch sei es, da auf kirchliche Verhältnisse unübertragbar, in der Definition des BGH nicht enthalten. Dagegen sehe das Gericht im Rechtsstaatsprinzip und im Grundsatz der Sozialstaatlichkeit zutreffend diejenigen Gerechtigkeitspostulate verwirklicht, die grundsätzlich auch im kirchlichen Eigenleben zu gelten hätten. Unter diesem Gesichtspunkt müßten also Individualrechtsnormen in das Blickfeld gerückt werden, die für eine gerechte Ordnung konstitutiv und so entscheidend seien, daß ihre Träger sie auch gegenüber der kirchlichen Gewalt geltend machen können. Die Ansicht, daß nur ein nach Art. 79 III GG unabänderliches Gesetz die genannte Qualifikation erfülle, komme dem insoweit bereits sehr nahe, als sie auf die in Art. 1 GG

48 Vgl. hierzu *Horst Säcker,* a.a.O. (Anm. 38) und die dort in Anm. 10–14 zit. Literatur.

49 BGHZ 22, 383, 387.

50 *Johannes Heckel,* Das staatskirchenrechtliche Schrifttum der Jahre 1930 und 1931, VerwArch. 37 (1932), S. 284.

niedergelegten Grundsätze deute. In diesem Sinne bezeichne auch *Reinhard Maurer* als für alle geltend solche Gesetze, die »für eine an der Menschenwürde und dem Prinzip der Rechtsstaatlichkeit« ausgerichtete Rechtsordnung unerläßlich sind. Das treffe in hervorragendem Maße auf eine Reihe von Grundrechten zu. In ihnen seien die allgemeinen Menschenrechte positiviert, die in ihrem Kern unverletzlich und unveräußerlich seien und zu denen die Verfassung sich in Art. 1 II GG als der Grundlage jeder menschlichen Gemeinschaft bekannt. Dazu zählten vor allem das Recht aus Art. 1 I GG sowie Art. 3, 4, 103 I, 103 III und 101 I 1 GG.

Dagegen wird geltend gemacht, die *Heckel*sche Formel ermögliche eine rationale Abgrenzung nicht; sie sei unzutreffend, weil die Kirchen und Religionsgemeinschaften unzweifelhaft auch an staatliche Gesetze gebunden seien, die nicht für die Gesamtnation unentbehrlich sind; die Formel führe ferner dazu, daß den Kirchen und Religionsgemeinschaften staatliche »Unabdingbarkeiten« aufgezwungen würden, die ihrer theologisch begründeten Eigenstruktur unangemessen seien. Und schließlich verlange der Grundsatz der Einheit der Verfassung, daß die Schranken der Selbständigkeit der Kirchen nicht prinzipiell anders zu ziehen seien als andere Freiheitsbegrenzungen. Nach einer neueren Richtung der Lehre ist die Schranke der Selbstverwaltung der Kirchen deshalb genauso zu verstehen wie die »allgemeinen Gesetze« im Sinne des Art. 5 III GG; nur das Sonderrecht gegen die Kirchen sei schlechthin ausgeschlossen, während im übrigen jede verfassungsmäßige Rechtsnorm »für alle geltendes Gesetz« im Sinne des Art. 137 III GG sein könne; allerdings seien diese Gesetze wieder im Lichte der Grundrechte auszulegen. Ein solches allgemeines Gesetz, meint *Konrad Hesse,* liege aber nur bei Pflichten vor; als solche könnten Grundrechte nicht verstanden werden, ohne in ihr Gegenteil verkehrt zu werden. Hier übersieht *Hesse* offensichtlich, daß, wenn die Frage nach der Bindung der Kirchen an Grundrechte gestellt wird, eben damit nach Pflichten der Kirchen gefragt wird.

Ganz gleich, welcher Formel man für die Definition der für alle geltenden Gesetze folgt, muß man annehmen, daß die Kirchen zumindest in demselben Umfang an Grundrechte gebunden sind wie Private. Nach der Abstellung auf »allgemeine Gesetze« liegt dabei eine enge Gleichstellung mit Privaten nahe, wenn auch bei der Abwägung der Grundrechte Dritter mit den Grundrechten der Kirchen auch deren Selbstverwaltungsgarantie zu beachten ist. Nach der Formel des BGH kämen dagegen die Grundrechte nur in ihrem Kern zur Anwendung.

7. Eine ganz andere Frage als die nach der Grundrechtsbindung der Kirchen wird aufgeworfen, wenn man das Problem untersucht, ob nicht der Staat verpflichtet ist, seine Rechtsordnung so zu gestalten, daß die Grundrechte durch die Kirchen nicht verletzt werden können. So dürfte etwa der

Staat durch Art. 4 GG verpflichtet sein, zum Schutz der Glaubensfreiheit seiner Bürger den Kirchenaustritt staatlich zu regeln[51].

8. Wiederum ein anderes Problem wird angesprochen, wenn man danach fragt, ob die Kirchen nicht selbst kirchliche Grundrechte entwickeln sollten[52].

9. Zur Wirkung der Einzelgrundrechte gegenüber den Kirchen in den einzelnen Bereichen vgl. *Johann Frank, Wolfgang Rüfner, Horst Säcker* und *Hermann Weber*[53].

IV. Die Grundrechtsbindung der Beliehenen

Daß die Beliehenen, d. h. die Privatpersonen, denen der Staat durch Gesetz die Erfüllung öffentlicher Aufgaben und vor allem Hoheitsbefugnisse übertragen hat[54], in vollem Umfang unmittelbar an die Grundrechte gebunden sind, entspricht der einmütigen Auffassung der Lehre, weil die Beliehenen insoweit in die Staatsorganisation einbezogen sind[55].

Ähnlich ist das Problem zu lösen, ob die Tarifverträge an Grundrechte gebunden sind. Das BVerwG[56] ist der Auffassung, der Gesetzgeber habe den Tarifpartnern öffentliche Gesetzgebungsgewalt delegiert. Wenn dies der Fall wäre, müßte die Grundrechtsbindung in der Tat bejaht werden. Dem hält *Günter Dürig* entgegen, diese These könne nur vertreten werden, wenn die Tarifverträge stets das öffentliche Interesse verfolgten oder wenn zumindest ihr Abschluß einer staatlichen Kontrolle unterworfen sei, welche die Einhaltung der öffentlichen Interessen garantiere. Dies sei aber nicht der Fall. Die Delegationsthese sei also abzulehnen. Dagegen sei der Staat, der diese Tarifverträge für allgemein verbindlich erkläre, ganz gleich ob man insoweit der Ansicht folge, der Staat setze damit Verwaltungsakte oder Verordnungen, an die Grundrechte unmittelbar und voll gebunden[57].

51 Vgl. *Konrad Hesse,* a.a.O. (Anm. 38), S. 454.

52 Vgl. dazu *Dietrich Pirson,* a.a.O. (Anm. 38).

53 *Horst Säcker, Hermann Weber, Wolfgang Rüfner, Johann Frank,* a.a.O. (Anm. 38).

54 Vgl. *Hermann Gause,* Die öffentliche Indienststellung Privater als Rechtsinstitut der Staatsorganisation, 1967; *Hubert Mennacke,* Begriffsmerkmal der Rechtsstellung der mit öffentlicher Gewalt beliehenen Hoheitsträger des Privatrechts, 1963; *Rüdiger Michaelis,* Der Beliehene, 1969.

55 *Angelika Herdemerten,* in: *Ingo von Münch,* Kommentar zum Grundgesetz, Bd. 1, 1975, Art. 1 Anm. 37; vgl. *Fritz Ossenbühl / Hans-Ulrich Gallwas,* Die Erfüllung von Verwaltungsaufgaben durch Private, VVDStRL 29, 1970, S. 138 ff., S. 137 ff., 191 ff., 211 ff.; BVerfGE 10, 302 ff.

56 Vgl. *Günter Dürig,* a.a.O. (Anm. 33), Art. 1 III Rdnr. 115, Fußn. 1.

57 Vgl. auch *Angelika Herdemerten,* a.a.O. (Anm. 55), Rdnr. 34.

V. Die Drittwirkung der Grundrechte[58]

1. Mit der Drittwirkung der Grundrechte wird das Problem angesprochen, ob, in welchem Umfang und in welcher Weise Privatpersonen gegenüber anderen Individuen an die Grundrechte gebunden sind. Natürlich kann sich diese Frage nur stellen, wenn eine entsprechende Grundrechtsbindung denkbar ist. Eine Drittwirkung des Verbots, die deutsche Staatsangehörigkeit zu entziehen (Art. 16 I GG) oder der Garantie der Selbstverwaltung der Gemeinden (Art. 28 II GG) sowie der hergebrachten Grundsätze des Berufsbeamtentums (Art. 33 V GG) ist undenkbar. Die Drittwirkung ist umgekehrt bei der Koalitionsfreiheit des Art. 9 III GG vom Grundgesetz ausdrücklich vorgesehen worden; Art. 9 III 2 GG bestimmt, daß Abreden, die das Recht zur Bildung von Koalitionen einzuschränken suchen, nichtig sind. Darin kommt die Bindungswirkung Dritter eindeutig zum Ausdruck.

Das Problem der Drittwirkung ist zuerst für die Arbeitsverhältnisse untersucht worden[59]. Hier hat man insbesondere die Frage nach der gleichen Entlohnung von Mann und Frau gestellt. Zeitlich danach wurden Art. 1 und 2 I GG vom BGH zur Begründung eines allgemeinen Persönlichkeits-

58 *Franz Bydlinski,* Bemerkungen über Grundrechte und Privatrecht, ÖZöR XII, 1962/3, S. 423; *Günter Dürig,* Grundrechte und Zivilrechtsprechung, in: Festschr. f. *Hans Nawiasky,* 1956, S. 157; *Rudolf Echterhölter,* Grundrechte und Privatrecht, BB 1973, S. 393; *Fridel Eckhold-Schmidt,* Legitimation durch Begründung, Eine erkenntnistheoretische Analyse der Drittwirkungs-Kontroverse, 1974; *Franz Gamillscheg,* Die Grundrechte im Arbeitsrecht, AcP 164, S. 385; *Willi Geiger,* Die Grundrechte in der Privatrechtsordnung, 1960; *Detlef Christoph Göldner,* Verfassungsprinzip und Privatrechtsnorm in der verfassungskonformen Auslegung und Rechtsfortbildung, 1969; *Heinrich Heffter,* Auswirkung der Glaubens- und Gewissensfreiheit im Schuldverhältnis, 1968; *Ulrich Koebel,* Grundrechte und Privatrecht, JZ 1961, S. 521; *Walter Leisner,* Grundrechte und Privatrecht, 1960; *Horst Linders,* Über die Frage der unmittelbaren Bedeutung der Grundrechtsbestimmungen des BGG für den privatrechtlichen Rechtsverkehr, 1961; *Gerhard Müller,* Drittwirkung von Grundrechten und Sozialstaatsprinzip, RdA 1964, S. 121; *Hans Carl Nipperdey,* Grundrechte und Privatrecht, 1961; *Gerd Obersdorf,* Grundrechte und Arbeitsverhältnis, Arbeit und Recht 1958, S. 193; *Walter Reimers,* Die Bedeutung der Grundrechte für das Privatrecht, 1959; *Walter Schick,* Drittwirkungsprobleme im Bereich des Art. 14 GG, BayVBl. 1962, S. 348; *Bernhard Schlink,* Abwägung im Verfassungsrecht, 1976; *Walter Schmidt-Rimpler* u. a., Die Lohngleichheit von Mann und Frau, AöR 76 (1950/51), S. 165; *Jürgen Schwabe,* Die sogenannte Drittwirkung der Grundrechte, 1971; *ders.,* BVerfG und »Drittwirkung« der Grundrechte, AöR 100 (1975), S. 442; *ders.,* Über den Wert von Gemeinplätzen für das Drittwirkungsproblem, JR 1975, S. 13; *ders.,* Drittwirkung und kein Ende?, NJW 1973, S. 229; *Dieter Vogt,* Die Drittwirkung der Grundrechte und Grundrechtsbestimmungen des BGG, 1960.

59 BAGE 1, 185 ff.

rechts im Rahmen des § 823 I BGB herangezogen. Auch wurde die Frage gestellt, ob die Ehefrau eine Unterlassungsklage gegen die Ehestörerin habe und für den Arbeitgeber eine Beschäftigungspflicht und ein Verbot der Meinungsbeeinflussung seiner Arbeitnehmer bestehe. Die in Art. 2 I GG verbürgte Wirtschafts- und Wettbewerbsfreiheit sollte die Unzulässigkeit von Kartellen privatrechtlich begründen. Die Grundrechte wurden herangezogen, um Gewissenskonflikte im privaten Vertragsverhältnis zu lösen. Weitere Beispiele lassen sich leicht bilden: In einem Vertrag wird ein Partner verpflichtet, an Sportwettkämpfen nicht teilzunehmen oder nicht zu heiraten. Der A nimmt heimlich und ohne Zustimmung Gespräche des B auf Tonband auf. Bei gleicher Begabung läßt ein Vater nur den Sohn studieren, die Tochter aber als Krankenpflegerin ausbilden. Ein Vermieter lehnt farbige Mieter ab oder nimmt nur männliche Personen auf. Ein Erblasser bevorzugt in seinem Testament die männlichen Nachkommen. Ein angestellter Arzt muß entgegen seinem Gewissen und seiner religiösen Überzeugung Abtreibungen vornehmen. Ein Arbeiter mosaischen Glaubens muß am Samstag arbeiten[60].

Das Problem der Drittwirkung ist übrigens nicht auf die Bundesrepublik beschränkt. In den USA stützt sich die Gesetzgebung des Bundes, welche die Diskriminierung Privater durch Private verbietet und unter Strafe stellt, auf den Gleichheitssatz der Verfassung[61]. Der Verfassungsentwurf der Schweizerischen Expertenkommission für die Vorbereitung einer Totalrevision der Bundesverfassung enthält den Art. 25:

Wirkung der Grundrechte unter Privaten

I. Gesetzgebung und Rechtsprechung sorgen dafür, daß die Grundrechte sinngemäß auch unter Privaten wirksam werden.

II. Wer Grundrechte ausübt, hat die Grundrechte anderer zu achten. Vor allem darf niemand Grundrechte durch Mißbrauch seiner Machtstellung beeinträchtigen.

Ebenso ist die Bundesrepublik Deutschland durch Art. 2 der Konvention über die Beseitigung aller Fälle der Rassendiskriminierung vom 23. Dezember 1965 verpflichtet, Diskriminierungen durch Private zu unterbinden. Nach Art. 13 der EMRK hat der Verletzte bei einer Einschränkung der in der Konvention festgelegten Rechte und Freiheiten das Recht, eine wirksame Beschwerde bei einer nationalen Instanz einzulegen, selbst wenn die Verletzung von Personen begangen worden ist, die in offizieller Eigenschaft gehandelt haben. Nach diesem Wortlaut muß dieses Recht dem Verletzten um so eher zustehen, wenn die Privaten in privater Eigenschaft gehandelt haben. Trotzdem ist die Drittwirkung der EMRK stark umstritten. Auch

60 Zu diesen und weiteren Beispielen vgl. *Dieter Vogt*, a.a.O. (Anm. 58), S. 7 ff.

61 Vgl. *Heide Steinberger*, Rassendiskriminierung und Oberster Gerichtshof in den USA, 1969.

im Europäischen Gemeinschaftsrecht wird die Auffassung vertreten, die an die Staaten gerichteten Rechtsbindungen, die Grundrechten entsprechen, bänden auch Individuen[62].

In der WRV war neben der Koalitionsfreiheit auch die Meinungsfreiheit gegenüber Dritten geschützt. Ähnliche Bestimmungen finden sich in den Verfassungen von Bayern, Bremen, Hessen und Rheinland-Pfalz.

Das Problem der Drittwirkung wird häufig dahin umschrieben, es stelle die Frage nach der Einwirkung der Grundrechte auf das Privatrecht. Diese Definition ist offensichtlich zu weit. Denn es ist denkbar, daß der Gesetzgeber bei dem Erlaß von Zivilrechtsnormen die Grundrechte Privater unmittelbar verletzt. Dann stellt sich das Problem der Drittwirkung nicht. Das ist etwa der Fall, wenn der Gesetzgeber im Familienrecht Männer und Frauen und eheliche und nichteheliche Kinder ungleich behandelt, diesen Personengruppen willkürlich unterschiedliche Rechte und Pflichten zuordnet.

2. Es ist verschiedentlich versucht worden, die Drittwirkung durch eine unmittelbare Bindung des Staates zu lösen.

a) Zum Teil wird angenommen, in allen Fällen der Drittwirkung werde im Endergebnis das auf das Privatrechtsverhältnis anwendbare Recht von einem staatlichen Richter festgestellt, der seinerseits unmittelbar an die Grundrechte gebunden sei. Zumindest würden die Rechte einer Privatperson gegenüber einem anderen Individuum durch den Gerichtsvollstrecker durchgesetzt, also von der staatlichen Gewalt, die unmittelbar an Grundrechte gebunden sei. Die durchaus herrschende Lehre lehnt diese Konstruktionsversuche ab. Für die Bindung des Richters an Grundrechte komme es nämlich nicht auf das Prozeßrechtsverhältnis, sondern auf das materiellrechtliche Rechtsverhältnis an, über das der Richter zu entscheiden habe. Etwa bei einem Vertrag zwischen Individuen ist zu unterscheiden: Einmal kann die Vertragsgestaltung durch die Privaten die Grundrechte eines Vertragspartners verletzen. Das ist das Problem der Drittwirkung der Grundrechte. Auf der anderen Seite kann aber auch der Richter bei seiner Bewertung des Vertragsverhältnisses etwa das Kaufrecht willkürlich falsch anwenden. Dann liegt eine Grundrechtsverletzung durch den Richter vor.

Dieser Differenzierung ist zu folgen. Historisch gesehen waren die Grundrechte Abwehrrechte des Bürgers in einem materiell- oder prozeßrechtlichen Rechtsverhältnis zum Staat. Sie bezogen sich nicht auf die Ausgestaltung der Rechtsverhältnisse durch die Privatpersonen. Zwar ist nicht zu leugnen, daß die staatliche Durchsetzung privater Rechte im Endergebnis auch einen mittelbaren staatlichen Eingriff in Grundrechte der Privat-

62 Vgl. *Albert Bleckmann,* Europarecht. Das Recht der Europäischen Wirtschaftsgemeinschaft, 2. Aufl. 1978, S. 113.

personen beinhaltet. Es handelt sich aber gerade um die Frage, ob solche mittelbaren Grundrechtsverletzungen durch den Richter, den Gerichtsvollzieher oder den Gesetzgeber verfassungsrechtlich relevant sind. Das wurde in der bisherigen historischen Entwicklung gerade abgelehnt. Dafür müssen also besondere Argumente eingreifen. Die Tatsache allein, daß der Staat so mittelbar in die Grundrechte eingreift, reicht für die Grundrechtsbindung im Privatrecht nicht aus[63].

b) Die gesamte bisherige Drittwirkungskonzeption wurde von *Jürgen Schwabe*[64] in Frage gestellt. *Schwabe* zeigt, daß alle Einwirkungsrechte Privater auf die Rechtssphäre anderer Privater auf der staatlichen Rechtsordnung beruhen. Das gelte für vertragliche Ansprüche, Gestaltungsrechte, Einwirkungsbefugnisse, kurz für alles, was sich als Beeinträchtigung der Freiheitssphäre des Vertragspartners darstellen könnte. Folglich gingen solche Eingriffe in die Grundrechte im letzten stets vom Staate aus und müßten gemäß Art. 1 III GG auch stets an den Grundrechten gemessen werden. Dem könne nicht entgegengehalten werden, man müsse danach unterscheiden, ob die Eingriffsbefugnisse auf privatem oder öffentlichem Recht beruhten; nur im zweiten Fall gälten die Grundrechte unmittelbar. Dem hält *Schwabe* entgegen, daß hinsichtlich der sogenannten Primärnormen die Unterscheidung zwischen öffentlichem und privatem Recht nicht greife. Das soll an einem von *Schwabe* entwickelten Beispiel gezeigt werden. Der Gesetzgeber hat folgendes Gesetz erlassen:

§ 1 Belegschaftshandel im Sinne dieses Gesetzes ist ...
§ 2 Belegschaftshandel ist unzulässig.
§ 3 Wer gegen § 2 verstößt, kann von Konkurrenten und deren Berufsverbänden auf Unterlassung und Schadensersatz in Anspruch genommen werden.
§ 4 Die nach Landesrecht zuständigen Behörden können Belegschaftshandel untersagen.
§ 5 Der Verstoß gegen § 2 wird mit Geldstrafe von DM 100–3000 geahndet.
§ 6 Dieses Gesetz tritt am ... in Kraft.

Primärnorm ist das Verbot des Belegschaftshandels in § 2. Sekundärnormen sind diejenigen Vorschriften, welche vorschreiben, in welcher Weise das Verbot durchgesetzt wird; das sind die §§ 3 bis 5. Der Privatmann, der Belegschaftshandel führen will, muß das Verbot des § 2 angreifen. Insoweit entsteht die Frage, ob diese Vorschrift an Art. 12 GG gemessen werden kann. Gerade dieses Verbot kann aber weder dem öffentlichen noch dem privaten Recht zugeordnet werden. Denn es wird einerseits öffentlichrechtlich (§§ 4 und 5), andererseits privatrechtlich (§ 3) sanktioniert. Erst die Sanktionsnormen können also entweder dem privaten oder dem öffent-

63 Ähnlich wie hier *Konrad Hesse*, Grundzüge des Verfassungsrechts der Bundesrepublik Deutschland, 10. Aufl. 1977, S. 149.

64 *Jürgen Schwabe*, a.a.O. (Anm. 58), insbesondere: Die sogenannte Drittwirkung der Grundrechte.

lichen Recht zugeordnet werden. Folgte man der h. L., könnte § 2 an Art. 12 GG gemessen werden, soweit dieses Verbot im Wege einer behördlichen Intervention oder strafrechtlich durchgeführt wird, nicht dagegen, soweit Private auf Unterlassung klagen, ein offensichtlich absurdes Ergebnis.

Schwabe zeigt dann auf[65], wie sich die Grundrechtsproblematik des Privatrechts konkret stellt. Die Zivilrechtsordnung grenze die Rechtssphären der beiden Parteien voneinander ab. Der A habe etwa aus absoluten Rechten, aufgrund besonderer gesetzlicher Ermächtigung, aufgrund eines Vertrages, aus ungeschriebenem Recht usw. ein Recht zum Eingriff in die Interessen des B. Auf der Seite des B stehen Abwehr- und Unterlassungsansprüche aus absoluten Rechten, Schutzgesetzen usw. Die Rechte des A zum Tun und die Rechte des B zur Abwehr werden zumindest teilweise durch Grundrechte abgedeckt. Es komme also darauf an, daß das Zivilrecht die Rechte des A und die Gegenrechte des B so voneinander abgrenzt, wie es der Güterabwägung zwischen den Grundrechten des A und des B entspreche. Wenn die staatliche Rechtsmacht die zivilrechtliche Bereichsabgrenzung in einer grundrechtlich unzulässigen Weise vornehme, dann entfalten die subjektiv-öffentlichen Grundrechte hiergegen ihre Abwehrfunktion.

Anschließend geht *Schwabe*[66] auf das insbesondere von *Dürig*[67] vertretene Argument ein, der Drittwirkung der Grundrechte im Privatrecht stehe die auf Art. 1 I und 2 I GG gestützte Privatautonomie entgegen; einerseits müsse dem Privatmann zugestanden werden, im Interesse der Selbstverwirklichung durch Vertrag seine eigenen Grundrechte zu beschränken; auf der anderen Seite könne sich der Vertragspartner gegen seine Grundrechtsbindung auf die geschützte Privatautonomie berufen. Beides sei beim Staat anders. *Schwabe* hält dem entgegen, daß auf der einen Seite ein Verzicht des Privatmannes auf seine Grundrechte auch im Privatrecht möglich sei, und beruft sich hierfür auf das Zölibatsurteil des BVerwG[68]. Auf der anderen Seite könne der Staat den Grundrechten des Privatmannes nicht eigene Grundrechte, aber ebenso weitgehende öffentliche Interessen und Kompetenzen entgegenhalten. Hierfür zitiert *Schwabe Walter Leisner*[69]:

»Die Rechtsbeziehungen zwischen Staat und Individuum im hoheitlichen Raum sind ja genauso vielschichtig wie im Privatrecht, eine Abwägung zwischen Freiheit und öffentlichem Interesse ist genauso schwierig wie dort. Unrichtig ist in diesem Zusammenhang der Verweis darauf, daß der Staat selbst ja keine Grundrechte geltend machen könne: seine Funktion, seine originären Aufgaben geben ihm vielmehr

65 Ebenda, S. 56 ff.
66 Ebenda, S. 75 ff.
67 *Günter Dürig*, Grundrechte und Zivilrechtsprechung, a.a.O. (Anm. 58).
68 BVerwGE 14, 27.
69 *Jürgen Schwabe*, Die sogenannte Drittwirkung der Grundrechte, a.a.O. (Anm. 58), S. 83.

ein komplexes globales Recht, kraft dem er täglich tief in die private Freiheit eingreift, eine Befugnis, die ihm stillschweigend auch jede demokratische Verfassung einräumt. Der Freiheitsschutz ist nicht im öffentlichen Recht einfach, im Privatrecht eine komplizierte Interessenabwägung, sondern immer eine Abwägung von Interessen, deren Art verschieden sein mag, während der jeweils so herzustellende Zustand durchaus im Ergebnis der gleiche sein kann!«

Und schließlich brauchten die Unterschiede zwischen dem öffentlichen Recht und dem Privatrecht nicht notwendig gegen die unmittelbare Bindung der Privatpersonen zu sprechen. Die von *Dürig* hervorgehobenen besonderen Strukturen des Zivilrechts könnten vielmehr durchaus herangezogen werden, um die Grundrechtsbindung des Privaten im Verhältnis zur Grundrechtsbindung des Staates zu modifizieren.

Die herrschende Lehre sei ferner insoweit inkonsequent, als sie den Zivilgesetzgeber unmittelbar an Grundrechte binde[70]. Es müsse gleichgültig sein, ob die Rechte eines Privatmannes gegenüber einem anderen Privatmann unmittelbar auf dem Gesetz beruhen oder etwa auf einer Ermächtigung zum Abschluß von Verträgen. Wenn überdies nach Art. 2 I GG ein Grundrecht seine Schranken auch an den Grundrechten anderer finden soll, müsse der Privatmann an die Grundrechte gebunden sein.

Die Überlegungen von *Schwabe* kranken an denselben Fehlern wie die Lehre, welche die Drittwirkung der Grundrechte mit der unmittelbaren Grundrechtsbindung des staatlichen Richters begründet. Beide übersehen, daß die Grundrechtsverletzungen im privaten Rechtsverhältnis unmittelbar von einer Privatperson ausgehen und nur mittelbar vom Staat gedeckt werden. Diese Konstellation ist aber mit der Bindung der staatlichen Gewalt an Grundrechte in Art. 1 III GG im Kern sicherlich nicht gemeint. Wenn *Schwabe* argumentiert, die herrschende Lehre lehne die Grundrechtsbindung nur im Privatrecht, nicht aber im öffentlichen Recht ab, die Unterscheidung zwischen Privatrecht und öffentlichem Recht sei aber bei den für Grundrechtsverletzungen allein relevanten Primärnormen nicht möglich, übersieht er, daß gerade sein Beispiel des Belegschaftshandels ein unmittelbares Verbot des Handelns durch den Gesetzgeber beinhaltet. Diese Fälle sind aber stets unter Art. 1 III GG zu subsumieren, ganz gleich, ob es sich im konkreten Fall um öffentliches oder privates Recht handelt.

3. Diese Erwägungen zeigen, daß man um eine Begründung der Drittwirkung von Grundrechten nicht herumkommt. Die Gründe für und gegen die Drittwirkung von Grundrechten wurden von *Dieter Vogt*[71] umfassend zusammengestellt. *Vogt* zeigt zunächst, daß die Grundrechte im 19. Jahrhundert und zur Zeit der Weimarer Reichsverfassung als Abwehrrechte gegen

70 Ebenda, S. 88 ff.
71 *Dieter Vogt*, a.a.O. (Anm. 58).

den Staat verstanden wurden, wenn auch in der Weimarer Republik schon vereinzelt das Problem der Drittwirkung der Grundrechte gesehen wurde. Von einer historisch-dogmatischen Betrachtungsweise aus gelangt man also zur Ablehnung der Drittwirkung. Die Vertreter der Drittwirkung stützen sich auf zwei Gegenargumente: Einmal hätten sich die faktischen Verhältnisse im Verhältnis zum 19. Jahrhundert verändert, zum anderen sei ein Bedeutungswandel der Grundrechte eingetreten.

a) *Franz Laufke*[72] etwa stellte so fest, daß die französische Revolution die Verbände unterdrückt habe, von denen eine Freiheitsgefährdung ausgehen könne. Folglich sei eine Grundrechtsgefährdung nur vom Staat zu fürchten gewesen. Das habe sich heute geändert. Folglich müsse auch die Grundrechtsgefährdung durch mächtige Verbände abgewehrt werden.

Nach *Hildegard Krüger*[73] sind in der Vergangenheit meistens die in den Grundrechten geschützten Rechtsgüter hinsichtlich der Verletzung durch Dritte strafrechtlich oder privatrechtlich geschützt gewesen. Insoweit habe also ein Bedürfnis für Grundrechte nur gegen den Staat bestanden. Das habe sich mit dem Erlaß des Grundgesetzes geändert, mit dem die neuen Grundrechte der Art. 1 I und 2 I GG eingeführt worden seien. Insoweit müsse die Drittwirkung greifen, da Strafrecht und Privatrecht unzureichend seien.

Diesen Ausführungen ist mit *Vogt* entgegenzuhalten, daß einerseits schon im 19. Jahrhundert etwa der Arbeitgeber gegenüber den Arbeitnehmern eine Machtposition besaß, aufgrund deren die schon damals bestehenden Grundrechte der Arbeitnehmer beeinträchtigt wurden, die Lehre aber dennoch von der reinen Staatsgerichtetheit der Grundrechte ausging, und daß andererseits die Änderung der sozialen Verhältnisse zwar die Frage nach einer neuen Grundrechtsentfaltung nahelegt, diese Frage aber nur durch Auslegung des Grundgesetzes, nicht schon durch die reine Veränderung der sozialen Verhältnisse beantwortet werden kann.

b) Nach einmütiger Auffassung der Lehre besteht heute ein Bedürfnis nach einer Drittwirkung der Grundrechte zumindest gegenüber den mächtigen Sozialverbänden und dem Arbeitgeber. Umstritten ist dagegen, ob dieses Bedürfnis bei der Auslegung des Grundgesetzes im Sinne einer Drittwirkung herangezogen werden kann. So sprechen ihm etwa *Friedrich Klein*[74] und *Dieter Vogt* jegliche Wirkung auf die Grundrechtsauslegung ab, während eine solche Auslegung nach *Hildegard Krüger* zwingend ist. Die Vertreter der Drittwirkung stützen sich in diesem Rahmen auf die not-

72 *Franz Laufke*, Vertragsfreiheit und Grundgesetz, in: Festschrif. f. *Heinrich Lehmann*, 1955, S. 147 f.

73 *Hildegard Krüger*, Grenzen der Zumutbarkeit aus Gewissensgründen im Arbeitsrecht, RdA 1954, S. 368.

74 *Friedrich Klein*, in: *Hermann von Mangoldt / Friedrich Klein*, a.a.O. (Anm. 37), Vorbem. A II 4 c.

wendige »Aktualisierung« der Grundrechte. Ein Teil der Lehre ist mit dem BAG[75] der Auffassung, bei Ablehnung der Drittwirkung würden die Grundrechte auf allen Gebieten des sozialen Lebens wirkungslos gemacht, wenn zwar nicht der Staat, wohl aber wirtschaftliche und soziale Mächte und einzelne im privaten Rechtsverkehr in der Lage wären, dieses Recht nach ihrem Gutdünken kraft der Machtstellung einzuschränken, ohne sich dabei einer Verfassungsverletzung schuldig zu machen. So ist z. B. *Hans Carl Nipperdey*[76] der Auffassung, daß die die Drittwirkung verneinende Ansicht zu Grundrechtsbestimmungen mit absolut deklaratorischem Charakter führe. Wenn das Grundgesetz Bestimmungen enthalte, die vom Bedürfnis her gesehen in den Fällen, in denen sie Schutz gewähren müßten, ihn nicht böten, sei den Individuen nicht gedient. Ein das Grundgesetz in solcher Weise entwertender Grundsatz könne vom Gesetzgeber nicht gewollt sein.

Es kann nach *Hermann von Mangoldt*[77] für ein Staatswesen, das sich selbst im Verhältnis zum Untertan den Grundsatz der Menschenwürde auferlegt, nicht zulässig sein, daß diese im Verhältnis der einzelnen zueinander von den Mitbürgern mit Füßen getreten wird. Die Grundrechte müßten sich nach ihrem Sinn gegen diejenigen richten, die für das betreffende Lebensverhältnis verantwortlich sind, also z. B. bei der Lohngestaltung auch gegen die Tarifpartner.

Diese Argumente stützen sich auf den Satz, daß jede Verfassungsnorm so ausgelegt werden muß, daß sie effektiv ist. Sie behaupten, daß bei Wegfall der Drittwirkung die Grundrechte überhaupt keine Funktion mehr hätten. Dem ist entgegenzuhalten, daß die Funktion als Abwehrrechte gegen den Staat auch heute durchaus noch eine große Bedeutung hat.

Eine andere Frage ist, ob man nicht mit einem verbreiteten Auslegungsgrundsatz diejenige Auslegung der Grundrechte bevorzugen muß, die ihnen die größte Bedeutung verleiht. Dieser Auffassung folgt im Anschluß an *Richard Thoma*[78], *Franz Laufke*[79]. Verbindet man diesen Auslegungsgrundsatz mit dem Prinzip, daß die Grundrechte so ausgelegt werden müssen, daß der in ihnen angelegte Freiheitsgehalt sich gegen alle Bedrohungen in heutiger Zeit durchsetzen muß, wird man die Drittwirkung der Grundrechte mit der wohl herrschenden Lehre schon aus den bisher genannten Gründen akzeptieren müssen. Eine andere Frage ist dann, ob man für die unmittelbare oder nur für eine mittelbare Bindungswirkung optiert. Auch ist es durchaus möglich, daß die Bindung des Privaten an

75 BAGE 1, 185, 194; JZ 1955, S. 117.
76 *Hans Carl Nipperdey*, Gleicher Lohn der Frau, RdA 1950, S. 125 Ziff. 21.
77 *Hermann von Mangoldt / Friedrich Klein*, a.a.O. (Anm. 37).
78 *Richard Thoma*, Grundrechte und Grundpflichten, Bd. 1, 1930, S. 9, 12.
79 *Franz Laufke*, a.a.O. (Anm. 72), S. 120.

Grundrechte schon deshalb weniger weit geht als die staatliche Bindung, weil die Privatpersonen dieser Bindung in der Regel eigene Grundrechte entgegenhalten können, so daß eine Abwägung zwischen beiden Grundrechten erforderlich wird.

c) Die wohl herrschende Lehre[80] will die auf der historisch-dogmatischen Auslegung beruhende Vermutung gegen die Drittwirkung durch den inzwischen eingetretenen Bedeutungswandel der Grundrechte entkräften. Gemessen an den Verhältnissen des 17. bis 19. Jahrhunderts ständen die Grundrechte heute in einer veränderten sozialen Wirklichkeit. Die Gegenwart habe zu einem Wandel »in der individuellen Bewertung der Grundrechtsideen, vor allem der liberalen Freiheitsrechte, deren illusorischer Charakter in unserem kollektiven Zeitalter immer mehr erkannt wird, durch das Verlangen nach Existenzsicherung weitgehend ersetzt wird«, geführt[81]. Die Grundrechte einer modernen Verfassung müßten deswegen insbesondere mit Rücksicht auf die dem einzelnen von den sozialen, intermediären Gewalten drohenden Gefahren für die Verbände, aber auch für den einzelnen Mitbürger verpflichtend sein[82].

d) Die im wesentlichen auf ihre Notwendigkeit zur vollen Entfaltung der Freiheitsidee zurückgreifende Begründung der Drittwirkung geht anderen Auslegungsmethoden vor. Die Tatsache, daß die Beratungen im Parlamentarischen Rat nichts für, aber auch nichts gegen die Drittwirkung gebracht haben[83], steht dem nicht entgegen. Auch wird man nicht mit *Walter Schätzel*[84] annehmen können, der Verfassungsauftrag des Parlamentarischen Rates sei auf die Festlegung eines Staatsgrundgesetzes im bisherigen Sinne, das nur die Abwehrfunktion der Grundrechte gegen den Staat kannte, festgelegt worden, so daß er zur Einführung einer Drittwirkung nicht zuständig war. Sowohl die Weimarer Reichsverfassung[85] als das Grundgesetz[86] enthalten nämlich Grundrechtsbestimmungen, welche die Einzelprivatverhältnisse unmittelbar beeinflussen können. Auch der Wortlaut des Grundgesetzes bietet keine entgegenstehenden Anhaltspunkte. Zwar kann man den Art. 1 III GG im Sinne der reinen Staatsgerichtetheit der Grundrechte deuten. Auch kann man der einzigen Festlegung der Drittwirkung in Art. 9 III 2 GG die Ansicht des Verfassungsgebers entnehmen, eine solche Drittwirkung müsse ausdrücklich festgelegt werden. Man kann aber auch umgekehrt aus der Tatsache, daß nach Art. 1 I GG der Staat

80 Vgl. *Dieter Vogt*, a.a.O. (Anm. 58), S. 64.
81 Vgl. *Otto Koellreuther*, Deutsches Staatsrecht, 1953, S. 61.
82 *Dieter Vogt*, a.a.O. (Anm. 58), S. 65.
83 Ebenda, S. 89.
84 *Walter Schätzel*, Einfluß des BGG auf die Einzelarbeits- und Tarifverträge, RdA 1950, S. 250.
85 WRV Art. 118 I 2, 136 I, 152, 159, S. 2, 160.
86 GG Art. 9 III 2, 48.

die Menschenwürde und damit (Art. 1 II GG: »darum«) auch die folgenden Grundrechte zu schützen habe, schließen, er müsse die Grundrechte auch Privatpersonen gegenüber durchsetzen[87]. Außerdem kann man sich für die Drittwirkung auf die Schranken des Art. 2 I GG berufen. Und schließlich wäre es vom Grundgesetz willkürlich, wenn es den Staat, nicht aber die fast ebenso starken Sozialverbände an die Grundrechte gebunden hätte.

4. Selbst wenn man die Drittwirkung der Grundrechte bejaht, bleiben verschiedene Konstruktionen dieser Drittwirkung möglich[88]:

a) Nach einem Teil der Lehre wirken die Grundrechte unmittelbar gegen Privatpersonen. Dabei werden wiederum zwei verschiedene Theorien vertreten:

(1) Entweder sind die Grundrechte subjektive öffentliche Abwehrrechte gegen Private oder

(2) die Privaten sind an die Grundrechte als objektives Rechtsprinzip oder als institutionelle Garantie gebunden. Dieser Auffassung folgt insbesondere das BAG. Nach dessen Auffassung sind zumindest einige Grundrechte »Ordnungsgrundsätze für das soziale Leben, die im Kern aus dem Grundrecht näher zu entwickelndem Umfang auch Bedeutung für den Rechtsverkehr der Bürger untereinander haben«[89]. In dieser Sicht enthalten die Grundrechte allgemeine, für alle Rechtsgebiete unmittelbar geltende Rechtsgrundsätze.

(3) Nach beiden Theorien können aus den Grundrechten unmittelbar privatrechtliche Abwehr- und auch Leistungsansprüche entwickelt werden. Verstößt ein Vertrag gegen Grundrechte, ist er nach § 134 BGB nichtig; möglich ist allerdings auch der Rückgriff auf die Unmöglichkeit der Vertragserfüllung, wenn diese ein Grundrecht rechtswidrig beschränken würde. Der Unterschied zwischen beiden Theorien ist also letztlich nicht erheblich.

b) Die wohl herrschende Lehre spricht sich gegen die unmittelbare Drittwirkung aus und befürwortet eine nur mittelbare Drittwirkung.

(1) Diese Auffassung wurde vor allem von *Günter Dürig*[90] vertreten. *Dürig* spricht sich durchaus für eine Drittwirkung der Grundrechte aus.

87 BGH, JZ 1957, S. 473; *Franz Laufke*, a.a.O. (Anm. 72), S. 152 f.; *Hans Carl Nipperdey*, a.a.O. (Anm. 76), Ziff. 20; vgl. auch Literatur und Rspr. bei *Dieter Vogt*, a.a.O. (Anm. 58), S. 105 ff.

88 *Dieter Vogt*, a.a.O. (Anm. 58).

89 BAGE 1, 193; vgl. im übrigen die Rspr. bei *Dieter Vogt*, a.a.O. (Anm. 58), S. 174; vgl. ferner *Hans Carl Nipperdey*, Grundrechte und Privatrecht, S. 14.

90 *Günter Dürig*, Grundrechte und Zivilrechtsprechung, a.a.O. (Anm. 58); *ders.*, in: *Theodor Maunz / Günter Dürig / Roman Herzog / Rupert Scholz*, a.a.O. (Anm. 33), Art. 1 III Rdnr. 102 ff., 127 ff.; *ders.*, Die Grundrechte, Bd. 2, 1969, S. 525 ff.

Man solle nicht übersehen, daß »aller staatlichen Gewalt hinsichtlich der Menschenwürde nach Art. 1 I 2 GG nicht nur eine Achtungspflicht bei eigenem (staatlichem) Verhalten, sondern auch eine Schutzpflicht gegenüber jeglichem Verhalten, also auch dem dritter, einzelner und dem gesellschaftlicher Kollektive, obliegt. Wenn aber die Verfassung in den dem Art. 1 III GG nachfolgenden Grundrechten die wichtigsten und vornehmsten Mittel zur positivrechtlichen Verwirklichung der objektiven Ausgangsnorm des Art. 1 I GG sieht, so stellt sich verfassungsrechtlich die sehr ernst zu nehmende Frage, ob nicht die rechtsprechende Gewalt der staatlichen Schutzverpflichtung aus Art. 1 I Satz 2 GG dadurch nachzukommen hat, daß sie auch den Grundrechten zuwiderlaufendes Drittverhalten als rechtswidrig behandeln muß. Von der Durchsetzbarkeit und der Sanktion her gesehen, wären dann die Grundrechte von subjektiven öffentlichen (d. h. staatsgerichteten) Rechten zu absoluten (d. h. gegen alle möglichen Angreifer gerichteten) Rechten geworden. Folgt man des weiteren der vom Grundgesetz aufgestellten Prämisse, mit dem Grundrechtsschutz erfolge vor allem ein Schutz vorgegebener sittlicher Werte, so tritt die Erkenntnis hinzu, daß solche Werte als absolute Werte trotz ihrer Positivierung nicht nach Richtungen fragen, vielmehr im positiven Recht – gleichgültig wer als Angreifer auftritt – zur Einheit in der Rechtsmoral zwingen«.

Die unmittelbare Drittwirkung lehnt *Dürig* deshalb ab, weil dadurch die grundgesetzlich ebenfalls geschützte Privatautonomie zu stark beschränkt würde. Die Grundrechte wirkten aber über die Generalklauseln und unbestimmten Normen des Zivilrechts auf das Zivilrecht ein.

(2) Auch *Konrad Hesse*[91] wendet sich gegen die unmittelbare Drittwirkung. Auch nach seiner Ansicht würde diese Konstruktion selbst dann zu einer beschränkten beträchtlichen Beeinträchtigung der Privatautonomie führen, wenn man berücksichtigt, daß jedem Grundrecht des einen Privatmannes ein Grundrecht des anderen Individuums entgegensteht, die miteinander abgewogen werden müssen. Gerade diese Notwendigkeit einer Abwägung im Einzelfall würde aber die im Privatrechtsverkehr erforderliche Rechtssicherheit vollkommen aufheben. Dem Einfluß der Grundrechte auf das Privatrecht Rechnung zu tragen, sei deshalb in erster Linie Aufgabe des Gesetzgebers. Die Gerichte dürften die Entscheidungen und Abwägungen des Gesetzgebers nicht im Rückgriff auf Grundrechte oder unter Berufung auf ihre eigenen Abwägungen korrigieren. Verwende der Gesetzgeber bei seinen Regelungen allerdings unbestimmte Begriffe oder Generalklauseln, so könnten Grundrechte für ihre Interpretation im Einzelfall bedeutsam werden; insoweit fehle es an einer gesetzlichen Konkretisierung, und es

91 *Konrad Hesse*, Grundzüge des Verfassungsrechts der Bundesrepublik Deutschland, a.a.O. (Anm. 63), S. 147 ff.

sei Aufgabe des Richters, dem Einfluß der Grundrechte in der notwendigen Differenzierung gerecht zu werden[92].

(3) Im Lüth-Urteil[93] hat das BVerfG ausgeführt:

»Die grundsätzliche Frage, ob Grundrechtsnormen auf das bürgerliche Recht einwirken und wie diese Wirkung im einzelnen gedacht werden müsse, ist umstritten (über den Stand der Meinungen siehe neuestens *Laufke* in der Festschrift für *Heinrich Lehmann,* 1956, Band I S. 145 ff., und *Dürig* in der Festschrift für *Nawiasky,* 1956, S. 157 ff.). Die äußersten Positionen in diesem Streit liegen einerseits in der These, daß die Grundrechte ausschließlich gegen den Staat gerichtet seien, andererseits in der Auffassung, daß die Grundrechte oder doch einige und jedenfalls die wichtigsten von ihnen auch im Privatrechtsverkehr gegen jedermann gälten. Die bisherige Rechtsprechung des Bundesverfassungsgerichts kann weder für die eine noch für die andere dieser extremen Auffassungen in Anspruch genommen werden; die Folgerungen, die das Bundesarbeitsgericht in seinem Urteil vom 10. Mai 1957 – NJW 1957, S. 1688 – aus den Entscheidungen des Bundesverfassungsgerichts vom 17. und 23. Januar 1957 (BVerfGE 6, 55 und 6, 84) in dieser Hinsicht zieht, gehen zu weit. Auch jetzt besteht kein Anlaß, die Streitfrage der sogenannten ›Drittwirkung‹ der Grundrechte in vollem Umfang zu erörtern. Zur Gewinnung eines sachgerechten Ergebnisses genügt folgendes:

Ohne Zweifel sind die Grundrechte in erster Linie dazu bestimmt, die Freiheitssphäre des einzelnen vor Eingriffen der öffentlichen Gewalt zu sichern; sie sind Abwehrrechte des Bürgers gegen den Staat. Das ergibt sich aus der geistesgeschichtlichen Entwicklung der Grundrechtsidee wie aus den geschichtlichen Vorgängen, die zur Aufnahme von Grundrechten in die Verfassungen der einzelnen Staaten geführt haben. Diesen Sinn haben auch die Grundrechte des Grundgesetzes, das mit der Voranstellung des Grundrechtsabschnitts den Vorrang des Menschen und seiner Würde gegenüber der Macht des Staates betonen wollte. Dem entspricht es, daß der Gesetzgeber den besonderen Rechtsbehelf zur Wahrung dieser Rechte, die Verfassungsbeschwerde, nur gegen Akte der öffentlichen Gewalt gewährt hat.

Ebenso richtig ist aber, daß das Grundgesetz, das keine wertneutrale Ordnung sein will (BVerfGE 2, 1 [12]; 5, 85 [134 ff., 197 ff.]: 6, 32 [40 f.], in seinem Grundrechtsabschnitt auch eine objektive Wertordnung aufgerichtet hat und daß gerade hierin eine prinzipielle Verstärkung der Geltungskraft der Grundrechte zum Ausdruck kommt (*Klein v. Mangoldt,* Das Bonner Grundgesetz, Vorbem. B III 4 vor Art. 1 S. 93). Dieses Wertsystem, das seinen Mittelpunkt in der innerhalb der sozialen Gemeinschaft sich frei entfaltenden menschlichen Persönlichkeit und ihrer Würde findet, muß als verfassungsrechtliche Grundentscheidung für alle Bereiche des Rechts gelten; Gesetzgebung, Verwaltung und Rechtsprechung empfangen von ihm Richtlinien und Impulse. So beeinflußt es selbstverständlich auch das bürgerliche Recht; keine bürgerlich-rechtliche Vorschrift darf in Widerspruch zu ihm stehen, jede muß in seinem Geiste ausgelegt werden.

92 Vgl. auch *Walter Reimers,* a.a.O. (Anm. 58), S. 15 ff.

93 BVerfGE 7, 198 ff., 204; vgl. BVerfGE 12, 113, 124; 24, 278, 282 ff.; 30, 173, 178; 37, 132, 141.

Der Rechtsgehalt der Grundrechte als objektiver Normen entfaltet sich im Privatrecht durch das Medium der dieses Rechtsgebiet unmittelbar beherrschenden Vorschriften. Wie neues Recht im Einklang mit dem grundrechtlichen Wertsystem stehen muß, so wird bestehendes älteres Recht inhaltlich auf dieses Wertsystem ausgerichtet; von ihm her fließt ihm ein spezifisch verfassungsrechtlicher Gehalt zu, der fortan seine Auslegung bestimmt. Ein Streit zwischen Privaten über Rechte und Pflichten aus solchen grundrechtlich beeinflußten Verhaltensnormen des bürgerlichen Rechts bleibt materiell und prozessual ein bürgerlicher Rechtsstreit. Ausgelegt und angewendet wird bürgerliches Recht, wenn auch seine Auslegung dem öffentlichen Recht der Verfassung zu folgen hat.

Der Einfluß grundrechtlicher Wertmaßstäbe wird sich vor allem bei denjenigen Vorschriften des Privatrechts geltend machen, die zwingendes Recht enthalten und so einen Teil des ordre public – im weiten Sinne – bilden, d. h. der Prinzipien, die aus Gründen des gemeinen Wohls auch für die Gestaltung der Rechtsbeziehungen zwischen den einzelnen verbindlich sein sollen und deshalb der Herrschaft des Privatwillens entzogen sind. Diese Bestimmungen haben nach ihrem Zweck eine nahe Verwandtschaft mit dem öffentlichen Recht, dem sie sich ergänzend anfügen. Das muß sie in besonderem Maße dem Einfluß des Verfassungsrechts aussetzen. Der Rechtsprechung bieten sich zur Realisierung dieses Einflusses vor allem die ›Generalklauseln‹, die wie § 826 BGB, zur Beurteilung menschlichen Verhaltens auf außer-zivilrechtliche, ja zunächst überhaupt außerrechtliche Maßstäbe, wie die ›guten Sitten‹, verweisen. Denn bei der Entscheidung darüber, was diese sozialen Gebote jeweils im Einzelfall fordern, muß in erster Linie von der Gesamtheit der Wertvorstellungen ausgegangen werden, die das Volk in einem bestimmten Zeitpunkt seiner geistig-kulturellen Entwicklung erreicht und in seiner Verfassung fixiert hat. Deshalb sind mit Recht die Generalklauseln als die ›Einbruchstellen‹ der Grundrechte in das bürgerliche Recht bezeichnet worden (*Dürig* in *Neumann – Nipperdey – Scheuner,* Die Grundrechte, Band II S. 525).

Der Richter hat kraft Verfassungsgebots zu prüfen, ob die von ihm anzuwendenden materiellen zivilrechtlichen Vorschriften in der beschriebenen Weise grundrechtlich beeinflußt sind; trifft das zu, dann hat er bei Auslegung und Anwendung dieser Vorschriften die sich hieraus ergebende Modifikation des Privatrechts zu beachten. Dies ist der Sinn der Bindung auch des Zivilrichters an die Grundrechte (Art. 1 Abs. 3 GG). Verfehlt er diese Maßstäbe und beruht sein Urteil auf der Außerachtlassung dieses verfassungsrechtlichen Einflusses auf die zivilrechtlichen Normen, so verstößt er nicht nur gegen objektives Verfassungsrecht, indem er den Gehalt der Grundrechtsnorm (als objektiver Norm) verkennt, er verletzt vielmehr als Träger öffentlicher Gewalt durch sein Urteil das Grundrecht, auf dessen Beachtung auch durch die rechtsprechende Gewalt der Bürger einen verfassungsrechtlichen Anspruch hat. Gegen ein solches Urteil kann – unbeschadet der Bekämpfung des Rechtsfehlers im bürgerlich-rechtlichen Instanzenzug – das Bundesverfassungsgericht im Wege der Verfassungsbeschwerde angerufen werden.

Das Verfassungsgericht hat zu prüfen, ob das ordentliche Gericht die Reichweite und Wirkkraft der Grundrechte im Gebiet des bürgerlichen Rechts zutreffend beurteilt hat. Daraus ergibt sich aber zugleich die Begrenzung der Nachprüfung: Es ist nicht Sache des Verfassungsgerichts, Urteile des Zivilrichters in vollem Umfange auf Rechtsfehler zu prüfen; das Verfassungsgericht hat lediglich die bezeichnete ›Ausstrahlungswirkung‹ der Grundrechte auf das bürgerliche Recht zu beurteilen und den Wertgehalt des Verfassungssatzes auch hier zur Geltung zu bringen. Sinn des Instituts der Verfassungsbeschwerde ist es, daß alle Akte der gesetzgebenden, vollziehenden und richterlichen Gewalt auf ihre ›Grundrechtsmäßigkeit‹ nachprüfbar sein sollen (§ 90 BVerfGG). Sowenig das Bundesverfassungsgericht berufen ist, als Revisions- oder gar ›Superrevisions‹-Instanz gegenüber den Zivilgerichten tätig zu werden, sowenig darf es von der Nachprüfung solcher Urteile allgemein absehen und an einer in ihnen etwa zutage tretenden Verkennung grundrechtlicher Normen und Maßstäbe vorübergehen.«

(4) Im einzelnen bleiben auch nach der herrschenden Lehre und der Rechtsprechung des BVerfG zahlreiche Fragen offen:

aa) Nach Ansicht des BVerfG müssen zunächst einmal die Generalklauseln des Privatrechts, etwa die §§ 826, 138, 242 BGB usw., auf die Wertordnung des Grundgesetzes hin ausgelegt werden. Im Lüth-Urteil wurde so die Sittenwidrigkeit eines Boykotts allein nach verfassungsrechtlichen Maßstäben festgestellt, weil die Anschauungen über die guten Sitten in hervorragendem Maße im Grundgesetz zum Ausdruck kämen. Es bleibt dabei offen, ob und in welchem Umfang zur Ausfüllung von Generalklauseln noch auf andere Wertmaßstäbe zurückzugreifen ist, soweit Grundrechte eingreifen.

bb) Auch die im öffentlichen Interesse erlassenen und damit zwingenden Normen des öffentlichen Rechts sollen auf dem Hintergrund der Grundrechte ausgelegt werden. Umstritten ist dagegen, ob auch die anderen Normen des Privatrechts dieser Auslegung zugänglich sind. Nach Ansicht von *Konrad Hesse* soll das zumindest bei der Verwendung unbestimmter Begriffe möglich sein. Da aber im Endergebnis alle Begriffe unbestimmt sind, wird damit ein brauchbares Abgrenzungskriterium nicht gegeben. Entscheidend aber ist, in welchem Maß die Grundrechte die Auslegung prägen. Steht der mittelbare Rückgriff auf die Grundrechte im Vordergrund der Auslegung, ist eine Zersplitterung der Rechtsfindung in kasuistischer Abwägung der einander gegenüberstehenden Grundrechte nicht zu vermeiden. Auch insoweit muß also der im Gesetz objektivierte Wille des Gesetzgebers wie bei der verfassungskonformen Auslegung sonst den Ausschlag geben, wenn die Rechtssicherheit gewährleistet sein soll.

cc) Noch nicht geklärt ist ferner die Frage, ob und in welchem Umfang Private in privatrechtlichen Verträgen auf Grundrechte verzichten können. Ein solcher Verzicht muß in der Tat im Privatrechtsverkehr in größerem Ausmaß zulässig sein als im öffentlichen Recht.

dd) Ungeklärt ist weiterhin auch noch, ob alle oder nur einzelne Grundrechte bei der unmittelbaren Grundrechtswirkung berücksichtigt werden können. In der Regel wird hier darauf abgehoben, ob das Grundrecht hinreichend konkret ist. Dieses Kriterium ist völlig unzureichend, weil nicht ersichtlich ist, inwieweit die Grundrechte im Privatrechtsverkehr konkreter sein müssen als im Verhältnis zur öffentlichen Gewalt.

ee) Äußerst umstritten ist schließlich auch, ob ein Verstoß gegen Grundrechte zur Nichtigkeit von Rechtsgeschäften nach § 134 BGB führen kann[94].

5. Der Wirkung des Gleichheitssatzes im Privatrecht ist insbesondere *Götz Hueck*[95] nachgegangen. *Hueck* geht davon aus, daß zahlreiche Rechtsgebiete des Privatrechts – etwa die Regelung des Austauschverhältnisses von Leistung und Gegenleistung, die Gläubiger- und Schuldnermehrheit, die Rechtsgemeinschaft und die Erbengemeinschaft, das Konkurs- und Vergleichsrecht – auf dem Grundsatz der Gleichbehandlung der Gesellschafter, der Gläubiger usw. beruhen. Er fragt, ob der so punktuell im Privatrecht verankerte Gleichheitssatz zu einem allgemeinen Rechtsprinzip des Privatrechts entwickelt werden kann. In diesem Rahmen stellt er auch die Frage, ob diese Generalisierung auf Art. 3 GG gestützt werden könne.

Durch die Aufnahme des allgemeinen Gleichheitssatzes an bevorzugter Stelle in den Grundrechtsteil der Verfassung werde seine grundlegende Bedeutung für die gesamte Rechtsordnung zum Ausdruck gebracht. Darin liege eine Wertung des Gleichheitssatzes, die unter besonderer Berücksichtigung einer unmittelbaren Ableitung aus dem Gerechtigkeitsgedanken dazu berechtigt, ihn als allgemeinen Rechtsgrundsatz anzusprechen, der für alle Rechtsgebiete gelte. In seiner Eigenschaft als objektiver allgemeiner Rechtsgrundsatz sei der Gleichheitssatz des Art. 3 GG auch als Grundlage der Gleichbehandlung im Privatrecht anzuerkennen. Das privatrechtliche Gleichbehandlungsgebot stelle sich in diesem Zusammenhang als spezifische Anwendungsform des allgemeinen Gleichheitssatzes in einem besonderen Rechtsgebiet, dem Privatrecht, dar. Aus dem Zusammenhang mit Art. 3 GG könnten allerdings nur die grundsätzliche Geltung und Rechtsverbindlichkeit des Gleichheitssatzes im allgemeinen entnommen werden. Konkrete Folgerungen für seine Anwendung im einzelnen ergäben sich hieraus nicht. Insbesondere ließen sich auf diese Weise die Anwendungsfälle der Gleichbehandlung im Privatrecht und die Rechtsfolgen ihrer Anwendung oder Verletzung nicht näher bestimmen. Trotzdem ergäben sich aus der Verbindung des privatrechtlichen mit dem öffentlich-rechtlichen Gleichbehandlungsgebot praktische Folgen. Erst die Anerkennung eines privatrechtlichen Gleichbehandlungsgebots lasse die Entwicklung allgemeiner Regeln für seine Geltung und praktische Handhabung zu; und der Zusammenhang mit dem allgemeinen Gleichheitssatz ermögliche es, aus der reichhaltigen Rechtsprechung und Lehre zur Anwendung des Gleichheitssatzes im öffentlichen

94 Vgl. *Jürgen Schwabe,* Die sogenannte Drittwirkung der Grundrechte, a.a.O. (Anm. 58), S. 134 f.; *Günter Dürig,* a.a.O. (Anm. 90).

95 *Götz Hueck,* Der Grundsatz der gleichmäßigen Behandlung im Privatrecht, 1958.

Recht einzelne Gesichtspunkte für die Erforschung der Gleichbehandlung im Privatrecht fruchtbar zu machen, soweit dem nicht die Eigenart dieses Rechtsgebiets entgegenstehe.

Zu einer Regelung der Einzelfragen des privatrechtlichen Gleichbehandlungsgebots gelange man nur dann, wenn man dem öffentlich-rechtlichen Gleichbehandlungsgebot unmittelbare Drittwirkung im Privatrechtsverkehr zubillige. Dagegen bestünden aber erhebliche Bedenken. Zunächst sprächen Wortlaut, Entstehungsgeschichte und mangelnde Bestimmtheit gegen eine unmittelbare Anwendung des Art. 3 I GG auf den Privatrechtsverkehr. Insbesondere könnten an die Einhaltung des Gleichheitssatzes durch Private nicht dieselben Anforderungen gestellt werden wie an die öffentliche Gewalt. Auf das Privatrecht bezogen, würde Art. 3 I GG die für dieses Rechtsgebiet notwendige Anpassungsfähigkeit und Dynamik zerstören. Die privatrechtliche Gestaltungsfreiheit, die in ihrem Wirkungsbereich von Natur aus weit über die Grenzen des bei öffentlich-rechtlichen Vorgängen anzuerkennenden Ermessensspielraums hinausreicht, würde fast völlig beseitigt. Eine Generalklausel dieses Inhalts würde in ihrer letzten Konsequenz einen Bruch mit den hergebrachten Prinzipien des Privatrechts bedeuten[96].

Hueck sucht deshalb nach einem allgemeinen Prinzip, das zur Beschränkung des allgemeinen Gleichheitsgrundsatzes auf die Fälle führt, in denen der Grundsatz der privatrechtlichen Gleichbehandlung eingreift. Die Gerechtigkeit und Treu und Glauben, auf die häufig zurückgegriffen werde, könnten dieses Prinzip nicht darstellen, weil sie den Bereich der Bindung an den Gleichheitssatz und den Bereich der privaten Handlungsfreiheit nicht klar voneinander abgrenzen. Der Grundsatz der privatrechtlichen Bindung greife aber weitgehend nur bei Gemeinschaftsverhältnissen ein. Deshalb sei das Gemeinschaftsverhältnis das Kriterium der Abgrenzung dieser Bindung[97].

Bei der Einordnung des öffentlich-rechtlichen Gleichheitssatzes in das Privatrecht unterliege der Gleichheitssatz gewissen Modifikationen. Zwar gelte auch im Privatrecht nicht der absolute, sondern ein relativer Gleichheitssatz, d. h. das Willkürverbot, welches nur sachfremde Differenzierungen verbietet. Doch könne im Privatrecht sich der einzelne nicht unmittelbar auf den Gleichheitssatz, sondern nur auf die privaten Rechtsverhältnisse berufen, die durch den Gleichheitssatz als Auslegungsregeln mittelbar beeinflußt werden. Überdies trete der Gleichheitssatz gegenüber übergeordneten Rechtsprinzipien wie etwa der Vertragsfreiheit zurück[98].

96 Ebenda, S. 99.
97 Ebenda, S. 169.
98 Ebenda, S. 323 f.

6. Fassen wir die verschiedenen Argumente noch einmal zusammen:

a) Die herrschende Lehre ist der Auffassung, das Grundgesetz verlange als Wertordnung eine Drittwirkung der Grundrechte, nimmt aber nur eine mittelbare, auf die Generalklauseln beschränkte Wirkung der Grundrechte an, weil sonst die Rechtssicherheit und die Vertragsfreiheiten stark beschränkt würden. Auch soweit die Lehre wie etwa *Friedrich Müller* die Drittwirkung der Grundrechte ablehnt, will sie die Grundrechte im Rahmen der Generalklauseln anwenden, weil in den Grundrechten an hervorragender Stelle die Werte der Gemeinschaft festgelegt sind, welche etwa die »guten Sitten« prägen; hierbei handele es sich aber nicht um ein Problem der Drittwirkung.

b) Man kann allerdings auch der Auffassung sein, die notwendige Freiheit des Privatrechtsverkehrs werde auch im Rahmen der unmittelbaren Drittwirkung hinreichend durch die Tatsache geschützt, daß im Privatrechtsverkehr immer zwei Grundrechte kollidierten, die miteinander abgewogen werden müssen. Im Rahmen dieser Abwägung könne die notwendige Freiheit der Vertragspartner gewährleistet werden. Dies gilt insbesondere dann, wenn man im Rahmen bestimmter Grenzen den Grundrechtsverzicht zumindest im Privatrechtsverkehr zuläßt.

c) Zu einer weitergehenden Freistellung der Privatpersonen von der Grundrechtsbindung gelangt man schließlich auch, wenn man annimmt, die Drittwirkung erfolge über die Funktion der Grundrechte als Wertordnung. Der Sinn dieser Konstruktion ist nämlich vor allem auch, den Richter vom Wortlaut des Grundrechts freizustellen und ihm zu ermöglichen, nur unter Rückgriff auf die den Grundrechten zugrunde liegenden Werte in ihrer gegenseitigen Abwägung unter Berücksichtigung der jeweiligen Interessen eine angemessene Regelung im Einzelfall zu finden.

[illegible]

[illegible] Ermittlung des [illegible] Band II [illegible] und die Vermögens[illegible] [illegible] Grundsätzen [illegible]

b) [illegible] Auffassung [illegible]

Zu einer [illegible] Darstellung der [illegible] Grund[illegible] [illegible] Bd. II [illegible]

§ 11 Die Funktionen der Grundrechte

Während die Grundrechte nach hergebrachter Tradition nur subjektive Abwehrrechte des einzelnen gegen den Staat begründen, hat man heute erkannt, daß die Grundrechte eine ganze Anzahl weiterer Funktionen haben. Sie können Teilhaberechte, d. h. positive Leistungsansprüche gegen den Staat, institutionelle Garantien, Eingriffsermächtigungen, Schutzpflichten begründen, sie enthalten eine »Wertordnung«, die auf die gesamte Rechtsordnung ausstrahlt usw. Diese Mehrfunktionalität der Grundrechte kommt in BVerfGE 6, 55, 71 ff. deutlich zum Ausdruck (vgl. auch E 24, 135):

»2. Art. 6 Abs. 1 GG ist eine wertentscheidende Grundsatznorm. Er stellt Ehe und Familie als die Keimzelle jeder menschlichen Gemeinschaft, deren Bedeutung mit keiner anderen menschlichen Bindung verglichen werden kann, unter den besonderen Schutz der staatlichen Ordnung.

Es handelt sich dabei zunächst um eine Bestimmung im Sinne der klassischen Grundrechte, die angesichts der Erfahrungen in der Zeit der nationalsozialistischen Herrschaft dem Schutz der spezifischen Privatsphäre von Ehe und Familie vor äußerem Zwang durch den Staat dienen soll. In Abkehr von der Allstaatlichkeit des Nationalsozialismus bekennt sich das Grundgesetz auch für diesen Lebensbereich zur Eigenständigkeit und Selbstverantwortlichkeit des Menschen.

Unbestritten umschließt das verfassungsrechtliche Bekenntnis zu Ehe und Familie zugleich die Gewährleistung beider Lebensordnungen, enthält also eine sogenannte Instituts- oder Einrichtungsgarantie. In dieser Eigenschaft sichert er Ehe und Familie lediglich in ihrer wesentlichen Struktur, so daß insoweit seine juristische Wirkungskraft in der Rechtswirklichkeit nur darin besteht, einen Normenkern des Ehe- und Familienrechts verfassungsrechtlich zu gewährleisten.

Die rechtliche Wirkung des Art. 6 Abs. 1 GG erschöpft sich jedoch nicht in diesen Funktionen. Wie eine ganze Reihe von Verfassungsnormen – insbesondere solche, die das Verhältnis des Bürgers zum Staat bestimmen oder das Gemeinschaftsleben regeln – erfüllt Art. 6 Abs. 1 GG mehrere Funktionen, die miteinander verbunden sind und ineinander übergehen. Aufgabe der Verfassungsrechtsprechung ist es, die verschiedenen Funktionen einer Verfassungsnorm, insbesondere eines Grundrechts, zu erschließen. Dabei ist derjenigen Auslegung der Vorzug zu geben, ›die die juristische Wirkungskraft der betreffenden Norm am stärksten entfaltet‹ (*Thoma*).

Eine Interpretation von Art. 6 Abs. 1 GG nach diesem Prinzip zeigt, daß er nicht nur ein Bekenntnis enthält und als Institutsgarantie wirkt, sondern darüber hinaus zugleich eine Grundsatznorm darstellt, das heißt eine verbindliche Wertentscheidung für den gesamten Bereich des Ehe und Familie betreffenden privaten und öffentlichen Rechts.

Art. 6 Abs. 1 GG gebietet nach seinem Wortlaut schlechthin den besonderen Schutz von Ehe und Familie durch die staatliche Ordnung. Schon diese weite Formulierung kennzeichnet die Bestimmung eindeutig – auch – als Grundsatznorm für das gesamte, Ehe und Familie betreffende Recht. Nur diese Deutung wird auch dem leitenden Prinzip des sozialen Rechtsstaats und der Einordnung der Norm in den Grundrechtsteil der Verfassung gerecht.«

Und in BVerfGE 30, 173, 188 heißt es:

»Art. 5 Abs. 3 Satz 1 GG erklärt die Kunst neben der Wissenschaft, Forschung und Lehre für frei. Mit dieser Freiheitsverbürgung enthält Art. 5 Abs. 3 Satz 1 GG nach Wortlaut und Sinn zunächst eine objektive, das Verhältnis des Bereiches Kunst zum Staat regelnde wertentscheidende Grundsatznorm. Zugleich gewährleistet die Bestimmung jedem, der in diesem Bereich tätig ist, ein individuelles Freiheitsrecht.«

Im einzelnen ist jedoch vieles umstritten. Das gilt nicht nur für die einzelnen Funktionen der Grundrechte, sondern auch für den Zusammenhang zwischen diesen Funktionen und die Bedeutung der einzelnen Funktion. Im folgenden werden wir deshalb zunächst die einzelnen Funktionen der Grundrechte untersuchen. Dabei kann es nicht die Aufgabe einer allgemeinen Grundrechtslehre sein, jedes Grundrecht daraufhin zu interpretieren, welche Funktionen ihm zukommen. Im Anschluß daran werden wir versuchen, den Zusammenhang der Funktionen und die Bedeutung der einzelnen Funktionen darzulegen.

I. Abwehrrechte

1. Nach klassischer liberaler Auffassung begründen die Grundrechte in erster Linie Abwehrrechte des einzelnen gegen die Beeinträchtigung seiner Freiheits- und Eigentumssphäre durch den Staat. Nach dieser Ansicht besteht eine Vermutung dafür, daß die Grundrechte solche subjektiven öffentlichen Abwehrrechte begründen[1].

Diese Auffassung ist in neuerer Zeit in mehrfacher Hinsicht angegriffen worden. Zahlreiche Autoren sind zunächst der Meinung, die Grundrechte spielten als Abwehrrechte heute faktisch kaum noch eine Rolle. Für den Durchschnittsbürger seien insbesondere positive Leistungspflichten des Staates wichtiger als der Schutz seiner Freiheit. Um mit *Anatole France* zu sprechen, gewährten die Abwehrrechte das Recht, »unter den Brücken von Paris zu schlafen«. Die Abwehrrechte seien nur für die – heute auf wenige Prozent der Bevölkerung geschrumpfte – reiche Schicht von Bedeutung, die

1 *Willi Apelt*, Die Gleichheit vor dem Gesetz und Art. 3 Abs. 1 des GG, 1953, S. 353 ff.; *Hermann von Mangoldt/Friedrich Klein*, Das Bonner Grundgesetz, 2. Aufl. 1966, Vorb. B VIII, S. 103.

vom Staat unabhängig aus eigenen Mitteln existieren könnte. Gegen diese Auffassung von der tatsächlichen Bedeutungsverschiebung der Grundrechte haben sich vor allem *Hans H. Klein* und *Jürgen Schwabe* gewandt. Das beste Argument für die Bedeutung der Abwehrrechte auch in unserer Zeit ist einerseits die Tatsache, daß die meisten Urteile des BVerfG die Grundrechte gerade in ihrer Funktion als Abwehrrechte herangezogen haben, ohne daß es sich bei den Klägern um reiche Leute gehandelt hätte, zum anderen ein Vergleich mit den autoritären Wohlfahrtsstaaten, in denen zwar die staatlichen Leistungspflichten verstärkt wurden, aber die Grundrechte als Abwehrrechte verkümmert sind[2].

Von einem ganz anderen, dogmatischen Ansatz geht *Eberhard Grabitz*[3] die Problematik an: Gehe man davon aus, daß die Grundrechte in erster Linie Abwehrrechte seien, führe dies zu einer Verzerrung der Grundrechtssicht und zur Unmöglichkeit, zahlreiche Probleme der Grundrechtsdogmatik zu lösen. In der Sicht von *Grabitz* begründen die Grundrechte deshalb nicht in erster Linie Abwehrrechte, sondern die Pflicht des Staates, die Freiheit zu verwirklichen. Damit entfällt auch die Vermutung für die Abwehrfunktion der Grundrechte. Ob die Grundrechte eine solche Funktion besitzen, ist durch ihre Auslegung festzustellen. Auf diesen neuen Grundrechtsansatz soll am Schluß dieses Kapitels näher eingegangen werden.

2. In der Weimarer Republik war die Gesetzgebung an die Grundrechte nicht gebunden. Gegenüber der Verwaltung und Rechtsprechung begründeten die Grundrechte deshalb nur den Anspruch auf gesetzmäßiges Handeln. Dieser Anspruch folgte aber schon aus dem neben den Grundrechten stehenden allgemeinen Eingriffsvorbehalt, nach dem der Eingriff in Eigentum und Freiheit ein Gesetz voraussetzte[4]. Mit der Bindung auch des Gesetzgebers an die Grundrechte (Art. 1 III GG) hat sich die Rechtslage grundsätzlich geändert:

Es ist zwar umstritten, ob heute neben den Gesetzesvorbehalten in den einzelnen Grundrechten noch ein allgemeiner verfassungsrechtlicher Gesetzesvorbehalt besteht[5]. Allgemein wird jedenfalls anerkannt, daß die Grundrechte im Gegensatz zur Lage unter der WRV eine selbständige Bedeutung gewonnen haben. Die neue Situation kann mit *Jürgen Schwabe*[6] zusammenfassend folgendermaßen umschrieben werden:

2 Vgl. im einzelnen *Hans H. Klein,* Die Grundrechte im demokratischen Staat, 1974; *Jürgen Schwabe,* Probleme der Grundrechtsdogmatik, 1977, S. 13 f. m. w. N.

3 *Eberhard Grabitz,* Freiheit und Verfassungsrecht, 1976.

4 Ebenda, S. 13 ff.

5 Vgl. dazu *Walter Krebs,* Vorbehalt des Gesetzes und Grundrechte, 1975; sowie *Jürgen Schwabe,* a.a.O. (Anm. 2), S. 30 ff.

6 Ebenda, S. 23 ff.

Der Gesetzgeber ist durch die Abwehrrechte in einem doppelten Sinne gebunden. Einerseits darf er nur in einer bestimmten Weise in die Grundrechte eingreifen, andererseits sind diesen Eingriffen materielle Grenzen gezogen. Greift ein Gesetz in ein Grundrecht ein, muß es zunächst ordnungsgemäß zustande gekommen sein. Das bedeutet, daß der handelnde Gesetzgeber zuständig gewesen ist (Bund-/Länderkompetenzen) und das Verfahren eingehalten hat (Mehrheiten, Mitwirkung des Bundesrats usw.). Das Gesetz muß ferner dem Rechtsstaatsprinzip entsprechen (Vertrauensschutz usw.), es muß die eingeschränkten Grundrechte nennen und allgemein sein (Art. 19 I GG). Hinsichtlich dieser Voraussetzungen besteht ein unbeschränkter Abwehranspruch des verletzten Bürgers. Selbst wenn diese Modalitäten des Gesetzeserlasses aber erfüllt sind, zieht das GG dem Gesetz auch materielle Schranken. Der Gesetzgeber darf nur im Rahmen der ausdrücklichen oder stillschweigenden Gesetzesvorbehalte der Verfassung handeln, der Eingriff muß zur Erreichung der gestatteten öffentlichen Interessen geeignet und notwendig, er darf nicht unverhältnismäßig oder unzumutbar sein, er darf das Wesen der Grundrechte nicht antasten.

Die Grundrechtsbindung der Verwaltung und Rechtsprechung tritt demgegenüber heute stärker zurück. Verwaltung und Rechtsprechung dürfen grundsätzlich nur aufgrund eines Gesetzes in die Grundrechte der Bürger eingreifen. Die Prüfung der Verfassungsmäßigkeit setzt also in erster Linie beim Gesetz ein. Nur soweit dieses Eingriffsgesetz der Verwaltung und Rechtsprechung Ermessens- oder Beurteilungsspielräume beläßt, wird die unmittelbare Grundrechtsbindung der Verwaltung und Rechtsprechung durch den Abwehranspruch relevant.

3. Die Grundrechte geben dem Individuum das Recht, im Rahmen ihrer Bestimmungen grundsätzlich nach freiem Belieben zu handeln.[7] Allerdings schützten die Grundrechte im einzelnen in ihrer negatorischen Funktion höchst unterschiedliche Rechtsgüter[8]: etwa aktives Tun (Sichversammeln, Äußern einer Meinung), Unterlassen (des Versammelns usw.), Rechtsinhaberschaften (Art. 14), das Vermögen, Rechtswirkungen herbeizuführen (beispielsweise Eigentum zu erwerben), Bestimmungen über die persönliche Sphäre (z. B. über die Ehe oder das eigene Bild oder das gesprochene oder geschriebene Wort), sonstige Güter wie Leben, Würde, Gesundheit, Ehre usw.

Die verschiedenen Versuche, das freie Belieben durch eine positiv ausgerichtete Freiheit zu ersetzen und damit die Freiheit zu beschränken, sind im Interesse der vom GG gewollten umfassenden liberalen Freiheit abzulehnen.

7 Ebenda, S. 14.
8 Ebenda, S. 13.

a) Das gilt zunächst für die Versuche, die demokratische Bedeutung auch der Abwehrrechte zu stark zu betonen. Sicherlich gehen die Grundrechte nicht von einem von der Gesellschaft isolierten Individuum aus, sondern vom Individuum in der Gesellschaft. Sicherlich ist es in diesem Rahmen auch richtig, die Bedeutung der ursprünglich liberalen Grundrechte auch für die Demokratie und die Gesellschaft zu unterstreichen. Das gilt etwa für die wichtige Bedeutung der Versammlungs-, Vereinigungs- und Meinungsfreiheit für den politischen Willensbildungsprozeß. Das darf aber nicht dazu führen, daß die Grundrechte auf diese Funktion reduziert und nur noch die für die Gesellschaft nützliche Grundrechtsbetätigung durch die Grundrechte geschützt werden. Auf diese Problematik werden wir im Rahmen der institutionellen Garantien und der Auslegungsprinzipien für die Grundrechte noch zurückkommen.

b) Ein anderer Versuch der »Positivierung« der geschützten Rechtsgüter ist die Beschränkung der Grundrechte auf sozialadäquates oder sozialwertvolles Verhalten. Diese Fragen werden wir im Rahmen des Kapitels über die Grundrechtsschranken behandeln.

c) Aus dogmatischen Gründen will *Eberhard Grabitz* den geschützten Grundrechtsbereich reduzieren. Rechtsdogmatisch sei ein Recht auf freies Belieben ein Unding. Nach der nicht näher definierten Auffassung von *Grabitz* hat der Staat die Freiheiten durch positives Handeln zu verwirklichen. Als Beispiel dient ihm die Regelung des Straßenverkehrs. Ungeregelter Straßenverkehr sei die Negation der Freiheit. Erst durch die Regelung erhalte jeder Verkehrsteilnehmer zwar beschränkte, aber reell zu verwertende Freiheitsrechte, die positiv ausgerichtet sind (rechtsfahren!). So richtig diese Konzeption für den Straßenverkehr und auch für einzelne andere Bereiche, etwa für den Rundfunk ist, um so problematischer erscheint ihre Verallgemeinerung. Zur Sicherung einer beschränkten Freiheit ist jedenfalls heute eine durchgehende Reglementierung aller Lebensbereiche durch den Gesetzgeber wohl noch nicht erforderlich. Dann muß es insoweit aber bei der liberalen Auffassung verbleiben, wonach die Grundrechte die Beliebigkeit des Handelns schützen.

d) Wir werden später sehen, daß *Peter Häberle*, ausgehend von einer neuen Theorie der institutionellen Garantie, die Auffassung vertritt, die Abwehrrechte seien nur im Rahmen der Institutionen, d. h. aber im Rahmen der Gesetze, gegeben.

4. Der Abwehranspruch setzt nicht voraus, daß das Individuum die verbotene oder eingeschränkte Tätigkeit schon ausgeübt hat oder konkret ausüben will. Die Grundrechte schützen vielmehr das potentielle Handeln der Grundrechtsträger in ihrem ganzen abstrakten Schutzbereich.

5. Die dogmatische Konstruktion des Abwehranspruchs, insbesondere die Statuslehre *Georg Jellineks*, ist noch äußerst umstritten. Da mir scheint,

daß von dieser Konstruktion praktische Folgen nicht abhängen, sei insofern insbesondere auf die Arbeiten von *Eberhard Grabitz* und *Jürgen Schwabe* verwiesen.

Wieweit in diesem Bereich die *Jellinek*sche Statuslehre Verwirrung angerichtet hat, zeigt das Beispiel von *Eberhard Grabitz*. Nach Ansicht dieses Autors wird die Freiheit als Abwehranspruch negativ definiert: als die Abwesenheit eines staatlichen Eingriffs. Dann kann man natürlich nicht annehmen, die Grundrechtsschranken schnitten aus diesem Negativum einen Bereich heraus, in dem der Eingriff zulässig ist. Ebensowenig kann man annehmen, es müsse nach dem Eingriff vom Grundrecht aufgrund der Wesensgehaltsgarantie (Art. 19 II GG) etwas übrigbleiben. Diese Auffassung übersieht ganz, daß der Tatbestand der Grundrechtsnormen etwas durchaus Positives schützt: nämlich eine Vielzahl von Handlungen der Individuen oder aber andere bestimmte Rechtsgüter. Insoweit kann die Schrankentheorie aus diesem Positivum durchaus etwas herausschneiden und dem staatlichen Eingriff zugänglich machen: nämlich bestimmte Handlungen, die gegen das öffentliche Interesse oder Rechte Dritter verstoßen usw. Und insoweit können auch die speziellen Grundrechte durchaus aus der Unzahl der durch Art. 2 I GG geschützten Betätigungen einen bestimmten, durch die Tatbestandsbegriffe des speziellen Grundrechts umschriebene Handlungen und Rechtsgüter herausgreifen und in bestimmten Richtungen besonders schützen. Außerdem kann man mit Art. 19 II GG durchaus einen bestimmten Kreis von Handlungen oder Rechtsgütern speziell noch einmal absichern.

II. Teilhaberechte[9]

Mit den »Teilhaberechten« meint man die Frage, ob das Grundgesetz und insbesondere die Grundrechte und das Sozialstaatsprinzip dem einzelnen Ansprüche auf positive Leistungen durch den Staat gewähren.

9 Aus der unübersehbaren Literatur seien herausgegriffen:
a) allgemein zu den Teilhaberechten:
Herbert Bethge, Zur Problematik von Grundrechtskollisionen, 1977, S. 214 ff.; *Ernst Forsthoff*, Rechtsfragen der leistenden Verwaltung, 1959; *Karl Heinrich Friauf*, Zur Rolle der Grundrechte im Interventions- und Leistungsstaat, DVBl. 1971, S. 674; *Eberhard Grabitz*, a.a.O. (Anm. 3), S. 37 ff.; *Peter Häberle / Wolfgang Martens*, Grundrechte im Leistungsstaat, VVDStRL 30 (1972), S. 7, 44 ff.; *Walter Hamel*, Die Bedeutung der Grundrechte im sozialen Rechtsstaat, 1953; *Konrad Löw*, Ist die Würde des Menschen im GG eine Anspruchsgrundlage?, DÖV 1958, S. 516; *Wilfried Schaumann*, Der Auftrag des Gesetzgebers zur Verwirklichung der Grundrechte, JZ 1970, S. 48; *Werner Weber*, Die ver-

1. Daß im Gegensatz zur Lage der Bürgerschaft im 19. Jahrhundert heute der einzelne weithin auf Leistungen des Staates angewiesen ist, um menschenwürdig existieren und sich entwickeln zu können, wird in Lehre und Rechtsprechung einmütig anerkannt. Ebenso kann als allgemeine Ansicht vorausgesetzt werden, daß breite Kreise der Bevölkerung bestimmte Grundrechte – wie etwa die Rechte auf einen Ausbildungsplatz und auf Vermögenserwerb – nicht ausüben können, wenn der Staat ihnen zu diesem Zweck nicht Unterstützung zukommen läßt. Aus diesen Prämissen wird nun von einem Teil der Lehre der Schluß gezogen, die Grundrechte müßten, wenn sie nicht leerlaufen sollten, in positive Leistungsrechte umgedeutet werden. Im einzelnen wird dabei auf drei verschiedene Argumentationsketten zurückgegriffen:

a) Stark im Vordergrund steht eine Umdeutung des Gleichheitssatzes des Art. 3 I GG. In der Judikatur des BVerfG und der Verwaltungsgerichte ist anerkannt, daß der Gleichheitssatz in bestimmtem Umfang Leistungsrechte gewährt. *Wolfgang Martens*[10] unterscheidet insoweit zwischen der »Entwicklung von derivativen Teilhabeansprüchen als Reaktion auf vorgängiges staatliches Handeln und der Einräumung davon unabhängiger, also gleichsam originärer grundrechtlicher Leistungsansprüche«. Bei den dervativen Leistungsansprüchen hat der Staat generell eine bestimmte Leistung gewährt und nur bestimmte Gruppen oder einzelne von der Leistung ausgeschlossen. Hier kann Art. 3 I GG einen Anspruch auf Gleichbehandlung und damit auf die gleiche Leistung begründen. Das ist z. B. der Fall, wenn der Staat in einem Gesetz oder durch eine Anzahl von Verwaltungsakten in gleichliegenden Fällen (Selbstbindung der Verwaltung) eine Subvention

fassungsrechtlichen Grenzen sozialstaatlicher Forderungen, Der Staat 1965, S. 409;

b) zu einzelnen Garantien:

Manfred Abelein, Das Recht auf Bildung, DÖV 1967, 375; *Axel Frhr. von Campenhausen*, Erziehungsauftrag und staatliche Schulträgerschaft, 1967; *Klaus Dieter Heymann / Ekkehard Stein*, Das Recht auf Bildung, AöR 1972, S. 185; *Michael Rath*, Die Garantie des Rechts auf Arbeit, 1974; *Lutz-Rainer Reuter*, Das Recht auf chancengleiche Bildung, 1975;

c) zum Sozialstaat:

Helmut Ridder, Die soziale Ordnung des Grundgesetzes, 1975; *W. Reuss-Jantz*, Sozialstaatsprinzip und soziale Sicherheit, 1960; *Gerhard Stahlmann*, Die Verwirklichung des sozialen Rechtsstaats als Voraussetzung individueller Freiheit, 1973;

d) zur Kodifikation sozialer Grundrechte:

Peter Badura, Grundfreiheiten der Arbeit, in: Festschr. f. *Friedrich Berber*, 1973, S. 11; *Christian E. Benz*, Die Kodifikation der Sozialrechte, 1973; *Georg Brunner*, Die Problematik der sozialen Grundrechte, 1971; *Theodor Tomandl*, Der Einbau sozialer Grundrechte in das positive Recht, 1967.

10 *Wolfgang Martens*, a.a.O. (Anm. 9 a).

gewährt hat, wenn der Staat Schulen oder Hochschulen eröffnet hat und bestimmte Bewerber von der Leistung ausschließt, wenn eine Gemeinde eine öffentliche Einrichtung (etwa eine Bibliothek) eröffnet hat und zwischen den Besuchern diskriminiert. In all diesen Fällen ist die Leistung durch das vorgängige Handeln des Staates im einzelnen festgelegt, so daß sich Probleme der Konkretisierung nicht stellen.

Anders ist dies bei den originären Teilhabeansprüchen. Hier soll ein Recht auf die Eröffnung von Schulen und Hochschulen, auf öffentliche Einrichtungen anderer Art, auf Subventionen usw. begründet werden, ohne daß der Staat diese Leistungen vorher näher festgelegt hat.

Auch das Recht auf solche originären Teilhaberechte soll nun aus dem Gleichheitssatz fließen. Zu diesem Zweck wird der Gleichheitssatz in ein Recht auf »Chancengleichheit« umgedeutet[11]. Der Staat sei nicht nur verpflichtet, wenn er handelt, Gleiches gleich und Ungleiches ungleich zu behandeln; aus dem Gleichheitssatz wird vielmehr die Pflicht des Staates zum Handeln selbst abgeleitet. Zumindest die in den unterschiedlichen sozialen Lagen begründeten rechtlichen Unterschiede sollen vom Staat abgebaut werden. Im einzelnen gehen die Forderungen unterschiedlich weit. Ein Teil der Lehre will nur ein Recht auf einen Ausgleich der durch die sozialen Unterschiede bedingten unterschiedlichen Bildungschancen anerkennen. Konsequent weitergeführt würde das Recht auf Chancengleichheit darüber hinaus auch einen Ausgleich der durch die unterschiedlichen Fähigkeiten bedingten Bildungs- und Aufstiegschancen, ja sogar eine völlige Nivellierung der Gesellschaft verlangen.

b) Andere Autoren[12] deuten die einzelnen Grundrechte in positive Teilhabeansprüche um.

(1) Da die Grundrechte als Abwehransprüche nur effektiv sind, wenn gewisse materielle Voraussetzungen vorliegen, müßten die Grundrechte auch ihre notwendigen materiellen Voraussetzungen garantieren. Dabei kann einmal darauf abgestellt werden, daß die Möglichkeit der Ausübung der Gesamtheit der Grundrechte bestimmte materielle Erfordernisse voraussetzt. Allerdings ist diese These insoweit unrichtig, als auch ein mittelloser Landstreicher noch Interesse an der Abwehrfunktion der meisten Grundrechte – etwa der Beschränkung der Strafgewalt des Staates – hat, die Grundrechte insoweit also noch eine sinnvolle Funktion ausüben. Im Falle des mittellosen Landstreichers gilt dies nur nicht für Grundrechte wie den Eigentumsschutz und den Schutz der Wohnung. Da aber die breite Bevölkerung Eigentum in irgendeiner Form und auch eine Wohnung besitzt, kann man diesen Ausnahmefall nicht verallgemeinern und den Grund-

11 Dazu *Klaus Dieter Heymann / Ekkehard Stein*, a.a.O. (Anm. 9 b); *Lutz-Rainer Reuter*, a.a.O. (Anm. 9 b); *Heinrich Scholler*, Die Interpretation des Gleichheitssatzes als Willkürverbot oder als Gebot der Chancengleichheit, 1969.

12 Vgl. *Wolfgang Martens*, a.a.O. (Anm. 10), S. 28 f.

rechten generell eine sinnvolle Funktion absprechen, wenn sie im Einzelfall infolge des Fehlens des jeweiligen Schutzgutes nicht greifen.

Die These hat aber insoweit einen richtigen Kern, als das Interesse an der Wahrung der Grundrechte in ihrer Gesamtheit beim Fehlen einer hinreichenden materiellen Basis, welche die Selbständigkeit der Individuen sichert, abnimmt; die Individuen sind bereit, im Interesse von Leistungen des Staates ihre Grundrechte aufzugeben.

(2) Richtiger ist wohl, nicht auf die Möglichkeit oder den Willen zur Ausübung aller Grundrechte, sondern auf die Möglichkeit der Ausübung einzelner Grundrechte abzustellen. Dann setzt etwa die Menschenwürde einen Anspruch auf ein materielles Minimum voraus, um menschenwürdig leben zu können, der Schutz der Wohnung, den Anspruch auf eine Wohnung, der Eigentumsschutz, Anspruch auf Mittel zur Eigentumsbildung. Aus der Tatsache, daß Schulen und Hochschulen in weitem Umfang heute nur noch durch den Staat unterhalten werden können, fließt aus dem Erziehungsrecht der Eltern das Recht auf ein bestimmtes Schulangebot, aus dem Recht auf freie Wahl der Ausbildung ein Recht auf Zulassung zu den Hochschulen, aus dem Recht auf freie Wissenschaft und Forschung ein Recht auf Zurverfügungstellung der organisatorischen und sachlichen Voraussetzungen der Forschung. Im Endergebnis kann mit der Auslegungsmaxime, daß die Grundrechte alle Rechte mitbeinhalten, die zu ihrer effektiven Ausübung erforderlich sind, jedes Grundrecht in ein Leistungsrecht umgedeutet werden.

(3) Um diese neue Dimension der Grundrechte zu begründen, wird häufig neben der genannten Auslegungsmaxime und der Notwendigkeit, die Freiheiten des Grundgesetzes so zu deuten, daß die heutigen Freiheitsgefährdungen ausgeschaltet werden, auf das Sozialstaatsprinzip abgehoben. Dabei kann das Sozialstaatsprinzip in einem dreifachen Sinne gedeutet werden[13]: Entweder man beschränkt es auf die staatliche Fürsorge für die sozial schwächeren Bevölkerungsteile und verlangt ähnlich wie beim Prinzip der Chancengleichheit einen rechtlichen Ausgleich der gesellschaftlichen Nachteile. Oder man stützt sich auf die heutigen Errungenschaften des Wohlfahrtsstaates in der Sozialversicherung und in anderen Bereichen und versucht, diesen Standard zu garantieren, zu stabilisieren und allmählich fortzuentwickeln. Oder aber man schleust in den Sozialstaatsbegriff alle nur denkbaren Wunschvorstellungen gesellschaftlicher Fortentwicklung ein. Allen drei Richtungen ist in unserem Zusammenhang gemeinsam, daß die Einzelgrundrechte, im Sinne des Sozialstaatsprinzips interpretiert, zu positiven Ansprüchen an den Staat führen. Man kann auch umgekehrt vorgehen und vom Sozialstaatsprinzip ausgehen, das im Sinne der in Leistungsrechte umgedeuteten Grundrechte interpretiert wird.

13 Zum Sozialstaatsprinzip vgl. *Klaus Stern,* Staatsrecht der Bundesrepublik Deutschland, Bd. I, 1977, S. 682 ff.

(4) Man kann schließlich auch von den in den Grundrechten enthaltenen institutionellen Garantien ausgehen. Danach verlangt das Grundgesetz, daß die Grundrechte von den einzelnen in der Vielzahl tatsächlich ausgeübt werden. Das Grundgesetz verleiht dann nicht nur denjenigen, welche die durch die Grundrechte geschützten Rechtsgüter besitzen, Abwehransprüche gegen den Staat, sondern setzt ein bestimmtes Bild des Individuums und der Gesellschaft voraus. Es verlangt so etwa, daß alle Individuen Eigentum und eine Wohnung besitzen und die Handlungen vornehmen können, die das Grundgesetz schützt.

c) Positive Leistungsansprüche werden schließlich auf die Sozialstaatsklausel selbst – entweder allein oder in Verbindung mit den einzelnen Grundrechten – gestützt. Dabei besteht allerdings die Schwierigkeit, die Sozialstaatsklausel zu konkretisieren, eine Schwierigkeit, die durch die unterschiedlichen Interpretationen und die mangelnde richterliche Konkretisierung des Sozialstaatsprinzips nicht gerade einfacher wird. Hier kann man einerseits auf die bisherige Konkretisierung durch die Gesetzgebung, andererseits auf die Konkretisierung durch die europäische Sozialcharta abheben.

2. Selbst wenn man voraussetzt, daß die bisherigen Ableitungen der Teilhaberechte dogmatisch zu vertreten sind, stößt eine uferlose Entwicklung dieser Rechte sehr bald auf die verfassungsrechtlichen Schranken der Gewaltenteilung und der Rechtsstaatlichkeit.

a) Dem Grundsatz der Chancengleichheit, der Umdeutung der Grundrechte und der Sozialstaatsklausel lassen sich keine konkreten Angaben hinsichtlich der Art und Höhe der geforderten Leistungen entnehmen. Angesichts der staatlichen Fixierung noch am leichtesten läßt sich das Grundrecht auf ein Existenzminimum konkretisieren. Aber schon, wenn aufgrund der Art. 1 I und 2 I GG eine höhere Leistung als die vom Staat festgelegte Sozialhilfe als soziales Minimum gefordert wird, ist es nahezu unmöglich, das notwendige Existenzminimum zu beziffern. Gehören heute dazu ein Rundfunkgerät, ein (Farb-)Fernsehgerät, die Möglichkeit eines Urlaubs auf Mallorca, der Besitz eines Wagens oder nur ein notdürftiges »Dach über dem Kopf« und bescheidene Mahlzeiten? Ebenso schwierig ist die Festlegung der »angemessenen« Wohnung oder der »den Fähigkeiten entsprechenden« Ausbildung sowie die Bestimmung der Schularten, zwischen denen die Erziehungsberechtigten die Auswahlmöglichkeit haben sollen. Die sozialen Grundrechte sind mit wenigen Ausnahmen eben nicht justitiabel, nicht unmittelbar durch die Rechtsprechung anwendbar, ihre Konkretisierung erfordert den vorherigen Eingriff des Gesetzgebers[14].

14 *Karl Heinrich Friauf,* a.a.O. (Anm. 9 a); *Wolfgang Martens,* a.a.O. (Anm. 10), S. 31.

b) Leistungsansprüche können nur im Rahmen der Leistungsfähigkeit des Staates bestehen. Werden alle Grundrechte in Teilhaberechte umgedeutet, rollt auf den Staat eine Lawine von Forderungen zu. Im Rahmen der vorhandenen und nicht unbegrenzt ausdehnbaren Mittel müssen deshalb Prioritäten gesetzt werden. Solche finanziellen Prioritäten zu setzen, obliegt dem Parlament im Haushaltsplan. Der Richter kann diese Prioritäten schon deshalb nicht setzen, weil es sich einerseits um politische Akte handelt, er andererseits immer nur über Einzelfälle zu entscheiden hat und deshalb die Gesamtheit der Staatsausgaben nicht miteinander in Beziehung setzen kann[15].

c) Durch die Umdeutung der Grundrechte in Teilhaberechte würden die staatlichen Ausgaben beträchtlich erhöht. Das bedeutet, daß der Staat auf der anderen Seite seine Steuern erhöhen müßte. Eine solche Steuererhöhung und damit eine soziale Umverteilung wären aber nur gerechtfertigt, wenn die Förderung der Grundrechte bei einer Abwägung die Beeinträchtigung der Grundrechte der herangezogenen Steuerzahler überwiegt.

d) Schließlich kann in einer sozialen Marktwirtschaft der Staat bestimmte soziale Grundrechte überhaupt nicht erfüllen. Das gilt etwa für ein aus Art. 12 GG abgeleitetes Recht auf Arbeit. Hieraus kann zwar etwa die Pflicht des Staates zu einer Politik der Vollbeschäftigung abgeleitet werden. Der Staat kann die Unternehmer zur Einstellung von Arbeitnehmern und gerade eines bestimmten Arbeitnehmers aber nicht zwingen. Auch insoweit stoßen die Teilhaberechte an die Grenze der Unmöglichkeit.

3. Die Rechtsprechung hat sich aus den angeführten Gründen bei der Entwicklung positiver Teilhabeansprüche aus den Grundrechten sehr zurückgehalten.

a) In BVerfGE 1, 97, 104 heißt es:

»Die Grundrechte haben sich aus den im 18. Jahrhundert proklamierten Rechten der Freiheit und Gleichheit entwickelt. Ihr Grundgedanke war der Schutz des einzelnen gegen den als allmächtig und willkürlich gedachten Staat, nicht aber die Verleihung von Ansprüchen des einzelnen auf Fürsorge durch den Staat. Im Wandel der Zeiten ist der Gedanke der Fürsorge des im Staat repräsentierten Volkes für den einzelnen immer stärker und diese Fürsorge vor allem durch die Folgen des zweiten Weltkrieges zu einer elementaren staatlichen Notwendigkeit geworden. Aber dieser – vergleichsweise neue – Gedanke des Anspruchs auf positive Fürsorge durch den Staat hat in die Grundrechte nur in beschränktem Maße Eingang gefunden.

Wenn Art. 1 Abs. 1 GG sagt: ›Die Würde des Menschen ist unantastbar‹, so will er sie nur negativ gegen Angriffe abschirmen. Der zweite Satz ›... Sie zu achten und zu schützen ist Verpflichtung aller staatlichen Gewalt‹ verpflichtet den Staat zwar zu dem positiven Tun des ›Schützens‹, doch ist dabei nicht Schutz vor materieller Not, sondern Schutz gegen Angriffe auf die Menschenwürde

15 Ebenda, S. 35.

durch andere, wie Erniedrigung, Brandmarkung, Verfolgung, Ächtung usw. gemeint.

Art. 2 Abs. 2 Satz 1 GG räumt dem einzelnen kein Grundrecht auf angemessene Versorgung durch den Staat ein. Die vom Ausschuß für Grundsatzfragen des Parlamentarischen Rates vorgeschlagene Bestimmung über das Recht auf ein Mindestmaß an Nahrung, Kleidung und Wohnung ist später gestrichen und in das Grundgesetz nicht aufgenommen worden. Man hat sich darauf beschränkt, negativ ein Recht auf Leben und körperliche Unversehrtheit zu statuieren, d.h. insbesondere den staatlich organisierten Mord und die zwangsweise durchgeführten Experimente an Menschen auszuschließen. Aus Art. 2 GG kann daher ein Recht auf Zuteilung bestimmter, das allgemeine Maß öffentlicher Fürsorge übersteigender Renten nicht hergeleitet werden.

Damit ist zwar nicht gesagt, daß der einzelne überhaupt kein verfassungsmäßiges Recht auf Fürsorge hat. Wenn auch die Wendung vom ›sozialen Bundesstaat‹ nicht in den Grundrechten, sondern in Art. 20 des Grundgesetzes (Bund und Länder) steht, so enthält sie doch ein Bekenntnis zum Sozialstaat, das bei der Auslegung des Grundgesetzes wie bei der Auslegung anderer Gesetze von entscheidender Bedeutung sein kann. Das Wesentliche zur Verwirklichung des Sozialstaates aber kann nur der Gesetzgeber tun; er ist gewiß verfassungsrechtlich zu sozialer Aktivität, insbesondere dazu verpflichtet, sich um einen erträglichen Ausgleich der widerstreitenden Interessen und um die Herstellung erträglicher Lebensbedingungen für alle die zu bemühen, die durch die Folgen des Hitlerregimes in Not geraten sind. Aber nur wenn der Gesetzgeber diese Pflicht willkürlich, d.h. ohne sachlichen Grund versäumte, könnte möglicherweise dem einzelnen hieraus ein mit der Verfassungsbeschwerde verfolgbarer Anspruch erwachsen.

Davon kann hier wegen des Umfanges der allgemeinen Notlage auf der einen Seite und im Hinblick auf die nach sorgfältiger Prüfung gewährten Rentenansprüche auf der anderen Seite offenkundig nicht gesprochen werden.«

Demgegenüber hat das BVerwG aus Art. 1 I und 2 I GG Rechtsansprüche auf Fürsorge[16] und Impfung[17] und aus Art. 7 IV GG einen Anspruch auf Privatschulsubventionierung[18] abgeleitet.

b) Im Numerus-clausus-Urteil[19] heißt es dagegen[20]:

»Der verfassungsrechtliche Grundrechtsschutz im Bereich des Ausbildungswesens erschöpft sich indessen nicht in der den Freiheitsrechten herkömmlich beigemessenen Schutzfunktion gegen Eingriffe der öffentlichen Gewalt. Das Bundesverfassungs-

16 BVerwGE 1, 159 ff.; 5, 27, 71.

17 BVerwGE 9, 78, 80 f.

18 BVerwGE 27, 360, 362 ff.

19 BVerfGE 33, 303 ff., 330.

20 *Günter Barbey*, Rechtliche Aspekte der Zulassungsbeschränkung für die Hochschulen, JZ 1971, S. 473; *Herbert Bethge*, a.a.O. (Anm. 9 a), S. 209 ff.; *Peter Häberle*, Das BVerfG im Leistungsstaat, DÖV 1972, S. 729; *Dietrich Wiegand*, Sozialstaatsklausel und soziale Teilhaberechte, DVBl. 1974, S. 657.

gericht hat mehrfach ausgesprochen, daß die Grundrechte zugleich als objektive Normen eine Wertordnung statuieren, die als verfassungsrechtliche Grundentscheidung für alle Bereiche des Rechts Geltung beansprucht, und daß daher die Grundrechte nicht nur Abwehrrechte des Bürgers gegen den Staat sind (BVerfGE 21, 362 [372] mit weiteren Nachweisen). Je stärker der moderne Staat sich der sozialen Sicherung und kulturellen Förderung der Bürger zuwendet, desto mehr tritt im Verhältnis zwischen Bürger und Staat neben das ursprüngliche Postulat grundrechtlicher Freiheitssicherung vor dem Staat die komplementäre Forderung nach grundrechtlicher Verbürgung der Teilhabe an staatlichen Leistungen. Diese Entwicklung zeigt sich besonders deutlich im Bereich des Ausbildungswesens, das sich insoweit trotz des im übrigen bestehenden engen Zusammenhanges mit der Berufswahl von dieser unverkennbar abhebt: Die Berufsfreiheit verwirklicht sich gegenwärtig – abgesehen von dem der Sonderregelung des Art. 33 GG unterliegenden öffentlichen Dienst (vgl. dazu BVerfGE 7, 377 [398]; 17, 371 [379 f.]) – vorwiegend im Bereich der privaten Berufs- und Arbeitsordnung und ist hier vornehmlich darauf gerichtet, die eigenpersönliche, selbstbestimmte Lebensgestaltung abzuschirmen, also Freiheit von Zwängen oder Verboten im Zusammenhang mit der Wahl und Ausübung des Berufes zu gewährleisten. Demgegenüber zielt die freie Wahl der Ausbildungsstätte ihrer Natur nach auf freien Zugang zu Einrichtungen; das Freiheitsrecht wäre ohne die tatsächliche Voraussetzung, es in Anspruch nehmen zu können, wertlos. Demgemäß geht der Entwurf für ein Hochschulrahmengesetz von der Berechtigung eines jeden Deutschen aus, das von ihm gewählte Hochschulstudium durchzuführen, wenn er die für dieses Studium erforderliche Qualifikation nachweist.

Die Anerkennung dieser Berechtigung steht nicht im Belieben des Gesetzgebers. Dabei kann dahingestellt bleiben, ob ›Teilhaberechte‹ in gewissem Umfang bereits daraus hergeleitet werden könnten, daß der soziale Rechtsstaat eine Garantenstellung für die Umsetzung des grundrechtlichen Wertsystems in die Verfassungswirklichkeit einnimmt (vgl. dazu BVerwGE 27, 360 zur Privatschulfinanzierung). Selbst wenn grundsätzlich daran festzuhalten ist, daß es auch im modernen Sozialstaat der nicht einklagbaren Entscheidung des Gesetzgebers überlassen bleibt, ob und wieweit er im Rahmen der darreichenden Verwaltung Teilhaberechte gewähren will, so können sich doch, wenn der Staat gewisse Ausbildungseinrichtungen geschaffen hat, aus dem Gleichheitssatz in Verbindung mit Art. 12 Abs. 1 GG und dem Sozialstaatsprinzip Ansprüche auf Zutritt zu diesen Einrichtungen ergeben. Das gilt besonders, wo der Staat – wie im Bereich des Hochschulwesens – ein faktisches, nicht beliebig aufgebbares Monopol für sich in Anspruch genommen hat und wo – wie im Bereich der Ausbildung zu akademischen Berufen – die Beteiligung an staatlichen Leistungen zugleich notwendige Voraussetzung für die Verwirklichung von Grundrechten ist. Hier kann es in einem freiheitlichen Rechts- und Sozialstaat nicht mehr der freien Entscheidung der staatlichen Organe überlassen bleiben, den Kreis der Begünstigten nach ihrem Gutdünken abzugrenzen und einen Teil der Staatsbürger von den Vergünstigungen auszuschließen, zumal dies im Ergebnis auf eine Berufslenkung hinauslaufen würde. Hier folgt vielmehr daraus, daß der Staat Leistungen anbietet, ein Recht jedes hochschulreifen Staatsbürgers, an der damit gebotenen Lebenschance prinzipiell gleichberechtigt beteiligt zu werden. Art. 12 Abs. 1 GG in Verbindung mit Art. 3 Abs. 1 GG und dem Sozialstaatsgebot gewährleistet also ein Recht des subjektive Zulassungsvoraussetzungen erfüllenden Staatsbürgers auf Zulassung zum Hochschulstudium seiner Wahl.

2. Nach verbreiteter Ansicht soll dieses Zulassungsrecht seiner Natur nach von vornherein und ausschließlich auf einen Anspruch auf Teilhabe an den vorhandenen Ausbildungsmöglichkeiten beschränkt sein. Demgegenüber geht das Verwaltungsgericht Hamburg in seinem Vorlagebeschluß von einer Pflicht zur Erweiterung der Ausbildungskapazität aus und folgert daraus, daß die Anordnung zumindest eines absoluten Numerus clausus für Studienanfänger nur dann statthaft sei, wenn zugleich die Erfüllung jener Pflicht innerhalb bestimmter Fristen ausdrücklich gesetzlich anerkannt wird. Bei beiden Auffassungen kommen indessen Gesichtspunkte zu kurz, die für den Grundrechtsschutz im vorliegenden Zusammenhang wesentlich sind:

Die Problematik absoluter Zulassungsbeschränkungen ist dadurch gekennzeichnet, daß die vorhandene Kapazität nicht ausreicht, um jedem hochschulreifen Zulassungsberechtigten seinen Studienplatz zuzuteilen. Würde sich die verfassungsrechtliche Betrachtung von Anfang an auf die Teilhabe am Vorhandenen verengen, ginge sie daher am Kern der Schwierigkeiten vorbei. Während im Normalfall sozialstaatlicher Teilhabegewährung, nämlich bei finanziellen Begünstigungen, die nachteiligen Folgen einer Beschränkung auf vorhandene Mittel durch Umverteilung einigermaßen aufgefangen werden können, führt der absolute Numerus clausus zu der krassen Ungleichheit, daß ein Teil der Bewerber alles und der andere Teil – zumindest für eine mehr oder weniger lange und für die weitere Lebensentscheidung möglicherweise ausschlaggebend Dauer – nichts erhält. Übersteigt die Zahl der Abgewiesenen wie beim Medizinstudium sogar weit mehr als die Hälfte der Bewerber, dann droht der verfassungsrechtlich geschützte Zulassungsanspruch weitgehend leerzulaufen. Wegen dieser Auswirkungen ist nicht zu bestreiten, daß sich der absolute Numerus clausus am Rande des verfassungsrechtlich Hinnehmbaren bewegt. Da diesen Auswirkungen nachhaltig nur durch Erweiterung der Kapazitäten begegnet werden kann, ließe sich fragen, ob aus den grundrechtlichen Wertentscheidungen und der Inanspruchnahme des Ausbildungsmonopols ein objektiver sozialstaatlicher Verfassungsauftrag zur Bereitstellung ausreichender Ausbildungskapazitäten für die verschiedenen Studienrichtungen folgt. Ob diese Frage zu bejahen wäre und ob sich aus diesem Verfassungsauftrag unter besonderen Voraussetzungen ein einklagbarer Individualanspruch des Staatsbürgers auf Schaffung von Studienplätzen herleiten ließe, bedarf jedoch hier keiner Entscheidung. Denn verfassungsrechtliche Konsequenzen kämen erst bei evidenter Verletzung jenes Verfassungsauftrages in Betracht. Eine solche läßt sich namentlich für den Bereich des Medizinstudiums derzeit nicht feststellen:

Auch soweit Teilhaberechte nicht von vornherein auf das jeweils Vorhandene beschränkt sind, stehen sie doch unter dem Vorbehalt des Möglichen im Sinne dessen, was der einzelne vernünftigerweise von der Gesellschaft beanspruchen kann. Dies hat in erster Linie der Gesetzgeber in eigener Verantwortung zu beurteilen, der bei seiner Haushaltswirtschaft auch andere Gemeinschaftsbelange zu berücksichtigen und nach der ausdrücklichen Vorschrift des Art. 109 Abs. 2 GG den Erfordernissen des gesamtwirtschaftlichen Gleichgewichts Rechnung zu tragen hat. Ihm obliegt auch die Entscheidung über Umfang und Prioritäten des Hochschulausbaus, wobei zu beachten ist, daß Ausbau und Neubau von Hochschulen gemäß Art. 91 a GG zu den im Zusammenwirken von Bund und Ländern zu erfüllenden Gemeinschaftsaufgaben gehören. Bei diesen Entscheidungen werden sich die zuständigen Organe einerseits an erkennbaren Tendenzen der Nachfrage nach Studienplätzen zu orientieren haben, da eine ausschließliche Ausrichtung an den ohnehin schwierigen Bedarfsermittlungen auf eine unzulässige Berufslenkung und Bedürfnisprüfung hinauslaufen könnte, bei der die Bedeutung freier Selbstbestimmung als konstitutivem Element einer freiheitlichen Ordnung verkürzt würde. Andererseits verpflichtet ein etwaiger Verfassungsauftrag aber nicht dazu, für jeden Bewerber zu jeder Zeit den von ihm gewünschten Studienplatz bereitzustellen und auf diese Weise die aufwendigen Investitionen im Hochschulbereich ausschließlich von der häufig fluktuierenden und durch mannigfache Faktoren beeinflußbaren individuellen Nachfrage abhängig zu machen. Das liefe auf ein Mißverständnis von Freiheit hinaus, bei dem verkannt würde, daß sich persönliche Freiheit auf die Dauer nicht losgelöst von Funktionsfähigkeit und Gleichgewicht des Ganzen verwirklichen läßt und daß ein unbegrenztes subjektives Anspruchsdenken auf Kosten der Allgemeinheit unvereinbar mit dem Sozialstaatsgedanken ist. Das Grundgesetz hat – wie das Bundesverfassungsgericht wiederholt im Zusammenhang mit dem Grundrecht der allgemeinen Handlungsfreiheit hervorgehoben hat (vgl. BVerfGE 4, 7 [15]; 8, 274 [329]; 27, 344 [351]) – die Spannung Individuum – Gemeinschaft im Sinne der Gemeinschaftsbezogenheit und Gemeinschaftsgebundenheit der Person entschieden; der einzelne muß sich daher diejenigen Schranken seiner Handlungsfreiheit gefallen lassen, die der Gesetzgeber zur Pflege und Förderung des sozialen Zusammenlebens in den Grenzen des allgemein Zumutbaren vorsieht, vorausgesetzt, daß dabei die Eigenständigkeit der Person gewahrt bleibt. Diese Erwägungen beanspruchen erst recht im Bereich staatlicher Teilhabegewährung Geltung. Hier würde es dem Gebot sozialer Gerechtigkeit, das sich im Gleichheitssatz konkretisiert, geradezu zuwiderlaufen, die nur begrenzt verfügbaren öffentlichen Mittel unter Vernachlässigung anderer wichtiger Gemeinschaftsbelange bevorzugt einem privilegierten Teil der Bevölkerung zugute kommen zu lassen. Dem Gesetzgeber kann es daher nicht verwehrt sein, sich auch am vordringlichen Kräftebedarf für die verschiedenen Berufe zu orientieren, sofern es nicht gelingt, individuelle Nachfrage und gesamtgesellschaftlichen Bedarf durch das Mittel der Studienberatung in Deckung zu bringen.«

4. Auf die Tatsache, daß die Grundrechte auch Rechte auf Schaffung der Voraussetzungen der Freiheit schaffen, stützt *Michael Kloepfer*[21] seine These, daß dann auch der Eingriff des Staates in die Schaffung dieser Voraussetzungen durch das Individuum selbst unzulässig sein müsse. *Kloepfer* kommt in Verbindung mit der Grundrechtseffektivität zu der Aussage, daß die Grundrechte auch den Erwerb und die Veräußerung bestimmter Rechtsgüter (Eigentum, Wohnung usw.) schützen. Der Schutz der Ehe umfaßt so auch den Eheschluß, die Freiheit der Partnerwahl und die Ehescheidung. Andere Grundrechte seien entsprechend zu deuten. Umgekehrt gebe es Grundrechte wie Art. 9 I GG, welche dem Wortlaut nach nur die Entste-

21 *Michael Kloepfer,* Grundrechte als Entstehungssicherung und Bestandschutz, 1970.

hungssicherung – die Gründung des Vereins – vorschreiben, nach Lehre und Rechtsprechung aber auch auf den Bestand und die Tätigkeit etwa des Vereins ausgedehnt werden müssen.

III. Die institutionelle Garantie[22]

1. Das Denken in Institutionen spielt in allen Sozialwissenschaften eine große Rolle[23]. In der Rechtswissenschaft ist die Institutionenlehre insbesondere von *Maurice Hauriou* entwickelt worden[24]. Allerdings ist der Begriff der Institution in der Rechtswissenschaft nicht einheitlich verstanden worden. So unterscheidet *Bernd Rüthers*[25] etwa drei Institutionenbegriffe: den faktischen Institutionenbegriff, der aus der Soziologie stammt und das Rollenverhalten der Teilnehmer an einem Integrationsprozeß meint, den vom Reichsgericht und vom BGH im Rahmen der Eherechtsprechung entwickelten »metaphysischen« Institutionenbegriff, der von einer überpositiven, vorgegebenen Ordnung ausgeht, der die Ehe als dienende Institution zum Wohle eines höheren Ganzen zugeordnet ist und den – wohl gebräuchlichsten – normativen Institutionenbegriff, der eine Mehrzahl von

22 *Günther Abel*, Die Bedeutung der Lehre von den Einrichtungsgarantien für die Auslegung des Bonner Grundgesetzes, 1964; *Herbert Bethge*, a.a.O. (Anm. 9 a), S. 332 f.; *Ernst-Wolfgang Böckenförde*, Grundrechtstheorie und Grundrechtsinterpretation, NJW 1974, S. 1529; *ders.*, Staat, Gesellschaft, Freiheit, 1976, S. 221; *Rolf-Peter Calliess*, Eigentum als Institution, 1962; *Bodo Dennewitz*, Die institutionelle Garantie, 1932; *Eberhard Grabitz*, a.a.O. (Anm. 3), S. 218; *Ingrid Groß*, Die Institution Presse, 1971; *Peter Häberle*, Die Wesensgehaltsgarantie des Art. 19 Abs. 2 Grundgesetz, 2. Aufl. 1962; *Ernst Rudolf Huber*, Bedeutungswandel der Grundrechte, AöR 23 (1933), S. 51; *Friedrich Klein*, Institutionelle Garantien und Rechtsinstitutsgarantien, 1934; *Eberhard Menzel*, Das Ende der institutionellen Garantien, AöR 28 (1937), S. 32; *Peter Pernthaler*, Qualifizierte Mitbestimmung und Verfassungsrecht, 1972; *Helmut Quaritsch*, Stichwort »institutionelle Garantie« im Evangelischen Staatslexikon, 1966; *Bernd Rüthers*, Institutionelles Rechtsdenken im Wandel der Verfassungsepochen, 1970; *Helmut Schelsky* (Hrsg.), Zur Theorie der Institution, 1970; *Ulrich Scheuner*, Die institutionellen Garantien des Grundgesetzes, Recht – Staat – Wirtschaft IV, 1953, S. 88; *Carl Schmitt*, Freiheitsrechte und institutionelle Garantien der Reichsverfassung, 1931; *ders.*, Inhalt und Bedeutung des zweiten Hauptteils der Reichsverfassung, in: *Gerhard Anschütz / Richard Thoma*, Handbuch des Deutschen Staatsrechts II, 1932, S. 572, 595; *Martin Wolff*, Reichsverfassung und Eigentum, in: Festschr. f. *Wilhelm Kahl*, 1923, S. 2 ff.

23 Vgl. *Roman Schnur* (Hrsg.), Institution und Recht, 1968.

24 Vgl. *ders.*, Die Theorie der Institution und zwei andere Aufsätze von *Maurice Hauriou*, 1965.

25 *Bernd Rüthers*, a.a.O. (Anm. 22), S. 34 ff.

Rechtsnormen meint, die sich auf eine bestimmte Lebenseinheit, einen sozialtypischen Interessenkomplex wie etwa die Ehe, den Vertrag usw. bezieht.

2. Die Lehre von den institutionellen Garantien der Verfassung wurde – nach Ansätzen bei anderen Autoren der Weimarer Republik und insbesondere *Martin Wolff* – systematisch zunächst von *Carl Schmitt* entwickelt. Die ersten, noch recht oberflächlichen Ausführungen finden sich in seiner Verfassungslehre[26]. Entscheidende Bedeutung kommt seinen Aufsätzen »Freiheitsrechte und institutionelle Garantie der Reichsverfassung« (1931) und »Grundrechte und Grundpflichten« (1932) zu[27]. Eine kurze Zusammenfassung findet sich schließlich in dem Abschnitt »Die Grundrechte und Grundpflichten des deutschen Volkes«[28]. Die folgenden Zitate beziehen sich auf die »verfassungsrechtlichen Aufsätze«.

a) In einem weiteren Sinne sind für *Carl Schmitt* verfassungsrechtliche (institutionelle) Garantien alle Einzelrechtssätze der Verfassung, welche den Gesetzgeber binden. So sollen etwa Art. 102 WRV (Unabhängigkeit der Richter), Art. 105 (Verbot der Ausnahmegerichtsbarkeit), Art. 137 (Religionsgemeinschaften als Körperschaften des öffentlichen Rechts), die Unverletzlichkeit der Wohlerworbenen Rechte der Beamten (Art. 129 Abs. 1 Satz 3 WRV) eine institutionelle Garantie enthalten[29]. Institutionelle Garantien im eigentlichen, engeren Sinne sind aber nur die verfassungsrechtlichen Gewährleistungen bestimmter, gesetzlich geregelter Normenkomplexe, die Gesamtheit aufeinander bezogener, ein Institut wie etwa das Eigentum oder die Ehe regelnder Rechtssätze. So spricht *Carl Schmitt* von der Sicherung eines »Komplexes öffentlich-rechtlicher Einrichtungen mit den dazugehörigen Konnex- und Komplementärgarantien und Normierungen«[30] und von »Gewährleistungen von Rechtsinstituten im Sinne von typischen, traditionell feststehenden Normenkomplexen und Rechtsbeziehungen[31]. Dabei unterscheidet *Carl Schmitt* noch zwischen den »institutionellen Garantien«, welche öffentlich-rechtliche Normenkomplexe abdecken, und »Institutsgarantien«, welche sich auf privatrechtliche Institutionen beziehen.

b) Als typische institutionelle Garantien sieht *Carl Schmitt* etwa den verfassungsrechtlichen Schutz der Selbstverwaltung der Gemeinden, der Selbstverwaltung der Hochschulen, der hergebrachten Grundsätze des Berufsbeamtentums, des Eigentums- und Erbrechts an. Die institutionelle Ga-

26 *Carl Schmitt*, Verfassungslehre, 1928, unveränd. Nachdr. 1957, S. 170 ff.

27 Abgedruckt in: *Carl Schmitt*, Verfassungsrechtliche Aufsätze aus den Jahren 1924–1954, 2. Aufl. 1973, S. 140 ff. bzw. 181 ff.

28 *Ders.*, Die Grundrechte und Grundpflichten des deutschen Volkes, in: *Gerhard Anschütz / Richard Thoma*, a.a.O. (Anm. 22), S. 572 ff.

29 *Ders.*, ebenda.

30 Ebenda, S. 114.

31 Ebenda, S. 215.

rantie hat dabei den Zweck, die hergebrachte gesetzliche Regelung dieser Institutionen vor einer Änderung durch den Gesetzgeber zu schützen. Dabei kann der Schutz soweit gehen, daß eine bestimmte Rechtslage, die bei Inkrafttreten der Verfassung bestand, festgeschrieben wird. Eine solche »Status quo-Garantie« sei aber sehr selten. Grundsätzlich schützten institutionelle Garantien und Institutsgarantien nur das, »was man als typisch und charakteristisch für die Institute ansehen muß«[32], die »typischen Grundzüge« der bisherigen gesetzlichen Regelung[33]. So sind etwa mit der verfassungsrechtlichen Garantie der theologischen Fakultäten weder alle bei Inkrafttreten der WVRV bestehenden Fakultäten in ihrer genauen Zahl der Lehrkräfte, womöglich in ihrem genauen Etat geschützt; gemeint sei auch nicht, daß es überhaupt Einrichtungen geben müsse, die diesen Namen verdienen. Denn Begriff und Wort »theologische Fakultäten an den deutschen Hochschulen« könnten nicht abstrakt bestimmt werden, sondern seien immer nur in der konkreten geschichtlichen Situation des deutschen 19. und 20. Jahrhunderts verständlich. Infolgedessen falle unter die Garantie alles, was man als typisch und charakteristisch für die Fakultäten ansehen müsse: Dahin gehöre die akademische Lehrfreiheit, das wissenschaftliche Selbstverwaltungsrecht für interne Angelegenheiten der Fakultät, das Promotionsrecht, aber auch die zur Selbständigkeit eines akademischen Lehrers an deutschen Hochschulen gehörende Unabhängigkeit des persönlichen Status usw.[34]. Ein weiteres Beispiel enthielten die beamtenrechtlichen Garantien der Art. 128 bis 130 WVRV, durch welche die Institution des deutschen Berufsbeamtentums als solche in ihren typischen Grundzügen (Anstellung auf Lebenszeit, standesgemäßer, durch generelle Normierung berechenbar gemachter Unterhalt und Angehörigenversorgung, hierarchischer Aufbau, Disziplinarrecht) gewährleistet sei. Ebenso habe Art. 142 WVRV vor allem den Sinn, die Lehrfreiheit der deutschen Hochschulen in ihrer charakteristischen institutionellen Ausgestaltung der wissenschaftlichen Selbstverwaltung gegen Beseitigung und Veränderung zu sichern[35].

c) Auch Grundrechte könnten institutionelle Garantien enthalten. Allerdings gelte dies nur für das Eigentum, das gesetzlich geregelt sei. Die Institutsgarantie erstrecke sich hier auf die typischen Grundzüge des bürgerlichen Eigentumsrechts. Etwas anderes gelte für die Freiheiten. Diese seien gesetzlich nicht geregelt und könnten auch gesetzlich nicht geregelt werden, ohne ihres liberalen Charakters als Freiheitsrechte verlustig zu gehen. Sie könnten deshalb keine institutionelle Garantie enthalten. Auch insoweit greife aber eine Garantie ein:

32 Ebenda, S. 158.
33 Ebenda, S. 214.
34 Ebenda, S. 157 f.
35 Ebenda, S. 214.

»Der Grund, aus dem der Gedanke der Institutsgarantie etwas Einleuchtendes hat und ohne weiteres angenommen wurde, dürfte darin liegen, daß man in jeder Garantie der überlieferten Grundrechte, auch wenn nicht Rechtsinstitute im präzisen Sinne garantiert sind, doch eine Garantie der überlieferten typischen Art und Weise einer Normierung finden kann. So ist mit der Gewährleistung der persönlichen Freiheit natürlich kein Rechtsinstitut gewährleistet, denn die Freiheit ist kein Institut: trotzdem aber ist der Artikel weder als bloßes Programm bedeutungslos noch infolge des Gesetzesvorbehaltes leerlaufend. Er wird mit den Kategorien einer rechtsstaatlichen Verfassungslehre betrachtet, keineswegs in diesem für die Vorkriegsjurisprudenz unvermeidlichen Dilemma zerrieben. Er hat vielmehr den Sinn, das traditionelle typische und übliche Maß der Eingriffe in die Freiheit zu garantieren. Wie weit der Gesetzgeber durch die strafprozessuale Normierung der Festnahme, Haussuchung, Postbeschlagnahme usw. in die verfassungsmäßig gewährleisteten Grundrechte eingreifen darf, ist im einzelnen stark modifizierbar; aber solange ein gewisses bürgerlich-rechtsstaatliches Bewußtsein noch vorhanden ist, kann man doch erkennen, wann der Gesetzgeber das ihm durch den Gesetzesvorbehalt konzedierte Maximum überschritten hat ... Es würde dem Sinn einer grundrechtlichen Freiheitsverbürgung widersprechen, wenn der Gesetzgeber nach seinem Belieben Eingriffe etwa dem Ermessen irgendwelcher Behörden anheimgeben könnte. Insofern liegt in den Freiheitsgarantien der Reichsverfassung die von der Institutsgarantie zu unterscheidende Garantie eines überlieferten typischen Maßes gesetzlicher Normierung ...[36].«

d) Das Verhältnis der Abwehrrechte zu den institutionellen Garantien ist bei *Carl Schmitt* folgendermaßen gezeichnet: Nicht alle institutionellen Garantien enthalten Grundrechte, wenn auch im Einzelfall aus institutionellen Garantien Grundrechte fließen können. Umgekehrt enthalten nicht alle Grundrechte institutionelle Garantien, nur das Eigentums- und das Erbrecht seien auch als institutionelle Garantie geschützt.

Entfließen einem Grundrecht auch institutionelle Garantien, deckt sich der Schutzbereich beider Garantien nicht notwendig. So deckt das Grundrecht auf Eigentum neben dem bürgerlich-rechtlichen Eigentum alle Vermögensinteressen, während sich die institutionelle Garantie auf das Sacheigentum in bürgerlich-rechtlichem Sinne beschränke, weil nur insoweit eine feste, abgrenzbare Normierung vorliege[37].

Überdies können selbst in Fällen, in denen sich institutionelle Garantie und Grundrecht (Abwehrrecht) decken, verbotene Eingriffe des Gesetzgebers in eine institutionelle Garantie vorliegen, ohne daß Abwehrrechte verletzt werden. So werde die institutionelle Garantie des Berufsbeamtentums durch

36 Ebenda.
37 Ebenda, S. 163.

eine systematische Nichtbesetzung aller oder der Mehrzahl der etatmäßigen Stellen und grundsätzliche Einstellung von Angestellten aufgrund privaten Dienstvertrages gröblich verletzt, ohne daß Grundrechte einzelner verletzt würden. Dieses Beispiel zeigt übrigens, daß nach *Carl Schmitt* die institutionelle Garantie nicht nur die typischen Grundzüge bestimmter Rechtsinstitutionen vor einer Änderung durch den Gesetzgeber schützt, sondern daß sie auch verlangt, daß die entsprechenden Rechtsinstitutionen in der sozialen Wirklichkeit realisiert werden, daß es also durchwegs Berufsbeamte gibt. Das wird auch bei der Behandlung der Eigentumsgarantie durch *Carl Schmitt* deutlich[38]:

»Ferner ist zu fragen, ob mit dem Rechtsinstitut Eigentum ... ein bestimmter Umfang, vielleicht sogar der bisherige Umfang der eigentumsfähigen Güter garantiert werden soll. Ist es, mit anderen Worten, eine Verletzung der Institutsgarantie, wenn bestimmte Sachen oder Rechte vom Privateigentum ausgeschlossen werden, besonders wenn das in einem größeren, das bisherige Wirtschaftssystem aufhebenden Umfang geschieht? Kann ohne Verletzung des Rechtsinstituts ›Eigentum‹ das Privateigentum an unbeweglichen Sachen oder an Produktionsmitteln abgeschafft werden? Dieser Auffassung scheint ein argumentum e contrario aus Art. 155 und Art. 156 entgegenzustehen. Aber das Rechtsinstitut ›Eigentum‹ besteht auch dann als Institut unangetastet, wenn nur noch bewegliche Sachen eigentumsfähig sind ... oder wenn ... nur noch ›das Gros der genußbestimmten Konsumgüter, zu dem die Fahrhabe der Behausung, wohl auch die Behausung selbst‹ als zulässige Gegenstände des im Sinne des bisherigen Rechtsinstituts sonst unverändert bleibenden Eigentums und freien Herrschaftsbeliebens übrigbleiben ...«

e) Die institutionelle Garantie hat bei *Carl Schmitt* nur eine einzige Funktion: Sie soll die Bindung des Gesetzgebers an das Verfassungsrecht begründen, die insbesondere bei den Grundrechten sonst fehlen würde, weil nach der in der Weimarer Republik herrschenden Lehre die Grundrechte sich nur an die Verwaltung und an die Rechtsprechung und nicht an den Gesetzgeber wenden[39]. Angesichts der Bindung auch des Gesetzgebers an Grundrechte durch Art. 1 III GG scheint die Lehre von *Carl Schmitt* heute ihre Bedeutung verloren zu haben. Das ist aber nicht der Fall:

(1) Die Lehre von *Carl Schmitt* kann zunächst zur Aufhellung solcher Verfassungsbestimmungen dienen, die, wie etwa Art. 7 GG, keine Grundrechte enthalten.

(2) Wie gezeigt, geht nach der Lehre von der institutionellen Garantie die Bindung des Gesetzgebers über die Bindung an Abwehrrechte in einem dreifachen Sinne hinaus:

– Einmal wird der Gesetzgeber an bestimmte typische Grundzüge eines Rechtsinstituts als Gesamtheit von Rechtssätzen gebunden. Diese Lehre

38 Ebenda, S. 161 f.
39 Ebenda, S. 140 f., 154, 164, 161.

läuft bei *Carl Schmitt* allerdings sehr stark auf die Sicherung der hergebrachten Rechtsinstitute und damit auf eine Auslegung der Verfassung anhand vergangenen unterverfassungsrechtlichen Rechts hinaus. Beides entspricht möglicherweise nicht dem Willen des Verfassungsgebers. Aber insoweit ist eine Umpolung der Lehre von *Carl Schmitt* denkbar: Geschützt sind bestimmte typische Grundzüge eines von der Verfassung vorausgesetzten und damit durch Auslegung der Verfassung zu entwikkelnden Rechtsinstituts.

- Daß Freiheitsrechte keine institutionellen Garantien begründen könnten, ist durch nichts bewiesen. Auch hier ist es denkbar, daß die Verhältnisse der modernen Welt wie etwa beim Straßenverkehr ein dichtes Netz von Rechtsregeln (Institution) fordern, deren Grundzüge vom Grundrecht gesichert werden. Außerdem kann die Verfassung verlangen, daß die Rechtsordnung vom Gesetzgeber so entwickelt wird, daß die einzelnen Freiheiten von der Vielzahl der Individuen tatsächlich verwirklicht werden können[40].
- Wichtig ist auch der Gedanke, daß die institutionelle Garantie verlangt, daß die betreffenden Grundrechte in der sozialen Wirklichkeit tatsächlich realisiert werden müssen, also etwa generell Eigentum und Wohnungen bestehen müssen.

3. Die Lehre *Carl Schmitts* von den Einrichtungsgarantien ist in der Weimarer Republik und unter dem Grundgesetz mit wenigen Ausnahmen von der Lehre fast einstimmig akzeptiert worden[41]. Die dort verwendeten Begriffe hat *Friedrich Klein* in seiner Habilitationsschrift über die institutionelle Garantie von 1933[42] näher abgegrenzt. Seit 1949 ist das Denken in institutionellen Garantien aber immer unpräziser geworden, so daß häufig eine klare Definition und insbesondere der Ansatz von *Carl Schmitt* nicht mehr zugrunde gelegt werden kann[43]. Diese zahlreichen Nuancierungen und Begriffsverschiebungen können hier im einzelnen nicht näher aufgezeigt werden. Dagegen müssen die neuen Ansätze von *Friedrich Klein, Peter Häberle, Heinhard Steiger* und *Ernst-Wolfgang Böckenförde im* folgenden näher dargestellt werden.

a) *Friedrich Klein* hat im Kommentar von *von Mangoldt/Klein*[44] die institutionellen Garantien und Institutsgarantien *Carl Schmitts* um eine neue Variante erweitert:

40 Vgl. unten die Ansicht von *Peter Häberle*, S. 178 ff.
41 Vgl. im einzelnen *Günther Abel*, a.a.O. (Anm. 22).
42 *Friedrich Klein*, a.a.O. (Anm. 22).
43 Vgl. dazu *Eberhard Grabitz*, a.a.O. (Anm. 3).
44 *Friedrich Klein*, in: *Hermann von Mangoldt / Friedrich Klein*, a.a.O. (Anm. 1), Vorb. Bd. I, S. 84 ff.

»Hinsichtlich des Garantieinhalts werden außer (Rechts-)Einrichtungen auch gesellschaftliche Sachverhalte gewährleistet, und zwar in den folgenden vier verschiedenen Arten:

1. (Selbständige) Garantien gesellschaftlicher Sachverhalte,
2. Garantien gesellschaftlicher Sachverhalte in Verbindung mit Garantien von (Rechts-)Einrichtungen,
3. Garantien gesellschaftlicher Sachverhalte in Verbindung mit Grundrechten,
4. Garantien gesellschaftlicher Sachverhalte in Verbindung mit (Rechts-)Einrichtungen und Grundrechten.

(Selbständige) Garantien gesellschaftlicher Sachverhalte finden sich im Grundgesetz nicht. Als gesellschaftlicher Sachverhalt kam in der Zeit der Weimarer Republik etwa der selbständige Mittelstand in Landwirtschaft, Gewerbe und Handel in Betracht, der nach Art. 164 WRV ›in Gesetzgebung und Verwaltung zu fördern und gegen Überlastung und Aufsaugung zu schützen‹ war (vgl. dazu *Huber,* S. 76/77: ›unentwickelte‹ korporative Garantie). Dieser ist keine Rechtseinrichtung, sondern eine Einrichtung im natürlichen Sinne, eine Erscheinungsform des gesellschaftlichen Lebens, eine Lebensform. Freilich sind solche gesellschaftlichen Sachverhalte auch Objekte entsprechender (Verfassungs-)Rechtseinrichtungen; sie sind es aber nur kraft ihrer verfassungsrechtlichen Gewährleistung; weder sie selbst noch diese Rechtseinrichtungen werden als Rechtseinrichtungen garantiert.

Garantien gesellschaftlicher Sachverhalte in Verbindung mit Garantien von (Rechts-)Einrichtungen finden sich an mehreren Stellen des Grundgesetzes. Im Unterschied zur ersten Gruppe werden hier die gesellschaftlichen Sachverhalte als Rechtseinrichtungen garantiert; hier ist die Rechtseinrichtung nichts anderes als die rechtliche Anerkennung eines gesellschaftlichen Sachverhalts; dieser ist kraft rechtlicher Normierung sozusagen auf die rechtliche Ebene erhoben. Beispiele sind im Grundgesetz die akademische Selbstverwaltung (Art. 5 Abs. 3), die Selbstverwaltung der Gemeinden (Art. 28 Abs. 2), das Berufsbeamtentum (Art. 33 Abs. 5), das Richtertum (Art. 92), die Garantie der gesellschaftlichen Sachverhalte und Rechtseinrichtungen ›Vereine‹ und »Gesellschaften‹ (Art. 9 sowie ›Ehe‹ und ›Familie‹ (Art. 6). – Ob auch die Garantie der politischen Parteien (Art. 21) hierher zu rechnen ist, kann fraglich sein. Die Entscheidung auf diese Frage hängt davon ab, ob man bejahen oder verneinen will, daß die politischen Parteien Rechtseinrichtungen schon seit jeher kraft gewohnheitsrechtlicher Regelung oder erst seit Erlaß des Grundgesetzes kraft verfassungsrechtlicher Gewährleistung sind. Das erstere ist der Fall. Demgemäß garantiert Art. 21 die überkommene Rechtseinrichtung und damit den gesellschaftlichen Sachverhalt ›politische Partei‹.

Als Garantien gesellschaftlicher Sachverhalte in Verbindung mit Grundrechten kommen im Grundgesetz Art. 8 und Art. 13 in Betracht. Es werden hier einerseits die subjektiven öffentlichen Rechte auf Versammlungsfreiheit und auf Unverletzlichkeit der Wohnung gewährleistet, andererseits die gesellschaftlichen Sachverhalte der Versammlung und der Wohnung garantiert. Art. 8 gewährleistet die ›Versammlung‹ als gesellschaftlichen Sachverhalt. Art. 13 garantiert nicht jedem Staatsbürger seine jeweilige Wohnung als solche, also nicht die einzelne Wohnung, sondern die Wohnung als Gattung, als gesellschaftlichen Sachverhalt im Sinne einer Einrichtung im natürlichen Sinne, und zwar dergestalt, daß die Wohnung als Herrschaftsbereich im Sinne der herkömmlichen bürgerlichen und individualistischen Herrschaftssphäre vor der Abschaffung durch den einfachen Gesetzgeber (z. B. im Wege einer Kasernierung des ganzen Volkes) geschützt wird.

Beispiele für Garantien gesellschaftlicher Sachverhalte in Verbindung mit (Rechts-)Einrichtungen und Grundrechten sind im Grundgesetz die Pressefreiheit (Art. 5 Abs. 1 Satz 2), die Freiheit von Kunst und Wissenschaft, Forschung und Lehre (Art. 5 Abs. 3) und die Vereinigungsfreiheit (Art. 9). Presse, Kunst, Wissenschaft und Lehre sowie Vereine und Gesellschaften sind sowohl gesellschaftliche Sachverhalte als auch Rechtseinrichtungen, auch enthalten Art. 5 Abs. 1 Satz 2 und Abs. 3 sowie Art. 9 Grundrechte.

Nach alledem könnte man von ›Rechtseinrichtungsgarantien‹ und ›Lebensformgarantien‹ sprechen, wobei eine Garantie im Einzelfalle die Elemente beider Arten enthalten kann, und als Oberbegriff für beide Arten die zwar nicht ganz treffende, aber kurze und das Wesentliche ausdrückende Bezeichnung ›Einrichtungsgarantien‹ verwenden.«

Diese Auffassungen von *Klein* sind in der Lehre auf unterschiedliche Resonanz gestoßen[45].

Die zitierte Passage des *Klein*schen Kommentars läßt aber deutlich erkennen, daß sich in der institutionellen Garantie eine Verschiebung anbahnt. Während *Carl Schmitt* die Einrichtungsgarantie noch deutlich auf die Institution im Sinne einer Gesamtheit rechtlicher Regeln verstand, tritt heute allmählich die soziale, die faktische Institution, die Lebensordnung in den Vordergrund. Beides schließt sich zwar nicht aus. Einerseits ist die faktische Institution sicher auch durch die sie regelnden Rechtssätze bedingt. Zum anderen zeigt das Zitat von *Klein* klar, daß das Grundgesetz die rechtliche Institution irgendwie mit der faktischen Institution verknüpft. Das *Klein*sche Zitat läßt aber zahlreiche Fragen offen. Zum einen bleibt unklar, wie die rechtliche und die faktische Seite der Institution miteinander verknüpft sind. Damit findet aber auch die Frage keine präzise Antwort, ob bei der Auslegung der Grundrechte mehr auf die faktische Situation, etwa der Ehe, oder die bisherige rechtliche Regelung abzustellen ist.

Den Ausführungen *Kleins* muß insoweit gefolgt werden, als bei der Festlegung der institutionellen Garantien des Grundgesetzes die bisherige rechtliche Regelung und die faktische Veränderung der Institution sicher nicht außer acht gelassen werden dürfen. Beide Gesichtspunkte reichen aber meines Erachtens nicht aus; sie müssen um weitere Gesichtspunkte ergänzt werden, um dem Anliegen der Verfassung ganz gerecht zu werden. Zunächst kann man den Kern der bisherigen gesetzlichen Regelung, der durch die Institutionsgarantie geschützt wird, nur erkennen und abgrenzen, wenn man auf gewisse, der Verfassung immanente *Zwecke* der Institution abhebt. Diese Verlagerung der Gesichtspunkte führt, wie dies notwendig ist, auch dazu, daß die bisherige rechtliche Regelung nicht *völlig* versteinert wird. Die notwendige Anpassungsfähigkeit der Institution wird auch durch

45 Vgl. dazu *Günther Abel*, a.a.O. (Anm. 22), S. 31 ff. und insbesondere die dort zitierte Meinung von *Peter Lerche*.

den Rückgriff auf die tatsächliche Entwicklung etwa der Ehe erreicht, wobei auf die jeweils geltenden Strukturen und Auffassungen der Ehe zurückzugreifen ist. Andererseits kann diese faktische Sicht nicht die alleinige Rolle spielen, weil dann die Verfassung ihre Lenkungsfunktion gegenüber der Wirklichkeit verlieren würde.

b) Nach *Peter Häberle*[46] sind Institutionen Lebensverhältnisse, objektive Ordnungen, Lebensbereiche, die sich zum Ganzen der Verfassung zusammenschließen: die gesetzliche Vertrags-, Eigentums- und Erbordnung, die bestehende Ehe- und Familienordnung und die geltende Vereins-, Versammlungs- und Koalitionsfreiheit. Die Grundrechte seien durchwegs einer derartigen institutionellen Deutung zugänglich und bedürftig. Beide Seiten, die individualrechtliche und die institutionelle, bildeten in ihrer Gesamtheit das »Grundrecht«. Die Grundrechte erscheinen von den Grundrechtsberechtigten her gesehen als subjektive öffentliche Rechte, von den Lebensverhältnissen aus als Institute. Sie besäßen eine prozessuale und eine objektiv-institutionelle Ausprägung[47].

Die Institutionen gründen zunächst auf der Idee der einzelnen Grundrechte. Diese von der Verfassung den einzelnen Lebensbereichen eingepflanzte Idee muß in die Lebenswirklichkeit umgesetzt werden. Dazu gehört einmal die Ausgestaltung dieser Idee durch die Gesetzgebung, welche objektive Normenkomplexe etwa für die Ehe, die Presse usw. schafft. Die Institutionen im Sinne *Häberles* sind aber nun nicht diese Normenkomplexe als solche. Entscheidend ist vielmehr, daß das jeweilige Grundrecht in der gesetzgeberischen Ausgestaltung in der Lebenswirklichkeit vollzogen wird. Erst diese faktische Verwirklichung der Grundrechtsidee schafft die Institution, auf welche die institutionelle Garantie abhebt. Die soziale Wirklichkeit muß also im Endergebnis der Grundrechtsidee entsprechen. Das geschieht dadurch, daß die Individuen den Grundrechten und ihrer gesetzgeberischen Ausgestaltung entsprechend leben und handeln.

Diese Sicht der institutionellen Garantie hat nach *Häberle* eine Anzahl von Folgen:

(1) Zunächst sind die Folgen für die Grundrechtsauslegung zu bedenken. Insoweit ist die Auffassung *Häberles* nicht ganz klar. Einerseits ist von den Grundrechten auszugehen, die in der Verfassung fixiert sind. Die in diesen Grundrechten enthaltenen Ideen sind durch die Gesetzgebung in den jeweiligen Lebensbereichen zu verwirklichen. Auf der anderen Seite soll die Interpretation der Grundrechte der Verfassung aber nicht allein »aus sich selbst heraus« erfolgen. Die soziale Institution ist einerseits dem historischen Verfassungsgeber vorgegeben. Die Ehe, das Vereinsleben usw. haben sich im Volke auch aufgrund der bisherigen Gesetzgebung in einem be-

46 *Peter Häberle*, a.a.O. (Anm. 22), S. 70 ff.
47 Ebenda, S. 70 f.

stimmten Sinne entwickelt. Auf der anderen Seite entwickeln sich diese Lebensinstitute auch nach Erlaß des Grundgesetzes in einer bestimmten Richtung weiter. Durch das – teilweise durch Gesetze bestimmte – Handeln der Vielzahl von Individuen werden etwa neue Berufsbilder, neue Vereinstypen usw. gebildet. Die Auslegung der Grundrechte aber muß sowohl die historisch vorausgesetzten wie die nach der Verabschiedung der Verfassung sich neu entwickelnden sozialen Institutionen berücksichtigen. Es sieht sogar so aus, als ob *Häberle* dieser Ausrichtung der Verfassungsinterpretation an der sozialen Wirklichkeit und damit auch an der unterverfassungsrechtlichen Gesetzgebung das Hauptgewicht geben will[48]. Wie wir gleich sehen werden, soll der Gesetzgeber auf der anderen Seite aber verpflichtet sein, die Grundrechtsideen durch die Ausgestaltung der Normenkomplexe in die soziale Wirklichkeit zu überführen. In diesem Fall kann die Grundrechtsidee nicht selbst wieder durch die soziale Wirklichkeit bestimmt werden, sie muß »aus sich selbst heraus« ausgelegt werden. Auch mit dem Gedanken einer Wechselwirkung der Grundrechtsidee auf die soziale Wirklichkeit auf der einen und der sozialen Wirklichkeit auf die Grundrechtsidee auf der anderen Seite kann dieser Zirkelschluß nicht durchbrochen werden. Man müßte vielmehr genau angeben können, bis zu welchem Maße die Grundrechtsideen aus sich selbst heraus oder durch die soziale Wirklichkeit bestimmt werden. *Häberle* versucht diesen Zirkelschluß allerdings durch den Gedanken des »Mißbrauchs« der Grundrechte zu durchbrechen. Man könnte annehmen, daß die soziale Wirklichkeit solange für die Grundrechtsauslegung bindend ist, bis die soziale Wirklichkeit soweit von der aus sich selbst heraus ausgelegten Grundrechtsidee abweicht, daß sie nicht mehr als Verwirklichung der Grundrechtsidee angesehen werden kann. An diesem Punkt müßte dann der Gesetzgeber eingreifen und durch seine Normenkomplexe die soziale Wirklichkeit wieder der Grundrechtsidee annähern.

(2) Das institutionelle Denken *Häberles* hat auch für die Interpretation der anderen Seite der Grundrechte, nämlich für die subjektiv-öffentlichen Abwehrrechte der Individuen, weittragende Folgen. Hier zeigt sich trotz des dagegen gerichteten Widerspruchs *Häberles,* daß das institutionelle Denken die liberalen Freiheitsrechte stark beschränken kann. Denn nach Ansicht von *Häberle* verleihen die Freiheitsrechte den Individuen nicht das Recht zu beliebigem Handeln, sondern nur die Befugnis zu einem Handeln, das den sozialen Funktionen der Grundrechte entspricht. Das Individuum findet nämlich in den verschiedenen Lebensbereichen die durch die Gesellschaft, d. h. aber durch das Handeln der Vielzahl der Individuen im Rahmen der Gesetze ausgeprägten Institutionen vor. Nur im Rahmen dieser sozialen Institutionen kann es sich entwickeln. An diese sozialen Institu-

48 Ebenda, S. 96, 98, 100, 102.

tionen ist es gebunden. Nur im Rahmen dieser sozialen Institutionen bestehen auch die Freiheitsrechte. Damit werden die Freiheitsrechte auch durch die bisherigen Gesetze in den verschiedenen Lebensbereichen immanent eingeschränkt. Das Handeln der Individuen außerhalb dieser sozialen Institutionen ist grundgesetzlich nicht geschützt[49]. Etwas anderes gilt nur, wenn zahlreiche Individuen durch ihr Handeln die soziale Institution neu prägen, etwa neue Berufsbilder, neue Vereinstypen schaffen. Auf diese generelle Veränderung der sozialen Wirklichkeit ist nämlich nach den obigen Darlegungen das Grundrecht selbst wieder auszulegen, so daß sich sein Schutzbereich verändert[50].

Der Freiheitsraum der Grundrechte wird überdies – entsprechend seiner Ausrichtung auf die soziale Funktion der Grundrechte – bei *Häberle* dadurch eingeschränkt, daß »Mißbräuche« der Grundrechte generell aus dem Schutzbereich der Grundrechte herausfallen und durch den Gesetzgeber zu unterbinden sind[51]. Die besondere Gefahr dieser Grundrechtstheorie liegt auch darin, daß der Begriff des »Mißbrauchs« nirgends definiert wird.

(3) Schließlich ergeben sich aus der institutionellen Garantie *Häberles* Pflichten und Begrenzungen des Gesetzgebers.

aa) Einerseits kann die Institutsgarantie der Grundrechte nur verwirklicht werden, wenn der Gesetzgeber die Grundrechtsidee durch die Aufstellung von Normenkomplexen in den einzelnen Lebensbereichen der Verwirklichung durch das Handeln der Individuen zuführt. So gesehen, erwachsen aus der institutionellen Garantie der einzelnen Grundrechte zahlreiche Ermächtigungen oder sogar Verpflichtungen zum Erlaß von Gesetzen. Diese Gesetze ziehen den Grundrechten keine Schranken, sondern dienen im Gegenteil ihrer Verwirklichung. Die Sicht, welche die Gesetze nur als Schranken der Grundrechte auffaßt, sei also falsch.

Die Gefahr einer solchen neuen Sicht der Gesetzgebungsfunktion, die an sich durchaus richtig ist, liegt in der Übertreibung in der anderen Richtung. Zwar ist es richtig, daß ein Gesetz, welches die Freiheiten erst verwirklicht, wegen dieser grundrechtlichen Legitimation weiter in die Grundrechte eingreifen darf als ein Gesetz, welches den Grundrechten im öffentlichen Interesse nur Schranken zieht. Die neue Betrachtungsweise beschwört aber die Gefahr herauf, daß übersehen wird, daß auch das grundrechtsverwirklichende Gesetz im Ergebnis den Freiheiten Schranken zieht, diese Freiheiten von der Beliebigkeit auf ein bestimmtes Verhalten (Straßenverkehr!) beschränkt. Das gilt insbesondere dann, wenn man darüber hinaus mit *Häberle* im Ergebnis die Grundrechte nur im Rahmen der die Freiheiten regelnden Gesetze gewährt. Die durch die freiheitsverwirklichenden Gesetze

49 Ebenda, S. 98, 100 f.
50 Ebenda, S. 98.
51 Ebenda, S. 119 ff.

den Grundrechten gezogenen Schranken müssen vielmehr selbst wieder auf ihre Grundrechtsmäßigkeit überprüft werden. Zumindest muß aber untersucht werden, ob die *Art* der Freiheitsverwirklichung durch die Gesetze den Intentionen der Grundrechte entspricht.

bb) Nach *Häberle* muß der Gesetzgeber zwecks Verwirklichung der institutionellen Garantien der Grundrechte insbesondere dann eingreifen, wenn die Lebenswirklichkeit der institutionellen Garantie nicht entspricht. Die institutionelle Garantie verlangt, daß alle Grundrechte durch eine unübersehbare Vielzahl von Individuen täglich in Anspruch genommen werden.

Das bedeutet einerseits, daß der Gesetzgeber eingreifen muß, wenn die Verwirklichung der Grundrechte durch die Vielzahl von Individuen durch einzelne Individuen aufgrund ihrer Machtstellung verhindert wird. Insoweit begründet die institutionelle Garantie eine Schutzpflicht des Staates[52].

»Gesetze, die sich gegen Mißbrauch wirtschaftlicher Machtstellungen richten, ›beschränken‹ – freilich nur in einem sehr vordergründigen Sinne – u. a. die individuelle Vertragsfreiheit. Denjenigen, die aufgrund ihrer tatsächlichen Überlegenheit ihren Rechtsgenossen Verträge diktieren können, wird der Vertrag als Instrument hierzu entzogen. Ihre individuelle Vertragsfreiheit wird ›beschränkt‹ (richtiger: begrenzt). Fragt man jedoch nach Sinn und Zweck dieser Grundrechtsbegrenzung und überblickt man deren Auswirkung auf das soziale Leben im ganzen, so fällt eines alsbald auf: Die Vertrags- und Wettbewerbsfreiheit wird als Institut gerettet. Der durch die Vertrags- und Wettbewerbsfreiheit konstituierte Lebensbereich wird als freiheitlicher erhalten. Die Vertragsfreiheit geht ihres institutionellen Charakters dort verlustig, wo sie nur noch ausnahmsweise die zwischenmenschlichen Beziehungen prägt. Indem Monopole gebrochen werden und diktierten Verträgen die rechtliche Anerkennung versagt wird, wird die Vertragsfreiheit als Institut gerettet: Eine Unzahl von Grundrechtsberechtigten – nunmehr erneut von der Grundrechtsidee rekrutiert – ist jetzt wieder in der Lage, die Vertragsfreiheit faktisch – die rechtliche Möglichkeit wurde ihnen formell nie entzogen – auszuüben. Der institutionelle Gedanke zeigt hier seine spezifisch materielle und qualitative Bedeutung.

Ähnliches läßt sich am Beispiel der Versammlungsfreiheit nachweisen. Diese verlöre ihren ›institutionellen‹ Sinn, wenn der Staat nicht dafür Sorge trüge, daß die einzelnen Versammlungen von Dritten nicht gestört werden: Es bestünde nämlich die Gefahr, daß nur noch wenige, die Stärkeren, dieses Freiheitsrecht in Anspruch nehmen könnten. Die anderen Grundrechtsberechtigten würden an der Ausübung mit Gewalt gehindert. Auch hier ist das an anderer Stelle beobachtete Umschlagen von der Quantität zur Qualität zu bemerken. Ob ein Freiheitsrecht als Institut gilt, d. h. in der sozialen Lebenswirklichkeit täglich und stündlich von einer Vielzahl von Berechtigten ausgeübt wird, läßt sich nicht allein von den rechtlichen Möglichkeiten seiner Realisierung aus beurteilen, vielmehr muß auf die Lebenswirklichkeit Bezug genommen werden. Das Institutionelle ist eben hierdurch gekennzeichnet, daß in ihm der Rechtsbegriff nicht vom Faktischen isoliert

52 Ebenda, S. 118 f.

ist, sondern daß das Normative und das Faktische in ihrer korrelativen Zuordnung verstanden werden. Die Grundrechte als Institute sind durch die tatsächlichen Lebensverhältnisse mitbedingt und von vornherein auf diese bezogen.«

Die institutionelle Garantie begründet ferner auch positive Teilhaberechte (Leistungsansprüche) der Individuen gegenüber dem Staat[53].

»Die Sozialstaatsklausel steht in einem wichtigen Zusammenhang mit der institutionellen Bedeutung der Freiheitsrechte. Durch die Sozialstaatsgarantie soll das materielle Los der Individuen gebessert werden. Sie sollen in die Lage versetzt sein, die Freiheitsrechte auch tatsächlich in Anspruch zu nehmen. Besteht doch das Wesen eines Rechtes in der tatsächlichen Inanspruchnahme durch den Berechtigten. Die immer neue Aktualisierungsbedürftigkeit ist ein Kriterium des Rechtssatzes. Diese Aktualisierung vollzieht sich wesentlich über die Rechtsgenossen. In ihnen wirkt der Rechtssatz bzw. das Gesetz als ›ständig spannende Kraft‹. Die Gewährleistung der liberal verstandenen Freiheitsrechte hat dazu führen können, daß große Teile der Rechtsgenossen aus faktischen Gründen ihre Freiheit nicht realisieren konnten: In diesem Falle war die betreffende Freiheit in ihrer institutionellen Bedeutung gefährdet. Eine solche Gefährdung liegt gerade dann vor, wenn eine Vielzahl von Grundrechtsberechtigten auf die Ausübung der Grundrechte verzichten muß. Wenn also die Sozialstaatsklausel normiert ist – und diese führt zu inhaltlichen Begrenzungen der Freiheitsrechte –, so geschieht das in der Absicht einer Sicherung des institutionellen Sinnes der Freiheitsrechte. Auch jenen Individuen, denen aus materiellen Gründen der Weg zum Freiheitsgebrauch bisher versperrt war, soll dieser Weg wieder eröffnet werden. So gesehen, entfällt die Antinomie zwischen Sozialstaatlichkeit und Grundrechten – sie wurde bereits in anderem Zusammenhang zurückgewiesen: letztere werden durch jene in ihrer institutionellen Bedeutung gerade gesichert. Die Sozialstaatsgarantie erweist sich damit als eine Forderung der Freiheitsidee und einer institutionellen Sicht der Grundrechte. Die Sozialstaatsklausel und die Grundrechtsinstitute treten in ein Verhältnis der Wechselbedingtheit zueinander. So erklärt sich teilweise auch die gelegentlich beobachtete Tendenz zu wachsender rechtssatzmäßiger Ausgestaltung der Grundrechte: sie entspricht dem Postulat der Sozialstaatlichkeit und ist eine Folge der Entwicklungen, die zur Sozialstaatsklausel geführt haben. Damit erklärt sich auch, weshalb im Zeitalter des Liberalismus die rechtssatzmäßige Ausgestaltung eines Grundrechtes nicht so häufig war wie heute. Freilich bestand sie auch damals.«

cc) Die institutionelle Garantie zieht schließlich dem Gesetzgeber Grenzen, welche über die Abwehrrechte hinausgehen[54].

»Die institutionelle Bedeutung der Grundrechte, ihr Institutscharakter, ist einerseits Ermächtigung für den Gesetzgeber, freiheitsbegrenzend und -ausgestaltend tätig zu werden; andererseits ist sie Grenze für den Gesetzgeber: Der Gesetzgeber darf bei seinen Normierungen im Grundrechtsbereich nicht die Grundrechte als Institute antasten, er darf nicht den institutionellen Sinn der Grundrechte in Frage stellen.

53 Ebenda, S. 121 f.
54 Ebenda, S. 122 ff.

Beispielsweise sind Enteignungen – diese bilden eine Begrenzung des subjektiven Eigentumsrechts – unzulässig, wenn sie in solcher Zahl erfolgen, daß letztlich die Eigentumsfreiheit als Institut bedroht wäre. Dasselbe gilt für Sozialisierungen. Auch sie dürfen nicht in einem Ausmaß erfolgen, daß das Eigentum und die anderen Freiheitsrechte in ihrer institutionellen Bedeutung aufgehoben würden. Der Lebensbereich: Freiheit des Eigentums, freie Eigentumsordnung würde denaturiert. Eine Massenkasernierung würde das Recht auf Unverletzlichkeit der Wohnung als Institut beseitigen. In all diesen Fällen zeigt sich, daß sich Grundrechte nicht allein vom Grundrechtsberechtigten her verstehen lassen, sondern daß sie eine institutionelle Seite besitzen.

Die Formel von der institutionellen Bedeutung der Grundrechte bzw. den Grundrechten ›als Instituten‹ enthält ganz bestimmte materiale und generelle Aussagen, die sich dem Gesetzgeber verpflichtend auferlegen und die Grundrechte ›absolut‹ schützen. An anderer Stelle wurden sie bereits sichtbar. Im vorliegenden Zusammenhang sind sie noch einmal näher zu kennzeichnen und zusammenzufassen.

Grundrechte sind nur dann Institute, wenn sie von zahllosen Grundrechtsberechtigten in Anspruch genommen werden können (Umschlagen von der Quantität zur Qualität). Grundrechte sind nur dann Institute, wenn sie von den Grundrechtsberechtigten tatsächlich in Anspruch genommen werden (Umschlagen vom Faktum zur Norm), wenn sie ›Regel‹ sind. Grundrechte sind nur dann Institute, wenn sie zu dauerhaftem individuellem Verhalten führen. Grundrechte sind nur dann Institute, wenn sie durch ausgestaltende und begrenzende Normenkomplexe (ein ›Normengeflecht‹) in der sozialen Wirklichkeit ›eingerichtet‹ und dort dauerhaft vorhanden sind, so daß sie von der individuellen Freiheit samt ihrem Verpflichtungsgehalt ›vorgefunden‹ werden können. Grundrechte sind nur dann Institute, wenn ihr Sollen zugleich ›Sein‹, ihre Normativität zugleich Normalität ist, ohne daß dabei Normativität bzw. das Sollen mit der Normalität bzw. dem Sein identifiziert würden. Grundrechte sind nur dann Institute, wenn sie als objektive Ordnungen Lebensverhältnisse, rechtliche und tatsächliche Wirklichkeit besitzen und als solche konstitutive Bestandteile des Verfassungsganzen bilden. Sie sind nur dann Institute, wenn die Grundrechtsidee und ihre verpflichtende Kraft die Grundrechtsberechtigten immer von neuem rekrutiert – man könnte von einer immer neuen Wirklichkeitswerdung der Grundrechte als Institute sprechen. Grundrechte sind nur dann Institute, wenn sie vollzogene, ›erfüllte‹ Wirklichkeit sind, jedoch gleichzeitig für die, die sie angehen, eine Aufgabe bedeuten, die immer von neuem zu ergreifen und zu erfüllen ist. Grundrechte sind nur dann Institute, wenn ihnen subjektive Individualrechte und damit individuelle Freiheit als personale Freiheit zugeordnet werden, mit denen sie wesensmäßig in Wechselwirkung stehen – die personalen Grundrechtsberechtigten finden in den grundrechtlichen Lebensverhältnissen dabei ein wesentliches Stück Selbstverwirklichung. Grundrechte sind nur dann Institute, wenn die durch sie verbürgte Freiheit als eine im Recht stehende Freiheit begriffen wird – die an anderer Stelle vorgeschlagene Befreiung des Gesetzes- und Rechtsbegriffs von dem traditionellen Eingriffselement erweist sich als ein Gebot gerade auch der institutionellen Seite der Grundrechte. Grundrechte sind nur dann Institute, wenn sie ein hohes Maß an einer das Ganze der Verfassung und Sozialordnung stabilisierenden Wirkung besitzen. Der institutionelle Sinn der Grundrechte erfüllt sich gerade darin, daß sie auf das Ganze der Sozialordnung bezogen sind. Die stabilisierende Wirkung wird, von dem wiederholten und gleichförmigen Wirken der Grundrechtsberechtigten abgesehen, vielfach durch die den Grundrechtsteil von Verfassungen bzw. die institutionelle Seite der Grundrechte kennzeichnenden Rezeptionen erreicht und erhalten.«

Ich habe diese Passage des inzwischen zum Klassiker gewordenen Werks von *Häberle* aus zwei Gründen in extenso zitiert. Einmal sind hier zahlreiche Gedanken so miteinander verschlungen, daß jede vereinfachende Darstellung mit neuen Worten an der von Häberle gewollten Interpretation vorbeigehen könnte. Zum anderen zeigen diese Passagen deutlich die Sinnänderung der institutionellen Garantie bei Häberle. Was bei *Klein* erst angedeutet wird, kommt bei *Häberle* zur vollen Entfaltung: die institutionelle Garantie wird fast ganz ins Faktische, in die Verfassungswirklichkeit verlegt. Das gilt einerseits für die Festlegung dieser Garantie. Es handelt sich nicht mehr in erster Linie – wenn auch immer noch – um die Garantie eines auf eine Institution bezogenen Bündels von Rechtssätzen, sondern vor allem um die Garantie eines *faktischen Lebensverhältnisses.* Die Auslegung der Verfassung wird von den klassischen Methoden der Interpretation auf eine Konstatierung der tatsächlichen Wirklichkeit reduziert. Damit besteht auch bei *Häberle* das schon für *Klein* hervorgehobene Problem der gegenseitigen Zuordnung von Fakten und Recht und des Funktionsverlusts der Verfassung als Leitungsinstrument der Wirklichkeit. Damit steht in einem gewissen Gegensatz die Tatsache, daß in den obigen Passagen nunmehr das – dann wohl nur aus sich selbst heraus bestimmte – Verfassungsrecht, die von der Verfassung gesicherten Institutionen in doppelter Weise in die Verfassungswirklichkeit überführt werden müssen, indem die rechtlichen Institutionen den Einzelgrundrechten übergeordnet werden und der Gesetzgeber die rechtlichen Institutionen in die Verfassungswirklichkeit überführen muß.

Wichtig ist zweitens, daß – neben der später zu besprechenden objektiven Sicht der Grundrechte – die institutionelle Garantie in den zitierten Passagen von *Häberle* den historischen Ansätzen *Carl Schmitts* und seiner Adepten folgend die Einzelgrundrechte zu einem übergeordneten objektiven Gesamtzusammenhang der Verfassung überhöht. Aus den Grundrechten wird so die Grundregelung gewisser »Ordnungen« des Gemeinschaftslebens abgeleitet. Typisch für die engagierten Vertreter der institutionellen Garantie ist nun – das zeigen die Passagen von Häberle sehr deutlich –, daß diesen Ordnungen ein größeres Gewicht als den individuellen, als Abwehrrechte verstandenen Grundrechten eingeräumt wird. Hier liegt im Ergebnis die größte Gefahr für die Grundrechte. Die institutionelle Garantie kann und muß so weiter gehende Schranken der als Abwehrrechte verstandenen Grundrechte begründen, als die Verfassung sie vorsieht. Ein typischer Aspekt hierbei ist, daß die Grundrechte der vielen den Grundrechten einzelner übergeordnet werden. So richtig diese Entscheidung im Einzelfall sein mag, darf sie doch nicht verallgemeinert werden. Es muß vielmehr im Einzelfall abgewogen werden, ob die Grundrechte der größeren Zahl dem Grundrecht eines einzelnen vorzugehen haben. In das Grundgesetz den Begriff der institutionellen Garantie einzuführen, diesen Begriff dann frei zu bestimmen und aus dieser Bestimmung wieder konkrete Rechtsfolgen abzuleiten, entspricht den traditionellen Methoden der heute meist abgelehnten Begriffsjurisprudenz. Ich meine allerdings, daß gerade im Verfassungsrecht eine solche Begriffsjurisprudenz nicht ganz vermieden werden kann. Insoweit möchte ich den Ansätzen von Klein und Häberle folgen. Die Sicht der Grundrechte als Institution entspricht den an den heutigen Bedürfnissen gemessenen Intentionen des Verfassungsgebers. In diesem Rahmen muß man auch versuchen, eine den Intentionen des Verfassungsgebers und den heutigen Bedürfnissen entsprechende Begriffsbestimmung der institutionellen Garantien vorzunehmen. Nur scheint mir, daß die hieraus entwickelten Einzelergebnisse jeweils gesondert wieder auf ihre Übereinstimmung mit der Verfassung überprüft werden müssen.

c) *Heinhard Steiger*[55] meint, in der Rechtsprechung des BVerfG eine Tendenz zur »Institutionalisierung der Grundrechte« erblicken zu müssen. Nach dieser Rechtsprechung seien die Grundrechte zwar noch in erster Linie Abwehrrechte des Individuums gegenüber dem Staat. Das Bild von der freien Persönlichkeit im Staat sei nach der Auffassung des BVerfG aber kein individualistisches: »Das Menschenbild des GG ist nicht das des isolierten souveränen Individuums; das GG hat vielmehr die Spannung Individuum–Gesellschaft im Sinne der Gesellschaftsbezogenheit der Person verstanden, ohne dabei dessen Eigenwert anzutasten[56].« Pflege und Förderung des sozialen Zusammenlebens würden zum Maßstab der Freiheitsausübung[57]. Nicht das selbstherrliche Individuum, »sondern die in der Gesellschaft stehende und ihr vielfältig verpflichtete Persönlichkeit« sei das Menschenbild des GG[58]. Die Grundrechte würden damit in einen gesamtgesellschaftlichen Zusammenhang gestellt. Insbesondere die Sozialstaatlichkeit trete neben sie, ergänze, modifiziere ihre individual-rechtliche Qualität. Die Rechtfertigung des Bestehens von Freiheitsrechten erfolge in der Rechtsprechung des BVerfG von der Gemeinschaft selbst her. Wohl erscheine die Meinungsfreiheit als unmittelbarer Ausdruck der einzelnen Persönlichkeit, aber der »menschlichen Person in der Gemeinschaft«. Sie sei konstituierend für eine freiheitlich-demokratische Grundordnung[59], für die

55 *Heinhard Steiger*, Institutionalisierung der Freiheit, in: Zur Theorie der Institution, 1970, S. 110 ff.

56 BVerfGE 4, 15.

57 BVerfGE 4, 16.

58 BVerfGE 12, 51.

59 BVerfGE 7, 208.

Teilnahme am öffentlichen Leben, für das Funktionieren der freiheitlichen Demokratie, für die Bildung der die staatlichen Entscheidungen tragenden öffentlichen Meinung. Die Freiheit der Presse beruhe auf der Funktion der »Träger und Verbreiter der öffentlichen Meinung im Interesse einer freien Demokratie«[60]. Um dieser öffentlichen Aufgabe willen genössen Redakteure usw. subjektive öffentliche Rechte auf Abwehr von Eingriffen. Aber es ergäben sich auch Pflichten, insbesondere die Wahrheitspflicht. Die Rechte aus Art. 5 GG würden nicht nur in die objektive Ordnung eingebettet, sie würden vielmehr unmittelbar auf sie bezogen und in ihren Dienst gestellt. Und die Freiheit des Berufs werde bezogen auf die moderne arbeitsteilige Wirtschaft; das Grundrecht sei zwar gewährleistet, damit der einzelne sich einer Tätigkeit widmen könne, aber durch die er zugleich einen »Beitrag zur gesellschaftlichen Gesamtleistung erbringt«[61].

Das BVerfG komme damit der institutionellen Garantie im Sinne *Peter Häberles* sehr nahe. Gegen diese Form der Institutionalisierung wendet sich *Steiger.* Er versucht damit, der positivrechtlichen Umschreibung der Freiheit, die aus ihrer Indienststellung für die Gemeinschaft (BVerfG) oder aus ihrer Unterwerfung unter die gesetzlich geprägten Institutionen (*Häberle)* folgt, die liberale Ausrichtung der Grundrechte am freien Belieben entgegenzustellen. Die Institutionenlehre habe gerade diese Freiheit zu verwirklichen, nicht dürften die Grundrechte umgekehrt in den Dienst der Institutionen gestellt werden.

d) *Ernst-Wolfgang Böckenförde*[62] hat die Voraussetzungen und Folgen der institutionellen Sicht des BVerfG und *Häberles* noch einmal sehr deutlich zusammengefaßt. In der institutionellen Grundrechtstheorie hätten die Grundrechte nicht primär den Charakter staatsbezogener Abwehrrechte des Individuums zur Sicherung eines Bereichs individueller und gesellschaftlicher Freiheit, in dem die einzelnen, rechtlich gesehen, nach subjektivem Belieben handeln könnten, sondern den Charakter objektiver Ordnungsprinzipien für die von ihnen geschützten Lebensbereiche. Sie entfalteten und verwirklichten sich in normativen Regelungen institutioneller Art, die von der Ordnungsidee des Grundrechts getragen sind und als solche die Lebensverhältnisse prägen, zugleich aber die Sachgegebenenheiten der Lebensverhältnisse, die für sie gelten, in sich aufnähmen und ihnen normative Relevanz verliehen.

Diese Grundrechtsvorstellung gelte nun nicht nur für die besonders benannten institutionellen Garantien, sondern auch für die Freiheitsrechte. Das sei nur von einer Auffassung her möglich, welche die rechtliche Freiheit selbst zu einem Institut, einer objektiven Gegebenheit erklärt, die sich erst

60 BVerfGE 10, 121.
61 BVerfGE 7, 397.
62 *Ernst-Wolfgang Böckenförde,* a.a.O. (Anm. 22), S. 221, 228 ff.

in der näheren rechtlichen Ausgestaltung sowie der Adaption von Ordnungsideen und Sachgegebenheiten entfalte und verwirkliche. Die individuelle Freiheit bedürfe der institutionell gewährleisteten Lebensverhältnisse, der institutionellen Seite der Grundrechte sowie der diese anreichernden Normenkomplexe, die ihr Richtung und Maß, Sicherheit und Geborgenheit, Inhalt und Aufgabe gäben. Sie fänden die Freiheit als Institut vor, die ihr entsprechend der Eigenart des jeweiligen Lebensgebietes objektiviert als etwas Gegebenes und Ausgestaltetes gegenübertrete. Hier sei in der Tat die rechtlich undefinierte liberale Freiheit als Inhalt der Grundrechte nicht mehr gemeint. An ihre Stelle trete eine objektivierte, bereits normativ und institutionell gestaltete und geordnete Freiheit. Damit erhielten die grundrechtlichen Freiheitsgewährleistungen einen prinzipiell anderen Sinn und Inhalt als in der liberalen Grundrechtstheorie.

Diese Grundrechtssicht habe eine Reihe von Folgen für die Grundrechtsinterpretation. Es werde zunächst ein erheblich weiter gehender Spielraum für eine gesetzliche Normierung und Ausgestaltung der grundrechtlichen Schutzbereiche eröffnet als nach der liberalrechtsstaatlichen Grundrechtstheorie. Das Gesetz erscheine nicht primär als Beschränkung und Eingriff in die grundrechtliche Freiheit, sondern eher als Ermöglichung und Verwirklichung dieser Freiheit. Das gestatte es, Gesetze, die nur den Grundrechtsinhalt bestimmen und ausformen, von grundrechtsbeschränkenden Gesetzen zu unterscheiden und so der scharfen Begrenzung gesetzgeberischer Regelungszuständigkeit, wie sie aus dem rechtsstaatlichen Verteilungsprinzip folge, zu entgehen.

Die grundrechtliche Freiheit sei nicht mehr notwendig eine Freiheit schlechthin; sie sei eine Freiheit, die auf bestimmte Ziele hin orientiert ist, nämlich die Realisierung des institutionell-objektiven Sinns der Freiheitsgewährleistung. Freiheitsumfang und Freiheitsschutz könnten insoweit nach der Art und Zielsetzungsrichtung des Freiheitsgebrauchs differenziert werden. Gehöre zum Sinn der rechtlichen Freiheit eine Aufgabe, so sei es nur folgerichtig, daß die Erfüllung dieser Aufgabe auch staatlicherseits durch entsprechende Regelungen unterstützt, die Nichterfüllung durch staatliche Eingriffe oder eine Reduzierung bzw. Ablehnung des Freiheitsschutzes sanktioniert werde.

Indem die institutionelle Freiheitsgewährleistung wesentlich auf die konkrete Ausformung der Freiheit in realen Ordnungen, Einrichtungen, gestalteten Rechts- und Lebensverhältnissen abstelle, rufe sie zwei scheinbar gegenläufige, in der Sache jedoch zusammengehörige Tendenzen hervor. Die eine Tendenz sei die zur Unantastbarkeit vorhandener Besitzstände oder entstandener einfacher gesetzlicher Regelungen. Die andere Tendenz sei die zur Einbindung der subjektiven Freiheit des einzelnen Grundrechtsträgers in grundrechtsbezogene institutionelle Rahmenordnungen, rechtlich gestaltete Lebensverhältnisse u. a., weil diese zum »Inhalt der institutionellen

Freiheit« gehörten. Sie stellten daher keine Freiheitsbeschränkung dar, weswegen gegen sie kein Grundrechtsschutz stattfinde. Das sei der Weg von der Freiheit über die institutionelle Sinnerfüllung der Freiheit zur Pflicht.

4. Die Zusammenfassung der Ausführungen von *Steiger* und *Böckenförde* hat schon gezeigt, daß das BVerfG der von *Carl Schmitt* entwickelten Theorie der institutionellen Garantie in der Ausprägung zu folgen scheint, die ihr *Häberle* gegeben hat. Allerdings ist das BVerfG auf der einen Seite den extremen Folgen der Theorie *Häberles,* auf der anderen Seite der institutionellen Denkweise nicht durchwegs gefolgt, sondern hat zwischen der liberalen, der institutionellen, der demokratischen und der sozialstaatlichen Grundrechtstheorie geschwankt. Im folgenden sollen nun die Urteile kurz zitiert werden, in denen das BVerfG ausdrücklich zur institutionellen Garantie Stellung bezogen hat.

a) In BVerfGE 4, 97, 106 hat das BVerfG ausgeführt:

»Das Grundrecht der Koalitionsfreiheit betrifft nicht nur den Zusammenschluß als solchen, sondern den Zusammenschluß zu einem bestimmten Gesamtzweck, nämlich zu einer aktiven Wahrnehmung der Arbeitgeber-(Arbeitnehmer-)Interessen. Dies bedeutet zugleich, daß frei gebildete Organisationen auf die Gestaltung der Löhne und Arbeitsbedingungen Einfluß nehmen, insbesondere zu diesem Zweck Gesamtvereinbarungen treffen können. Die historische Entwicklung hat dazu geführt, daß solche Vereinbarungen in Gestalt geschützter Tarifverträge mit Normativcharakter und Unabdingbarkeit abgeschlossen werden. Wenn also die in Art. 9 Abs. 3 GG garantierte Koalitionsfreiheit nicht ihres historisch gewordenen Sinnes beraubt werden soll, so muß im Grundrecht des Art. 9 Abs. 3 GG ein verfassungsrechtlich geschützter Kernbereich auch in der Richtung liegen, daß ein Tarifvertragssystem im Sinne des modernen Arbeitsrechts staatlicherseits überhaupt bereitzustellen ist und daß Partner dieser Tarifverträge notwendig frei gebildete Koalitionen sind.«

Hier wird also Art. 9 III GG in dem Sinne interpretiert, daß er einen typischen Kernbereich des bisherigen Tarifvertragsrechts schützt. Es handelt sich also um eine Institutsgarantie im Sinne von *Carl Schmitt.*

b) Ähnlich hat das BVerfG in E 10, 59, 66 die institutionelle Garantie als die Garantie der typischen bisherigen Strukturen der Ehe bezeichnet.

»§ 1628 und § 1629 Abs. 1 BGB sind mit dem Grundgesetz nicht vereinbar.

I.

Nach Art. 6 Abs. 1 GG stehen Ehe und Familie unter dem besonderen Schutz der staatlichen Ordnung. Welche Strukturprinzipien diese Institute bestimmen, ergibt sich zunächst aus der außerrechtlichen Lebensordnung. Beide Institute sind von Alters her überkommen und in ihrem Kern unverändert geblieben; insoweit stimmt der materielle Gehalt der Institutsgarantie aus Art. 6 Abs. 1 GG mit dem hergebrachten Recht überein. Ehe ist auch für das Grundgesetz die Vereinigung eines Mannes und einer Frau zur grundsätzlich unauflöslichen Lebensgemeinschaft, und Familie ist die umfassende Gemeinschaft von Eltern und Kindern, in der den Eltern vor allem Recht und Pflicht zur Pflege und Erziehung der Kinder erwachsen. Dieser Ordnungskern der Institute ist für das allgemeine Rechtsgefühl und Rechtsbewußtsein unantastbar.

Doch erschöpft sich der institutionelle Gehalt des Art. 6 Abs. 1 GG hierin nicht. Es erschließen sich weitere wesentliche Elemente aus den besonderen Wertentscheidungen des Grundgesetzes. Hier kommt vor allem das umfassende Gleichberechtigungsgebot des Art. 3 Abs. 2 und 3 GG in Betracht. Der Grundgesetzgeber ist von der Vereinbarkeit des Art. 6 mit Art. 3 Abs. 2 GG ausgegangen; das Bundesverfassungsgericht hat dies für Art. 6 Abs. 1 GG bereits ausgesprochen; danach sind Mann und Frau auch in Ehe und Familie gleichberechtigt (BVerfGE 3; 225 [242]).

Das Gebot der Gleichberechtigung von Mann und Frau in Ehe und Familie hat seine volle Bedeutung auch für die Ordnung des Verhältnisses der Eltern zu den Kindern. Art. 6 Abs. 2 GG bezeichnet Pflege und Erziehung der Kinder als ›das natürliche Recht der Eltern und die zuvörderst ihnen obliegende Pflicht‹. Schon aus der zwischen den Eltern bestehenden engen Gemeinschaft und ihrer gemeinsamen Verantwortung gegenüber dem Kinde folgt die Gleichstellung von Vater und Mutter auch im Verhältnis zu den Kindern. Da diese Verantwortung unteilbar ist, trifft sie die Eltern in gleicher Weise. Ihre Verpflichtung, in dieser Verantwortung füreinander einzutreten und einander zu ergänzen, ist wechselseitig; Vater und Mutter sind in Gleichordnung zu sittlicher Gemeinschaft verbunden.

1. Die Entstehungsgeschichte des Grundgesetzes bestätigt diese Auslegung. Die Regelung des Art. 6 Abs. 1 und 2 in Verbindung mit Art. 3 Abs. 2 und 3 GG geht zurück auf Art. 119 Abs. 1 der Weimarer Reichsverfassung. In der Nationalversammlung wurde bei der Beratung dieser Bestimmung gegen den Antrag, in den Entwurf einen Satz über die Gleichberechtigung von Mann und Frau in Ehe und Familie aufzunehmen, ausdrücklich geltend gemacht, das Entscheidungsrecht des Mannes müsse bei Meinungsverschiedenheiten in der Familie erhalten bleiben. Hierauf wurde erwidert, ›durch die jetzt geltenden Bestimmungen des Bürgerlichen Gesetzbuches (sei) den Frauen und damit auch der Ehe vielfach Unrecht geschehen‹ (Verfassungsgebende Deutsche Nationalversammlung, 70. Sitzung am 30. Juli 1919, Prot. S. 2087 [2126] und Drucks. Nr. 680, 711). Als Ergebnis der Beratung wurde in den Art. 119 Abs. 1 die Bestimmung aufgenommen, daß die Ehe – als Grundlage des Familienlebens – auf der Gleichberechtigung der beiden Geschlechter beruht.

Die Verhandlungen des Parlamentarischen Rates machen vollends deutlich, daß der Verfassungsgeber nicht hinter der Ordnung der Weimarer Reichsverfassung zurückbleiben, sondern das Prinzip der Gleichberechtigung umfassend auf allen Rechtsgebieten und namentlich auch im bürgerlichen Recht verwirklichen wollte. Der Abg. *Dr. Strauss* unterstrich das durch den Hinweis auf die Belastung und Bewährung der Frauen in der Kriegs- und Nachkriegszeit. Er sagte wörtlich (Verhandlungen des Hauptausschusses, 42. Sitzung am 18. Januar 1949, S. 538 f.):

›... daß der Grundsatz der Gleichberechtigung von Mann und Frau uns zum mindesten seit 1918 bereits so in Fleisch und Blut übergegangen ist, daß uns die Debatte etwas überrascht hat ... Wir sind uns über den Grundsatz von vornherein einig gewesen. Das ist auch wohl jedem Mann einschließlich der Junggesellen vor Augen geführt, daß die Aufgaben der Frau fast sogar noch schwerer – auch physisch schwerer – sind als die des Mannes. Die meisten deutschen Frauen sind nun schon seit Jahren berufstätig, ebenso die Männer, aber sie haben zusätzlich zu den Aufgaben der Männer noch die Aufgaben des Haushalts und der Kindererziehung. Viele deutsche Männer haben erst in diesen Jahren erfahren, was Haushaltsarbeit bedeutet, besonders wenn sie gezwungen waren, an dieser Haushaltsarbeit mitzuwirken. Infolgedessen dürfte es gar keinen Zweifel – abgesehen von einigen Hinterwäldlern – auch unter den Junggesellen darüber geben, daß wir die Gleichberechtigung der Frau in jeder Beziehung, nicht nur bei den staatsbürgerlichen Rechten und Pflichten, anerkennen und verlangen, und daß, soweit noch juristisch Widersprüche bestehen, diese Widersprüche beseitigt werden müssen.

Wir müssen also eine Formulierung finden, die diesen Gesichtspunkt voll verwirklicht. Das kann man am besten entsprechend unserem Antrag dadurch, daß man das Wort ›staatsbürgerlich‹ streicht und in den Überleitungsbestimmungen, wie das meines Wissens schon geschehen ist, eine Frist setzt, bis zu deren Ablauf das noch entgegenstehende allgemeine Recht, insbesondere das Ehegüterrecht, an diesen Grundsatz angeglichen wird. Ich glaube also, die Öffentlichkeit kann jetzt feststellen, daß diese Angelegenheit in einer Weise geklärt ist, die innerhalb des Hauses keine Meinungsverschiedenheiten mehr zeigt.‹

Hierin bestand allgemeine Übereinstimmung (vgl. Abg. Dr. *v. Mangoldt,* Frau Dr. *Weber* und Dr. *Dehler* in der 26. Sitzung des Grundsatzausschusses am 30. November 1948, StenProt. S. 59/61; *Frau Selbert* in der 42. Sitzung des Hauptausschusses am 18. Januar 1949, S. 540). Der Beschluß des Parlamentarischen Rates erscheint so als eine Entscheidung, die in vollem Bewußtsein ihrer Tragweite getroffen wurde, als die Erfüllung lang erhobener Forderungen, die sich nicht nur aus den gesellschaftlichen Wandlungen des letzten Jahrhunderts und der veränderten Stellung der Frau im sozialen Leben und in der Familie mit Notwendigkeit ergaben; sie hatten ihre Berechtigung auch und gerade in den tatsächlichen Lebensverhältnissen erwiesen, wie sie vor und bei der Entstehung des Grundgesetzes gegeben waren.«

c) In BVerfGE 12, 205, 259 ff. führt das BVerfG zunächst aus[63]:

»Art. 5 GG enthält mehr als nur das individuelle Grundrecht des Bürgers gegen den Staat auf Respektierung einer Freiheitssphäre, innerhalb welcher er seine Meinung ungehindert äußern kann. Durch Art. 5 Abs. 1 Satz 2 GG ist insbesondere auch die institutionelle Eigenständigkeit der Presse von der Beschaffung der Information bis zur Verbreitung der Nachricht und der Meinung gewährleistet (BVerfGE 10, 118 [121]). Dieser Verfassungsgarantie widerspräche es, die Presse oder einen Teil von ihr unmittelbar oder mittelbar von Staats wegen zu reglementieren oder zu steuern. Eine Einflußnahme des Staates wäre mit dieser verfassungsmäßigen Garantie der Pressefreiheit nur vereinbar, wenn sie wegen der Konkurrenz mit der Fülle der vom Staat unabhängigen Zeitungen und Zeitschriften an dem Bild der freien Presse substantiell nichts ändern würde.«

63 BVerfGE 12, 205, 259 f.; zur Rundfunkfreiheit: *Karl August Bettermann,* Rundfunkfreiheit und Rundfunkorganisation, DVBl. 1963, S. 41; *Hartmut Grund,* Das Monopol der öffentlichen Hand im Rundfunk- und Fernsehwesen, DVBl. 1969, S. 481.

Das BVerfG zeigt dann, daß für den Rundfunk als unentbehrlichem modernem Massenkommunikationsmittel und Faktor der öffentlichen Meinungsbildung die institutionelle Freiheit nicht weniger wichtig ist als für die Presse.

»Damit ist noch nichts über den Weg gesagt, auf dem diese Freiheit des Rundfunks im allgemeinen und die der Berichterstattung durch Rundfunk im besonderen gesichert werden muß, damit dem Art. 5 GG Genüge getan ist. Hier wird die Besonderheit bedeutsam, durch die sich der Rundfunk von der Presse unterscheidet. Zwar ist es unrichtig, daß Zeitungsverlage, Zeitungsdruckereien und Zeitungen in beliebiger Anzahl neu gegründet und unterhalten werden können. Der Unterschied zwischen Presse und Rundfunk besteht aber darin, daß innerhalb des deutschen Pressewesens seine relativ große Zahl von selbständigen und nach ihrer Tendenz, politischen Färbung oder weltanschaulichen Grundhaltung, miteinander konkurrierenden Presseerzeugnissen existiert, während im Bereich des Rundfunks sowohl aus technischen Gründen als auch mit Rücksicht auf den außergewöhnlich großen finanziellen Aufwand für die Veranstaltung von Rundfunkdarbietungen die Zahl der Träger solcher Veranstaltungen verhältnismäßig klein bleiben muß. Diese Sondersituation im Bereich des Rundfunkwesens erfordert besondere Vorkehrungen zur Verwirklichung und Aufrechterhaltung der in Art. 5 GG gewährleisteten Freiheit des Rundfunks. Eines der diesem Zweck dienlichen Mittel ist das Prinzip, nach dem die bestehenden Rundfunkanstalten aufgebaut sind: Für die Veranstaltung von Rundfunksendungen wird durch Gesetz eine juristische Person des öffentlichen Rechts geschaffen, die dem staatlichen Einfluß entzogen oder höchstens einer beschränkten staatlichen Rechtsaufsicht unterworfen ist; ihre kollegialen Organe sind faktisch in angemessenem Verhältnis aus Repräsentanten aller bedeutsamen politischen, weltanschaulichen und gesellschaftlichen Gruppen zusammengesetzt; sie haben die Macht, die für die Programmgestaltung maßgeblichen oder mitentscheidenden Kräfte darauf zu kontrollieren und dahin zu korrigieren, daß den im Gesetz genannten Grundsätzen für eine angemessene anteilige Heranziehung aller am Rundfunk Interessierten Genüge getan wird. Es steht mit Art. 5 GG nicht in Widerspruch, wenn einer mit solchen Sicherungen ausgestatteten Institution unter den gegenwärtigen technischen Gegebenheiten und auf Landesebene ein Monopol für die Veranstaltung von Rundfunkdarbietungen eingeräumt wird; aus Art. 5 GG folgt aber keinesfalls die Notwendigkeit, ein solches Monopol für eine Institution im Lande zu begründen.

Art. 5 GG fordert zur Sicherung der Freiheit auf dem Gebiet des Rundfunks allerdings nicht die in den Landesrundfunkgesetzen gefundene und für die Rundfunkanstalten des Bundesrechts übernommene Form. Insbesondere ist es von der Bundesverfassung nicht gefordert, daß Veranstalter von Rundfunksendungen nur Anstalten des öffentlichen Rechts sein können. Auch eine rechtsfähige Gesellschaft des privaten Rechts könnte Träger von Veranstaltungen dieser Art sein, wenn sie nach ihrer Organisationsform hinreichende Gewähr bietet, daß in ihr in ähnlicher Weise wie in der öffentlich-rechtlichen Anstalt alle gesellschaftlich relevanten Kräfte zu Wort kommen, und die Freiheit der Berichterstattung unangetastet bleibt. Gegen eine solche Gesellschaft besteht von Verfassungs wegen kein Bedenken, wenn beispielsweise durch Gesetz eine die spezifischen Zwecke des Rundfunks, insbesondere die Erhaltung seiner institutionellen Freiheit sichernde besondere Gesellschaftsform zur Verfügung gestellt und jede, den angegebenen Erfordernissen genügende Gesellschaft, die Rundfunksendungen veranstaltet, einer Staatsaufsicht ähnlich etwa der Banken- oder Versicherungsaufsicht unterworfen wird.

Art. 5 GG verlangt jedenfalls, daß dieses moderne Instrument der Meinungsbildung weder dem Staat noch einer gesellschaftlichen Gruppe ausgeliefert wird. Die Veranstalter von Rundfunkdarbietungen müssen also so organisiert werden, daß alle in Betracht kommenden Kräfte in ihren Organen Einfluß haben und im Gesamtprogramm zu Wort kommen können, und daß für den Inhalt des Gesamtprogramms Leitgrundsätze verbindlich sind, die ein Mindestmaß von inhaltlicher Ausgewogenheit, Sachlichkeit und gegenseitiger Achtung gewährleisten. Das läßt sich nur sicherstellen, wenn diese organisatorischen und sachlichen Grundsätze durch Gesetz allgemein verbindlich gemacht werden. Art. 5 GG fordert deshalb den Erlaß solcher Gesetze.«

In dieser Entscheidung kommt deutlich zum Ausdruck, daß die institutionelle Garantie des Rundfunks eine bestimmte Tätigkeit des Gesetzgebers zur Verwirklichung der Garantie im sozialen Leben im Sinne *Häberles* zukommt.

d) Ähnliche Argumente finden sich in BVerfGE 20, 162, 175 ff. zur Pressefreiheit[64]:

»Der Funktion der freien Presse im demokratischen Staat entspricht ihre Rechtsstellung nach der Verfassung. Das Grundgesetz gewährleistet in Art. 5 die Pressefreiheit. Wird damit zunächst – entsprechend der systematischen Stellung der Bestimmung und ihrem traditionellen Verständnis – ein subjektives Grundrecht für die im Pressewesen tätigen Personen und Unternehmen gewährt, das seinen Trägern Freiheit gegenüber staatlichem Zwang verbürgt und ihnen in gewissen Zusammenhängen eine bevorzugte Rechtsstellung sichert, so hat die Bestimmung zugleich auch eine objektiv-rechtliche Seite. Sie garantiert das Institut ›Freie Presse‹. Der Staat ist – unabhängig von subjektiven Berechtigungen einzelner – verpflichtet, in seiner Rechtsordnung überall, wo der Geltungsbereich einer Norm die Presse berührt, dem Postulat ihrer Freiheit Rechnung zu tragen. Freie Gründung von Presseorganen, freier Zugang zu den Presseberufen, Auskunftspflichten der öffentlichen Behörden sind prinzipielle Folgerungen daraus; doch ließe sich etwa auch an eine Pflicht des Staates denken, Gefahren abzuwehren, die einem freien Pressewesen aus der Bildung von Meinungsmonopolen erwachsen könnten.

64 BVerfGE 20, 162, 175 ff.; zur Pressefreiheit vgl. *Prodromos Dagtoglou,* Wesen und Grenzen der Pressefreiheit, 1963; *Ernst Forsthoff,* Neue Aspekte der Pressefreiheit, Der Staat 1966, 1; *ders.,* Der Verfassungsschutz der Zeitungspresse, 1969; *Ingrid Groß,* a.a.O. (Anm. 22); *Franz Schneider,* Presse- und Meinungsfreiheit nach dem Grundgesetz, 1961; *Peter Schneider,* Pressefreiheit und Staatlichkeit, 1963; *Dieter Stammler,* Die Presse als soziale und verfassungsrechtliche Institution, 1971; *Christian Starck,* Rundfunkfreiheit als Organisationsproblem, 1973; *Klaus Stern/Herbert Bethge,* Öffentlich-rechtlicher und privatrechtlicher Rundfunk, 1971; *Klaus Stern,* Funktionsgerechte Finanzierung der Rundfunkanstalten durch den Staat, 1967.

Die in Art. 5 GG gesicherte Eigenständigkeit der Presse reicht von der Beschaffung der Information bis zur Verbreitung der Nachrichten und Meinungen (BVerfGE 10, 118 [121]; 12, 205 [260]). Deshalb gehört zur Pressefreiheit auch ein gewisser Schutz des Vertrauensverhältnisses zwischen Presse und privaten Informanten. Er ist unentbehrlich, da die Presse auf private Mitteilungen nicht verzichten kann, diese Informationsquelle aber nur dann ergiebig fließt, wenn sich der Informant grundsätzlich darauf verlassen kann, daß das ›Redaktionsgeheimnis‹ gewahrt bleibt.«

e) In BVerfGE 24, 367, 389 heißt es:

»1. Art. 14 Abs. 1 Satz 1 GG gewährleistet das Privateigentum sowohl als Rechtsinstitut wie auch in seiner konkreten Gestalt in der Hand des einzelnen Eigentümers. Das Eigentum ist ein elementares Grundrecht, daß in einem inneren Zusammenhang mit der Garantie der persönlichen Freiheit steht. Ihm kommt im Gesamtgefüge der Grundrechte die Aufgabe zu, dem Träger des Grundrechts einen Freiheitsraum im vermögensrechtlichen Bereich sicherzustellen und ihm damit eine eigenverantwortliche Gestaltung des Lebens zu ermöglichen. Die Garantie des Eigentums als Rechtseinrichtung dient der Sicherung dieses Grundrechts. Das Grundrecht des einzelnen setzt das Rechtsinstitut ›Eigentum‹ voraus; es wäre nicht wirksam gewährleistet, wenn der Gesetzgeber an die Stelle des Privateigentums etwas setzen könnte, was den Namen ›Eigentum‹ nicht mehr verdient.

Die Institutsgarantie sichert einen Grundbestand von Normen, die als Eigentum im Sinne dieser Grundrechtsbestimmung bezeichnet werden. Inhalt und Funktion des Eigentums sind dabei der Anpassung an die gesellschaftlichen und wirtschaftlichen Verhältnisse fähig und bedürftig; es ist Sache des Gesetzgebers, Inhalt und Schranken des Eigentums unter Beachtung der grundlegenden verfassungsrechtlichen Wertentscheidung zu bestimmen (Art. 14 Abs. 1 Satz 2 GG – vgl. BVerfGE 21, 72 [82]). Die Institutsgarantie verbietet jedoch, daß solche Sachbereiche der Privatrechtsordnung entzogen werden, die zum elementaren Bestand grundrechtlich geschützter Betätigung im vermögensrechtlichen Bereich gehören, und damit der durch das Grundrecht geschützte Freiheitsbereich aufgehoben oder wesentlich geschmälert wird. Ein solcher Sachverhalt liegt in dem hier maßgeblichen Bereich des Hochwasserschutzes jedoch nicht vor.

2. Eigentum ist eine Form der Sachherrschaft und damit der umfassende Begriff für die vielfältig denkbaren sachenrechtlichen Beziehungen. Diese Sachherrschaft kann nach den verschiedensten Gesichtspunkten und Anschauungen ausgestaltet werden. Das Eigentum bürgerlichen Rechts ist durch seine Privatnützigkeit und grundsätzliche Verfügungsfähigkeit gekennzeichnet. Daneben kennt aber die geltende Rechtsordnung in mannigfacher Weise Sachherrschaften, die – obwohl als Eigentum bezeichnet – nicht auf Privatnützigkeit, sondern auf Fremdnützigkeit ausgerichtet sind. Werden Sachen dieser Art, wenn sie sich in der Hand des Staates befinden, grundsätzlich aus der Privatrechtsordnung herausgenommen und einer ausschließlich öffentlich-rechtlichen Sachherrschaft unterstellt, die man als ›öffentliches Eigentum‹ bezeichnet, so liegt darin jedenfalls dann keine Schmälerung des durch Art. 14 Abs. 1 Satz 1 GG gewährleisteten Rechtsinstituts, wenn diese Sachen einem besonderen öffentlichen Zweck gewidmet sind und im Hinblick auf diese Zweckbindung die private Verfügungsfähigkeit ganz oder weitgehend ausgeschlossen ist.«

f) In BVerfGE 35, 79, 114 ff. (vgl. 43, 242, 267 ff.) wird die institutionelle Garantie der Wissenschaftsfreiheit untersucht[65]:

»2. In den Grundrechtsvorschriften der Verfassung verkörpert sich eine objektive Wertordnung, ›in der eine prinzipielle Verstärkung der Geltungskraft der Grundrechte zum Ausdruck kommt‹ und die als verfassungsrechtliche Grundentscheidung für alle Bereiche des Rechts gilt (BVerfGE 7, 198 [205] – Lüth – und ständige Rechtsprechung des Bundesverfassungsgerichts, vgl. BVerfGE 6, 55 [72]; 6, 386 [388] – Zusammenveranlagung der Ehegatten; 10, 59 [81] – Stichentscheid; 12, 205 [259] – Fernsehen; 20, 162 [175] – Spiegel; 21, 362 [371 f.]; 24, 367 [389] – Hamburger Deich; 25, 256 [263] – Blinkfüer; BVerfGE 30, 173 [188 ff.] – Mephisto; 33, 303 [330 f.] – Numerus clausus). Auch dort, wo der Gesetzgeber – wie im Bereich der gewährenden Staatstätigkeit – größere Gestaltungsfreiheit besitzt, schränken die besonderen Wertentscheidungen des Grundgesetzes diese Freiheit ein, indem sie z. B. ›Unterscheidungen verbieten, die dem in der Wertentscheidung ausgedrückten Willen des Verfassungsgebers zuwiderlaufen würden, einem bestimmten Lebensbereich oder Lebensverhältnis seinen besonderen Schutz angedeihen zu lassen‹ (BVerfGE 17, 210 [217] – Wohnungsbauprämien). Eine solche Wertentscheidung enthält auch Art. 5 Abs. 3 GG. Sie beruht auf der Schlüsselfunktion, die einer freien Wissenschaft sowohl für die Selbstverwirklichung des einzelnen als auch für die gesamtgesellschaftliche Entwicklung zukommt. Diese Wertentscheidung bedeutet nicht nur die Absage an staatliche Eingriffe in den zuvor gekennzeichneten Eigenbereich der Wissenschaft; sie schließt vielmehr das Einstehen des Staates, der sich als Kulturstaat versteht, für die Idee einer freien Wissenschaft und seine Mitwirkung an ihrer Verwirklichung ein und verpflichtet ihn, sein Handeln positiv danach einzurichten, d. h. schützend und fördernd einer Aushöhlung dieser Freiheitsgarantie vorzubeugen. Hieraus ergeben sich Postulate in zweifacher Richtung:

a) Der Staat hat die Pflege der freien Wissenschaft und ihre Vermittlung an die nachfolgende Generation durch Bereitstellung von personellen, finanziellen und organisatorischen Mitteln zu ermöglichen und zu fördern. Das bedeutet, daß er funktionsfähige Institutionen für einen freien Wissenschaftsbetrieb zur Verfügung

65 BVerfGE 35, 79, 114 ff.; zur institutionellen Garantie der Wissenschaftsfreiheit vgl. etwa *Peter Dallinger*, Wissenschaftsfreiheit und Mitbestimmung, JZ 1971, S. 665; *Eberhard Kaufmann*, Wissenschaftsfreiheit und Mitbestimmung, JZ 1972, S. 45; *Otto Kimminich*, Grundgesetz und Gruppenuniversität, WissR 1973, S. 193; *Franz-Ludwig Knemeyer*, Garantie der Wissenschaftsfreiheit und Hochschulreform, JZ 1969, S. 780; *Arnold Köttgen*, Das Grundrecht der deutschen Universität, 1969; *Thomas Oppermann*, Praktische Konsequenzen der Entscheidung des BVerfG zur Wissenschaftsfreiheit, JZ 1973, S. 433; *Gerd Roellecke*, Wissenschaftsfreiheit als institutionelle Garantie?, JZ 1969, S. 727; *Hans Heinrich Rupp*, Gruppenuniversität und Hochschulselbstverwaltung, DVBl. 1963, S. 41; *ders.*, Hochschulorganisation und wissenschaftliche Lehrfreiheit, NJW 1972, S. 16; *Hans Heinrich Rupp / Wilhelm Geck*, Die Stellung der Studenten in der Universität, 1968; *Walter Schmidt*, Wissenschaftsfreiheit als Berufsfreiheit, NJW 1973, S. 585.

zu stellen hat. Diesem Gebot kommt deswegen besonders Bedeutung zu, weil ohne eine geeignete Organisation und ohne entsprechende finanzielle Mittel, über die im wesentlichen nur noch der Staat verfügt, heute in weiten Bereichen der Wissenschaften, insbesondere der Naturwissenschaften, keine unabhängige Forschung und wissenschaftliche Lehre mehr betrieben werden kann. Der Staat besitzt hinsichtlich dieses Wissenschaftsbetriebs heute weithin ein faktisches Monopol; eine Ausübung der Grundfreiheiten aus Art. 5 Abs. 3 GG ist hier notwendig mit einer Teilhabe an staatlichen Leistungen verbunden.

b) Im Bereich des mit öffentlichen Mitteln eingerichteten und unterhaltenen Wissenschaftsbetriebs, d. h. in einem Bereich der Leistungsverwaltung, hat der Staat durch geeignete organisatorische Maßnahmen dafür zu sorgen, daß das Grundrecht der freien wissenschaftlichen Betätigung soweit unangetastet bleibt, wie das unter Berücksichtigung der anderen legitimen Aufgaben der Wissenschaftseinrichtungen und der Grundrechte der verschiedenen Beteiligten möglich ist. Daraus ergibt sich einmal, daß auch im Bereich der Teilhabe am öffentlichen Wissenschaftsbetrieb jedenfalls der oben umschriebene Kernbereich wissenschaftlicher Betätigung grundsätzlich der Selbstbestimmung des einzelnen Grundrechtsträgers vorbehalten bleiben muß (vgl. auch BVerfGE 3, 58 [151]). Insoweit wird das Individualrecht aus Art. 5 Abs. 3 GG durch den Eintritt in die Korporation der Hochschule nicht verändert. Darüber hinaus verstärkt die Wertentscheidung des Art. 5 Abs. 3 GG die Geltungskraft des Freiheitsrechts in Richtung auf Teilhabeberechtigungen. Das rechtfertigt sich aus der Überlegung, daß einerseits die Beteiligung am öffentlichen Leistungsangebot zunehmend zur notwendigen Voraussetzung für die Verwirklichung der Wissenschaftsfreiheit wird und daß andererseits nach der Konzeption des Grundgesetzes auch dem Interesse des Gemeinwesens an einem funktionierenden Wissenschaftsbetrieb am ehesten gedient wird, wenn sich die wissenschaftlich tätige Einzelpersönlichkeit schöpferisch entfalten kann.

Dem einzelnen Träger des Grundrechts aus Art. 5 Abs. 3 GG erwächst aus der Wertentscheidung ein Recht auf solche staatlichen Maßnahmen auch organisatorischer Art, die zum Schutz seines grundrechtlich gesicherten Freiheitsraums unerläßlich sind, weil sie ihm freie wissenschaftliche Betätigung überhaupt erst ermöglichen. Wäre dies nicht der Fall, so würde die wertentscheidende Grundsatznorm ihrer Schutzwirkung weitgehend beraubt. Diese Befugnis des einzelnen Grundrechtsträgers, gegenüber der öffentlichen Gewalt die Beachtung der wertentscheidenden Grundsatznorm durchsetzen zu können, gehört zum Inhalt des Individualgrundrechts, dessen Wirkungskraft dadurch verstärkt wird.

...

Im Gebiet der organisatorischen Gestaltung des Hochschulwesens verbleibt somit dem Gesetzgeber ein breiter Raum zur Verwirklichung seiner hochschulpolitischen Auffassungen. Diese Gestaltungsfreiheit wird jedoch bestimmt und begrenzt durch das Freiheitsrecht des Art. 5 Abs. 3 GG und durch die in dieser Norm enthaltene Wertentscheidung. Unter diesem verfassungsrechtlichen Gesichtspunkt sind Organisationsnormen von Hochschulgesetzen danach zu beurteilen, ob und in welchem Grade sie das Grundrecht der einzelnen Wissenschaftler auf Freiheit der Forschung und Lehre oder die Funktionsfähigkeit der Institution ›freie Wissenschaft‹ als solche begünstigen oder behindern.

Der unmittelbare kausale Zusammenhang zwischen organisatorischen Normen, die lediglich die Bildung und Zusammensetzung von kollegialen Beschlußorganen regeln, und Beeinträchtigungen der freien Ausübung von Forschung und Lehre ist nicht ohne weiteres einsichtig. Es ließe sich einwenden, daß erst Beschlüsse dieser Organe die Wissenschaftsfreiheit faktisch beschränken können und daß allenfalls von einer beständigen verfassungswidrigen Praxis der Organe her ein Rückschluß auf die Verfassungswidrigkeit ihrer Organisation zulässig wäre. Damit würde jedoch übersehen, daß da, wo ein Grundrecht nur durch Beteiligung an einem vom Staat bereitgestellten umfassenden Leistungsapparat, d. h. hier durch personelle Eingliederung in den Wissenschaftsbetrieb der Hochschule, wirksam genutzt werden kann (vgl. dazu oben C II 2), die dem einzelnen offenstehenden Möglichkeiten zur Verwirklichung des Grundrechts von den Organisationsformen jenes Apparats unmittelbar abhängen. Damit wird aber auch der Freiheitsgehalt des durch die Zusammenarbeit der Grundrechtsträger sich formierenden Wissenschaftsprozesses im ganzen von seiner organisatorischen Gestaltung wesentlich beeinflußt. Nicht nur das formale Beratungs- und Entscheidungsverfahren der einzelnen Organe, sondern auch der Inhalt ihrer Entscheidungen wird durch ihre Zusammensetzung mindestens tendenziell, in einem allgemeinen qualitativen Sinn, vorausbestimmt mit der Folge, daß die Entscheidungen dieser Organe sich je nach deren Zuständigkeit auf den durch Art. 5 Abs. 3 GG geschützten Freiheitsraum auswirken können. Ein effektiver Grundrechtsschutz erfordert daher adäquate organisationsrechtliche Vorkehrungen.«

5. Begriff und Rechtsfolgen der institutionellen Garantie, soweit sie vom BVerfG und der herrschenden Lehre anerkannt werden, können folgendermaßen zusammengefaßt werden:

a) Der Schutzinhalt

(1) Die institutionelle Garantie schützt mit *Carl Schmitt* zunächst den Kernbereich, die typischen hergebrachten Strukturen eines bestimmten Rechtsinstituts im Sinne eines rechtlich geregelten Komplexes von Rechtsnormen. Hierhin gehört einerseits der Schutz der hergebrachten Grundsätze des Berufsbeamtentums und das Selbstverwaltungsrecht der Gemeinden, zum anderen das Eigentum und das Erbrecht sowie das Ehe- und Familienrecht. Dieser Kernbereich der Rechtsinstitute ist gegen eine Aufhebung oder Veränderung durch den Gesetzgeber selbst dann geschützt, wenn der Gesetzgeber etwa nach Art. 14 I, 2 GG das Eigentums- und Erbrecht ausgestalten muß. Ob der Schutz des Kernbereichs dieser Rechtsinstitutionen das »Wesen der Grundrechte« ausmacht und die institutionelle Garantie insoweit mit Art. 19 II GG übereinstimmt, muß an anderer Stelle behandelt werden.

Durch Art. 14 GG wird so auch die Grundform der Vermögensdisposition geschützt, die ein privatwirtschaftliches Handeln voraussetzt. Gegen die Institutsgarantie würde es deshalb verstoßen, wollte man die Begründungsmöglichkeit und die Einklagbarkeit von Forderungen oder die Belastbarkeit des Eigentums abschaffen. Das bedeutet allerdings nicht, daß die einzelnen Rechtsbelastungen wie z. B. die Hypothek oder das Erbbaurecht nicht verändert werden dürfen[66]. Die Institutsgarantie des Erbrechts umfaßt etwa die Testierfähigkeit, die Privaterbfolge einschließlich der Möglichkeit, sein Vermögen den Familienangehörigen zu vermachen. Außerdem sichert die institutionelle Garantie des Erbrechts den nächsten Familienangehörigen einen Teil des Nachlasses, der als Pflichtteil oder anders ausgestaltet werden kann[67].

(2) Zunehmend wird entgegen der Ansicht von *Carl Schmitt* angenommen, daß auch die Freiheitsrechte institutionelle Garantien enthalten. Das gilt etwa für die Presse- und Rundfunkfreiheit, für die Versammlungs- und die Vereinigungsfreiheit. Da Gegenstand der institutionellen Garantie grundsätzlich ein Komplex von Rechtsnormen ist, kann die institutionelle Garantie bei Freiheitsrechten dabei bedeuten:

- Durch die institutionelle Garantie wird der Kerngehalt derjenigen Normenkomplexe gesichert, welche die jeweilige Freiheit ausgestalten. Das wäre bei der Rundfunkfreiheit das Rundfunkrecht, bei der Pressefreiheit das Presserecht, bei der Versammlungsfreiheit das Versammlungsrecht bei der Vereinsfreiheit das Vereinsrecht etc. Diese These würde die Grundrechte stark am unterverfassungsrechtlichen hergebrachten Recht ausrichten und möglicherweise übersehen, daß der Freiheitsgehalt der Grundrechte gerade eine Liberalisierung der bisherigen Gesetze erfordert. Überdies würde übersehen, daß die bisherigen Gesetze in diesen Bereichen den Freiheitsrechten zugleich Schranken ziehen, die gerade am Freiheitsgehalt der Grundrechte überprüft werden müssen.
- Nach *Carl Schmitt* kann die institutionelle Garantie der Grundrechte gerade die Normen meinen, welche dem staatlichen Handeln in diesem Bereich Grenzen ziehen. Im Gegensatz zur vorherigen Konzeption wird hier das Vereins-, Versammlungs-, Presserecht usw. nicht hinsichtlich des geschützten Freiheitsbereichs, sondern hinsichtlich der Schranken der Verwaltung versteinert. Diese These kann einerseits übersehen, daß neue öffentliche Interessen neue staatliche Eingriffsmaßnahmen erforderlich machen können. Außerdem muß geprüft werden, ob das Grundrecht die Schranken des staatlichen Handelns nicht enger ziehen wollte als das bisherige Recht.
- In der von *Heinhard Steiger* beschriebenen Rechtsprechung des BVerfG werden die Freiheitsrechte ferner in der Weise institutionalisiert, daß sie ihren liberalen Charakter als Freiheit zur Beliebigkeit verlieren und an den Interessen der Gesamtheit ausgerichtet werden. Ginge dieser Prozeß weiter, würde er die liberalen Abwehrrechte des Grundgesetzes stark einengen. Geschützt würde dann nämlich nur das Handeln, welches sozial wertvoll ist.

66 So *Detlev Christian Dicke,* in: *Ingo von Münch,* Grundgesetz-Kommentar, Bd. 1, 1975, Art. 14 Rdnr. 10.

67 Ebenda, Rdnr. 27.

– Nach *Peter Häberle* verlangt die institutionelle Garantie, daß die Freiheitsrechte in der Gesellschaft in der Weise verwirklicht sind, daß alle oder wenigstens die Vielzahl der Individuen ihre Grundrechte ausüben. Das verlangt insbesondere auch ein positives Handeln des Staates zur Verwirklichung der Voraussetzungen der Grundrechte und zur Ausgestaltung der Rechtsordnung. Daß die institutionelle Garantie eine solche positive Verwirklichung der Freiheitsrechte durch den Gesetzgeber erfordert, hat das BVerfG in seinen Hochschul- und Presseurteilen ausdrücklich anerkannt.

b) Die Rechtsfolgen der institutionellen Garantie

(1) Die institutionelle Garantie zieht zunächst einmal dem Gesetzgeber, in geringerem Umfang auch der Verwaltung und der Rechtsprechung, Schranken, die nicht unbedingt schon aus der Konzeption der Grundrechte als Abwehrrechte fließen. Auf der anderen Seite werden die gegen Eingriffe in Grundrechte errichteten Schranken der Abwehrrechte zurückgedrängt, soweit das Gesetz die Freiheiten verwirklicht.

(2) Die institutionelle Garantie der Grundrechte kann weitere positive Handlungspflichten des Gesetzgebers und der Verwaltung begründen.

(3) Die institutionelle Garantie zieht ferner auch den Grundrechten selbst gewisse Schranken. So kann die Sicherung der Vertragsfreiheit im allgemeinen eine Beschränkung der Vertragsfreiheit der mächtigen Unternehmer erfordern.

(4) Wie *Peter Häberle* gezeigt hat, wirkt die institutionelle Betrachtungsweise sich auch auf die Auslegung der Grundrechte aus, die stärker an der sozialen Wirklichkeit ausgerichtet wird als die herkömmliche Grundrechtsauslegung.

6. Nun gibt die Literatur und Rechtsprechung keine Kriterien an, aufgrund derer man die typischen, charakteristischen Rechtssätze eines Rechtsinstituts feststellen kann, die durch die institutionellen Garantien besonders geschützt sind. Hierfür bietet sich der verfassungsrechtliche *Zweck* des Rechtsinstituts an. So fordert etwa die Wissenschaftsfreiheit wegen der Bedeutung der Wissenschaft für die gesamte Entwicklung von Wirtschaft und Gesellschaft eine Organisation der Wissenschaft, welche ihre bestmögliche Entfaltung sichert. Diese ist aber nur gewährleistet, wenn sich einerseits die Wissenschaft nach ihren eigenen Gesetzlichkeiten entwickelt, andererseits der Staat die materiellen Voraussetzungen der Wissenschaft liefert. Auch soweit staatliche Mittel etwa über die Deutsche Forschungsgemeinschaft gewährt werden, muß der Einsatz dieser Mittel deshalb von der Entscheidung der Wissenschaft selbst abhängen oder darf doch zumindest – bei den von den Ministerien gewährten Mitteln – nur aufgrund wissenschaftlicher Gutachten erfolgen. Die tatsächlichen Voraussetzungen

der bestmöglichen Entfaltung der Wissenschaft sind so näher zu erforschen. Sie bieten auch Hinweise dafür, wie bei einer Veränderung der gesellschaftlichen Bedingungen der Zweck der Wissenschaftsfreiheit gesichert werden muß. Mit anderen Worten kann, wenn zur Erforschung der institutionellen Garantie auf deren Zweck abgehoben wird, nicht mehr nur die bisherige Regelung verbindlich sein. Das Institut kann der Entwicklung angepaßt werden und verliert dadurch seinen bisherigen alleinigen Bezug auf die Vergangenheit.

IV. Die Grundrechte als Wertordnung[68]

Nach ständiger Rechtsprechung des BVerfG[69] bilden die Grundrechte ferner eine »objektive Wertordnung«. Das BVerfG hat dabei bisher nicht geklärt, was es unter »Werten« und einer »Ordnung« solcher Werte versteht. Auch hat es sich hierfür nicht auf eine bestimmte philosophische oder rechtsphilosophische Schule berufen, so daß der Rückgriff auf diese Vorbilder nicht ohne weiteres möglich erscheint. Das BVerfG hat ferner auch nicht gezeigt, auf welchem dogmatischen Weg man zu der Aussage kommt, das Grundgesetz erkenne eine Wertordnung an. Auch bleiben der Inhalt dieser Wertordnung, das Verhältnis der einzelnen Werte zueinander, mit der Ausnahme ungeklärt, daß die Menschenwürde den höchsten Wert verkörpert. In diesem Rahmen ist ungewiß, ob man das Verhältnis der Werte zueinander durch die Auslegung des Grundgesetzes oder in einer »Wesensschau« zu ermitteln hat. Und schließlich bleiben die Funktionen dieses neuen Begriffs im einzelnen noch weitgehend unbestimmt.

1. Unbestreitbar hat die Hervorhebung einer – mehr oder weniger absoluten – Wertordnung des Grundgesetzes zunächst einmal eine politische

68 *Erhard Denninger,* Freiheitsordnung – Wertordnung – Pflichtordnung, JZ 1975, S. 545; *Ernst Forsthoff,* Die Umbildung des Verfassungsgesetzes, in: Festschr. f. *Carl Schmitt,* 1959, S. 35; *Ernst Friesenhahn,* Der Wandel des Grundrechtsverständnisses, 50. Deutscher Juristentag München 1974; *Gustav Giere,* Das Problem des Wertsystems der Weimarer Grundrechte, 1932; *Helmut Goerlich,* Wertordnung und GG, 1973; *Eberhard Grabitz,* a.a.O. (Anm. 3), S. 208 ff.; *Alexander Hollerbach,* Auflösung der rechtsstaatlichen Verfassung?, AöR 85 (1960), S. 241; *Adalbert Podlech,* Wertungen und Werte im Recht, AöR 95 (1970), S. 185; *Rudolf Smend,* Verfassung und Verfassungsrecht, 1928, in: Staatsrechtliche Abhandlungen, 1955, S. 242; *ders.,* »Integrationslehre«, in: Handwörterbuch der Sozialwissenschaften, Bd. 5, 1956.

69 BVerfGE 6, 55; 7, 198; 8, 210; 13, 296; 24, 135; 25, 263; 27, 254; 30, 189; 34, 280; 35, 79; 42, 144; 42, 148, 170; vgl. auch *Helmut Goerlich,* a.a.O. (Anm. 68).

Funktion. Das BVerfG wendet sich damit gegen die folgenschwere Sicht der WRV als »wertneutrales System«, das die Mehrheit, der Gesetzgeber, im Ergebnis in jeder Weise verändern kann. Diese Funktion steht in engem Zusammenhang mit der Konzeption des Grundgesetzes als »streitbare Demokratie«, die in Art. 21 II und 18 GG ihren Ausdruck gefunden hat. Es nimmt deshalb nicht wunder, daß die Rechtsprechung des BVerfG zur Wertordnung in den beiden Parteiverbotsurteilen ihren Ausgang gefunden hat und dort insbesondere zur Bestimmung der »freiheitlichen demokratischen Grundordnung« herangezogen wurde.

2. Diese Wendung gegen eine bestimmte Auslegung der WRV war aber nur Anlaß für die Entwicklung der Werttheorie. Geistesgeschichtlich konnte das BVerfG im Bereich der Philosophie auf die der *Kant*schen Ethik entgegengesetzte Wertethik *Max Schelers*[70] und im Bereich der Rechtsphilosophie auf die aus der Interessenjurisprudenz *Philipp Hecks* hervorgegangene moderne Wertungsjurisprudenz[71], verfassungsrechtlich auf die Werke von *Rudolf Smend* zurückgreifen. Diese Arbeiten sind bisher für die Werttheorie des BVerfG noch nicht ausgewertet worden[72]. Die Beschränkung auf *Hobbes, Locke* und *Kant* (so *Helmut Goerlich*) reicht für eine rechtsphilosophische Begründung und Weiterentwicklung oder für eine Widerlegung der Ansichten des BVerfG nicht aus. Das vorliegende Lehrbuch kann diese Lücke natürlich nicht schließen.

3. Während die wohl herrschende Lehre die Wertauffassung des BVerfG akzeptiert – das gilt insbesondere etwa für *Günter Dürig, Peter Häberle, Walter Hamel, Alexander Hollerbach, Walter Leisner, Friedrich Klein, Gebhard Müller, Hans-Carl Nipperdey* und *Reinhard Zippelius*[73] –, haben insbesondere *Ernst Forsthoff, Erhard Denninger* und *Helmut Goerlich* gegen diese Thesen heftig widersprochen. Insbesondere *Goerlich* meint in seiner die einzelnen Urteile des BVerfG tiefgreifend analysierenden Arbeit nachgewiesen zu haben, daß der Rückgriff des BVerfG auf die Wertordnung fast durchwegs unnötig gewesen sei und überdies die anstehenden Rechtsprobleme nicht geklärt habe. Mit dem »Rückgriff« auf die Wertordnung sei das BVerfG so dem rechtsstaatlichen Zwang zu echter, nachvollziehbarer Begründung ausgewichen. So richtig dieses Urteil bei vielen Entscheidungen des BVerfG sein mag, so falsch erscheint mir seine Generalisierung.

70 *Max Scheler,* Der Formalismus in der Ethik und die materiale Wertethik, 4. Aufl. 1954.

71 Dazu: *Karl Larenz,* Methodenlehre der Rechtswissenschaft, 2. Aufl. 1975.

72 Vgl. aber *Helmut Steinberger,* Konzeption und Grenzen freiheitlicher Demokratie, 1974.

73 Vgl. die Zitate bei *Eberhard Grabitz,* a.a.O. (Anm. 3), S. 209 Fußn. 2; dort auch die Rspr. des BGH und des BAG, welche der Werttheorie des BVerfG gefolgt sind.

Denn der Rückgriff auf die Wertordnung erfüllt mehrere insbesondere von *Denninger* herausgearbeitete Funktionen und bietet insoweit auch tragfähige Argumente an: Allerdings erfahren die Grundrechte bei dieser Argumentationsweise eine typische Umbildung.

4. Das BVerfG greift auf die Wertordnung insbesondere dann zurück, wenn es gilt, neue, neben dem Abwehranspruch stehende Funktionen der Grundrechte zu begründen. So gesehen stellt die Wertordnung nicht eine neue, neben diese Funktionen tretende Funktion der Grundrechte, sondern nur eine Begründung für diese weiteren Funktionen dar.

a) So hat das BVerfG etwa die mittelbare Drittwirkung der Grundrechte und ihre Ausstrahlung auf die gesamte Rechtsordnung, insbesondere auch auf Ermessensentscheidungen der Verwaltung und auf die Ausfüllung der unbestimmten Begriffe durch die Rechtsprechung, mit der Wertordnung des Grundgesetzes begründet.

Den Grundrechten werden so Werte, Rechtsgüter entnommen, die absolut, also in jeder Richtung geschützt sind. Dadurch werden die Grundrechte aus ihrer zu engen Bedeutung als Abwehrrechte des Individuums gegen den Staat gelöst und Dritten entgegengehalten. Darin zeigt sich eine typische Eigenart der Wertmethode: Die Ablösung des Wertinhalts von der zufälligen konkreten verfassungsrechtlichen Ausgestaltung, mit anderen Worten eine Generalisierung der Norm. Diese Methode gestattet, den Wert ohne Bezugnahme auf konkrete Begriffe und auf eine bestimmte Terminologie zu fassen und damit vom Wortlaut der Norm zu abstrahieren. Damit wird eine Weiterentwicklung der Grundrechte ermöglicht. Die Folge ist das Zurücktreten der üblichen Methoden der Verfassungsauslegung. Insbesondere kann bei einer Kollision von Werten (Interessen) nur noch zur Güterabwägung im Einzelfall oder auf einer abstrakteren Ebene gegriffen werden.

b) Werte beanspruchen, befolgt zu werden. Damit begründet diese neue Sicht der Grundrechte auch Pflichten: Einmal Pflichten des Staates zur Verwirklichung der Grundrechte, wie dies das Urteil des BVerfG zu § 218 StGB hervorgehoben hat. Es entstehen aber möglicherweise auch besondere Treuepflichten der Beamten, die Pflicht der Lehrer, die Grundrechte der Verfassung ihren Schülern zu vermitteln, die Pflicht des Staates, die Grundwerte in der breiten Bevölkerung zu verankern usw. Damit überschneidet sich die Werttheorie mit der institutionellen Grundrechtstheorie.

c) Diese verschiedenen Funktionen der Werttheorie können durch die Funktion der Grundrechte als Abwehrrechte, als Institution und als objektive Norm nicht hinreichend erklärt werden. Denn die objektiven Normen der Art. 1 bis 19 usw. GG sind an den Wortlaut dieser Bestimmungen und damit auch auf die dort grundsätzlich festgelegte Abwehrfunktion gegen den Staat gebunden.

V. Die Grundrechte als objektive Normen

Nach Ansicht des BVerfG[74] und der Lehre[75] enthalten die Grundrechte neben Abwehrrechten, institutionellen Garantien und Werten auch »objektive Normen« oder »Grundsatznormen«. Diese Sicht ist selbstverständlich, weil jedes subjektive öffentliche Recht eine objektive Norm voraussetzt, die es begründet. Eine weitere materiell rechtliche Funktion der Grundrechte wird damit m. E. nicht geschaffen. Die eigentliche Bedeutung dieser Sicht der Grundrechte scheint mir auf verfahrensrechtlichem Gebiet zu liegen. Greift ein Individuum ein Gesetz an, weil es in seine Grundrechte eingreift, beruft es sich auf die Funktion der Grundrechte als Abwehrrechte. Als Voraussetzung der Verfassungsmäßigkeit des Eingriffs ist allerdings auch hier erforderlich, daß das Gesetz nicht gegen objektives Verfassungsrecht verstößt, und dieses objektive Verfassungsrecht sind auch die Grundrechte anderer. So kann sich ein Ausländer gegen die Einführung der Sachkundeprüfung im Lebensmittelhandel auf Art. 2 I GG berufen und dabei behaupten, das Gesetz greife in die Berufsfreiheit (Art. 12 GG) der deutschen Händler ein. Oder aber, die Antragsteller im abstrakten Normenkontrollverfahren berufen sich auf die Tatsache, daß das Gesetz ein Grundrecht bestimmter Personen verletzt, zu denen sie nicht gehören. Auch hier wird das Grundrecht als objektiver Rechtssatz und nicht als subjektives öffentliches Recht relevant. In beiden Fällen kommt man aber mit dem objektiven Rechtssatz im Ergebnis nicht aus. Es ist vielmehr wie in einer Verfassungsbeschwerde, in der ein eigenes Abwehrrecht geltend gemacht wird, um zu prüfen, ob das Gesetz in die Grundrechte der betreffenden Dritten eingreift, durch die Schranken des Grundrechtes gedeckt ist, gegen den Grundsatz der Verhältnismäßigkeit verstößt usw. Auch in diesen Fällen ist also so zu prüfen, als ob es sich um die Überprüfung des Abwehrrechts dieser Dritten handelte.

Allerdings wird in der Lehre die Sicht der Grundrechte als objektive Norm häufig in einem weiteren, umfassenderen Sinne verstanden. Bei den institutionellen Garantien haben wir gesehen, daß den Einzelgrundrechten objektive Ordnungsprinzipien für bestimmte Bereiche des gesellschaftlichen Lebens entnommen werden, die im Ergebnis die Einzelgrundrechte zurückdrängen können. Diese Ordnungsprinzipien werden häufig mit den »Grundrechten als objektive Norm« angesprochen. Eigentlich gemeint ist aber häu-

74 BVerfGE 10, 88; 19, 216; 23, 134.

75 *Ulfried Hemmrich*, in: *Ingo von Münch*, a.a.O. (Anm. 66), Art. 4 Rdnr. 3, S. 175; *Ingo von Münch*, ebenda, Art. 5 Rdnr. 70, S. 233 m. w. N.; *Hermann von Mangoldt / Friedrich Klein*, a.a.O. (Anm. 1), Art. 2 Anm. III 5 b, S. 167; *Günter Dürig*, in: *Theodor Maunz / Günter Dürig / Roman Herzog*, Grundgesetz-Kommentar, Art. 1 Rdnr. 99; *Jürgen Schwabe*, Probleme der Grundrechtsdogmatik, 1977, S. 286.

fig eine noch stärker generalisierende Sicht der Grundrechte. So haben die Lehre und insbesondere *Nipperdey* versucht, aus einzelnen Grundrechten (etwa Art. 2 GG: Freiheit des Vertragsschlusses, des Wettbewerbs usw., aus Art. 12 und 14 GG) objektive Prinzipien der Wirtschaftsordnung abzuleiten, konkret die Prinzipien der nach 1948 mit größtem Erfolg eingeführten sozialen Marktwirtschaft zu Verfassungsprinzipien hochzustilisieren. Ähnlich versuchte man aus der Zusammenschau einzelner Verfassungsbestimmungen etwa abstrakte Prinzipien des Kulturstaates abzuleiten. Auf ähnliche Ansätze stützte sich offensichtlich auch das sogenannte Kölner Gutachten der Professoren *Badura, Rittner* und *Rüthers* im Mitbestimmungsstreit: Nach der Zusammenfassung durch das BVerfG hatte dieses Gutachten angeführt, die erweiterte Mitbestimmung sei an den Garantien des institutionellen Zusammenhangs zu messen; sie treffe Grundrechte der Anteilseigner, der Arbeitgeberverbände usw., trete darüber hinaus aber auch in einen Widerspruch zu wirtschafts- und arbeitsverfassungsrechtlichen Gewährleistungen und zu dem Ordnungs- und Schutzzusammenhang, der aus den Grundrechten für die Wirtschafts- und Arbeitsverfassung des GG entnommen werden könne. Dazu hat das BVerfG ausgeführt[75a]:

»Maßstäbe der verfassungsrechtlichen Prüfung sind diejenigen Einzelgrundrechte, welche die verfassungsrechtlichen Rahmenbedingungen und Grenzen der Gestaltungsfreiheit des Gesetzgebers bei der Einführung einer erweiterten Mitbestimmung markieren. Diese lassen sich nicht ohne Berücksichtigung der Überschneidungen, Ergänzungen und Zusammenhänge zwischen ihrem Schutzbereich und dem anderer Grundrechte und nicht ohne Rücksicht auf die das Grundgesetz tragenden Prinzipien auslegen. Wenn die Beschwerdeführer und das Kölner Gutachten ihrer verfassungsrechtlichen Würdigung darüber hinaus die weiteren Prüfungsmaßstäbe eines ›institutionellen Zusammenhangs der Wirtschaftsverfassung‹ und eines ›Schutz- und Ordnungszusammenhangs der Grundrechte‹ zugrunde legen, so findet das im Grundgesetz keine Stütze ...

1. Das Grundgesetz, das sich in seinem ersten Abschnitt im wesentlichen auf die klassischen Grundrechte beschränkt hat, enthält keine unmittelbare Festlegung und Gewährleistung einer bestimmten Wirtschaftsordnung. Anders als die Weimarer Reichsverfassung (Art. 151 ff.) normiert es auch nicht konkrete verfassungsrechtliche Grundsätze der Gestaltung des Wirtschaftslebens. Es überläßt dessen Ordnung vielmehr dem Gesetzgeber, der hierüber innerhalb der ihm durch das Grundgesetz gezogenen Grenzen frei zu entscheiden hat, ohne dazu einer weiteren als seiner allgemeinen demokratischen Legitimation zu bedürfen. Da diese gesetzgeberische Gestaltungsaufgabe ebenso wie die Gewährleistung von Grundrechten zu den konstituierenden Elementen der demokratischen Verfassung gehört, kann sie nicht im Wege einer Verfassungsinterpretation weiter eingeschränkt werden als die Einzelgrundrechte es gebieten. Dabei kommt den Einzelgrundrechten die gleiche Bedeutung zu wie in anderen Zusammenhängen: Nach ihrer Geschichte und ihrem heutigen Inhalt sind sie in erster Linie individuelle Rechte, Menschen- und Bürger-

75 a NJW 1979, S. 699.

rechte, die den Schutz konkreter, besonders gefährdeter Bereiche menschlicher Freiheit zum Gegenstand haben. Die Funktion der Grundrechte als objektiver Prinzipien besteht in der prinzipiellen Verstärkung ihrer Geltungskraft (BVerfGE 7, 198, 205 – Lüth), hat jedoch ihre Wurzel in dieser primären Bedeutung (vgl. etwa für das Eigentum BVerfG 24, 367, 389 – Hamburgisches Deichordnungsgesetz). Sie läßt sich deshalb nicht von dem eigentlichen Kern lösen und zu einem Gefüge objektiver Normen verselbständigen, in dem der ursprüngliche und bleibende Sinn der Grundrechte zurücktritt. Der unaufhebbare Zusammenhang, der sich daraus ergibt, ist für die Frage der Verfassungsmäßigkeit wirtschaftsordnender Gesetze von wesentlicher Bedeutung. Diese ist unter dem Gesichtspunkt der Grundrechte primär eine solche der Wahrung der Freiheit des einzelnen Bürgers, die der Gesetzgeber auch bei der Ordnung der Wirtschaft zu respektieren hat. Nicht ist sie Frage eines ›institutionellen Zusammenhangs der Wirtschaftsverfassung‹, der durch verselbständigte, den individualrechtlichen Gehalt der Grundrechte überhöhende Objektivierungen begründet wird, oder eines mehr als seine grundgesetzlichen Elemente gewährleistenden ›Ordnungs- und Schutzzusammenhangs der Grundrechte‹.«

VI. Die Grundrechte als Handlungsermächtigung und als Verfassungsauftrag

1. *Die Grundrechte als Handlungsermächtigung*

a) Nach der Lehre vom Verfassungsvorbehalt[76] dürfen die Organe des Staates nur handeln, wenn und soweit sie die Verfassung zu diesem Handeln ermächtigt. Folgt man dieser Auffassung, muß auf der anderen Seite das Grundgesetz so ausgelegt werden, daß es die für die heutige Zeit erforderlichen Handlungsermächtigungen für den Staat und insbesondere für den Gesetzgeber enthält. Solche Handlungsermächtigungen finden sich einerseits in der Sozialstaatsklausel, die eine umfassende Gestaltung der Wirtschafts- und Sozialverfassung nach den Vorstellungen des Gesetzgebers erlaubt. Aber auch die Grundrechte können, wie *Hans Peter Bull* gezeigt hat[77], als solche Handlungsermächtigungen verstanden werden. Der Staat ist dann zwar nicht notwendig verpflichtet, aber doch ermächtigt, die Voraussetzungen für eine generelle Ausübung der Grundrechte zu schaffen. So ermächtigt etwa Art. 14 GG zu einer umfassenden Vermögensbildungspolitik, Art. 12 GG zu einer Bildungspolitik, welche die Chancengleichheit verwirklicht usw.[78].

b) Folgt man der Lehre vom Verfassungsvorbehalt nicht, zieht das GG der staatlichen Handlung nur Grenzen. Eine dieser Grenzen ist dann, daß

76 Vgl. *Albert Bleckmann,* Der Verfassungsvorbehalt, JR 1978, 221 ff.
77 *Hans Peter Bull,* Die Staatsaufgaben nach dem GG, 2. Aufl. 1977.
78 *Albert Bleckmann,* Subventionsrecht, 1978, S. 31.

der Staat nur im öffentlichen Interesse handeln darf. Dabei kann der Staat zwar auch zur Verfolgung öffentlicher Interessen handeln, die nicht durch das Grundgesetz festgelegt werden. Was öffentliches Interesse ist, bestimmen nämlich die Staatsorgane in gewissen äußersten Grenzen selbst. Dieses öffentliche Interesse kann aber teilweise durch die Verfassung konkretisiert werden. Auch hier bietet sich der Rückgriff auf die Grundrechte und den organisatorischen Teil der Verfassung an (Kompetenznormen).

c) Folgt man auch nicht der allgemeinen Theorie, daß der Staat nur im öffentlichen Interesse handeln darf, bleibt als von der Verfassung festgelegte Mindestvoraussetzung, daß der Staat nur zur Verfolgung bestimmter öffentlicher Interessen Grundrechte einschränken darf. Soweit diese Interessen nicht in ausdrücklichen Gesetzesvorbehalten festgelegt sind, kann der Gesetzgeber sie grundsätzlich in einem äußerst weit gespannten Rahmen der Vertretbarkeit selbst bestimmen. Auch hier kann zur Konkretisierung der öffentlichen Interessen aber auf das Grundgesetz zurückgegriffen werden. Neben den Kompetenzen werden die öffentlichen Interessen aber auch durch die Grundrechte in einem institutionellen Sinn konkretisiert: Einerseits darf und muß der Gesetzgeber bei einem Eingriff der Grundrechtsträger in andere Grundrechte die Grundrechte dieser Grundrechtsträger einschränken. Zum anderen kann und muß der Gesetzgeber die Grundrechte aber auch positiv fördern.

Man könnte der Auffassung sein, das Grundgesetz enthalte in den Grundrechten Staatsziele, der Staat dürfe aber nur die Verwirklichung der Voraussetzungen der Grundrechte verfolgen. Damit wird zunächst generell die Frage aufgeworfen, ob die Staatsziele vom Grundgesetz abschließend festgelegt werden. Das kann schon deshalb nicht der Fall sein, weil das Grundgesetz die staatliche Tätigkeit nur des Bundes und nicht auch der Länder regelt, so daß die Länder bei einer solchen Konzeption nur die auch sie bindenden Grundrechte des Grundgesetzes verwirklichen könnten, ohne sich zusätzlich auf Kompetenzbestimmungen berufen zu können. Eine solche Konzeption erscheint aber aus mehrfachen Gründen als zu eng. Es ist davon auszugehen, daß das Grundgesetz einen funktionsfähigen Staat schaffen wollte. Käme man zu dem Ergebnis, die Beschränkung des Bundes und der Länder auf vom Grundgesetz festgelegte öffentliche Interessen hindere den Staat an der Erfüllung heute als wesentlich angesehener Aufgaben, muß die Beschränkung des Staates auf solche Zwecke aufgegeben werden. Nun ist es einerseits sicherlich möglich, zahlreiche Staatsziele durch die Grundrechte, die Kompetenzbestimmungen und insbesondere die Sozialstaatsklausel verfassungsrechtlich zu legitimieren, welche nach der herrschenden Lehre eine umfassende Ermächtigung zur gesellschaftlichen und wirtschaftlichen Gestaltung nach variablen Zielen gestattet. So können die Vollbeschäftigungspolitik durch Art. 12 GG, die Umweltpolitik durch Art. 2 I GG legitimiert werden. Die Verteidigungspolitik fände eine Grundlage in den einschlägigen Kompetenzbestimmungen des Grundgesetzes und in der Tatsache, daß bei einer Eroberung der Bundesrepublik durch den Ostblock alle Grundrechte des Grundgesetzes gefährdet würden. Mit etwas Rabulistik ließen sich so alle Staatszwecke durch die Grundrechte legitimieren. Es sieht also ganz so aus, daß die oben beschriebene Gefahr einer Lähmung des Staates bei einer solchen Konzeption nicht eintritt. Entscheidend dürften aber zwei Gesichtspunkte sein. Einmal ist diese Gefahr nur ausgeschaltet, wenn bei einer Umpolung der Konzeption des Grundgesetzes als Schranke der Staatszwecke auf das Grundgesetz als Quelle der legitimen Staatszwecke Lehre und Rechtsprechung wirklich die oben als möglich beschriebene Entwicklung hinreichender verfassungsrechtlicher Ermächtigungsnormen ins Auge fassen würden. Angesichts des heutigen Standes der Lehre und Rechtsprechung würde diese Entwicklung aber nicht schlagartig vollzogen. Fast die gesamte Innen- und Außenpolitik des Staates stände deshalb vor der Notwendigkeit, sich auf höchst unsichere Legitimitätsgrundlagen berufen zu müssen. Die bestehende Vermutung für die Verfassungsmäßigkeit des staatlichen Handelns schlüge in ihr Gegenteil um, die Legitimation des staatlichen Handelns bei der Bevölkerung würde untergraben, die Verfassungsprozesse nähmen kein Ende mehr, so daß die gegen das Rechtsstaatsprinzip verstoßende Gefahr einer Aufhebung der Verfassungsgerichtsbarkeit entstünde. Noch wichtiger ist, daß die Kontrolle der staatlichen Gewalt unaufschiebbar weitergehen würde. Reicht es nach der Konzeption der verfassungsrechtlichen Legitimation der Staatszwecke aus, daß die vom Staat frei gewählten Ziele durch das Grundgesetz gedeckt werden, würde sehr bald der Ruf nach der verfassungsrechtlich notwendigen Politik laut. Das heißt aber, daß dem Staat die Wahl der Staatszwecke und der für die Verwirklichung dieser Zwecke geeigneten Mittel vorbehaltlich ihrer verfassungsrechtlichen Legitimation nicht mehr frei zur Wahl stünde, sondern daß im Konfliktsfall zwischen mehreren Grundrechtswerten das Verfassungsrecht Prioritäten setzen und damit die gesamte Politik bestimmen würde. Diese Konzeption führte zur Regierung durch das Verfassungsgericht und stellt damit das Verhältnis zwischen Verfassungsgericht und politischen Instanzen auf den Kopf.

Auf der anderen Seite sind die Vorteile der Konzeption, welche eine verfassungsrechtliche und insbesondere grundrechtliche Legitimation der Staatszwecke fordert, nicht zu übersehen. Denn diese Konzeption sieht im öffentlichen Interesse nur ein Bündel, die Gesamtheit der verfassungsrechtlich geschützten Individualinteressen der Bürger, und steht damit einer Auffassung gegenüber, welche das öffentliche Interesse als Staatsinteresse versteht und den Individualinteressen gegenübersetzt. Bestimmte Staatszwecke der Vergangenheit wie etwa die Förderung nur der Macht oder des Prestiges des Staates könnten damit ausgeschlossen werden. Ganz sicher ist aber auch diese Rechtsfolge nicht, da die Macht und das Prestige des Staates wesentliche Voraussetzungen für die Verhandlungsmacht (bargaining power) des Staates bei der Aushandlung von auch den Angehörigen und den Grundrechten zugute kommender internationaler Abkommen (Niederlassungsabkommen, Doppelbesteuerungsabkommen usw.) ist. Die unterschiedliche Konzeption der öffentlichen Interessen führt also nur zu einer gewissen Nuancenverschiebung und damit zu gewissen Vermutungen, nicht aber automatisch zu unterschiedlichen Rechtsfolgen.

2. *Der Gesetzgebungsauftrag*

a) Das Grundgesetz enthält eine Reihe von ausdrücklichen Gesetzgebungsaufträgen etwa in Art. 6 V, 26 I 2, 33 V, 131. Darüber hinaus kann man die Frage stellen, ob nicht, wenn die Verfassung bestimmte Fragenbereiche nur in Grundzügen regelt, das Nähere aber einem Bundesgesetz vorbehält[79], der Gesetzgeber zur Ausgestaltung dieser Materie verpflichtet ist. Auch ist in der Literatur untersucht worden, ob der Gesetzgeber, wenn ein Rechtsinstitut wie Eigentum und Erbrecht durch ihn ausgestaltet wird, oder wenn er einem Grundrecht Schranken zieht, nicht generell oder im Einzelfall zum Handeln verpflichtet ist. Ferner stellt sich die Frage, ob nicht die Kompetenzbestimmungen der Art. 70 ff. GG generell oder wenigstens im Einzelfall Gesetzgebungspflichten begründen. Das BVerfG hat schon solche konkreten Gesetzgebungsaufträge häufig festgestellt[80]. In all diesen Fällen ist nicht nur das »Ob« eines Verfassungsauftrags fraglich. Es muß jeweils auch untersucht werden, ob die Verfassung generelle oder konkrete Hinweise für die Ausgestaltung der Materie gibt. Sicherlich muß ferner der Gesetzgeber in angemessener Frist handeln. Fraglich ist nur, wie diese Frist bemessen werden muß. Auch muß geprüft werden, ob die Verfassung ein Gebot zur optimalen Verwirklichung der Verfassung enthält (Gebot der Ausgestaltung der jeweiligen Sachgebiete, Verbot der ersatzlosen Beseitigung geschaffener Gesetze)[81].

b) Diese speziellen Gesetzgebungsgebote sind für unser Thema nur insoweit relevant, als, wenn die Verfassung einen konkreten Gesetzgebungsauftrag erteilt, sie davon ausgeht, daß dann auch die einschlägigen Grundrechte den notwendigen Beschränkungen unterworfen werden können.

Es fragt sich aber darüber hinaus, ob nicht auch die Grundrechte selbst Gesetzgebungsaufträge enthalten. Das hat das BVerfG in doppelter Hin-

79 Vgl. etwa Art. 4 III 2, 21 III GG.

80 Vgl. *Martin Kriele*, Anm. zum Urteil des BVerfG vom 25. 2. 1975, JZ 1975, S. 222.

81 Vgl. *Leo Seufert*, Die nicht erfüllten Gesetzgebungsgebote des GG und ihre verfassungsrechtliche Durchsetzung, 1969; *Ekkehard Wienholtz*, Normative Verfassung und Gesetzgebung, 1968.

sicht bejaht. Einmal können die Grundrechte, wie wir gezeigt haben, positive Leistungsansprüche enthalten; diese Leistungen wären dann durch den Gesetzgeber festzulegen. Auf der anderen Seite werden wir etwas später sehen, daß die Grundrechte Schutzpflichten des Staates enthalten, die sogar bis zur verfassungsrechtlichen Verpflichtung des Gesetzgebers gehen können, Strafgesetze zum Schutz der in den Grundrechten enthaltenen Schutzgüter zu erlassen. Darüber hinaus kann die institutionelle Garantie im Sinne *Peter Häberles* eine generelle, kontinuierlich zu verwirklichende Verpflichtung des Gesetzgebers beinhalten, die einzelnen Freiheitsrechte durch Ausgestaltung der Rechtsordnung in die soziale Wirklichkeit zu überführen. Auf ähnlichen Gesichtspunkten beruht auch die am Schluß dieses Kapitels näher dargelegte Auffassung von *Eberhard Grabitz*, der Gesetzgeber sei zu positiver Verwirklichung der Grundrechte verpflichtet.

Peter Häberle hat diese Pflicht des Gesetzgebers zur Ausgestaltung der Freiheit im zweiten Teil seiner Arbeit über die Wesensgehaltsgarantie näher umschrieben[82]. Nach *Häberle* ist die Sicht der herrschenden Lehre falsch, die das Gesetz nur als eine im öffentlichen Interesse gezogene Schranke der Grundrechte versteht[83].

»Sie – d. h. die Grundrechte – sind die verfassungsrechtliche Gewährleistung freiheitlich ausgestalteter Lebensbereiche, mit deren Abgrenzung gegen den Staat es keineswegs getan ist. Lebensbereiche wie Berufsfreiheit, Vereinsfreiheit, Eigentumsordnung und Familie lassen sich nicht dadurch ›verfassen‹, daß den einzelnen ein entsprechendes subjektives öffentliches Recht zugesprochen wird. Derartige Lebensbereiche können nicht in Relationen aufgelöst werden; die einzelnen subjektiven Rechte und damit die Individuen stünden sonst mehr oder weniger unvermittelt und isoliert nebeneinander; zu einer übergreifenden Ordnung des Ganzen käme es nicht. Die überindividuelle Ganzheit solcher Lebensbereiche, in denen der einzelne mit seinem subjektiven öffentlichen Recht steht, bedarf einer Fülle von Normenkomplexen; diese werden weder ausnahmsweise erlassen, noch können sie in einen Gegensatz zur grundrechtlichen Freiheit in der Weise gebracht werden, daß man sie als ›Eingriff‹ in Freiheit und Eigentum qualifiziert. Es handelt sich vielmehr um Normenkomplexe, die die betreffenden Lebensbereiche bzw. die grundrechtliche Freiheit ausgestalten. Da die in den Grundrechten geschützten ›objektiven Ordnungen‹, da die Grundrechte ›als Institute‹ durch eine Vielzahl von Normenkomplexen gekennzeichnet sind, bedarf es eines Organs, das diese Normenkomplexe schafft. Die Verfassung selbst kann es nur bis zu einem gewissen Grade: Sie wirkte überladen und wäre viel zu schwerfällig, bestimmte sie selbst, wie die objektiven Ordnungen im einzelnen ausgestaltet sind. Sie überläßt diese Ausgestaltung daher vor allem dem Gesetzgeber.

Sobald man sich über den ›Doppelcharakter‹ der Grundrechte im klaren ist, wird auch die Funktion des Gesetzgebers deutlich, er hat Normenkomplexe zu schaffen, die die Grundrechte als Institute erst verwirklichen. Die Normenkomplexe

82 *Peter Häberle*, a.a.O. (Anm. 21), S. 126 ff.
83 Ebenda, S. 145 ff., 164 f.

stützen die Grundrechte als verfassungsrechtliche Institute gleichsam ›von unten‹. Sie verhelfen ihnen zu der von ihnen intendierten sozialen Wirklichkeit. Unter anderem des Institutscharakters der Grundrechte wegen ist die Verfassung auf die Ausgestaltungen des Gesetzgebers angewiesen.«

Der Gesetzgeber habe im Grundrechtsbereich eine doppelte Funktion: die der Grundrechtsbegrenzung und die der Grundrechtsausgestaltung[84].

»Eine nähere Analyse der Grundrechtsbestimmungen im einzelnen ergibt, daß sie alle – wenn auch in einer entsprechend ihrer jeweiligen Eigenart zu differenzierenden Weise – der gesetzlichen Begrenzung einerseits, der gesetzlichen Ausgestaltung und inhaltlichen Präzisierung andererseits fähig und bedürftig sind. Der Gesetzgeber steht dabei im Dienste des betreffenden Grundrechts. Die Verfassung setzt seine Tätigkeit als selbstverständlich, und zwar nicht nur als erlaubt, sondern als geboten, voraus.

...

In beiden Fällen, der Begrenzungs- und der Ausgestaltungsfunktion, steht der Gesetzgeber im Dienste der Verfassung, indem er deren Wertentscheidungen konkretisiert. Der Gesetzgeber ›denkt‹ die verfassungsrechtlichen Wertgehalte zu Ende. Er aktualisiert die Verfassung. Eine Verfassung ohne konkretisierende Gesetzgebung verfehlte ihr Ziel: sie könnte ihren Sinn, oberste Wertordnung und ›einheitsbildende Zusammenordnung‹ (*Hesse*) zu sein, gerade nicht verwirklichen.

Die Verfassung bedarf somit der Gesetzgebung als ›Medium‹ und Mittlerin zur sozialen Wirklichkeit. Durch die Gesetzgebung erst erlangt die Verfassung ›reale Geltung‹, wird sie in einem spezifischen Sinne ›aktualisiert‹. Ohne diese bliebe sie in einer ›Idealhöhe‹ nur formaler Geltung, was ihr letztlich den Rechtssatzcharakter selbst nähme, besteht doch das Wesen des Rechtes gerade in seiner Geltung. Erst durch die Gesetzgebung vermögen die Grundrechte ihre soziale Funktion zu erfüllen. Die bloß verfassungsrechtliche Verbürgung von Grundrechten ist als solche noch nicht Gewähr dafür, daß die Gerechtigkeit in der ›sozialen Seinssphäre‹ unmittelbar Wirklichkeit wird. In die soziale Seinssphäre vermögen die Grundrechte erst vermittels zahlloser Rechtssätze, Normenkomplexe und Institute zu dringen. Da die Verfassung eine Vielzahl von Rechtsgütern anerkennt, die jeweils Bedingung der staatlichen Einheit sind, bedürfen diese der gegenseitigen Begrenzung. Nur dadurch wird jenes einheitliche Wertsystem geschaffen, das die Verfassung selbst sein will. Indem die Gesetzgebung die verfassungsrechtlichen Werte ausgestaltet und sie gegeneinander abgrenzt, vollendet sich dies zur Einheitlichkeit. Indem der einzelne Rechtswert in das Ganze der Verfassung gestellt wird, erfährt er zugleich eine inhaltliche Bestimmung: denn jede Begrenzung bedeutet gleichermaßen Inhaltsbestimmung, wie umgekehrt jede Inhaltsbestimmung begriffsnotwendig Grenzziehungen zum Inhalt hat.

Die begrenzende und ausgestaltende Funktion des Gesetzgebers erklärt sich auch aus folgendem: Ihrer Natur nach haben Verfassungsnormen und gerade auch die Grundrechtsnormen generellen, summarischen Charakter. In der Regel begnügt sich die Verfassung mit der Aufstellung von Grundsätzen und Leitbildern. Detailregelungen trifft sie relativ selten. Hieraus folgt, daß sie besondere Organe mit dem

84 Ebenda, S. 180 ff.

Vollzug und der Konkretisierung ihrer Grundentscheidungen und der Normierung von Modalitäten beauftragt. Dieser Auftrag richtet sich an die Gesetzgebung (aber auch an die Rechtsprechung, insbesondere die Verfassungsrechtsprechung). Sie ist im eminenten Sinne des Wortes berufen, ›die Gedanken der Verfassung zu entfalten, Lücken zu schließen, zu ihrer Durchsetzung die entsprechenden technischen Regelungen sicherzustellen‹. Ihr wird von Verfassungs wegen die Konkretisierungsfunktion zugewiesen, eine Funktion, die im Rahmen der Verfassung zu bestimmen ist. Diese Funktion der Gesetzgebung im Grundrechtsbereich kann angesichts der vielberufenen Schwerpunktverlagerungen vom Gesetzgeber auf den Richter nicht nachdrücklich genug betont werden.

...

Zutreffend ließe sich die zulässige Gesetzgebung im Grundrechtsbereich daher als ›Grundrechtsinterpretation‹ kennzeichnen. Interpretation darf jedoch nicht in dem engen Sinn verstanden werden, der im Strafrecht angebracht ist und auch im Zivilrecht seine Berechtigung haben mag (freilich nicht bei den Generalklauseln). Die generalklauselartige Weite von Verfassungssätzen ermächtigt den Gesetzgeber zu schöpferischen Gestaltungen, gibt ihm ›Gestaltungsfreiheit‹. Die vielfach nur schlagwortartig abkürzenden, andeutenden, nicht lückenfreien, gelegentlich auch mehrdeutigen Formulierungen verfassungsrechtlicher Texte – eine Verfassung, die sich in Detailregelungen verlöre, wäre viel zu schwerfällig – fordern gesetzgeberische Konkretisierungen. Die Grundrechtsbegrenzung und Grundrechtsausgestaltung durch den Gesetzgeber ist deshalb ›rechtsschöpferische Konkretisierung‹, ›mehr Sinngebung als Sinndeutung‹. Man sollte der Gesetzgebung rechtstheoretisch nicht länger das verweigern, was man der Verfassungsrechtsprechung zubilligt. Solange eine verfassungsgerichtliche Kontrolle besteht, ist eine Gefahr für die Grundrechte nicht vorhanden.

VII. Grundrechte als soziale Verhaltensnormen

Man kann ferner auch annehmen, daß die Grundrechte, die sich nicht nur auf die staatlichen Organe beziehen, sondern auch in den Raum der Gesellschaft einwirken und die Beziehungen zwischen den Individuen regeln sollen, in dieser zweiten Funktion nicht nur eine rechtliche, sondern auch eine soziale, eine Funktion der Gemeinschaftsethik haben. Durch die Verfassung werden die Mitglieder der Gesellschaft aufgerufen, sich im Verhältnis untereinander und gegenüber dem Staat den Grundrechtswerten entsprechend zu verhalten. Nur wenn es gelingt, diese Ausstrahlungswirkung der Grundrechte auf die Gemeinschaft zu verwirklichen, ist der Geltungsanspruch des Grundgesetzes voll entwickelt. Auf eine solche Verwirklichung der Werte ist das Grundgesetz aber angelegt. Hieraus dürfte die Verpflichtung des Staates folgen, bei seiner Erziehungsfunktion in den Schulen, durch Fernsehen, Rundfunk und Öffentlichkeitsarbeit auf die Entfaltung dieser Funktion hinzuarbeiten.

In den Grundrechten hat das Deutsche Volk Gemeinschaftswerte anerkannt. Werte aber müssen ihrer Natur nach in allen Beziehungen wirken. Eine Beschränkung ihrer Wirkung auf bestimmte Rechtsbeziehungen, etwa auf das Verhältnis des Staats zum Bürger, widerstrebt ihrem eigensten Wesen. Deshalb müssen sie auch im Verhältnis zwischen den Bürgern wirken (Drittwirkung). Ebenfalls dem nach allen Seiten offenen Wesen der Gemeinschaftswerte widerspräche ihre Beschränkung auf den rechtlichen Bereich. Sie müssen deshalb auch in den gesellschaftlichen Beziehungen wirken. Insbesondere verlangt ihre allgemeine Tendenz auch den Abbau gesellschaftlicher Sanktionen gegen die Ausübung der Grundrechte, wenn dieser Abbau auch zum größten Teil rechtlich nicht erzwungen werden kann. Auf der anderen Seite ist Geltungsvoraussetzung der Grundrechte, daß sie im Bewußtsein des Volkes verankert sind und das Denken und Verhalten der Bürger prägen. Auch das aber ist nur möglich, wenn sie in eine tiefere Bewußtseinsschicht vordringen, als die Rechtsordnung sie darstellen kann. Allerdings sehe ich ein, daß es zumindest ungewöhnlich ist, ethische Postulate aus der positiven Rechtsordnung abzuleiten. Dieser Versuch würde aber zumindest eine vertiefte geistige Durchdringung lohnen, vor allem, weil die tatsächliche Entwicklung in die angegebene Richtung zu laufen scheint. Ich glaube in der Tat, daß der Appell der Grundrechte an eine bestimmte Gemeinschaftsethik in der Bundesrepublik schon eine recht große Resonanz gefunden hat. Die Wechselwirkung zwischen den positiven Grundrechten und der Gemeinschaftsethik scheint insbesondere in den USA sehr stark zu sein. Insbesondere wäre neben dem Einfluß der christlichen Ethik auf die Grundrechte (Menschenwürde!) einmal umgekehrt der Einfluß der Grundrechte auf die christliche Ethik zu untersuchen. Dabei ist es durchaus möglich, daß die auf die Grundrechte gestützte Gemeinschaftsethik andere Wege der Auslegung und Abgrenzung geht und gehen muß als die rechtliche Konkretisierung, die in diesem Werk dargestellt wird.

VIII. Schutzpflichten des Staates

Immer dann, wenn ein Dritter in den Schutzbereich der Grundrechte eingreift, der selbst nicht oder nicht voll an die Grundrechte gebunden ist, oder bei dem diese Grundrechtsbindung allein für ein richtiges Verhalten nicht ausreicht, stellt sich die Frage, ob der Staat nicht verpflichtet ist, diesen Grundrechtseingriff Dritter abzuwehren. Der Dritte kann dabei ein Individuum sein. Hier entsteht die Frage, ob der Staat verpflichtet ist, diesen Eingriff strafrechtlich oder polizeirechtlich abzuwehren. Der Dritte kann aber auch ein fremder Staat oder eine internationale Organisation (UNO, EWG etc.) sein. Dann stellt sich das Problem des Anspruchs auf diplomatischen Schutz.

1. *Pflicht des Staates zum strafrechtlichen Schutz der Grundrechtsgüter*[85]

a) Das BVerfG hat im Urteil vom 25. Februar 1975 die sogenannte »Fristenlösung« des Schwangerschaftsabbruchs für verfassungswidrig erklärt[86]. Nach Ansicht des BVerfG schützt Art. 2 II 1 GG auch den sich im Mutterleib entwickelnde Embryo als selbständiges Rechtsgut. Es führt dann aus:

»Die Pflicht des Staates, jedes menschliche Leben zu schützen, läßt sich deshalb bereits unmittelbar aus Art. 2 Abs. 2 Satz 1 GG ableiten. Sie ergibt sich darüber hinaus auch aus der ausdrücklichen Vorschrift des Art. 1 Abs. 1 Satz 2 GG; denn das sich entwickelnde Leben nimmt auch an dem Schutz teil, den Art. 1 Abs. 1 GG der Menschenwürde gewährt. Wo menschliches Leben existiert, kommt ihm Menschenwürde zu; es ist nicht entscheidend, ob der Träger sich dieser Würde bewußt ist und sie selbst zu wahren weiß. Die von Anfang an im menschlichen Sein angelegten potentiellen Fähigkeiten genügen, um die Menschenwürde zu begründen.

...

Die Schutzpflicht des Staates ist umfassend. Sie verbietet nicht nur – selbstverständlich – unmittelbare staatliche Eingriffe in das sich entwickelnde Leben, sondern gebietet dem Staat auch, sich schützend und fördernd vor dieses Leben zu stellen, das heißt vor allem, es auch vor rechtswidrigen Eingriffen von seiten anderer zu bewahren. An diesem Gebot haben sich die einzelnen Bereiche der Rechtsordnung, je nach ihrer besonderen Aufgabenstellung, auszurichten. Die Schutzverpflichtung des Staates muß um so ernster genommen werden, je höher der Rang des in Frage stehenden Rechtsgutes innerhalb der Wertordnung des Grundgesetzes anzusetzen ist. Das menschliche Leben stellt, wie nicht näher begründet werden muß, innerhalb der grundgesetzlichen Ordnung einen Höchstwert dar; es ist die vitale Basis der Menschenwürde und die Voraussetzung aller anderen Grundrechte.

...

Wie der Staat seine Verpflichtung zu einem effektiven Schutz des sich entwickelnden Lebens erfüllt, ist in erster Linie vom Gesetzgeber zu entscheiden. Er befindet darüber, welche Schutzmaßnahmen er für zweckdienlich und geboten hält, um einen wirksamen Lebensschutz zu gewährleisten.

1. Dabei gilt auch und erst recht für den Schutz des ungeborenen Lebens der Leitgedanke des Vorranges der Prävention vor der Repression (vgl. BVerfGE 30, 336 [350]). Es ist daher Aufgabe des Staates, in erster Linie sozialpolitische und

85 *Knut Amelung*, Rechtsgüterschutz und Schutz der Grundrechte, 1972, S. 308 ff.; *Helmut Goerlich*, Dem Gesetzgeber kein Recht zur Resignation, JR 1975, S. 177; *Karl Heinz Gössel*, Abtreibung als Verwaltungsrecht, JR 1976, S. 1; *Roman Herzog*, Der Verfassungsauftrag zum Schutze des ungeborenen Lebens, JR 1969, S. 441; *Martin Kriele*, a.a.O. (Anm. 81); *Heinz Müller-Dietz*, Zur Problematik verfassungsrechtlicher Pönalisierungsgebote, in: Festschr. f. *Eduard Dreher*, 1977, S. 97; *Giselher Rüpke*, Schwangerschaftsabbruch und Grundgesetz, 1975.

86 BVerfGE 39, 1, 41 ff.

fürsorgerische Mittel zur Sicherung des werdenden Lebens einzusetzen. Was hier geschehen kann und wie die Hilfsmaßnahmen im einzelnen auszugestalten sind, bleibt weithin dem Gesetzgeber überlassen und entzieht sich im allgemeinen verfassungsgerichtlicher Beurteilung. Dabei wird es hauptsächlich darauf ankommen, die Bereitschaft der werdenden Mutter zu stärken, die Schwangerschaft eigenverantwortlich anzunehmen und die Leibesfrucht zum vollen Leben zu bringen. Bei aller Schutzverpflichtung des Staates darf nicht aus den Augen verloren werden, daß das sich entwickelnde Leben von Natur aus in erster Linie dem Schutz der Mutter anvertraut ist. Den mütterlichen Schutzwillen dort, wo er verlorengegangen ist, wieder zu erwecken und erforderlichenfalls zu stärken, sollte das vornehmste Ziel der staatlichen Bemühungen um Lebensschutz sein. Freilich sind die Einwirkungsmöglichkeiten des Gesetzgebers hier begrenzt. Von ihm eingeleitete Maßnahmen werden häufig nur mittelbar und mit zeitlicher Verzögerung durch eine umfassende Erziehungsarbeit und die dadurch erreichte Veränderung gesellschaftlicher Einstellungen und Anschauungen wirksam.

2. Die Frage, inwieweit der Staat von Verfassungs wegen verpflichtet ist, zum Schutz des ungeborenen Lebens auch das Mittel des Strafrechts als der schärfsten ihm zur Verfügung stehenden Waffe einzusetzen, kann nicht von der vereinfachten Fragestellung aus beantwortet werden, ob der Staat bestimmte Handlungen bestrafen muß. Notwendig ist eine Gesamtbetrachtung, die einerseits den Wert des verletzten Rechtsgutes und das Maß der Sozialschädlichkeit der Verletzungshandlung – auch im Vergleich mit anderen unter Strafe gestellten und sozialethisch etwa gleich bewerteten Handlungen – in den Blick nimmt, andererseits die traditionellen rechtlichen Regelungen dieses Lebensbereichs ebenso wie die Entwicklung der Vorstellungen über die Rolle des Strafrechts in der modernen Gesellschaft berücksichtigt und schließlich die praktische Wirksamkeit von Strafdrohungen und die Möglichkeit ihres Ersatzes durch andere rechtliche Sanktionen nicht außer acht läßt.

Der Gesetzgeber ist grundsätzlich nicht verpflichtet, die gleichen Maßnahmen strafrechtlicher Art zum Schutze des ungeborenen Lebens zu ergreifen, wie er sie zur Sicherung des geborenen Lebens für zweckdienlich und geboten hält. Wie ein Blick in die Rechtsgeschichte zeigt, war dies bei der Anwendung strafrechtlicher Sanktionen nie der Fall und traf auch für die bis zum Fünften Strafrechtsreformgesetz gegebene Rechtslage nicht zu.

a) Aufgabe des Strafrechts war es seit jeher, die elementaren Werte des Gemeinschaftslebens zu schützen. Daß das Leben jedes einzelnen Menschen zu den wichtigsten Rechtsgütern gehört, ist oben dargelegt worden. Der Abbruch einer Schwangerschaft zerstört unwiderruflich entstandenes menschliches Leben. Der Schwangerschaftsabbruch ist eine Tötungshandlung; das wird aufs deutlichste dadurch bezeugt, daß die ihn betreffende Strafdrohung – auch noch im Fünften Strafrechtsreformgesetz – im Abschnitt ›Verbrechen und Vergehen wider das Leben‹ enthalten ist und im bisherigen Strafrecht als ›Abtötung der Leibesfrucht‹ bezeichnet war – die jetzt übliche Bezeichnung als ›Schwangerschaftsabbruch‹ kann diesen Sachverhalt nicht verschleiern. Keine rechtliche Regelung kann daran vorbeikommen, daß mit dieser Handlung gegen die in Art. 2 Abs. 2 Satz 1 GG verbürgte grundsätzliche Unantastbarkeit und Unverfügbarkeit des menschlichen Lebens verstoßen wird. Von hier aus gesehen ist der Einsatz des Strafrechts zur Ahndung von ›Abtreibungshandlungen‹ ohne Zweifel legitim;

er ist in den meisten Kulturstaaten – unter verschieden gestalteten Voraussetzungen – geltendes Recht und entspricht insbesondere auch der deutschen Rechtstradition. Ebenso ergibt sich hieraus, daß auf eine klare rechtliche Kennzeichnung dieses Vorgangs als ›Unrecht‹ nicht verzichtet werden kann.

b) Indes kann Strafe niemals Selbstzweck sein. Ihr Einsatz unterliegt grundsätzlich der Entscheidung des Gesetzgebers. Er ist nicht gehindert, unter Beachtung der oben angegebenen Gesichtspunkte die grundgesetzlich gebotene rechtliche Mißbilligung des Schwangerschaftsabbruchs auch auf andere Weise zum Ausdruck zu bringen als mit dem Mittel der Strafandrohung. Entscheidend ist, ob die Gesamtheit der dem Schutz des ungeborenen Lebens dienenden Maßnahmen, seien sie bürgerlich-rechtlicher, öffentlich-rechtlicher, insbesondere sozialrechtlicher oder strafrechtlicher Natur, einen der Bedeutung des zu sichernden Rechtsgutes entsprechenden tatsächlichen Schutz gewährleistet. Im äußersten Falle, wenn nämlich der von der Verfassung gebotene Schutz auf keine andere Weise zu erreichen ist, kann der Gesetzgeber verpflichtet sein, zum Schutze des sich entwickelnden Lebens das Mittel des Strafrechts einzusetzen. Die Strafnorm stellt gewissermaßen die ›Ultima ratio‹ im Instrumentarium des Gesetzgebers dar. Nach dem das ganze öffentliche Recht einschließlich des Verfassungsrechts beherrschenden rechtsstaatlichen Prinzip der Verhältnismäßigkeit darf er von diesem Mittel nur behutsam und zurückhaltend Gebrauch machen. Jedoch muß auch dieses letzte Mittel eingesetzt werden, wenn anders ein effektiver Lebensschutz nicht zu erreichen ist. Dies fordern der Wert und die Bedeutung des zu schützenden Rechtsgutes. Es handelt sich dann nicht um eine ›absolute‹ Pflicht zu strafen, sondern um die aus der Einsicht in die Unzulänglichkeit aller anderen Mittel erwachsende ›relative‹ Verpflichtung zur Benutzung der Strafdrohung.

Demgegenüber greift der Einwand nicht durch, aus einer Freiheit gewährenden Grundrechtsnorm könne niemals eine staatliche Verpflichtung zum Strafen abgeleitet werden. Wenn der Staat durch eine wertentscheidende Grundsatznorm verpflichtet ist, ein besonders wichtiges Rechtsgut auch gegen Angriffe Dritter wirksam zu schützen, so werden oft Maßnahmen unvermeidlich sein, durch welche die Freiheitsbereiche anderer Grundrechtsträger tangiert werden. Insofern ist die Rechtslage beim Einsatz sozialrechtlicher oder zivilrechtlicher Mittel grundsätzlich nicht anders als bei dem Erlaß einer Strafnorm. Unterschiede bestehen allenfalls hinsichtlich der Stärke des erforderlichen Eingriffes. Allerdings muß der Gesetzgeber den hierbei entstehenden Konflikt durch eine Abwägung der beiden einander gegenüberstehenden Grundwerte oder Freiheitsbereiche nach Maßgabe der grundgesetzlichen Wertordnung und unter Beachtung des rechtsstaatlichen Verhältnismäßigkeitsgrundsatzes lösen. Würde man die Pflicht generell verneinen, auch das Mittel des Strafrechts einzusetzen, so würde der zu gewährende Lebensschutz wesentlich eingeschränkt. Dem Wert des von Vernichtung bedrohten Rechtsgutes entspricht der Ernst der für die Vernichtung angedrohten Sanktion, dem elementaren Wert des Menschenlebens die strafrechtliche Ahndung seiner Vernichtung.«

b) Die Richterin *Rupp von Brünneck* und der Richter Dr. *Simon* haben eine abweichende Meinung vertreten. Hierin heißt es u. a.[87]:

87 BVerfGE 39, 1, 68 ff.

»Da die Grundrechte als Abwehrrechte von vornherein ungeeignet sind, den Gesetzgeber an der Beseitigung von Strafvorschriften zu hindern, will die Senatsmehrheit die Grundlage dafür in der weitergehenden Bedeutung der Grundrechte als objektive Wertentscheidungen finden. Danach normieren die Grundrechte nicht nur Abwehrrechte des einzelnen gegen den Staat, sondern enthalten zugleich objektive Wertentscheidungen, deren Verwirklichung durch aktives Handeln ständige Aufgabe der staatlichen Gewalt ist. Diese Auffassung ist vom Bundesverfassungsgericht in dem begrüßenswerten Bemühen entwickelt worden, den Grundrechten in ihrem freiheitssichernden und auf soziale Gerechtigkeit angelegten Gehalt größere Wirksamkeit zu verleihen. Die Senatsmehrheit berücksichtigt jedoch die für die verfassungsgerichtliche Kontrolle wesentlichen Unterschiede der beiden Grundrechtsaspekte nicht hinreichend.

Als Abwehrrechte haben die Grundrechte einen verhältnismäßig deutlich erkennbaren Inhalt; in ihrer Auslegung und Anwendung hat die Rechtsprechung praktikable, allgemein anerkannte Kriterien zur Kontrolle staatlicher Eingriffe – etwa den Grundsatz der Verhältnismäßigkeit – entwickelt. Demgegenüber ist es regelmäßig eine höchst komplexe Frage, wie eine Wertentscheidung durch aktive Maßnahmen des Gesetzgebers zu verwirklichen ist. Die notwendig allgemein gehaltenen Wertentscheidungen könnten insoweit etwa als Verfassungsaufträge charakterisiert werden, die zwar für alles staatliche Handeln richtungweisend, aber notwendig auf eine Umsetzung in verbindliche Regelungen angewiesen sind. Je nach der Beurteilung der tatsächlichen Verhältnisse, der konkreten Zielsetzungen und ihrer Priorität, der Eignung der denkbaren Mittel und Wege sind sehr verschiedene Lösungen möglich. Die Entscheidung, die häufig Kompromisse voraussetzt und sich im Verfahren des trial and error vollzieht, gehört nach dem Grundsatz der Gewaltenteilung und dem demokratischen Prinzip in die Verantwortung des vom Volk unmittelbar legitimierten Gesetzgebers.

Freilich kann schon wegen der wachsenden Bedeutung fördernder Sozialmaßnahmen für die Effektuierung der Grundrechte auch in diesem Bereich nicht auf jede verfassungsgerichtliche Kontrolle verzichtet werden; die Erarbeitung eines geeigneten die Gestaltungsfreiheit des Gesetzgebers respektierenden Instrumentariums wird möglicherweise zu den Hauptaufgaben der Rechtsprechung in den nächsten Jahrzehnten gehören. Solange es aber daran noch fehlt, droht die Gefahr, daß die verfassungsgerichtliche Kontrolle sich nicht auf die Nachprüfung der vom Gesetzgeber getroffenen Entscheidung beschränkt, sondern diese durch eine andere, vom Gericht für besser gehaltene ersetzt. Diese Gefahr besteht in erhöhtem Maße, wenn – wie hier – in stark kontroversen Fragen eine nach langen Auseinandersetzungen getroffene Entscheidung der Parlamentsmehrheit von der unterlegenen Minderheit vor dem Bundesverfassungsgericht angegriffen wird. Unbeschadet der legitimen Befugnis der Antragsberechtigten, verfassungsrechtliche Zweifel auf diesem Wege klären zu lassen, gerät hier das Bundesverfassungsgericht unversehens in die Lage, als politische Schiedsinstanz für die Auswahl zwischen konkurrierenden Gesetzgebungsprojekten in Anspruch genommen zu werden.

...

Unser stärkstes Bedenken richtet sich dagegen, daß erstmals in der verfassungsgerichtlichen Rechtsprechung eine objektive Wertentscheidung dazu dienen soll, eine Pflicht des Gesetzgebers zum Erlaß von Strafnormen, also zum stärksten denkbaren Eingriff in den Freiheitsbereich des Bürgers, zu postulieren. Dies verkehrt die

Funktion der Grundrechte in ihr Gegenteil. Wenn die in einer Grundrechtsnorm enthaltene objektive Wertentscheidung zum Schutz eines bestimmten Rechtsgutes genügen soll, um daraus die Pflicht zum Strafen herzuleiten, so könnten die Grundrechte unter der Hand aus einem Hort der Freiheitssicherung zur Grundlage einer Fülle von freiheitsbeschränkenden Reglementierungen werden. Was für den Schutz des Lebens gilt, kann auch für andere Rechtsgüter von hohem Rang – etwa körperliche Unversehrtheit, Freiheit, Ehe und Familie – in Anspruch genommen werden.

Selbstverständlich setzt die Verfassung voraus, daß der Staat zum Schutz eines geordneten Zusammenlebens auch seine Strafgewalt gebrauchen kann; der Sinn der Grundrechte geht jedoch nicht dahin, solchen Einsatz zu fordern, sondern ihm Grenzen zu ziehen. So hat der Supreme Court der Vereinigten Staaten die Bestrafung von Schwangerschaftsabbrüchen, die mit Einwilligung der Schwangeren im ersten Drittel der Schwangerschaft durch einen Arzt vorgenommen werden, sogar als Grundrechtsverletzung angesehen. Dies ginge nach deutschem Verfassungsrecht zwar zu weit. Jedoch braucht auch nach dem freiheitlichen Charakter unserer Verfassung der Gesetzgeber eine verfassungsrechtliche Rechtfertigung dafür, daß er straft, nicht aber dafür, daß er von Strafe absieht, weil nach seiner Auffassung eine Strafdrohung keinen Erfolg verspricht oder aus anderen Gründen als unangemessene Reaktion erscheint (vgl. BVerfGE 22, 49 [78]; 27, 18 [28]; 32, 40 [48]).

Die entgegengesetzte Grundrechtsinterpretation führt zwangsläufig zu einer nicht minder bedenklichen Ausweitung der verfassungsgerichtlichen Kontrolle: Es ist nicht mehr allein zu prüfen, ob eine Strafvorschrift zu weit in den Rechtsbereich des Bürgers eingreift, sondern auch umgekehrt, ob der Staat zu wenig straft. Dabei wird das Bundesverfassungsgericht entgegen der Mehrheitsmeinung nicht bei der Frage stehenbleiben können, ob der Erlaß irgendeiner Strafnorm gleich welchen Inhalts geboten ist, sondern klären müssen, welche Strafsanktion zum Schutz des jeweiligen Rechtsguts hinreicht. In letzter Konsequenz könnte das Gericht sogar zu der Prüfung genötigt sein, ob die Anwendung einer Strafnorm im Einzelfall dem Schutzgedanken genügt.

Ein verfassungsrechtliches Festschreiben von Strafnormen – wie die Mehrheit es fordert – ist schließlich auch deswegen abzulehnen, weil gerade die Leitgedanken des Strafrechts nach den Erfahrungen der letzten Jahrzehnte und der zu erwartenden Entwicklung im Bereich der Sozialwissenschaften einem schnellen und starken Wandel unterliegen. Dies zeigt nicht allein ein Blick auf die grundlegenden Veränderungen etwa in der Beurteilung der Sittlichkeitsdelikte – z. B. Homosexualität, Ehegattenkuppelei, Exhibitionismus –, sondern läßt sich speziell für die Strafvorschriften gegen Abtreibung belegen. Die Straflosigkeit der ethisch (kriminologisch) indizierten Abtreibung, die heute der ganz überwiegenden Rechtsauffassung entspricht, war noch in den sechziger Jahren äußerst umstritten. Die von der Bundesregierung 1960 und 1962 vorgelegten Entwürfe eines Strafgesetzbuches lehnten diese Indikation ausdrücklich ab; zur sozialen und eugenischen Indikation begnügten sie sich mit dem Hinweis, daß sich die Ablehnung ›von selbst verstehe‹.«

2. *Pflicht des Staates zum polizeirechtlichen Schutz der Grundrechtsgüter*[88]

Das BVerwG hat in mehreren Entscheidungen[89] ohne Rückgriff auf die Verfassung dem verletzten Individuum einen Anspruch auf polizeiliches Einschreiten gegen den Störer gewährt. Nach dem Urteil des BVerfG zu § 218 StGB kann ein solches polizeiliches Einschreiten bei Verletzung eines Grundrechts durch einen Dritten auch verfassungsrechtlich geboten sein. Allerdings liegt im Polizeirecht die Lage insoweit anders, als kein selbständiger Anspruch aus dem Grundgesetz allein entwickelt zu werden braucht. Es handelt sich hier vielmehr nur um die Frage, ob die das polizeiliche Eingreifen zum Schutz der öffentlichen Sicherheit und Ordnung regelnde Generalklausel der Polizeigesetze auch im Interesse der Störungsopfer begründet wurde und damit ein subjektives öffentliches Recht gewährt, das im Klagewege vor den Verwaltungsgerichten geltend gemacht werden kann. Da ein Eingriff in die Rechte Dritter durch die Polizeigesetze nur dann gestattet ist, wenn dieser Eingriff geeignet und erforderlich ist, die Gefahr abzuwehren, liegen die Voraussetzungen vor, unter denen das BVerfG ein Handeln des Staates zum Schutz der verletzten Grundrechte bejaht. Man wird die polizeiliche Generalklausel aber auf dem Hintergrund dieser Wertentscheidung der Verfassung auszulegen haben, so daß ein Anspruch des Gestörten zu bejahen ist. Im übrigen ist das Polizeirecht bisher rechtsstaatlich nur aus der Sicht des Eingriffs in Grundrechte des Störers entwickelt worden. Die Sicht von den Grundrechten des Gestörten her kann zu einer stärkeren Verdeutlichung der Schutzgüter des Polizeirechts und zu einer gewissen Verschiebung in den anderen Voraussetzungen des Eingriffs führen.

3. *Pflicht des Staates zur Gewährung diplomatischen Schutzes*[90]

a) Nach Völkergewohnheitsrecht ist der Staat berechtigt, aber nicht verpflichtet, seine Angehörigen gegen völkerrechtswidrige Verletzungen ihrer Rechte durch Drittstaaten diplomatisch zu schützen: etwa durch die Erhebung von Protesten, durch die Ausübung von Repressalien, durch die Forderung von Schadensersatz, durch Klage vor internationalen Gerichten usw. Das Völkerrecht gewährt dabei den Staatsangehörigen keinen Anspruch auf diplomatischen Schutz durch ihren Staat. Ob ein solcher Anspruch besteht, richtet sich vielmehr nach nationalem Recht.

88 *Gerold Buschlinger,* Der Anspruch auf polizeiliches Einschreiten aus verfassungsrechtlicher Sicht, DÖV 1965, S. 374.

89 BVerwGE 11, 5.

90 Zum folgenden *Eckart Klein,* Diplomatischer Schutz und grundrechtliche Schutzpflicht, DÖV 1977, S. 704, und vor allem auch BVerfGE 40, 141, 177 ff.

b) In der Lehre ist umstritten, ob nach deutschem Recht ein Anspruch der Staatsangehörigen auf diplomatischen Schutz oder nur ein Anspruch auf fehlerfreie Ermessensausübung der Entscheidung über den diplomatischen Schutz besteht.

Folgt man der Schutztheorie des BVerfG, müßte dem einzelnen ein Recht auf diplomatischen Schutz bei Eingriffen fremder Staaten in seine Grundrechte dann zustehen, wenn diese Grundrechte anders nicht zu verwirklichen sind, also der diplomatische Schutz das einzige taugliche Mittel wäre. Dem steht das Argument entgegen, daß die Ausübung des diplomatischen Schutzes die Beziehungen der Bundesrepublik zu dritten Staaten schwer schädigen kann. Der diplomatische Schutz muß also zurücktreten, wenn deutsche Allgemeininteressen gegen seine Ausübung sprechen. Die grundrechtliche Fundierung des Anspruchs auf fehlerfreies Ermessen kann aber zu einer Ermessenskonkretisierung führen. Das Handlungsorgan ist nämlich nicht auf allgemeine Abwägungskriterien angewiesen, sondern muß die Bedeutung der Grundrechte, die Art ihrer Verletzung, die Möglichkeiten einer zulässigen Einschränkung in den Abwägungsvorgang mit einbeziehen[91].

4. Schutz vor Verbänden

Auch ein weiterer Punkt kann hier nur kurz angedeutet werden: Die nur mittelbare Grundrechtsbindung der Individuen und insbesondere der mächtigen Verbände einschließlich der Parteien und Kirchen müssen mit wirksamen staatlichen Sanktionen versehen sein. Auch insoweit ist der Staat verpflichtet, durch seine Gesetzgebung, Verwaltung und Rechtsprechung zu sichern, daß die Verbände nicht in die Grundrechte ihrer Mitglieder und Dritter eingreifen. Das bedeutet einerseits, daß zur Sicherung der Freiheiten ein Austrittsrecht gewährleistet sein muß. Auf der anderen Seite können die Grundrechte heute oft nur in Verbänden ausgeübt werden. Dann stellt sich das Problem eines Eintrittsrechts. Und schließlich muß der Staat bei Streitigkeiten seine Gerichtsbarkeit zur Verfügung stellen. Er darf soweit nicht ohne weiteres die Entscheidungen der Verbandsschiedsgerichtsbarkeit hinnehmen oder vollstrecken. Die Folgen aus dieser Konzeption und die Bedenken, die sich hierbei etwa für die Kirchen ergeben, können hier nicht näher ausgeführt werden.

IX. Negative Grundrechte und Grundpflichten

Ist man der Auffassung, daß die Grundrechte nicht mit der liberalen rechtsstaatlichen Lehre Abwehrrechte zum Schutz eines beliebigen Handelns be-

91 Vgl. *Eckart Klein*, a.a.O. (Anm. 90).

inhalten, sondern in erster Linie zur Erfüllung einer sozialen Funktion gewährleistet sind, kann das Grundrecht auf der einen Seite leicht in eine Grundpflicht umschlagen. Auf der anderen Seite ist einer solchen Umdeutung die Annahme der in Lehre und Rechtsprechung entwickelten Konzeption der negativen Grundrechte verschlossen. Nach dieser Auffassung hat – fast – jedes Grundrecht neben der positiven Komponente, dem Recht zum Handeln (zum Sichversammeln, zur Gründung von Vereinen usw.), auch eine negative Komponente, das Recht, sich nicht zu versammeln, einem Verein nicht beizutreten usw. Auch diese negativen Grundrechte sind in den positiven Grundrechten enthalten. Das bedeutet, daß das Grundgesetz auch die Haltung derjenigen akzeptiert und schützt, die sich von einer Beteiligung am öffentlichen und staatlichen Leben abkapseln und ganz »privat« leben wollen.

X. Grundrechtstheorie

Die bisher aufgezeigten Funktionen der Grundrechte gehen von jeweils unterschiedlichen Sichtweisen und Definitionen der Grundrechte aus. Das Nebeneinander dieser Funktionen führt also notwendig zu zahlreichen Brüchen in der Grundrechtsdogmatik, die an sich eine einheitliche Sichtweise und Erklärung liefern muß. Diese unterschiedlichen Sichtweisen führen auch zu ganz unterschiedlichen Grundrechtsauslegungen (dazu § 8). Die Grundrechtsdogmatik ist damit aufgerufen, ein einheitliches systematisches Erklärungsmodell zu entwickeln. Das hat *Eberhard Grabitz* in seinem Werk über Freiheit und Verfassungsrecht[92] versucht:

Nach Ansicht des BVerfG und der herrschenden deutschen Lehre begründeten die Freiheitsrechte, wenn nicht ausschließlich, so doch in erster Linie Abwehransprüche des Individuums gegen den Staat. Damit unterlegten Rechtsprechung und Lehre den Grundrechten das Vorverständnis *Georg Jellineks,* der die Grundrechte als Status negativus definierte, ohne nach der Absicherung dieses Verständnisses im Grundgesetz zu fragen. Allerdings sei durch Art. 1 III GG, der auch die Gesetzgebung an das Grundgesetz bindet, die Lehre *Jellineks* und der Weimarer Staatsrechtslehrer, daß die Grundrechte im Ergebnis nur einen Anspruch auf die Gesetzmäßigkeit der Verwaltung und Rechtsprechung gewähren, dahin verschoben worden, daß die Grundrechte – um mit *Ernst Forsthoff* zu sprechen – »Ausgrenzungen, die Aufrichtung von Bereichen, vor denen die Staatsgewalt halt macht«, darstellen. Die Struktur der grundrechtlich verbürgten Freiheit ändere sich

92 Vgl. BVerfGE 12, 1; 41, 29; 12, 106; *Detlev Christian Dicke,* a.a.O. (Anm. 66), Art. 11 Rdnr. 9, S. 377; *Eberhard Grabitz,* a.a.O. (Anm. 3), S. 1 ff.; *Jürgen Schwabe,* a.a.O. (Anm. 2), S. 11, 37.

dadurch nicht, daß die Grenze, vor der die Staatsgewalt »haltmacht«, aus den Gesetzen in die Verfassung verlagert werde. Damit werde der Umfang der Freiheit nach Maßgabe der einzelnen Freiheitsverbürgungen zwar erweitert; ihr Inhalt aber bleibe unverändert: Das sei der nach Abzug der staatlichen Einwirkungsmöglichkeiten verbleibende Bereich individueller Handlungsmöglichkeiten, die unbegrenzte Freiheit des einzelnen, nach seinem freien Belieben zu handeln.

Im ersten Teil (§§ 3–12) seines Buches untersucht *Grabitz* die Auswirkungen dieses Freiheitsbegriffs auf die Grundrechtsdogmatik. Werde die Freiheit als Freiheit zu beliebigem Handeln aufgefaßt, könne die Grundrechtsverletzung nicht auf imperative oder gezielte Staatsakte begrenzt werden; es komme vielmehr nur noch auf den Effekt des staatlichen Handelns an. Auch Fern- und Nebenwirkungen des staatlichen Handelns müßten dann also an den Grundrechten gemessen werden. Damit werde aber der Staat in seinem Handeln gelähmt; die Freiheit habe einen anarchistischen Zug und führe zur Auflösung des Staates. Zweitens könne die gesellschaftliche Entwicklung nicht aus sich heraus soziale Gerechtigkeit produzieren. Deshalb fehle es den einzelnen an der materiellen Grundlage, von den gesetzlich gesicherten Freiheiten Gebrauch zu machen. Staatliche Leistungen und staatliche Lenkung würden so zu Vorbedingungen der sozialen Erfüllung der Freiheit. Sobald aber die soziale Realisation der Freiheit als Staatsaufgabe erkannt sei, müsse auch eine Verfassung, die Freiheit verbürgt, daraufhin befragt werden, wie sie sich diesem Problem stellt. Lediglich auf Abwehr staatlicher Einwirkungen auf die individuelle Willkür gerichtete Freiheitsrechte vermögen zu seiner Lösung nichts beizutragen. Auch die Drittwirkung der Grundrechte vermögen diese Freiheitstheorie nicht zu erklären, da sie nur im Verhältnis des Bürgers zum Staat, nicht im Verhältnis der Bürger untereinander eingreife. Lehre und Rechtsprechung griffen deshalb insoweit auf die den Grundrechten zugrunde liegende Wertordnung zurück. Ähnliche Probleme ergeben sich bei den Grundrechtsschranken. Da der negative Begriff der Freiheit nicht definiert werden könne, ergäbe sich sein Inhalt im wesentlichen aus den Schranken der Grundrechte. »Freiheitsdogmatik ist danach notwendig Schrankendogmatik«. Aus dieser Problematik greift *Grabitz* den Fall des gesetzgeberischen Ermessens heraus, das dann bestehen soll, wenn ein Grundrecht einen Vorbehalt enthält, der nicht an bestimmte Voraussetzungen oder Zwecke gebunden ist. Die Gesetzesvorbehalte gestatteten nach der herrschenden Lehre, »in den eigentlichen Inhalt des Grundrechts selbst einzugreifen«, in einen »mit Substanz gefüllten, abgegrenzten Wirkungsbereich hineinzuschneiden«. Eine solche Vorstellung sei aber unvollziehbar, weil die vorausgesetzte Freiheit grenzenlos sei; was prinzipiell unbegrenzt ist, könne nicht eine Grenze in sich tragen, was für die Annahme einer Substanz logisch vorausgesetzt werden müsse. Dabei ist allerdings zu berücksichtigen, daß *Grabitz* den traditionellen Freiheitsbegriff in einem doppelten Sinne definiert. Soweit die Freiheit als Abwesenheit staatlicher Beeinträchtigung definiert wird, kann man in der Tat die Grenzen der Grundrechte nur durch die Festlegung der Schranken ziehen. Wenn man dagegen die Grundrechte nur als beliebiges Handeln definiert, kann jedem Grundrecht ein bestimmter Freiheitsbereich zugeordnet werden, so daß die Substanz auf diesem Wege durchaus gefunden werden kann. Warum sich dieser Weg vom systematischen Ansatz der Lehre entfernt, vermag ich nicht einzusehen. Die Rechtsprechung des BVerfG gestattet dem Gesetzgeber den Eingriff in verschiedene Grundrechte teilweise zur Verfolgung verfassungsrechtlich gesicherter öffentlicher Interessen (absolute öffentliche Interessen), zum Teil zur Durchsetzung von öffentlichen Interessen, die nicht durch die Verfassung geschützt sind (relative öffentliche Interessen). Eine systematische Grundlage für diese unterschiedlichen Stellungnahmen habe das BVerfG nicht herausgearbeitet. Die naheliegende Lösung, je auf das Gewicht der in Frage stehenden Grundrechte abzustellen, sei ihm wegen der negativen Definition der Grundrechte verwehrt. Die Ergebnisse zeigten sich insbesondere in der Stufentheorie zu Art. 12 GG. Auch hier scheint sich *Grabitz* zu stark von seinem durch die *Jellinek*sche Lehre geleiteten Vorverständnis der traditionellen Grundrechtslehre leiten zu lassen. Die Grundrechte können und müssen vielmehr dahin verstanden werden, daß sie aus dem in Art. 2 I GG verankerten Recht, nach freiem Belieben zu handeln, gewisse Segmente herausschneiden, die das Belieben des Bürgers auf bestimmte Alternativen beschränken: So verankert etwa Art. 12 GG das Belieben des Bürgers, jeden Beruf zu ergreifen. Dann läßt sich auch – etwa anhand der Staatsformen und Staatszielbestimmungen – das unterschiedliche Gewicht der Grundrechte bestimmen. Insbesondere dürfte das stärkere Gewicht der freien Berufswahl gegenüber der reinen Berufsausübung unmittelbar einsichtig sein. Von besonderer Bedeutung sind die Ausführungen von *Grabitz* zum Übermaßverbot. *Grabitz* zeigt auf, daß das BVerfG die Grundsätze des Übermaßverbots (Geeignetheit, Erforderlichkeit, Proportionalität) nicht gleichmäßig bei allen Grundrechten anwendet. Auf der Basis eines Freiheitsverständnisses, das Freiheit mit Abwesenheit staatlicher Einwirkungen gleichsetzt, könnten Kriterien für eine solche Unterscheidung nicht gefunden werden, weil das Übermaßverbot um so schwächer wirkt, je freier der Gesetzgeber ist, den Zweck seiner Normensetzung zu bestimmen. Diese Gesetzgebungsfreiheit aber kann wie gezeigt nur nach dem Gewicht des einzelnen Freiheitsrechts bestimmt werden, für die nach *Grabitz* der negative Freiheitsbegriff nichts hergibt. Auch der Wesensgehalt der Grundrechte könne nur durch eine positive Definition ihres Inhalts gefunden werden, zu der der negative Freiheitsbegriff nichts aussage. Es sei schließlich eine notwendige Folge des negativen Freiheitsbegriffs, Art. 2 I GG als Grundrecht auf »allgemeine Handlungsfreiheit« zu begreifen, das lex generalis zu den besonderen Grundrechten sei.

Im ganzen gesehen zeigt *Grabitz* meines Erachtens die Folgen und Probleme des negativen Freiheitsbegriffs richtig auf. Folgen des negativen Freiheitsbegriffs sind einerseits die Ausführung des Begriffs der Grundrechtsverletzung und das Verständnis des Art. 2 I GG als allgemeines Handlungsgrundrecht. Im übrigen stellt der negative Freiheitsbegriff nach *Grabitz* die Grundrechtstheorie vor eine Reihe von Problemen; daß nämlich auf ihrer Grundlage die positiven Teilhaberechte nicht erklärt werden können, daß die Grundrechtsdogmatik auf die Schrankenproblematik verlagert wird und daß sich bestimmte Probleme wie etwa die Abgrenzung des Eingriffsermessens des Gesetzgebers, das Eingreifen des Übermaßverbots und der Begriff des Wesensgehalts und das Problem der Drittwirkung auf ihrer Basis nicht lösen lassen. Allerdings haben die Rechtsprechung und die Lehre diese Folgen des negativen Freiheitsbegriffs vor *Grabitz* schon gesehen und verschiedene – allerdings unsystematisch verwendete – neue Lösungsansätze, etwa die Theorie der Funktion der Grundrechte als positive Leistungsansprüche, als Wertordnung und als institutionelle Garantie, gesucht und gefunden. Die Darstellung von *Grabitz* scheint mir der herrschenden Lehre implizit auch insofern zu stark das *Jellinek*sche Modell zu unterschieben, als die Lehre durchaus gesehen hat, daß nach Einführung des Art. 1 III GG die Grundrechte nicht mehr nur als der nach Einwirkung des Staates verbleibende Rest an Belieben der Staatsbürger verstanden werden können, sondern durch die Aufteilung in einzelne Grundrechte das Belieben der Staatsbürger nur in bestimmten Schranken gestattet wird, die vom Wortlaut jedes Grundrechts gezogen werden. Wenn man die Begriffe »Beruf« und »Wahl« in Art. 12 GG definiert hat, sind dem Belieben des Staatsbürgers also durchaus bestimmte Grenzen gezogen und die Freiheit des Staatsbürgers also durchaus partiell positiv definiert. Der Begriff der Freiheit hätte in diesem Zusammenhang weiteres Überdenken gefordert, insbesondere weil der »positive« Freiheitsbegriff *Grabitz* auch nicht mehr als »gewisse Entfaltungschancen« beinhalten soll.

Im zweiten Teil der Arbeit versucht *Grabitz* zu zeigen, daß das Verständnis der Grundrechte als negative Ausgrenzungen der Staatsgewalt Ausdruck der spätkonstitutionellen deutschen Verfassungstheorien ist und im Verfassungsverständnis des Grundgesetzes keinen Platz mehr beanspruchen kann. Zu diesem Zweck stellt *Grabitz* die demokratische (*Locke, Rousseau,* Rechteerklärung in den USA und in Frankreich) der konstitutionellen Grundrechtstheorie in Deutschland gegenüber. *Locke, Rousseau,* die Rechteerklärung der USA und in beschränktem Umfang auch die Déclaration des Droits de l'Homme hätten die Grundrechte nicht als Ausgrenzungen der staatlichen Wirkungssphäre verstanden; Gesellschaft und Staat würden theoretisch nicht voneinander geschieden; Freiheit bestehe deshalb nicht in der Gewährleistung einer staatsfreien gesellschaftlichen Sphäre, sie werde vielmehr durch den Staat, durch das Gesetz gesichert. »In der demokratischen Theorie der Freiheit stehen individuelle Freiheit und staatliches Gesetz also nicht im Gegensatz zueinander, sondern sie sind inhaltlich aufeinander bezogen. Freiheit in der politischen Gesellschaft wird als gesetzliche Freiheit begriffen. Das Gesetz ist aber nicht ein Parlamentsakt beliebigen Inhalts, sondern es muß entsprechend dem Zweck, dem der Zusammenschluß der Menschen im politischen Gemeinwesen dient, ein freiheitliches Gesetz sein.« Dasselbe gelte für die amerikanischen Freiheitserklärungen: »Sie konzipieren die Rechte, die sie anerkennen, entsprechend der naturrechtlichen Tradition zwar als dem Menschen von Natur aus zustehende Rechte; ihre Erhaltung und Sicherung begreifen sie aber zugleich als Zweck und Grundlage der politischen Ordnung.« Die konstitutionelle Bewegung des deutschen 19. Jahrhunderts habe dagegen den monarchischen Staat nicht auf eine demokratische, an den Grundrechten ausgerichtete Grundlage gestellt, sondern die monarchische Gewalt (den von der Gesellschaft getrennten Staat) nur bei Eingriffen in Freiheit und Eigentum begrenzt, so daß die Grundrechte als »Ausgrenzung einer staatsfreien Sphäre der Gesellschaft« erscheinen. »Das Gesetz dient dazu, der in der Fürstensouveränität zentralisierten Staatsgewalt Schranken anzulegen und die arbiträre Herrschaft der Exekutive an generelle Normen zu binden. Damit wird zwar ebenso wie nach der demokratischen Verfassungstheorie der Zweck verfolgt, die Rechte der Menschen im Staat zu sichern; aber im Gegensatz zu dieser geben nach der konstitutionellen Verfassungstheorie und Verfassungspraxis die Rechte des Menschen nicht den Maßstab für die Gesetzgebung ab, sondern markieren die Bereiche, in denen monarchische Herrschaft gesetzlicher Bindung unterworfen wird. ›Freiheit und Eigentum‹ oder andere verfassungsrechtlich verbürgte Rechte bilden nicht die Legitimitätsgrundlage für das Gesetz, sondern diese legitimiert umgekehrt ›Eingriffe‹ in jene Rechte.«

»Das Gesetz sichert Freiheit (und Eigentum) dadurch, daß es der Herrschergewalt des Fürsten Schranken zieht. Da aber eine Herrschaftsgewalt des Fürsten mit der Staatsgewalt identifiziert wird, existiert »Freiheit« notwendig nur außerhalb des Staates. Sie ist die Selbstbestimmung innerhalb der dem Staat gegenüberstehenden »Gesellschaft«. »Da der Staat das Politische monopolisiert, ist ›Freiheit‹ nicht die politische, d. h. im demokratischen Gesetz angestrebte, sondern die im gesellschaftlichen, d. h. im nicht-staatlichen und damit apolitischen Bereich sich vollziehende Chance individueller Entfaltung.« Diese Aussage ist sinnvoll nur möglich »auf dem Hintergrund einer Gesellschaftstheorie, die die Gesellschaft als in sich selbst regulierendes Ordnungsmodell auffaßt. Es ist das Ordnungsmodell des Liberalismus, nach dem die Konkurrenz einer Vielheit ökonomischer und geistiger Kräfte die bestmöglichen gesellschaftlichen Leistungen hervorzubringen vermag«. »Das liberale Gesellschaftsmodell ist das Modell einer aus Individuen zusammengesetzten Gesellschaft, die trotz ihres atomistischen Charakters eine homogene Gesellschaft darstellt, weil die Individuen als gleich intelligent, gleich wohlhabend und damit gleich einflußreich vorgestellt werden. Ihre Soziabilität äußert sich in der Annahme, daß Diskussion, Argument und Überzeugung die gegensätzlichen Auffassungen stets auszugleichen vermögen.« »Da das Gesellschaftsmodell des Liberalismus sich als ein Mechanismus der Selbstregulierung versteht, lehnt es folgerichtig staatliche Einwirkungen auf den in der Konkurrenz von Ware, Preis und Argument sich vollziehenden Prozeß als ›Intervention‹ ab. Sein Ideal ist ein möglichst herrschaftsloser Zustand, in dem staatliche Macht nur zur Aufrechterhaltung der Ordnung gesellschaftlicher Konkurrenz eingesetzt wird. Erst vor dem Hintergrund einer solchen Gesellschaftstheorie wird verständlich, daß ›Freiheit‹ eine Kategorie darstellt, die durchgängig der gesellschaftlichen Sphäre des Nichtstaatlichen, Privaten zuzuordnen ist.«

Im folgenden zeigt *Grabitz*, daß sowohl das vom Liberalismus vorausgesetzte sich selbst regulierende Gesellschaftsmodell wegen der Machtstrukturen der pluralistischen Gesellschaft und der sozialen Differenzierung und der sozialen Desintegration heute nicht mehr funktioniert, wie auch die vom Konstitutionalismus vorausgesetzte Trennung von Staat und Gesellschaft in einer Demokratie nicht mehr gegeben ist. Anschließend versucht *Grabitz* zu zeigen, daß Art. 1 II und I GG die Freiheit im demokratischen Sinne verstehen.

So sehr ich die geisteswissenschaftliche Methode und deren Beherrschung durch *Grabitz* bewundere, so skeptisch bin ich auch gegen diese Argumentation. Nicht nur weil sie – wie die ähnliche Beweisführung von *Jesch* in bezug auf den Gesetzesvorbehalt – die starke Verbindung des GG mit den zur Zeit der Weimarer Republik herrschenden Staatsauffassungen durchbricht und damit die vom Verfassungsgeber gewollte Kontinuität aufhebt, sondern auch, weil sie sich für ihre historische Argumentation fast ausschließlich auf die Auffassungen bestimmter Theoretiker gründet, die in bestimmte Verfassungsurkunden übernommen sein sollen – was etwa für die Déclaration des Droits de l'Homme fast unmöglich zu beweisen ist. Es ist zwar möglich, daß diese theoretischen Auffassungen die heutige Theorie geprägt haben und aus anderen Theorien eine andere Grundrechtsdogmatik fließt. Der theoretische Einfluß der *Jellinek*schen Grundrechtstheorie auf die heutige Grundrechtsdoktrin in der Bundesrepublik Deutschland wird aber von *Grabitz* meines Erachtens übertrieben; Lehre und Rechtsprechung haben diese Theorien heute weitgehend überwunden. Dann fragt sich nur, ob einem bestimmten Staatsmodell auch eine bestimmte Grundrechtstheorie zugeschrieben werden kann. Dafür sind meines Erachtens aber nicht die abstrakten Strukturen der betreffenden Staatsmodelle entscheidend, sondern die tatsächliche Praxis in Staaten, welche diese Idealtypen verwirklicht haben. Auf dieser Ebene scheinen hier die abstrakt bestehenden Gegensätze sich sehr stark anzunähern. So hätte eine Untersuchung gezeigt, daß die Grundrechte gerade auch als Abwehransprüche verstanden werden. Und die Gesetzgebungspraxis der konstitutionellen Staaten hätte meines Erachtens gezeigt, daß die Grundrechte auch dort nicht allein als Abwehransprüche verstanden wurden. Der in den Grundrechten angelegte Gesetzesvorbehalt bedeutet eben nicht nur, daß der Staat in diese Bereiche nicht eindringen sollte. Das Gesetz hatte nicht nur die Funktion, dem Tätigwerden des Staates einen Riegel vorzuschieben, sondern dem Gesetz wurde durchaus die Aufgabe zugeschrieben – etwa durch die Errichtung einer Gerichtsbarkeit –, Freiheit erst zu verwirklichen – auch im Verhältnis der Bürger untereinander (Zivilgesetze). Die Theorie der konstitutionellen Monarchie, welche die Grundrechte als Ausgrenzungen der Staatsgewalt versteht, übersieht so, daß die Grundrechte dem Staat nicht allein Schranken zogen, sondern daß hier ein – demokratischer – Gesetzgeber eingreifen sollte, dessen Funktion eben in der Verwirklichung der Freiheit bestehen konnte. Die Untersuchung der Verfassungspraxis hätte also gezeigt, daß die Grundrechte stets die doppelte Funktion einer Ausgrenzung und eines Bereichs gehabt haben, in dem der Gesetzgeber die Freiheit zu verwirklichen hatte. Damit wäre aber dem Ziel der Arbeit von *Grabitz* besser gedient gewesen: denn *Grabitz* will gerade die Mehrfunktionalität der Grundrechte herausarbeiten. Wenn man aber zeigen kann, daß die Grundrechte in allen Staatstypen mehrere Funktionen zu erfüllen haben, wäre vermieden worden, daß die Abwehrfunktion der Grundrechte, die immerhin eine wichtige Rolle spielt, durch die Gegenüberstellung der beiden Systeme bei *Grabitz* zu stark in den Hintergrund rückt. Überhaupt gelingt es *Grabitz* infolge seines Ansatzes nicht zu zeigen, warum die Abwehrfunktion, die auch er schließlich bejaht, überhaupt noch eine Rolle spielt. Müßte nicht im demokratischen System die Verwirklichung der Freiheit durch das Gesetz allein noch die Funktion der Grundrechte sein? Die Abwehrfunktion der Grundrechte beruht eben nicht nur auf der Trennung von Staat und Gesellschaft (soweit man die hierzu entwickelten eher spekulativen Theorien überhaupt akzeptieren kann), sie behält ihre Aufgabe auch, wenn die Gesellschaft nicht, wie vom Liberalismus vorausgesetzt, sich selbst reguliert.

Grabitz analysiert dann die Ansätze in Lehre und Rechtsprechung zu einem positiven Grundrechtsverständnis, die mit den Schlagworten »Wertordnung« und »institutionelle Garantie« umschrieben werden. Er legt schließlich den Ansatz zu einer eigenen Grundrechtstheorie dar: Freiheit ist »Verfassungsprinzip«, d. h., es ist ein Rechtsprinzip, das die Ordnung des Gemeinwesens konstituiert. Das Grundgesetz verstehe unter Freiheit nicht bloß Abwesenheit staatlicher Einwirkung auf die individuelle Willkür, sondern ein »– näher zu konkretisierendes – Maß sozialer Entfaltungschancen«; solange der verfassungsrechtliche Begriff der Freiheit negativ verstanden werde, »läßt sich das Programm nur zur stärkeren und umfassenden, den Bedürfnissen der Industriegesellschaft und moderner Staatlichkeit angepaßten Sicherung der Freiheit nicht befriedigend durchführen«. »Die Kategorie des Verfassungsprinzips steht ... rechtsquellentheoretisch auf einer Abstraktionshöhe, die es erlaubt, sowohl die normativen Einzelausprägungen der Freiheit in den Grundrechtsvorschriften hinreichend differenziert zu interpretieren, als auch andere freiheitssichernde Rechtsinstitute im Wege der Konkretisierung aus ihm ableiten zu können.« Es müsse deshalb bei jedem Einzelgrundrecht untersucht werden, welche Funktionen ihm zukommen sollen.

Der Ansatz von *Grabitz* gestattet nicht nur eine einheitliche Erklärung der verschiedenen Funktionen der Grundrechte, sondern legt das Hauptgewicht mit der demokratischen Theorie auf den Verfassungsauftrag des Gesetzgebers, Freiheit in den verschiedenen Formen herzustellen. Nicht ganz vermag ich allerdings den Folgen zuzustimmen, die dieses neue Grundrechtsverständnis haben muß. Nicht nur, daß die so wichtige Abwehrfunktion der Grundrechte nicht mehr generell vorausgetzt, sondern für jedes Grundrecht durch Interpretation einzeln zu beweisen ist. Den Grundrechten wird vielmehr nunmehr auf der anderen Seite auch ein Verfassungsauftrag des Gesetzgebers zur Realisierung der Freiheit (wieweit besteht insofern die Kontrollbefugnis des BVerfG?) zugeschrieben, die im Ergebnis zu einer unbegrenzten Kodifizierung des gesellschaftlichen Bereichs und möglicherweise zur Planwirtschaft führen muß. Dabei werden offensichtlich die Schranken des gesetzgeberischen Eingriffs in Grundrechte weit in den Innenbereich der Grundrechte hinein verlegt, wenn die Schrankenproblematik hier überhaupt noch eine Rolle spielt. Und schließlich kann ich mich auch nicht mit der Auswechslung des »freien Beliebens« des Individuums durch die »soziale Entfaltungsmöglichkeit« befreunden. Das sieht doch danach aus, daß der Freiheitsspielraum des einzelnen durch den Gesetzgeber mehr und mehr auf bestimmte »Einbahnstraßen« ausgerichtet wird – das von *Grabitz* gegebene Beispiel der Straßenverkehrsordnung zeigt das deutlich. Wie im östlichen Grundrechtsverständnis müßte auch hier der Staat und nicht das Individuum bestimmen, was im Interesse des Individuums liegt. Wenn auch gerade im Straßenverkehr und in bestimmten anderen Lebensbereichen eine solche Verengung des Beliebens der Individuen erforderlich ist, um überhaupt noch Freiheit zu verwirklichen, läßt sich dieses Bild doch sicher nicht generalisieren. Mir scheint deshalb, daß der richtige Ansatz von *Grabitz* weiterer Forschungen bedarf, um die Funktion der einzelnen Freiheitsrechte richtig herauszuarbeiten und in ein vernünftiges Verhältnis zueinander zu bringen.

§ 12 Grundrechtsbeschränkungen

I. Die Funktion des Denkens in Tatbestand, Schranken und Schrankenschranken

1. Nach der immer noch herrschenden Lehre und der grundsätzlichen Auffassung des BVerfG vollzieht sich die Prüfung der Grundrechtsgemäßheit staatlichen Handelns in mehreren Etappen:

a) Zunächst ist festzustellen, ob das Handeln des Privatmanns oder das betreffende Schutzgut (Vermögensbestandteile, Recht am geschriebenen Wort usw.) unter den Tatbestand der Grundrechtsverbürgung fällt. Zu diesem Zweck ist zunächst der Tatbestand der einzelnen Grundrechte nach den Prinzipien der Verfassungsinterpretation zu definieren und anschließend zu prüfen, ob das betreffende Handeln oder das betreffende Schutzgut unter diese Definition subsumiert werden können.

b) Danach ist zu prüfen, ob ein Grundrechtsadressat in den Tatbestand des Grundrechts eingegriffen hat. Denn nur bei einem solchen Eingriff entfalten die Grundrechte ihre Abwehrfunktion, müssen also die unter c) ff. dargelegten Fragen geprüft werden.

c) Der Eingriff kann nur aufgrund eines hinreichend bestimmten Gesetzes erfolgen (Gesetzesvorbehalt).

d) Das Gesetz muß Art. 19 I GG entsprechen und darf keine objektiven Verfassungssätze verletzen.

f) Der Eingriff muß schließlich dem Verhältnismäßigkeitsprinzip entsprechen.

Diese einzelnen Voraussetzungen der Grundrechtsbeschränkung müssen im folgenden näher untersucht werden.

2. Das Problem der Grundrechtsbeschränkung spielt grundsätzlich nur für die Abwehrfunktion der Grundrechte eine Rolle. Bei den Grundrechten als positive Teilhabeansprüche und als institutionelle Garantie stellt sich dagegen diese Problematik nicht. Nur bei den Abwehransprüchen ist also die unter 1. gegebene Aufgliederung der Prüfung der Verfassungsmäßigkeit von Staatsakten relevant.

II. Der Tatbestand der Grundrechte

Der Tatbestand der Grundrechte ergibt sich aufgrund einer Auslegung der einzelnen Grundrechte. So muß etwa definiert werden, was unter »Beruf« (Art. 12 GG), »Eigentum« (Art. 14 GG), »Ehe und Familie« (Art. 6 GG) usw. zu verstehen ist.

1. Hier ist schon darauf hinzuweisen, daß ein Teil der Rechtsprechung und Lehre bemüht ist, gewisse allgemeine Schranken der Grundrechte nicht »von außen« an die Grundrechte heranzutragen, sondern schon zur Einschränkung des Tatbestands heranzuziehen. Diese »immanenten Schranken im engeren Sinne« haben folgende rechtliche Auswirkung:

Ist man der Auffassung, schon der Tatbestand der Grundrechte sei durch solche Schranken immanent begrenzt, entfällt bei dem Handeln, das unter die immanenten Schranken fällt, schon die Möglichkeit eines Eingriffs in das entsprechende Grundrecht. Die Folge ist, daß die allgemein bei Eingriffen in Grundrechte vorausgesetzten rechtsstaatlichen Schutzinstrumente nicht erforderlich sind. Eingriffe in dieses Handeln sind also nicht dem Gesetzesvorbehalt unterstellt, das eingeschränkte Grundrecht braucht nicht zitiert zu werden, die Verletzung des objektiven Verfassungsrechts kann nicht geprüft werden, der Verhältnismäßigkeitsgrundsatz ist nicht zu beachten usw.

Läßt man dagegen diese immanenten Schranken nur von außen in das in seinem Tatbestand unbeschränkte Grundrecht eingreifen, greifen die rechtsstaatlichen Garantien, die mit dem Eingriff verknüpft sind; nur materiell gesehen kann das Gesetz im Ergebnis die Grundrechte infolge dieser Schranken begrenzen.

2. Solche immanenten Schranken sind in mehrfacher Richtung entwickelt worden:

a) Wie wir bei der Darstellung der Funktionen der Grundrechte dargelegt und bei der Auslegung der Grundrechte vertieft haben, sind einige Autoren der Auffassung, die Grundrechte schützten nur ein die Gemeinschaft förderndes Verhalten der Bürger (Freiheit zum Staat). Nicht durch die Grundrechte geschützt wäre dann das rein »private« Verhalten der Bürger, insbesondere der Entschluß, am Gemeinschaftsleben nicht teilzunehmen. Diese Auffassung ist abzulehnen, weil die liberale Rechtsstaatlichkeit gerade das freie Belieben des Bürgers schützt (*Carl Schmitt).*

b) Man kann auch umgekehrt das sozial schädliche Verhalten aus den Grundrechtstatbeständen generell ausschließen. So wird in der Lehre[1] häu-

1 Vgl. *Peter Häberle,* Die Wesensgehaltsgarantie des Art. 19 Abs. 2 GG, 2. Aufl. 1972; *Hans-Ulrich Gallwas,* Faktische Beeinträchtigungen im Rahmen der Grundrechte, 1970, S. 87 ff.

fig hervorgehoben, daß der »Mißbrauch« der Grundrechte, der offensichtlich noch diesseits des Tatbestands des Art. 18 GG liegt, nicht mehr unter den Schutz der Grundrechte falle. Auf der anderen Seite sind das BVerfG und das BVerwG der Auffassung, »Beruf« im Sinne des Art. 12 GG sei jede erlaubte Tätigkeit, die auf Dauer berechnet ist und der Erhaltung einer Lebensgrundlage dient[2]. Erlaubt soll dabei nur eine Tätigkeit sein, die nach den Wertvorstellungen der Rechtsgemeinschaft – ungeachtet der sonstigen verschiedenartigen Anschauungen der pluralistischen Gesellschaft – allgemein nicht als gemeinschaftsschädlich betrachtet wird[3]. Es kommt nicht darauf an, ob der Gesetzgeber eine Tätigkeit verboten oder unter Strafe gestellt hat[4]. Ebenfalls ist unerheblich, ob die Tätigkeit sozial anerkannt ist[5]. Die Grenze sei bei »sozial unwertigen« Beschäftigungen zu ziehen. Bei Meinungsäußerungen wären dann nur sozial wertvolle Meinungen geschützt[6].

Auch diese Auffassung ist abzulehnen, weil sie im Ergebnis den Umfang des Grundrechtsschutzes von der Wertauffassung der Mehrheit abhängig macht und schon im Ansatz die bei Grundrechten eingreifenden Garantien ausschaltet. Auch hier kann sich nur die Frage stellen, ob der Gesetzgeber insoweit auf eine generelle immanente Schranke zurückgreifen und – unter Beachtung der rechtsstaatlichen Kautelen – die Grundrechtsausübung einschränken kann[7].

c) Noch gefährlicher werden diese Theorien der inneren immanenten Schranken der Grundrechte, wenn auf die Übereinstimmung mit den guten Sitten oder gar auf die Tatsache abgehoben wird, daß die Tätigkeit nicht durch Strafgesetze oder durch die Polizeigesetze verboten ist, oder wenn sogar die »allgemeinen Gesetze« (Art. 5 II GG), d. h. alle Gesetze, die nicht speziell eine bestimmte Meinungsäußerung abschließen sollen, den Grundrechtstatbestand einschränken sollen. Damit würde im Ergebnis dem Gesetzgeber völlige Handlungsfreiheit gegeben.

d) Eine ganz andere Frage ist, ob in die Grundrechte nicht gewisse innere Schranken aufgenommen werden müssen, welche die Interessenabwägung insbesondere gegenüber Dritten zieht. Schützt z. B. Art. 5 III GG (Kunstfreiheit) einen Trompeter, wenn er morgens um 3 Uhr laut Trompete bläst und so alle Nachbarn am Schlafen stört? Schützt die Kunstfreiheit den Maler, der auf einer gestohlenen Leinwand malt? Meines Erachtens

2 BVerfGE 7, 377, 397; BVerwGE 22, 286, 287.
3 BVerwGE 22, 286.
4 BVerwGE 22, 286, 288.
5 *Manfred Gubelt,* in: *Ingo von Münch,* Grundgesetz-Kommentar, Bd. 1, 1975, Art. 12, S. 392.
6 A. A. BVerfGE 30, 347; 33, 15.
7 Vgl. auch *Wilfried Berg,* Berufsfreiheit und verbotene Berufe, GewA 1977, S. 249.

sollte man auch diese Probleme nicht über die inneren, sondern über die äußeren Schranken lösen, weil sonst der Polizei ohne gesetzliche Grundlage jegliches Eingreifen erlaubt wäre. Die Lösung der Konflikte mit Dritten ist eben eine typische Frage der äußeren Grenzen der Grundrechte, bei der alle rechtlichen Garantien eingreifen müssen.

e) Wieder anders wird die Frage gestellt, wenn es darum geht, ob die Grundrechte alle Tätigkeiten schützen, die an sich nicht unter den Wortlaut des Tatbestands fallen, aber zur Verwirklichung des betreffenden Grundrechts erforderlich sind. Meines Erachtens sollte man hier die Grundrechte ausweiten und erst über die äußeren Schranken die Grenzen ziehen. So fällt etwa unter die Religionsfreiheit auch eine Reise eines Katholiken nach Rom, um dort an Gottesdiensten usw. teilzunehmen, unter die Meinungs- und Wissenschaftsfreiheit die Reise eines Wissenschaftlers ins Ausland, um dort Vorträge zu halten usw.[8]. Zur Freiheit der Presse gehört auch die Auslieferung der Zeitungen durch werkseigene Wagen; die Beschlagnahme der Wagen griffe in die Pressefreiheit ein. Ebenso würde die Verhaftung eines Zeitungsredakteurs nicht nur in die Garantie der Freiheit, sondern auch in die Pressefreiheit eingreifen. Daß ein bestimmtes Handeln in erster Linie durch ein bestimmtes Grundrecht geschützt ist (etwa: Reisefreiheit durch Art. 2 I und 11 GG, persönliche Freiheit durch Art. 104 GG), schließt eine solche Erweiterung der anderen Grundrechte nicht aus. Das bedeutet aber auch, daß man innere immanente Schranken eines bestimmten Grundrechts nicht daraus ableiten kann, daß die betreffende Tätigkeit »an sich« unter ein anderes Grundrecht fällt.

III. Der Grundrechtseingriff

Der Begriff des Grundrechtseingriffs hat eine doppelte Funktion:

a) Im Rahmen des sogenannten »Eingriffsvorbehalts« fordert er für Eingriffe der Verwaltung in Freiheit und Eigentum ein die Verwaltung zu diesem Eingriff ermächtigendes Gesetz. In der neueren Entwicklung ist dieser »Eingriffsvorbehalt« immer stärker auf die Richtung des »Totalvorbehalts« hin erweitert worden, nach dem jedes und nicht nur das in Freiheit und Eigentum eingreifende Handeln der Verwaltung einer gesetzlichen Ermächtigung bedarf[9]. Damit scheint der Begriff des Eingriffs beim Gesetzesvorbehalt seine Funktion verloren zu haben. Bei näherer Betrachtung ist dies aber dann nicht der Fall, wenn man den Eingriffsvorbehalt

8 Vgl. *Albert Bleckmann / Bartold Busse*, Die Ausreisefreiheit der Deutschen, DVBl. 19 (1977), S. 794.

9 Vgl. *Albert Bleckmann*, Subventionsrecht, 1978, S. 43 ff.

erweitert, etwa auf alle »grundrechtsrelevanten« Fragen erstreckt, aber dem Totalvorbehalt nicht folgt. Denn dann ist zumindest bei einem Eingriff in Freiheit und Eigentum oder in die spezifischen Grundrechte ein Ermächtigungsgesetz erforderlich.

b) Der Gesetzesvorbehalt ist, wie wir bei der Aufstellung unter I 1 gezeigt haben, eine Voraussetzung des staatlichen Eingriffs in Grundrechte. Nur hinsichtlich dieser Voraussetzung hat der Begriff des Eingriffs seine Bedeutung teilweise verloren. Die anderen Voraussetzungen eines Eingriffs in Grundrechte knüpfen immer noch an einen Eingriff im alten Sinne an. Immer dann, aber auch nur dann, wenn der Staat in die vom Tatbestand der Grundrechte geschützten Rechtsgüter eingreift, ist also zu prüfen, ob das Gesetz ordnungsgemäß ergangen ist, sich innerhalb der Schranken des Gesetzesvorbehalts bewegt, verhältnismäßig ist usw. Der Eingriffsbegriff ist also für die allgemeine Grundrechtslehre nach wie vor von zentraler Bedeutung.

c) Der klassische Eingriffsbegriff setzte fünf verschiedene, aber eng aufeinander bezogene Kriterien voraus:

(1) Die heutige Lehre unterstreicht insbesondere im Rahmen der Enteignung (Art. 14 GG) nur ein einziges Kriterium, das allerdings eine große Bedeutung hatte: die Finalität des Handelns. Danach lag ein Eingriff immer dann vor, wenn ein Staatsorgan ein Grundrecht beschränken wollte. Ein solcher Eingriff liegt etwa dann vor, wenn die Verwaltung eine Versammlung auflöst, um zu verhindern, daß ein Redner dort eine bestimmte politige Auffassung vertritt. Kein Eingriff ist dann gegeben, wenn etwa die Verwaltung eine bestimmte Straße sperrt und dadurch ein Geschäft an dieser Straße Kunden verliert.

(2) Gefordert wurde zweitens, daß das staatliche Handeln das betreffende Grundrecht unmittelbar verletzt. Gewährte die Verwaltung z. B. einem Unternehmen eine Subvention, wurde der Konkurrent, der mangels Subvention seine Preise höher festsetzen mußte und deshalb Kunden verlor, nur mittelbar verletzt.

(3) Ebenso wichtig für die klassische Eingriffsdefinition war aber, daß der Akt des Staatsorgans ein Rechtsakt (Gesetz, Verordnung, Urteil, Verwaltungsakt usw.) war. Gegen rein tatsächliches Handeln des Staates, sogenannte Realakte, wurde der Grundrechtsschutz nicht gewährt.

(4) Daß der Schutz der Grundrechte nur bei Rechtsakten eingriff, war nur eine Folge des vierten Eingriffskriteriums: Es mußte sich um einen rechtlichen Eingriff in die Grundrechte handeln. Damit wurde einerseits die Rechtsqualität des Staatsaktes vorausgesetzt. Auf der anderen Seite wurde gefordert, daß der Akt gerade die Rechtsbeziehungen zwischen dem Staat und dem betreffenden Grundrechtsträger regelt. Das aber war nur bei Akten der Fall, die an den Grundrechtsträger im materiellen Sinne adressiert waren. Nicht in Grundrechte eingreifen konnten damit also ge-

wisse Organisationsakte wie die Widmung und Entwidmung von Straßen, Schulen, die Verlegung von Behörden und Gerichten usw.

(5) Ein Eingriff wurde schließlich nur bei Zwang und Befehl, d. h. bei einseitig-hoheitlichen Akten (Gesetz, Verordnung, Urteil, Verwaltungsakt), nicht aber bei vertraglichen Regelungen angenommen. Insoweit lag einerseits kein Eingriff vor, hatte auf der anderen Seite der Privatmann auf sein Grundrecht verzichtet (volenti non fit iniuria). Obwohl es sich um einseitige Hoheitsakte handelte, wurden schließlich auch Eingriffe im Rahmen eines »besonderen Gewaltverhältnisses« nicht als Eingriffe in Grundrechte angesehen; zum Teil wurde hier aber auch angenommen, daß es Grundrechte im besonderen Gewaltverhältnis nicht gab; damit wurde das besondere Gewaltverhältnis aus dem Schutzbereich der Grundrechte herausgenommen (innere immanente Schranke).

d) Hinsichtlich all dieser Kriterien wurde der Eingriffsbegriff nach 1949 erweitert. Hier ist, weil die Ausführungen in der Literatur sonst leicht einen Irrtum entstehen lassen können, ausdrücklich darauf hinzuweisen, daß die oben genannten Kriterien des Eingriffsbegriffs damit ihre Funktion nicht verloren haben: Immer dann, wenn diese Voraussetzungen gegeben sind, ist auch heute noch von dem Vorliegen eines Eingriffs auszugehen. Das ist besonders wichtig, weil bei der Erweiterung des Eingriffsbegriffs neue sichere Abgrenzungskriterien nicht mehr gefunden wurden, die Abgrenzung des Eingriffs also fast unmöglich geworden ist.

Nach 1949 wurde der Gedanke des Schutzes der Grundrechte stärker in den Vordergrund gestellt. Dem Individuum ist es aber im Ergebnis gleichgültig, in welcher Form und mit welchen Zielen die Verwaltungsorgane in seine Grundrechte eingreifen. Es kommt ihm nur darauf an, den faktischen Eingriff in seine Grundrechte, das Ergebnis des Verwaltungshandelns abzuwehren. Von den Formen und den Zielen des Staatshandelns wurde der Akzent folglich auf die tatsächliche Wirkung des Staatshandelns gelegt. Ein Akt, der einen oder alle der obigen fünf Voraussetzungen nicht erfüllt, kann aber ebenso stark in die Interessen der Grundrechtsträger eingreifen wie ein Akt, der einen Eingriff im klassischen Sinne darstellt. Diese Akzentverlagerung war aber noch aus einem weiteren Grunde wichtig. Früher handelte der Staat im wesentlichen punktuell und im Bereich der Eingriffsverwaltung. Er stützte sich hierbei auf den Verwaltungsakt. Der Schutz der Grundrechte und damit auch das gesamte Verwaltungsrecht war deshalb am Verwaltungsakt ausgerichtet. Heute hat der Staat die gesamte Wirtschafts- und Sozialgestaltung übernommen; er handelt weitgehend im Bereiche der Leistungsverwaltung mit neuen, noch schwer faßbaren Instrumenten. Sollen die Grundrechte deshalb heute effektiv geschützt werden, müssen neue rechtliche Kategorien entwickelt werden. Der Eingriffsbegriff kann folglich nicht mehr am Verwaltungsakt und am Urteil ausgerichtet sein. Da die neuen Handlungsinstrumente rechtlich schwer faßbar sind, hat sich der Akzent des Eingriffs von der Form auf die Wirkung des Verwaltungshandelns verlagert. Bei dieser Akzentverlagerung auf den Effekt des staatlichen Handelns wurde allerdings übersehen, daß die obigen fünf Voraussetzungen des Eingriffs nicht aufgestellt wurden, um sicherzustellen, wann ein Staatsakt die Grundrechte tatsächlich berührte. Es kam der alten Eingriffsdefinition vielmehr darauf an, zum Schutze gewisser, damals für legitim gehaltener Interessen des Staates den Grundrechtsschutz zurückzudrängen. Diese zum Teil auch heute noch zu beachtenden öffentlichen Interessen werden bei der heutigen Definition des Eingriffs nun teilweise übersehen. Die Ausweitung der Grundrechtsbindung auf jede tatsächliche Berührung der Grundrechte kann zu einer Lähmung des Staates führen. Im Interesse der notwendigen Flexibilität des Staates sind bei der Neubestimmung des Eingriffsbegriffs diese öffentlichen Interessen mit den Grundrechten abzuwägen.

e) Diese Ausweitung des Eingriffsbegriffs ist nunmehr kurz aufzuzeigen.

(1) Besonders deutlich wird die Änderung des Eingriffsbegriffs bei der »Preisgabe und (dem) Ersatz des enteignungsrechtlichen Finalitätsmerkmals«[10]. Der BGH hat in der Tat das Finalitätselement des Enteignungsbegriffs aufgegeben, um implizite Eingriffe und Nebenfolgen bei demselben und bei anderen Grundrechtsträgern zu erfassen. Um den Enteignungsbegriff nicht ausufern zu lassen, stellt er nunmehr auf die »Unmittelbarkeit« des Eingriffs ab, die allerdings rechtlich schwer zu fassen ist[11].

(2) Das BVerfG hat die fünf traditionellen Voraussetzungen des Eingriffs für alle Grundrechte aufgegeben und eine Grundrechtsverletzung auch bei »faktischen Beeinträchtigungen im Bereich der Grundrechte«[12] und bei »mittelbarer Verletzung der Grundrechte«[13] angenommen.

Hans-Ulrich Gallwas[14] unterscheidet im einzelnen folgende Fallgruppen: Eine staatliche Regelung kann zunächst einmal Folgewirkungen haben. Hier treffe die Beeinträchtigung den Adressaten der Regelung. Sie belaste ihn aber zusätzlich zu dem im Regelungsgegenstand liegenden Nachteil, und zwar entweder in dem von der Regelung ohnehin betroffenen oder einem anderen Grundrecht. Nebenwirkungen träten dagegen bei dritten Personen ein.

Um diese verschiedenen Fälle in den Eingriffsbegriff aufzunehmen, gleichzeitig aber eine neue Abgrenzung zu finden, könne man einerseits das

10 *Volker Gronefeld*, Preisgabe und Ersatz des enteignungsrechtlichen Finalitätsmerkmals, 1972.

11 Vgl. im einzelnen ebenda, S. 98 ff.

12 Vgl. *Hans-Ulrich Gallwas*, a.a.O. (Anm. 1).

13 *Rüdiger Haug*, Die Zulässigkeit der Verfassungsbeschwerde bei mittelbarer Verletzung eines Grundrechts, Diss. Würzburg 1971; vgl. auch *Paul Kirchhof*, Verwalten durch »mittelbares« Einwirken, 1977.

14 *Hans-Ulrich Gallwas*, a.a.O. (Anm. 1), S. 12 ff.

subjektive, andererseits das objektive Element der Finalität erweitern. Das subjektive Element werde erweitert, wenn man statt auf die auf den Effekt gerichtete Absicht auf die Vorhersehbarkeit abstellte. Das objektive Element werde erweitert, wenn man berücksichtige, daß jeder Eingriff ein exakt meßbares oder zumindest schätzbares Quantum an zwangsläufiger Beeinträchtigung enthalte. Aber auch *Gallwas* geht mit der Rechtsprechung des BVerfG im Ergebnis vom Effekt des Staatshandelns aus. Daß es auf den Effekt ankomme, ergebe sich aus einer Interpretation der Verfassung. Der Wert der Grundrechte werde eben gegen jede auch nur faktische Beeinträchtigung geschützt.

Das grundsätzlich Neue am Werk von *Gallwas* war, daß er aufzeigte, daß die Veränderung des Eingriffsbegriffs Ausstrahlungswirkung auf fast alle Folgen haben muß, die mit dem Eingriffsbegriff traditionell verbunden sind. So stellt sich die von ihm bejahte Frage, ob die Gesetzesvorbehalte, die grundsätzlich auf klassische Eingriffe abgestellt sind, auch zu faktischen Eingriffen berechtigen. Dem ist hinzuzufügen, daß angesichts der Uferlosigkeit der Folge- und Nebenwirkungen staatlichen Handelns die Erweiterung des Eingriffsbegriffs auch zur Folge haben muß, daß die dem Gesetzgeber und der Verwaltung offenstehenden Schranken der Grundrechte erheblich erweitert werden müssen, um eine Lähmung des Staates zu vermeiden.

Richtig ist auch der Ansatz von *Gallwas,* daß die traditionellen Schutzinstrumente der Verfassung, die Eingriffe in Grundrechte regeln, nicht in vollem Umfang auf faktische Eingriffe ausgedehnt werden können. So können der Gesetzesvorbehalt und die Notwendigkeit der Nennung der eingeschränkten Grundrechte nur eingreifen, soweit die faktischen Folgen des Verwaltungshandelns voraussehbar sind. Sonst ließe sich nämlich nicht a priori bestimmen, ob ein Gesetz erforderlich ist und welche Grundrechte es als eingeschränkt zitieren muß. Bei der Erweiterung des Gesetzesvorbehalts auf die Grundrechtsverletzungen ändere sich auch die Funktion des Gesetzesvorbehalts: Von einem Planungsinstrument, das die Mittel des Verwaltungshandelns festlege, werde das Gesetz zum Mittel der Legitimation von Schäden, die durch das Verwaltungshandeln eintreten. Die anderen Voraussetzungen des Eingriffs (objektive Verfassungsmäßigkeit, Verhältnismäßigkeit usw.) müßten dagegen auch bei faktischen Eingriffen vorliegen.

Auch das ist aber sehr fraglich. Jeder rechtliche und jeder faktische Akt des Staates kann zahlreiche Neben- und Folgewirkungen für die unterschiedlichsten Grundrechte der verschiedensten Grundrechtsträger haben: Die Kausalkette reißt praktisch niemals ab, nach Jahren noch können meist völlig unbekannte Personen in neuen Grundrechten verletzt werden. Will man nun anhand des Verhältnismäßigkeitsgrundsatzes die Verfassungsmäßigkeit des staatlichen Aktes abwägen, können immer nur die Grundrechte berücksichtigt werden, die zum Prozeßzeitpunkt tatsächlich tangiert sind oder deren Verletzung in diesem Zeitpunkt schon vorhersehbar ist. Diese Grenze muß zumindest bei der richterlichen Prüfung eingreifen. Die Rechtssicherheit verlangt, daß die Rechtmäßigkeit des Staatsaktes nicht ständig unter Berufung auf neue Grundrechtsverletzungen in Frage gestellt wird. Diesem Gesichtspunkt wird aber durch die Regelung der Fristen für die Einlegung der verwaltungs- und verfassungsgerichtlichen Rechtsmittel, durch die Begrenzung des Kreises der Rechtsmittelberechtigten und durch die Rechtskraft der Entscheidungen genügt. Das bedeutet zwar nicht, daß nur die Grundrechtsverstöße im Endergebnis relevant sind, die bei der ersten richterlichen Prüfung erkennbar oder vorhersehbar sind, weil auch, soweit weitere Rechtsmittel zulässig sind, neue Grundrechtsverstöße gerügt werden können. Aber die Grenzen sind doch relativ eng gezogen und genügen deshalb der Rechtssicherheit. Eine ganz andere Frage ist, ob der Grundsatz der Verhältnismäßigkeit nicht auf diejenigen Grundrechtsverletzungen beschränkt werden muß, die der Gesetzgeber erkennen konnte. Dafür spräche insbesondere, daß, wie wir zeigen werden, das BVerfG bei der Prüfung der Verhältnismäßigkeit dem Gesetzgeber den Vorrang läßt und sich im Ergebnis meist auf eine Vertretbarkeitskontrolle der Entscheidung des Gesetzgebers beschränkt. Beschränkt sich die Verfassungskontrolle aber auf eine Überprüfung der subjektiven Auffassung des Gesetzgebers, müßte es auch darauf ankommen, welche Grundrechtsverletzungen der Gesetzgeber voraussehen konnte.

f) Eine Würdigung der Erweiterung des Eingriffsbegriffs muß zunächst bei einer noch stärkeren Typenbildung einsetzen, als *Gallwas* und *Kirchhof* sie gefordert haben:

(1) Es sind zunächst alle Rechtsakte herauszuarbeiten, die vom klassischen Eingriffsbegriff nicht erfaßt werden, etwa Organisationsakte, Akte der Bundesbank (Mindestreservefestsetzung, Offenmarktpolitik, Festsetzung des Rediskontsatzes), Planungsmaßnahmen, Verträge usw.

(2) Zweitens sind die rein faktischen Akte des Staates in Typen zusammenzufassen.

(3) Hinsichtlich der alten und neuen rechtlichen und faktischen Eingriffe sind zumindest folgende Fallgruppen zu unterscheiden:

- Ein an den X gerichteter Akt greift faktisch in Grundrechte Dritter ein: Die Subventionsbewilligung verletzt die Wettbewerbsfähigkeit des Konkurrenten (Art. 2 GG), die Baugenehmigung das Eigentumsrecht des Nachbarn usw. Mit diesen Fällen hatten sich weitgehend die Verwaltungsgerichte im Rahmen der Klagebefugnis auseinanderzusetzen[15].
- Ein Akt verletzt die Grundrechte des A; das hat Auswirkungen auf die Grundrechte von B, C, D usw.; dadurch werden wiederum andere Grundrechte des X, Y und Z verletzt: Das Grundstück einer Gesellschaft

15 Vgl. *Albert Bleckmann*, a.a.O. (Anm. 9), S. 148 ff., 151.

wird enteignet. Dadurch sinkt der Wert der Aktien (Eingriff in die Grundrechte der Aktionäre), die nun ihren Zahlungsverpflichtungen nicht mehr nachkommen können (Eingriff in Grundrechte der Gläubiger der Aktionäre?).

- Ein staatlicher Akt verletzt ein Grundrecht des A. Das hat Auswirkungen auf andere Grundrechte des A: Dem A wird ein Paß verweigert. Dadurch ist er in seiner Ausreisefreiheit verletzt. Das hat zur Folge, daß er alle Grundrechte des GG im Ausland nicht ausüben kann.
- Ein Akt setzt zunächst nur Tatsachen (Daten), ohne in Grundrechte einzugreifen. Aufgrund einer kürzeren oder längeren Kausalreihe werden Grundrechte zahlreicher Personen betroffen.
- Der Staat veranlaßt den A, eine bestimmte Haltung einzunehmen, die in Grundrechte Dritter eingreift.

g) Wenn auch grundsätzlich mit der neueren Rechtsprechung und mit *Gallwas* vom Effekt des staatlichen Handelns auszugehen ist, muß doch bei den unter f entwickelten Fallgruppen im einzelnen untersucht werden, ob nicht Gründe gegen eine Grundrechtsverletzung sprechen.

(1) Dabei ist zunächst zu berücksichtigen, daß die vom GG im Organisationsteil vorausgesetzte, auch zur Verwirklichung der Grundrechte notwendige Handlungsfreiheit des Staates erhalten bleiben muß. Das kann zwar auch durch eine Erweiterung der Schranken geschehen, muß aber zunächst schon beim Eingriff ansetzen: Ganz entfernte Kausalitäten müssen aus diesem Grunde beim Eingriffsbegriff ausscheiden. Der Grundsatz der Unmittelbarkeit ist weiterhin erforderlich und muß näher bestimmt werden. Das ist auch schon aus dem Grunde erforderlich, weil die Kausalkette auch bei der Prüfung der Verfassungsmäßigkeit des betreffenden Aktes durch den Richter nicht abgeschlossen ist, ständig weitere Grundrechtsverletzungen eintreten können, die der Richter nicht in seine Prüfung einzubeziehen vermag. Eine abschließende Beurteilung der Verfassungsmäßigkeit des staatlichen Handelns, wie dies aus rechtsstaatlichen Gründen erforderlich ist, wäre also niemals möglich.

(2) Vielleicht erfordert die Handlungsfähigkeit des Staates auch, daß bei bestimmten Rechtsakten des Staates die Annahme einer Grundrechtsverletzung ganz auszuscheiden hat.

(3) Wird die mittelbare Verletzung eines Grundrechts des A kausal für die Grundrechtsverletzung eines oder mehrerer Dritter, fragt sich, ob nicht der A in erster Linie dazu berufen ist, diese Grundrechtsverletzung geltend zu machen.

(4) Bei der Verletzung der Ausreisefreiheit des A wird die Ausübung aller Grundrechte im Ausland mittelbar beeinträchtigt. Das würde eine Prüfung der Paßverweigerung an allen Grundrechtsbestimmungen notwendig machen, ohne daß hier konkrete, für die Verweigerung des Passes notwendige Daten vorliegen. Damit würde die Verfassungsgerichtsbarkeit

überfordert. Soll die Paßverweigerung dagegen die Ausübung eines bestimmten Grundrechts (Meinungsäußerung, Versammlungsfreiheit, Wissenschaftsfreiheit) im Ausland unterbinden, liegt über die Ausreisefreiheit ein Eingriff in Art. 5 GG vor. Dem Elfes-Urteil kann insoweit nicht gefolgt werden.

IV. Formelle Voraussetzungen des Eingriffsgesetzes

1. Ein Grundrechtseingriff ist nur rechtmäßig, wenn er durch oder aufgrund eines Gesetzes erfolgt (Eingriffsvorbehalt).

a) Dieses Gesetz muß dabei hinreichend bestimmt sein: Der Bürger muß schon aufgrund des Gesetzes berechenbar voraussehen können, welche Eingriffe die Verwaltung vornehmen kann[16]. Hinreichend konkret ist auch eine Generalklausel wie etwa die öffentliche Sicherheit und Ordnung im Polizeigesetz[17], die innere und äußere Sicherheit und Belange der Bundesrepublik Deutschland im Paßgesetz[18], Belange der Bundesrepublik Deutschland im Ausländergesetz[19], wenn entweder die rechtsstaatlich ausgerichtete Verwaltungsgerichtsbarkeit diese Begriffe in ständiger Rechtsprechung konkretisiert hat, eine Konkretisierung aufgrund verfassungskonformer Auslegung möglich ist oder aber diese Begriffe – wie etwa die »sonstigen Belange der Bundesrepublik Deutschland« im Ausländergesetz – am Schluß einer Aufzählung von konkreten Eingriffstatbeständen benutzt werden und klargestellt werden kann, daß mit den »sonstigen Belangen« ähnliche Tatbestände gemeint sind wie in der vorherigen Aufzählung[20].

b) Hinreichend bestimmt ist das Gesetz auch, wenn es der Verwaltung einen Ermessens- oder Beurteilungsspielraum beläßt, weil auch dieser Spielraum nach rechtsstaatlichen Gesichtspunkten in bestimmten Grenzen und insbesondere auf eine Grundrechtsverletzung hin überprüfbar ist[21].

c) Nicht hinreichend bestimmt wäre ein gesetzliches Verbot mit Erlaubnisvorbehalt (Baugenehmigung), wenn die Verwaltung bei Vorliegen bestimmter Tatbestände die Genehmigung nur erteilen »könnte«. Aus rechtsstaatlichen Gründen ist dieses Ermessen deshalb dahin umzudeuten, daß bei Vorliegen der gesetzlichen Tatbestände die Erlaubnis erteilt werden muß, also ein Recht auf deren Erteilung besteht[22]. Umstritten ist dies nur bei der

16 *Albert Bleckmann,* a.a.O. (Anm. 9), S. 49.
17 *Heinrich Scholler / Siegfried Broß,* Grundzüge des Polizei- und Ordnungsrechtes in der Bundesrepublik Deutschland, 2. Aufl. 1978, S. 66, 72, 100.
18 S. o. § 9 IV.
19 Ebenda.
20 Ebenda.
21 BVerwGE 39, 197; NJW 1972, S. 1411.
22 BVerwGE 16, 116.

Aufenthaltserlaubnis für Ausländer, weil der Ausländer möglicherweise zwar vor dem Betreten der Bundesrepublik kein Grundrecht auf Aufenthalt besitzt, sich also auch nicht auf Art. 2 I GG berufen kann[23].

d) Voraussehbar muß nur sein, ob die Verwaltung eingreifen kann. Der Eingriff muß also von hinreichend bestimmten Voraussetzungen abhängig gemacht werden. Nicht ist erforderlich, daß der Bürger voraussehen kann, ob und wann die Verwaltung tatsächlich in seine Grundrechte eingreift. Der Gesetzgeber ist insoweit also nicht verpflichtet, eine Pflicht der Verwaltung zum Eingriff festzulegen. Eine solche Pflicht zum Schutze Dritter kann sich aber aus der Schutzpflicht gegenüber diesen Dritten ergeben.

e) Der Gesetzesvorbehalt verlangt, daß die Einschränkung der Grundrechte durch ein hinreichend bestimmtes formelles Gesetz erfolgt. Nur vorkonstitutionelles Gewohnheitsrecht kann die Grundlage einer solchen Einschränkung bilden; nach dem Erlaß der Verfassung kann insoweit auf neues Gewohnheitsrecht nicht zurückgegriffen werden[24]. Es ist deshalb auch nicht möglich, die Einschränkung auf eine Analogie zu einem bestehenden Eingriffsgesetz zu stützen[25].

2. Nach Art. 19 I 1 GG muß das Eingriffsgesetz allgemein und nicht nur für den Einzelfall gelten.

a) An dieser Stelle ist zunächst das »Maßnahmegesetz« zu nennen, obwohl dieser Begriff von der Literatur meist verwendet wird, um neben Art. 19 I 1 GG weitere rechtsstaatliche Voraussetzungen des Eingriffsgesetzes zu entwickeln. Die Literatur[26] zu dieser Frage ist inzwischen sehr umfangreich:

(1) Auszugehen ist von der Tatsache, daß der Gesetzgeber heute die Wirtschaftsentwicklung und die soziale Entwicklung durch seine Akte lenkt. Das hat auch eine Änderung der Funktion der Gesetzgebung zur Folge. Der Gesetzgeber erläßt nicht nur Gesetze, die an der Gerechtigkeit orientiert sind und wie das StGB und das BGB nur anordnen, daß, wenn ein

23 Vgl. soeben Anm. 18.

24 BVerfGE 22, 122; 15, 231; 28, 21; 34, 303.

25 BVerfGE 15, 226, 233; 29, 183.

26 *Kurt Ballerstedt*, Über wirtschaftliche Maßnahmegesetze, in: Festschr. f. *Schmidt-Rimpler*, 1957, S. 369; *Ernst Forsthoff*, Über Maßnahmegesetze, in: Festschr. f. *Walter Jellinek*, 1955, S. 221; *Konrad Huber*, Maßnahmegesetz und Rechtsgesetz, 1963; *Werner Krawietz*, Zur Kritik am Begriff des Maßnahmegesetzes, DÖV 1969, S. 127; *Hildegard Krüger*, Die Verfassungswidrigkeit der lex Schörner, DVBl. 1955, S. 758; *Karl Matthias Meessen*, Maßnahmegesetze, Individualgesetze und Vollziehungsgesetze, DÖV 1970, S. 314; *Christian-Friedrich Menger / Herbert Wehrhahn*, Das Gesetz als Norm und Maßnahme, VVDStRL 15 (1957), S. 3; *Peter Schneider*, Zum Verbot des Einzelgesetzes i. S. von Art. 19 I GG, in: Finanz- und Geldpolitik, 1963, S. 85; *Dieter Volkmar*, Allgemeiner Rechtssatz und Einzelakt, 1962.

bestimmter Tatbestand gesetzt ist, eine bestimmte Rechtsfolge eintritt. Der Gesetzgeber will vielmehr wirtschaftliche, kulturelle, soziale usw. Zwecke erreichen. Zu diesem Zweck erläßt er in bezug auf ganz konkrete Sachverhalte Gesetze, die einen bestimmten, konkreten Plan verwirklichen sollen.

(2) Zurückgreifend auf die Arbeiten von *Carl Schmitt*[27], hat *Ernst Forsthoff* für solche Gesetze den Begriff des »Maßnahmegesetzes« geprägt. Das Kennzeichen des Maßnahmegesetzes sei, daß es ein konkretes Ziel habe und daß dieses Ziel eine logische Priorität vor den im Gesetz getroffenen Maßnahmen habe. Die Absicht des klassischen Gesetzgebers sei, einen Lebensbereich auf Dauer zu ordnen; das Maßnahmegesetz dagegen verfolge einen direkten und bestimmten Zweck, die von ihm getroffenen Anordnungen seien ausschließlich an diesem Zweck ausgerichtet. Das klassische Gesetz habe einen Geltungswert unabhängig von dem konkreten Anlaß, dem es seine Entstehung verdanke; das Maßnahmegesetz erschöpfe sich darin, Mittel zu einem konkreten Zweck zu sein. Mit dem Maßnahmegesetz greife der Gesetzgeber in den Bereich der Verwaltung über. Trotzdem hält *Forsthoff* den Gewaltenteilungsgrundsatz nicht für verletzt, da er flexibel sei. Außerdem habe Art. 19 I GG die Formalstruktur des Gesetzes abschließend bestimmt; diese Vorschrift schweige zu den Maßnahmegesetzen und habe sie folglich nicht verboten. Diese Ansätze Forsthoffs wurden von *Christian F. Menger* und *Kurt Ballerstedt* vertieft.

Die Kritik *Herbert Wehrhahns* setzt an der Tatsache an, daß der Gesetzeszweck nicht mit genügender Schärfe angegeben werden könne, häufig ein Gesetz auch mehrere Zwecke habe. Die Unterscheidung nach dem Gesetzeszweck liefere also nicht genügend klare Kriterien für eine Unterscheidung, an die man Rechtsfolgen knüpfen wolle. Nach Ansicht von *Ulrich Scheuner*[28] ist der Begriff des Maßnahmegesetzes überflüssig. Soweit es sich um Einzelfallgesetze handele, greife Art. 19 I GG ein. Soweit dies nicht der Fall sei, seien Maßnahmegesetze zulässig.

(3) Nach Ansicht des BVerfG sind Maßnahmegesetze weder durch Art. 19 I GG noch durch andere Bestimmungen des GG (etwa durch den Gewaltenteilungsgrundsatz) verboten. Auch Art. 19 I 1 GG verlange nur, daß ein Gesetz, das Einschränkungen von Grundrechten enthält, allgemein und nicht nur für den Einzelfall gelte. Ein Gesetz, das an einen konkreten Sachverhalt anknüpfe, könne doch in anderer Hinsicht, nämlich im Hinblick auf die zahlreichen Gläubiger allgemein gelten[29].

b) Art. 19 I GG betrifft also nicht die Maßnahme-, sondern nur die Einzelfallgesetze.

27 *Carl Schmitt,* Die Diktatur des Reichspräsidenten, VVDStRL 1 (1924), S. 63; vgl. *ders.*, Die Diktatur, 2. Aufl. 1928, S. 213.

28 *Ulrich Scheuner,* VVDStRL 15 (1957), S. 69.

29 BVerfGE 15, 126, 146 f.; vgl. BVerfGE 4, 7; 10, 89, 108; 14, 52; 25, 14; 25, 396.

(1) *Hans Schneider*[30] hat den Begriff des Individualgesetzes vom Gegenbegriff des generellen Rechtssatzes her bestimmt. In dem Wort »Regel« liege notwendig, daß es sich um eine Aussage handele, die für eine unbestimmte Vielzahl von Fällen getroffen werde. Einzelfallgesetze seien stets Dispense von generellen Gesetzen oder Privilegierungen, jedenfalls Beeinträchtigungen der allgemeinen Rechtsordnung. Dispens und Privileg stünden aber ebenso im Dienste des Gerechtigkeitsdenkens wie das Gesetz als genereller Rechtssatz. Der allgemeine und zwingende Charakter sichere die Gleichmäßigkeit der Rechtsfolgen für gleiche Lagen. Die Gleichbehandlung sei ein notwendiger Bestandteil der Gerechtigkeit. Auf der anderen Seite verlange die Gerechtigkeit aber auch eine Berücksichtigung gerade des Einzelfalls. Der Gleichheitsgrundsatz könne das Verbot der Einzelfallgesetze nicht begründen. Denn er verlange, daß Gleiches gleich, Ungleiches ungleich behandelt werde. Das bedeute aber, daß der Gesetzgeber, wenn gleiche Fälle vorliegen, ein all diese Fälle umfassendes Gesetz erlassen müsse. Es bedeute dies aber auch, daß, wenn nur ein einziger Fall vorliegt, dieser individuell geregelt werden müsse. Damit zeigt *Hans Schneider* eine gewisse Spannung zwischen dem Gleichheitssatz und Art. 19 I GG auf.

(2) *Heinz Bauernfeind*[31] sieht dagegen die ratio des Art. 19 I GG sowohl im Gleichheitssatz als auch im Gewaltenteilungsprinzip. Für ihn ist ein Einzelfallgesetz eine gesetzliche Regelung, die von sachlich und rechtlich sich entsprechenden Fällen einen Teil aussondert und einer speziellen Regelung zuführt. Unter solchen Umständen bestehe nämlich die Gefahr der Ungleichbehandlung. Im einzelnen bildet er folgende Fallgruppen:

- Ein Gesetz regelt die Ruhrkohle-AG abweichend vom allgemeinen Recht der Aktiengesellschaften.
- Ein Gesetz ist seinem Wortlaut nach allgemein und abstrakt gefaßt, kommt aber praktisch nur auf einen einzigen Fall zur Anwendung.
- Ein Gesetz ist seinem Wortlaut nach allgemein und abstrakt gefaßt, betrifft auch zahlreiche Einzelfälle, ist jedoch zur Regelung eines konkreten Falles erlassen worden. Ein solches Gesetz sei zulässig.
- Ein Gesetz ist allgemein und abstrakt gefaßt, betrifft aber nur eine begrenzte Zahl von Personen. Auch das sei zulässig.

(3) Nach Ansicht des BVerfG sind die den Einzelfallgesetzen entgegengesetzten generellen Gesetze Regelungen, die den Tatbestand, an den bestimmte Rechtsfolgen geknüpft werden, generell bestimmen, nach ihrer abstrakt geltenden Fassung Geltung für eine unbestimmte Vielzahl von Fällen verlangen. Es dürfe sich nicht übersehen lassen, auf wie viele und auf

30 *Hans Schneider,* Über Einzelfallgesetze, in: Festschr. f. *Carl Schmitt,* 1968, S. 159.

31 *Heinz Bauernfeind,* Zum Verbot von Einzelfallgesetzen gemäß Art. 19 I GG, DVBl. 1976, S. 193.

welche Fälle das Gesetz Anwendung finde[32]. Allerdings verbiete Art. 19 I GG auch abstrakt gehaltene Fallgesetze, die konkret nur einen einzigen oder überschaubare Fälle betreffen können[33].

Im übrigen hat das BVerfG die Tragweite des Art. 19 I GG in einem doppelten Sinne eingeschränkt:

- Nach BVerfGE 25, 371, 399 dient Art. 19 I GG »der Sicherung derjenigen Grundrechte, die aufgrund eines speziellen im GG enthaltenen Vorbehalts durch Gesetze oder aufgrund eines Gesetzes eingeschränkt werden können; ... Unter einem speziellen Gesetzesvorbehalt im Sinne dieser Auffassung stehen jedoch die Art. 2 Abs. 1, 3 Abs. 1 und 14 GG ... nicht«.
- Dieselbe Entscheidung führt aus[34]:

»Ein über Art. 19 Abs. 1 GG hinausgreifendes Verbot von Einzelfallgesetzen läßt sich insbesondere nicht aus dem Rechtsstaatsprinzip herleiten. Dem Grundgesetz kann nicht entnommen werden, daß es – von Art. 19 Abs. 1 GG abgesehen – von einem Gesetzesbegriff ausgeht, der als Inhalt der Gesetze lediglich generelle Regelungen zuläßt. Auch die gesetzliche Regelung eines einzelnen Falles kann erforderlich sein. Das gilt vor allem im Bereich der Wirtschafts- und Sozialordnung. Mit der Regelung eines einzelnen Falles greift der Gesetzgeber nicht notwendig in die Funktionen ein, die die Verfassung der vollziehenden Gewalt oder der Rechtsprechung vorbehalten hat. Die Verlängerung des Beurteilungszeitraums konnte nur vom Gesetzgeber vorgenommen werden. Es ist nicht ersichtlich, inwiefern er hiermit die ihm durch den Grundsatz der Gewaltentrennung gezogenen Grenzen überschritten haben sollte.«

3. Nach Art. 19 I 2 GG muß das Grundrechte einschränkende Gesetz das Grundrecht unter Angabe des Artikels nennen[35].

a) Das BVerfG ist der Auffassung, diese rein formale Bestimmung müsse eng ausgelegt werden[36]. Deshalb hat das Gericht diese Bestimmung in folgenden Fällen nicht angewendet:

(1) Die Warnfunktion des Art. 19 I 2 GG kann sich nur auf nachkonstitutionelles Recht beziehen. Das BVerfG legt dies dahin aus, daß neue Gesetze, welche die in vorkonstitutionellem Recht enthaltenen Grundrechtsbeschränkungen übernehmen und nicht verschärfen, das Grundrecht nicht zu nennen brauchen[37].

32 BVerfGE 10, 234, 241; 24, 33, 52.
33 BVerfGE 13, 225, 229; 24, 33, 52.
34 BVerfGE 25, 371, 398.
35 *Herbert Bethge*, Probleme des Zitiergebots des Art. 19 Abs. 1 Satz 2 GG, DVBl. 1972, S. 365; *Hellmut Röhl*, Die Nennung des eingeschränkten Grundrechts nach Art. 19 Abs. 1 Satz 2 GG, AöR 81 (1956), S. 195.
36 BVerfGE 10, 89, 99.
37 BVerfGE 2, 161, 162; 5, 13, 16; 8, 214, 329; 28, 36, 46.

(2) Das Zitiergebot greift nach Ansicht des BVerfG auch nicht bei allen Grundrechten ein. Nicht zu zitiert werden brauchen so etwa die Art. 2 I, 5 I, 12 und 14 GG, weil es sich hier um immanente Grenzen handele[38].

b) Nach der Ansicht des BVerfG und der herrschenden Lehre bewirkt eine Verletzung des Art. 19 I 2 GG die Nichtigkeit des Gesetzes. Andere Autoren sehen in dieser Bestimmung dagegen nur eine Sollvorschrift[39].

V. Materielle Voraussetzungen des Grundrechtseingriffs

1. *Einhaltung des objektiven Verfassungsrechts*

Seit dem Elfes-Urteil des BVerfG[40] steht fest, daß ein Gesetz auch dann gegen die Grundrechte verstößt, wenn es objektive Normen der Verfassung verletzt. Das bedeutet einmal, daß der Gesetzgeber zuständig gewesen (Art. 70 GG), daß das Gesetz im richtigen Verfahren zustande gekommen sein muß (Beteiligung des Bundesrats usw.), daß andere objektive Rechtssätze wie etwa die Bundestreue oder das Rechtsstaatsprinzip nicht verletzt sein dürfen. Da auch die Grundrechte auf objektiven Verfassungsnormen beruhen, liegt eine Verletzung der Grundrechte des A auch dann vor, wenn das Gesetz verfassungswidrig in Grundrechte des B eingreift. Das ist vor allem verfahrensrechtlich relevant, weil so in einer Verfassungsbeschwerde des A auch eine Verletzung der Grundrechte des B überprüft werden muß. Allerdings könnte man der Auffassung sein, bei Grundrechten habe die subjektive Seite immer den Vorrang vor der objektiven Seite, so daß sich nur die Grundrechtsträger auf die objektiven Verfassungsnormen stützen können.

2. *Erlaß des Gesetzes im Rahmen der Schranken des Grundrechts*

a) In Grundrechte darf nur durch oder aufgrund eines Gesetzes eingegriffen werden. Das Gesetz und der Einzeleingriff müssen sich dabei in den vom Grundgesetz ausdrücklich oder stillschweigend den Grundrechten gezogenen Schranken halten. Mit anderen Worten bedarf jeder Eingriff in Grundrechte einer verfassungsrechtlichen Ermächtigung. Häufig wird auch davon gesprochen, daß die Grundrechte einem »Gesetzesvorbehalt« unterliegen. Dabei muß man sich nur darüber im klaren sein, daß hier mit dem Gesetzesvorbehalt etwas anderes gemeint ist als mit dem Eingriffs- oder Totalvorbehalt des Gesetzes. Der Eingriffsvorbehalt verlangt für Eingriffe

38 Vgl. auch *Herbert Bethge*, a.a.O. (Anm. 35).
39 Vgl. ebenda.
40 BVerfGE 6, 32 ff., 37 f.

der Verwaltung in ein Grundrecht eine gesetzliche Ermächtigung, ohne auch schon zu prüfen, ob dieses Gesetz im Rahmen der Schranken der Grundrechte verbleibt. Mit dem Gesetzesvorbehalt wird, wenn er auf die Schranken der Grundrechte bezogen wird, dagegen gemeint, daß die Grundrechte nicht absolut gelten, sondern daß bestimmte Gesetze vorbehalten sind, daß die Grundrechte nur vorbehaltlich bestimmter Gesetze gelten. Der Gesetzesvorbehalt schneidet deshalb aus dem Tatbestand einen bestimmten Bereich heraus, in dem Eingriffe möglich sind.

b) Bei den Schranken der Grundrechte ist zwischen geschriebenen (benannten) und ungeschriebenen (unbenannten) Gesetzesvorbehalten zu unterscheiden:

aa) Benannte Gesetzesvorbehalte sind Schranken, die im Grundgesetz ausdrücklich, und zwar bei den jeweiligen Grundrechten selbst, genannt werden. Hier sind wieder spezielle und allgemeine Grundrechtsschranken zu unterscheiden:

(1) Spezielle Grundrechtsschranken gestatten den Eingriff in Grundrechte zur Verwirklichung bestimmter, einzeln aufgezählter öffentlicher oder privater Interessen. Solche Schranken finden sich etwa in Art. 5 II (Jugendschutz, Recht der privaten Ehre), in Art. 9 II, 10 II, 11 II, 13 III GG. Hier ist es ein Problem der Auslegung der einzelnen Schrankenvorschrift, welche öffentlichen und privaten Interessen im einzelnen geschützt sind.

Allgemeine Probleme treten hier nur insoweit auf, als sich die speziellen geschriebenen Schranken im konkreten Fall als zu eng erweisen können, weil der Verfassungsgeber möglicherweise nicht an alle Fälle gedacht hat, vor der Entwicklung neu auftretender Probleme auch noch gar nicht denken konnte. Wir werden später sehen, daß auch vorbehaltlos gewährte Grundrechte Einschränkungen zu öffentlichen Zwecken unterworfen werden können, die durch das Grundgesetz ausdrücklich oder stillschweigend geschützt sind. Man kann diese Theorie auch auf die Grundrechte anwenden, die einen speziellen geschriebenen Vorbehalt enthalten: Soweit sie die neu hinzutretenden öffentlichen Interessen nicht schützen, handelt es sich in der Tat auch hier um »vorbehaltlose« Grundrechte. Dem könnte entgegenstehen, daß die speziellen geschriebenen Vorbehalte bestimmte öffentliche Interessen schützen und damit die Einschränkung aus anderen öffentlichen Interessen heraus ausschließen wollen. Das ist aber aus drei Gründen nicht anzunehmen. Einmal konnte der Verfassungsgeber alle denkbaren Interessen bei der Verabschiedung der speziellen Gesetzesvorbehalte noch nicht übersehen. Zweitens ist es dem Verfassungsgeber nach allgemeiner Ansicht nicht gelungen, die Schrankenproblematik systematisch brauchbar zu lösen. Drittens sind die öffentlichen Interessen, die den durch spezielle Vorbehalte geschützten Grundrechten entgegengehalten werden können, selbst wieder durch das Grundgesetz geschützt; wollte man bei diesen Grundrechten diese öffentlichen Interessen nicht berücksichtigen, würden entgegen dem Willen des Verfassungsgebers diese öffentlichen Interessen nicht geschützt; es käme damit zu von der Auslegung zu vermeidenden Widersprüchen in der Verfassung.

(2) Allgemeine geschriebene Grundrechtsschranken gestatten grundsätzlich die Einschränkung der betreffenden Grundrechte zur Verfolgung beliebiger öffentlicher Interessen. Solche Schranken finden sich in Art. 2 I (»verfassungsmäßige Ordnung«), Art. 5 II (»allgemeine Gesetze«), Art. 8 II, 12 I 2, 14 I 2, 16 I 2, 17 a GG. Hier entstehen zwei Probleme: die Abgrenzung der öffentlichen Interessen selbst und die notwendige Beschränkung dieser zu weit geratenen Vorbehalte:

Das BVerfG hatte die Frage, welche öffentlichen Interessen im Rahmen dieser Vorbehalte verwirklicht werden können und wer diese Interessen bestimmt, im Rahmen des Art. 12 I GG zu entscheiden. Im Gegensatz zu den weiter unten behandelten vorbehaltlosen Grundrechten können diese Grundrechte nach Ansicht des BVerfG durch jedes öffentliche Interesse beschränkt werden, also nicht nur durch öffentliche Interessen, die im Grundgesetz an anderer Stelle, etwa im Kompetenzkatalog, geschützt sind. Im übrigen ist das BVerfG der Auffassung, daß der Gesetzgeber die betreffenden öffentlichen Interessen frei im Rahmen weit gezogener, vom BVerfG nachprüfbarer Grenzen festlegen kann[41]:

»Schutzwürdig sind hier nicht nur ›absolute‹, d. h. allgemein anerkannte und von der jeweiligen Politik des Gemeinwesens unabhängige Gemeinschaftswerte (wie z. B. die Volksgesundheit). Der Gesetzgeber kann auch Gemeinschaftsinteressen zum Anlaß von Berufsregelungen nehmen, die ihm nicht in diesem Sinne ›vorgegeben‹ sind, die sich vielmehr erst aus seinen besonderen wirtschafts-, sozial- und gesellschaftspolitischen Vorstellungen und Zielen ergeben, die er also erst selbst in den Rang wichtiger Gemeinschaftsinteressen erhebt. In solchen Fällen kann das Bundesverfassungsgericht die Berufsregelungen nicht schon deswegen beanstanden, weil die ihnen zugrunde liegenden politischen Auffassungen umstritten sind. Das Gericht ist insoweit auf die Prüfung beschränkt, ob die öffentlichen Interessen, deren Schutz die gesetzliche Regelung dient, überhaupt Gemeinschaftswerte von so hohem Rang darstellen können, daß sie eine Einschränkung der freien Berufswahl rechtfertigen. Den Anschauungen des Gesetzgebers hierüber darf es die Anerkennung nur versagen, wenn sie offensichtlich fehlsam oder mit der Wertordnung des Grundgesetzes unvereinbar sind.«

Wie das BVerfG bei Art. 12 GG mit seiner hier entwickelten sog. Dreistufentheorie deutlich gemacht hat, kann aber bei schweren Grundrechtseingriffen erforderlich sein, daß ein besonders wichtiges oder ein überragendes Gemeinschaftsgut die Regelung erfordert[42]. Damit werden die öffentlichen Interessen, die im Rahmen der allgemeinen Gesetzesvorbehalte realisiert

41 BVerfGE 13, 97, 107.
42 Vgl. dazu *Manfred Gubelt*, a.a.O. (Anm. 5), S. 406 ff.

werden können, aber im Ergebnis nicht beschränkt. Die Frage nach dem besonders wichtigen Gemeinschaftsgut wird vielmehr erst in einem späteren Kontext relevant, wenn es im Rahmen der Verhältnismäßigkeit um die Abwägung der öffentlichen Interessen mit den betreffenden Grundrechten geht.

Auf der anderen Seite hat das BVerfG mit Bezug auf Art. 5 II GG im Lüth-Urteil[43] im Interesse einer Abschwächung der Schranken festgestellt, daß nach der »Wechselwirkungstheorie« die den Grundrechten Schranken ziehenden Gesetze selbst wieder im Lichte der betreffenden Grundrechte ausgelegt werden müssen. Dieser Gedanke gilt nicht nur für Art. 5 II GG, ja nicht einmal nur für alle allgemeinen Gesetzesvorbehalte, sondern für alle Gesetze, die den Grundrechten Schranken ziehen.

bb) Bei den Grundrechten, die einen ausdrücklichen Gesetzesvorbehalt nicht enthalten, stellt sich das Problem der ungeschriebenen (immanenten) Schranken. Es sind dies im wesentlichen die Glaubens-, Gewissens- und Bekenntnisfreiheit (Art. 4 GG)[44], die Freiheit der Kunst[45] und der Wissenschaft[46] (Art. 5 III GG), die Versammlungen im geschlossenen Raum (Art. 8 GG) und das Asylrecht[47] (Art. 16 II 2 GG)[48].

Daß auch diesen Grundrechten Schranken gezogen werden müssen, ist evident. So muß z. B. eine religiöse Prozession das Polizei- und das Wege-

43 BVerfGE 7, 198.

44 *Peter Häberle,* Grenzen der Glaubensfreiheit, DÖV 1969, S. 385; *Adalbert Podlech,* Das Grundrecht der Gewissensfreiheit und die besonderen Gewaltverhältnisse, 1969.

45 *Günter Erbel,* Inhalt und Auswirkungen der verfassungsrechtlichen Kunstfreiheitsgarantien, 1966; *Wolfgang Knies,* Schranken der Kunstfreiheit als verfassungsrechtliches Problem, 1967; *Ludwig Leiss,* Die Bedeutung künstlerischer Gestaltung für die Strafwürdigkeit einer Handlung, NJW 1962, S. 2323; *Helmut Ridder,* Freiheit der Kunst nach dem Grundgesetz, 1963; *Hans-Rolf Ropertz,* Freiheit der Kunst, 1966; *Peter Wichert,* Zum Problem der Kunstfreiheitsgarantie, 1973.

46 Zur Freiheit der Forschung vgl. *Walter Schmitt-Glaeser,* Die Meinungsfreiheit in der Rechtsprechung des BVerfG, AöR 97 (1972), S. 60 ff., 276 ff.

47 *Andreas Forgách,* Die Grenzen des von Art. 16 GG geschützten Asylrechts, 1969; *Otto Kimminich,* Zur Theorie der immanenten Schranken des Asylrechts, JZ 1965, S. 739; *ders.,* Die Entwicklung des Asylrechts in der Bundesrepublik Deutschland, JZ 1972, S. 257; *ders.,* Neue Erkenntnisse im Asylrecht, DÖV 1976, S. 87; *Peter Lerche,* Das Asylrecht ist unverwirkbar, in: Festschr. f. *A. Arndt,* 1969, S. 199; *Michael Wollenschläger,* Immanente Schranken des Asylrechts, 1971.

48 Allgemein: *Jan Alexander Bumbacher,* Die öffentliche Ordnung eine Schranke der Freiheitsrechte, 1955; *Günter Erbel,* Das Sittengesetz als Schranke der Grundrechte, 1971; *Hans Lothar Graf,* Die Grenzen der Freiheitsrechte ohne bezeichnete Vorbehaltsschranke, 1970; *Jürgen Knebel,* Koalitionsfreiheit und Gemeinwohl, 1978, S. 63 ff.; *F. Müller,* Die Positivität der Grundrechte, 1969; *Friedrich-E. Schnapp,* Grenzen der Grundrechte, JUS 1978, S. 729.

recht beachten, darf nicht aufgrund der Kunstfreiheit in die Ehre Dritter eingegriffen werden usw. Die Frage ist nur, wie man diese Grenzen begründet und damit diesen Schranken selbst wieder Grenzen zieht:

(1) Nach einer weitverbreiteten, auf *Günter Dürig* und *Hermann von Mangoldt / Friedrich Klein* zurückgehenden These ist die Schrankentrias des Art. 2 I GG (Rechte anderer, verfassungsmäßige Ordnung, Sittengesetz) auf alle Grundrechte einschließlich der Grundrechte ohne Schranken anzuwenden[49]. Denn Art. 2 I GG sei das Muttergrundrecht, aus dem sich die einzelnen Grundrechte ableiten ließen. Folglich müßten auch die Schranken des Art. 2 I GG für alle Grundrechte gelten.

Diese Argumentation wäre haltbar, wenn die »verfassungsmäßige Ordnung« in Art. 2 I GG nur die Grundprinzipien der Verfassung und die »Rechte anderer« nur Grundrechte Dritter meinten. Nach der Rechtsprechung des BVerfG kann die allgemeine Handlungsfreiheit aber zur Verwirklichung jedes öffentlichen Interesses durch Gesetz eingeschränkt werden. Überträgt man diese Rechtsprechung auch auf die Grundrechte ohne ausdrücklichen Gesetzesvorbehalt, gelangt man zu einem vom Verfassungsgeber nicht gewollten Ergebnis: Die vorbehaltlos gewährten Grundrechte sollen sicher stärker sein als die Grundrechte mit speziellen und insbesondere allgemeinen Gesetzesvorbehalten.

(2) Ein Teil der Lehre will die allgemeine Vorbehaltsklausel des Art. 5 II GG (Vorbehalt des allgemeinen Gesetzes) auf alle Grundrechte anwenden. Das entspricht ebensowenig dem Willen des Verfassungsgebers wie der Rückgriff auf Art. 2 I GG. Denn die vorbehaltlosen Grundrechte sollten eben stärker geschützt sein als die durch einen allgemeinen Vorbehalt eingeschränkten Grundrechte[50].

(3) Beliebt ist auch der Rückgriff auf den Gedanken, daß Grundrechte nicht geschützt seien, wenn sie mißbraucht werden[51]. Damit wird über die Mißbrauchsklausel des Art. 18 GG weit hinausgegriffen. Diese Formel ist völlig inhaltsleer und gestattet jede gesetzliche Einschränkung. So hat etwa *Hans-Ulrich Gallwas* unter den Mißbrauch eingeordnet: die Verletzung vorrangiger Interessen eines anderen Grundrechtsträgers, die Verletzung vorrangiger Interessen der Allgemeinheit und die Verletzung unabdingbarer Interessen der staatlichen Gewalten[52].

49 *Günter Dürig,* in: *Theodor Maunz / Günter Dürig / Roman Herzog / Rupert Scholz,* Grundgesetz-Kommentar, Bd. 1, Art. 2 Abs. 1, Rdnr. 70 ff.; *Hermann von Mangoldt / Friedrich Klein,* Das Bonner Grundgesetz, 2. Aufl. 1966, Vorbem. B XV 3 a vor Art. 2 I, S. 176.

50 Vgl. dazu *Friedrich Müller,* a.a.O. (Anm. 48), S. 17 ff.; *Eberhard Schwartz,* Der Begriff der »allgemeinen Gesetze« in Art. 5 Abs. 2 des GG, 1970.

51 Vgl. auch BVerfGE 12, 4.

52 *Hans-Ulrich Gallwas,* Der Mißbrauch von Grundrechten, 1961; ferner *Walter Schmitt-Glaeser,* Mißbrauch und Verwirkung von Grundrechten im politischen Meinungskampf, 1968; *Müller,* a.a.O. (Anm. 48), S. 28 ff.

(4) Das BVerfG hat im Jahre 1954[53] ausgeführt:

»Das Menschenbild des Grundgesetzes ist nicht das eines isolierten souveränen Individuums; das Grundgesetz hat vielmehr die Spannung Individuum – Gemeinschaft im Sinne der Gemeinschaftsbezogenheit und Gemeinschaftsgebundenheit der Person entschieden, ohne dabei deren Eigenwert anzutasten ... Dies heißt aber: der einzelne muß sich diejenigen Schranken seiner Handlungsfreiheit gefallen lassen, die der Gesetzgeber zur Pflege und Förderung des sozialen Zusammenlebens in den Grenzen des bei dem gegebenen Sachverhalts allgemein Zumutbaren zieht, vorausgesetzt, daß dabei die Eigenständigkeit der Person gewahrt bleibt.«

Das BVerwG hat daraufhin in ständiger Rechtsprechung[54] erklärt, es gehörte zum »Inbegriff aller Grundrechte, daß sie nicht in Anspruch genommen werden dürfen, wenn dadurch die für den Bestand der Gemeinschaft notwendigen Rechtsgüter gefährdet werden«[55].

(5) Das BVerfG ist in seiner späteren Rechtsprechung einen anderen Weg gegangen. In seiner Entscheidung vom 26. Mai 1970[56] heißt es:

»Der Wortlaut des Art. 4 Abs. 3 Satz 1 GG läßt – für sich allein betrachtet – keinen Raum für eine Interpretation, die die Wirksamkeit des Kriegsdienstverweigerungsrechts bis zum Zeitpunkt der rechtskräftigen Anerkennung hinausschiebt. In der vorbehaltlosen Formulierung und in dem engen sachlichen Zusammenhang mit Gewissensfreiheit und Menschenwürde (BVerfGE 12, 45 [53 f.]) offenbaren sich das Gewicht und die besondere Bedeutung eines unabdingbaren, nicht einschränkbaren Grundrechts, mit dem dem Schutz des Einzelgewissens Vorrang selbst gegenüber der Pflicht zur Beteiligung an der bewaffneten Landesverteidigung und damit an der Sicherung der staatlichen Existenz eingeräumt wird (BVerfGE 12, 45 [54]). Zeitliche Einschränkungen dieses Rechts können deshalb nicht gerechtfertigt werden mit entgegenstehendem einfachen Recht, mit dem bloßen Vorhandensein einer bestimmten Institution oder mit allgemeinen Ordnungs- und Organisationsvorstellungen im Rechtsleben; dies gilt auch gegenüber der zum Teil vertretenen Auffassung, nach der Behörden allgemein nicht schon auf Grund der Rechtsberühmung, sondern erst nach förmlicher Feststellung oder Anerkennung zur Beachtung von Rechten Einzelner verpflichtet sein sollen. Nicht das System von Normen, Instituten und Institutionen im Range unter der Verfassung bildet den Maßstab für die Auslegung verfassungsrechtlicher Bestimmungen; vielmehr liefern die letzteren umgekehrt die Grundlagen und den Rahmen, an den die übrigen Rechtsäußerungen und -erscheinungen sich anzupassen haben. Nur kollidierende Grundrechte Dritter und andere mit Verfassungsrang ausgestattete Rechtswerte sind mit Rücksicht auf die Einheit

53 BVerfGE 4, 7, 15 f.

54 BVerwGE 1, 48, 52; 1, 92, 94; 1, 269, 270; 1, 505, 507; 2, 89, 94; 2, 295, 300; 3, 24, 26; 4, 95, 96; 4, 167, 171; 5, 155, 189.

55 Dazu *Günter Dürig*, a.a.O. (Anm. 49); *Otto Bachof*, Die Rechtsprechung des Bundesverwaltungsgerichts, JZ 1957, S. 337.

56 BVerfGE 28, 243, 260 f.; dazu *Franz-Christoph Zeitler*, Immanente Grundrechtsschranken oder Normenkonkordanz, BayVBl. 1971, S. 417; *Hans Lothar Graf*, Ungeschriebene Grundrechtsschranken, BayVBl. 1971, S. 55.

der Verfassung und die von ihr geschützte gesamte Wertordnung ausnahmsweise imstande, auch uneinschränkbare Grundrechte in einzelnen Beziehungen zu begrenzen. Dabei auftretende Konflikte lassen sich nur lösen, indem ermittelt wird, welche Verfassungsbestimmung für die konkret zu entscheidende Frage das höhere Gewicht hat (BVerfGE 2, 1 [72 f.]). Die schwächere Norm darf nur so weit zurückgedrängt werden, wie das logisch und systematisch zwingend erscheint; ihr sachlicher Grundwertgehalt muß in jedem Fall respektiert werden.

c) Dem Interesse des noch nicht anerkannten Kriegsdienstverweigerers steht gegenüber die Notwendigkeit eines ungestörten Dienstbetriebes der Bundeswehr bis zur endgültigen Entscheidung über die Anerkennung sowie das Bedürfnis nach Aufrechterhaltung der Disziplin. Abzuwägen ist unter diesen Umständen die Sicherung des inneren Gefüges der Streitkräfte, die imstande sein müssen, ihre militärischen Aufgaben zu erfüllen, gegen das Interesse des Kriegsdienstverweigerers an der Freiheit von jeglichem Zwang gegenüber seiner Gewissensentscheidung. Die Einrichtung und Funktionsfähigkeit der Bundeswehr haben für diese Abwägung verfassungsrechtlichen Rang, da Art. 12 a Abs. 1, Art. 73 Nr. 1 und Art. 87 a Abs. 1 Satz 1 GG die Wehrpflicht zu einer verfassungsrechtlichen Pflicht gemacht und eine verfassungsrechtliche Grundentscheidung für die militärische Verteidigung getroffen haben. Dabei bezieht sich die vorzunehmende Abwägung in den vorliegenden Fällen nur auf den Waffendienst im Frieden.«

Ebenso hat das BVerfG in E 30, 173 ff. den Rückgriff auf Art. 2 I und 5 II GG für die Begrenzung der Kunstfreiheit abgelehnt[57]:

»Andererseits ist das Freiheitsrecht nicht schrankenlos gewährt. Die Freiheitsverbürgung in Art. 5 Abs. 3 Satz 1 GG geht wie alle Grundrechte vom Menschenbild des Grundgesetzes aus, d. h. vom Menschen als eigenverantwortlicher Persönlichkeit, die sich innerhalb der sozialen Gemeinschaft frei entfaltet (BVerfGE 4, 7 [15 f.]; 7, 198 [205]; 24, 119 [144]; 27, 1 [7]). Jedoch kommt der Vorbehaltlosigkeit des Grundrechts die Bedeutung zu, daß die Grenzen der Kunstfreiheitsgarantie nur von der Verfassung selbst zu bestimmen sind. Da die Kunstfreiheit keinen Vorbehalt für den einfachen Gesetzgeber enthält, darf sie weder durch die allgemeine Rechtsordnung noch durch eine unbestimmte Klausel relativiert werden, welche ohne verfassungsrechtlichen Ansatzpunkt und ohne ausreichende rechtsstaatliche Sicherung auf eine Gefährdung der für den Bestand der staatlichen Gemeinschaft notwendigen Güter abhebt. Vielmehr ist ein im Rahmen der Kunstfreiheitsgarantie zu berücksichtigender Konflikt nach Maßgabe der grundgesetzlichen Wertordnung und unter Berücksichtigung der Einheit dieses grundlegenden Wertsystems durch Verfassungsauslegung zu lösen. Als Teil des grundrechtlichen Wertsystems ist die Kunstfreiheit insbesondere der in Art. 1 GG garantierten Würde des Menschen zugeordnet, die als oberster Wert das ganze grundrechtliche Wertsystem beherrscht (BVerfGE 6, 32 [41]; 27, 1 [6]). Dennoch kann die Kunstfreiheitsgarantie mit dem ebenfalls verfassungsrechtlich geschützten Persönlichkeitsbereich in Konflikt geraten, weil ein Kunstwerk auch auf der sozialen Ebene Wirkungen entfalten kann.«

57 Vgl. auch für die Glaubensfreiheit BVerfGE 32, 107 f.; 33, 29.

So richtig diese Rechtsprechung ist, kann sie doch einerseits zu zu weit gehenden Einschränkungen führen; andererseits deckt sie gewisse notwendige Einschränkungen nicht.

Sie führt einerseits zu zu weit gehenden Einschränkungen, wenn man sie nicht vorsichtig anwendet. So finden die Grundrechte nach Ansicht des BVerfG ihre Schranken in allen öffentlichen und privaten Interessen, die durch die Verfassung selbst geschützt werden. Diese öffentlichen Interessen können allen Teilen der Verfassung entnommen werden, also den Grundrechtsbestimmungen selbst, den Staatszielbestimmungen, insbesondere dem Demokratie- und dem Sozialstaatsbegriff, den Kompetenzbestimmungen der Art. 77 ff. GG und den Finanzbestimmungen der Art. 104 ff. GG. So könnte sich niemand der Steuerzahlungspflicht gegenüber darauf berufen, daß sein Glaube ihm die Zahlung von Steuern verbiete.

Insbesondere die Kompetenzbestimmungen enthalten aber zum Teil sehr umfassende Regelungsvorbehalte, etwa die Gesetzgebungsbefugnis des Bundes im Bereich des Straf- und Zivilrechts. Wollte man alle bisher vom Strafrecht geschützten Rechtsgüter als von der Verfassung indirekt geschützt ansehen, würde dem Strafgesetzgeber fast jede Regelung vorbehaltlos möglich sein.

Umgekehrt liegt es in der Natur einer Bundesverfassung, daß sie nur die Kompetenzbestimmungen enthält, welche die Zuständigkeit des Bundes betreffen. Nur insoweit werden also öffentliche Interessen von der Verfassung geschützt. Nicht ausdrücklich geschützt werden damit die Interessen, welche in die Gesetzgebungskompetenz der Länder fallen, insbesondere die Polizei- und Kulturkompetenzen. Insbesondere die unter die öffentliche Sicherheit und Ordnung fallenden Interessen können nach der Rechtsprechung des BVerfG folglich nicht en bloc den Kompetenzbestimmungen des Grundgesetzes oder den Grundrechten entnommen werden. Es muß vielmehr im einzelnen gefragt werden, welche durch die Grundrechte geschützten Interessen auch durch das Grundgesetz geschützt werden. Die Polizeigesetze würden also etwa der Kunst gegenüber weitgehend wirkungslos. Das kann vom GG nicht gewollt sein; das GG hat vielmehr bewußt nur einen Teil der verfassungsrelevanten Interessen ausdrücklich geschützt. Im übrigen muß man davon ausgehen, daß das GG die anderen öffentlichen Interessen durch die Zuständigkeitsverteilung zwischen Bund und Ländern implizit schützen wollte. Implizit geschützt sind auch die öffentlichen Interessen an Bestand und Funktionieren des Bundes und der Länder.

Grenzen werden den Grundrechten insbesondere auch durch die Grundrechte anderer gezogen. Dabei können und müssen diese Drittgrundrechte in ihrer Funktion als Schranken und als Staatszielbestimmung verstanden werden: Einmal ist der Gesetzgeber berechtigt, zuweilen auch verpflichtet, auf Grundrechte gestützte Übergriffe eines Grundrechtsträgers in die Grundrechte Dritter abzuwehren und aus diesem Grund Schranken zu ziehen. Der Gesetzgeber hat auf der anderen Seite auch die sozialen Voraussetzungen der Grundrechte Dritter zu schaffen: Diese Ermächtigung oder Verpflichtung berechtigt ihn zu umfassenden Eingriffen in bestehende Rechte. Dabei ist es gleichgültig, ob man diese Grundrechtsschranken auf die Grundrechte Dritter oder auf das Sozialstaatsprinzip stützt. Auf jeden Fall ist die soziale Verpflichtung jedem Grundrecht immanent[58].

(6) Im IPR-Urteil[59] hat das BVerfG schließlich die Schranken vorbehaltloser Grundrechte aus der institutionellen Garantie entwickelt:

»Da § 10 EheG bei Eheschließungen von Ausländern die Vorlage eines Ehefähigkeitszeugnisses oder die formelle Befreiung von dieser Pflicht verlangt, greift die Versagung der Befreiung gegenüber dem Beschwerdeführer in sein und der Beschwerdeführerin Grundrecht auf Freiheit der Eheschließung ein. Es bedarf daher der Prüfung, ob dieser Eingriff durch eine mit Art. 6 Abs. 1 GG vereinbarte gesetzliche Regelung und deren verfassungsmäßige Anwendung gedeckt ist.

1. Für die Freiheit der Eheschließung, die in Art. 6 Abs. 1 GG ihre Grundlage hat, gelten nicht die allgemeinen Schranken, wie sie Art. 2 Abs. 1 GG für die Handlungsfreiheit normiert. Die Auffassung, das Grundrecht auf Freiheit der Eheschließung könne nur ›im Rahmen der Gesetze‹ ausgeübt werden, ist mindestens mißverständlich. Der Wirkungsbereich des Art. 6 Abs. 1 GG erschöpft sich nicht in den das Institut der Ehe formenden Normen des Ehe- und Familienrechts (vgl. BVerfGE 6, 55 [73]); das umfassende an den Staat gerichtete Schutzgebot der Vorschrift ist weder durch einen Gesetzesvorbehalt noch auf andere Weise beschränkt (BVerfGE 24, 119 [135]). Daher ist es auch unzutreffend, bei der Prüfung einer eherechtlichen Norm des einfachen Rechts an Art. 6 Abs. 1 GG nur darauf abzustellen, ob das Grundrecht in seinem Wesensgehalt im Sinne des Art. 19 Abs. 2 GG angetastet werde, denn die mit der Wesensgehaltsgarantie des Art. 19 Abs. 2 GG normierte äußerste Grenze betrifft die Fälle, in denen der Gesetzgeber zur Einschränkung eines Grundrechts ermächtigt ist.

2. Dennoch läßt die Freiheit der Eheschließung gesetzliche Regeln über die Formen der Eheschließung und ihre sachlichen Voraussetzungen nicht nur zu, sondern setzt sie geradezu voraus. Dies ergibt sich aus der untrennbaren Verbindung des Grundrechts mit der Institutsgarantie, die notwendig eine rechtliche Ordnung verlangt. Die Verwirklichung der Wertentscheidung des Art. 6 Abs. 1 GG bedarf einer allgemeinen familienrechtlichen Regelung, welche diejenige Lebensgemeinschaft zwischen Mann und Frau, die als Ehe den Schutz der Verfassung genießt, rechtlich definiert und abgrenzt (vgl. BVerfGE 28, 324 [361]). Diese Regelung muß aber die wesentlichen, das Institut der Ehe bestimmenden Strukturprinzipien beachten, die sich aus der Anknüpfung des Art. 6 Abs. 1 GG an vorgefundene, überkommene Lebensformen in Verbindung mit dem Freiheitscharakter des verbürgten Grundrechts und anderen Verfassungsnormen ergeben – etwa das Prinzip der Einehe – (vgl. BVerfGE 10, 59 [66 f.]; 29, 166 [176]). Mag auch das hergebrachte bürgerliche Recht weitgehend mit diesen Strukturprinzipien übereinstimmen, so kann nicht umgekehrt der Inhalt der Institutsgarantie überhaupt erst aus dem einfachen Recht erschlossen werden, so daß dieses niemals der Verfassung widersprechen könnte (vgl.

58 Vgl. Art. 14 Abs. 2 GG.
59 BVerfGE 31, 58, 68 f.

E. Scheffler, in: *Bettermann–Nipperday-Scheuner*, Die Grundrechte, Bd. IV/1, 1960, S. 245 ff. [258]). Vielmehr müssen die einzelnen Regelungen des bürgerlichen Rechts an Art. 6 Abs. 1 GG als vorrangiger, selbst die Grundprinzipien enthaltener Leitnorm gemessen werden (vgl. BVerfGE 10, 59 [66]; 24, 104 [109]). Gewiß hat der Gesetzgeber hierbei einen erheblichen Gestaltungsraum, z. B. bei der Regelung der Form der Eheschließung, der Ehemündigkeit, der Voraussetzung der Auflösung. Dennoch können etwa zu strenge oder zu geringe Sach- oder Formvoraussetzungen der Eheschließung mit der Freiheit der Eheschließung oder anderen sich aus der Verfassung selbst ergebenden Strukturprinzipien der Ehe unvereinbar sein. Ebenso kann die Anwendung einer gesetzlichen Regelung im Einzelfall dagegen verstoßen oder allgemeine Verfassungsprinzipien, wie etwa den Grundsatz der Verhältnismäßigkeit verletzen.«

(7) Es fragt sich schließlich, ob nicht zumindest das Sittengesetz eine implizite Schranke aller Grundrechte darstellt. Dem wird man mit den Urteilen des BVerfG insoweit folgen können, als die Sittengesetze durch die Wertordnung der Grundrechte selbst bestimmt werden. Greift man aber auf die Auffassung »aller billig und gerecht Denkenden« zurück, besteht dagegen die Gefahr, daß die Mehrheit die Schranken der Grundrechte der Minderheit bestimmt. Deshalb ist jedenfalls in einer solchen Formulierung der Rückgriff auf das Sittengesetz ausgeschlossen. Auf der anderen Seite dürfen die Grundrechte auch insoweit nicht vollkommen schrankenlos sein, weil hierdurch der Bestand der Gemeinschaft gefährdet würde. Dann besteht nur die Möglichkeit, seinerseits den Bestand der Gemeinschaft selbst den Grundrechten entgegenzusetzen und aus ihm beschränkte Sicherungen abzuleiten.

c) Die durch die besonderen Gewaltverhältnisse gezogenen Schranken[60]

Zahlreiche Personen stehen nicht nur im allgemeinen Gewaltverhältnis zum Staat, sondern sind in einem »besonderen Gewaltverhältnis« Pflichten unterworfen, welche die Staatsbürger im allgemeinen nicht treffen. Es handelt

60 *Gerhard Driewer*, Die verfassungsrechtlichen Bindungen bei der Beschränkung des Postverkehrs von Straf- und Untersuchungsgefangenen, 1969; *Joachim Cornelius / Heinz Gester / Franz Woschesch*, Die Meinungsfreiheit des Beamten, 1963; *Peter Häberle*, Die Wesensgehaltsgarantie des Art. 19 Abs. 2 GG, a.a.O. (Anm. 1); *Heinz Müller-Dietz*, Strafzwecke und Vollzugsziel, 1973; *Ingo von Münch*, Freie Meinungsäußerung und besonderes Gewaltverhältnis, 1957; *Wolfgang Perschel*, Die Meinungsfreiheit des Schülers, 1962; *Adalbert Podlech*, a.a.O. (Anm. 44); *Günter Porr*, Die Pflichten des Beamten unter der Verfassungsordnung des Grundgesetzes, 1968; *Walter Schmidt*, Gesetzesvollziehung durch Rechtssetzung, 1969; *Klaus Stern*, Die Verfassungstreue der Beamten, 1974; *Wolfgang Veit*, Die Rechtsstellung des Untersuchungsgefangenen, dargestellt am Modell des Briefverkehrsrechts, 1971; *Gottfried Wollweber*, Der Schutz des Grundrechts auf Briefgeheimnis, Diss. Köln 1967.

sich hierbei im wesentlichen um das Beamtenverhältnis, das Rechtsverhältnis der Soldaten, das Rechtsverhältnis des Untersuchungs- und des Strafgefangenen und das Verhältnis des Schülers zur Schule bzw. des Studenten zur Universität.

aa) Nach der klassischen, bis zur Weimarer Reichsverfassung herrschenden Lehre besaßen die Grundrechte im besonderen Gewaltverhältnis keine Wirksamkeit[61]. Weil die genannten Personen in den Staatsapparat »eingegliedert« waren, innerhalb des Staates aber Rechtsverhältnisse, Rechte und Pflichten undenkbar schienen (Einheit des Staates), konnte es hier keine Grundrechtswirkung geben. Die Begründung und Ausgestaltung des besonderen Gewaltverhältnisses bedürfe deshalb mangels Grundrechtseingriffs keines Gesetzes, bei Eingriffen in die Interessen der betreffenden Personen würden keine Rechte verletzt, so daß die Klagebefugnis zu den Verwaltungsgerichten nicht gegeben werde.

bb) Nach 1949 wurde diese Auffassung von zwei Seiten in Frage gestellt. Einmal erkannte man an, daß es auch innerhalb des Staates Rechtsverhältnisse gibt. Damit wurden auch die besonderen Gewaltverhältnisse zu Rechtsverhältnissen, in denen Grundrechte gelten konnten. Auf der anderen Seite erforderte die Grundrechtseffektivität die Geltung der Grundrechte auch im besonderen Gewaltverhältnis; der Verzicht wurde als Beschränkung der Grundrechte weithin nicht mehr anerkannt; dabei wurde auch darauf hingewiesen, daß nicht alle besonderen Gewaltverhältnisse aufgrund einer freiwilligen Unterwerfung zustande kämen. Wenn man trotzdem die Grundrechtsgeltung im besonderen Gewaltverhältnis in bestimmten Grenzen halten wollte, konnte dies folglich nur über die Begrenzung des Eingriffsbegriffs geschehen. Im Anschluß an *Carl Hermann Ule*[62] wurde deshalb zwischen dem Grund- und dem Betriebsverhältnis unterschieden. Nur Eingriffe in das Grundverhältnis, d. h. in besonders schwerwiegende Interessen, sollten Verwaltungsakte darstellen und damit Eingriff in die Grundrechte im Sinne der hergebrachten Eingriffsdefinition.

cc) Nachdem nun der Eingriffsbegriff von der Form auf den Effekt verlagert wurde, muß man grundsätzlich in jeder tatsächlichen Beschränkung der Grundrechte einen Eingriff sehen, auch wenn diese Beschränkung im besonderen Gewaltverhältnis erfolgt. Die Folge ist einerseits, daß jede solche Beschränkung eines Gesetzes bedarf[63], andererseits der Eingriff sich in den Schranken des Grundgesetzes halten muß[64].

61 Vgl. dazu *Ingo von Münch*, in: *Hans-Uwe Erichsen / Wolfgang Martens*, Allgemeines Verwaltungsrecht, 2. Aufl., 1977, S. 44 ff. und die dortigen Nachweise.

62 *Herbert Krüger / Carl Hermann Ule*, Das besondere Gewaltverhältnis, VVDStRL 15 (1957), S. 109 ff.

63 BVerfGE 33, 1.

64 *Bernd Löhning*, Der Vorbehalt des Gesetzes im Schulverhältnis, 1974.

dd) Damit ist allerdings entgegen der Ansicht der Lehre der Begriff des besonderen Gewaltverhältnisses für das Verfassungs- und Verwaltungsrecht nicht völlig wertlos geworden. Denn das besondere Gewaltverhältnis begründet selbst einzelne Schranken der Grundrechte. Allerdings müssen diese Schranken im GG selbst verankert sein. Trotzdem braucht man für diese Schranken nicht im einzelnen zu untersuchen, ob sie durch vom GG geschützte öffentliche Interessen gezogen werden. Denn die meisten besonderen Gewaltverhältnisse – etwa das Schulverhältnis (Art. 7 GG), das Beamtenverhältnis (Art. 33 GG), das Gefangenenverhältnis usw. – wurden durch Bestimmungen des Grundgesetzes selbst verankert. Wie nach der klassischen Lehre ist deshalb auch heute noch anzunehmen, daß das Grundgesetz alle Zwecke schützt, die im besonderen Gewaltverhältnis verwirklicht werden sollen. Im besonderen Gewaltverhältnis sind also alle Eingriffe in Grundrechte erlaubt, die zur Erreichung der Zwecke angesichts der besonderen Situation im besonderen Gewaltverhältnis erforderlich und geeignet sind. Allerdings ist es möglich, daß das GG selbst diese Zwecke teilweise verändert hat. Das mag etwa für die in den Strafanstalten zu verfolgenden Zwecke der Fall sein[65].

Die verfassungs- und verwaltungsrechtliche Funktion des besonderen Gewaltverhältnisses scheint sich heute so auf die Schranken zu begrenzen, die das Gesetz den in einem besonderen Gewaltverhältnis stehenden Personen ziehen darf. Da das besondere Gewaltverhältnis nun durch seine öffentlichen Zwecke geprägt wird, könnte man der Auffassung sein, man könne die Rechtsfigur des besonderen Gewaltverhältnisses heute aufgeben, weil die

65 Zu den Schranken der Grundrechte im besonderen Gewaltverhältnis vgl. neben der in Anm. 60 zitierten Literatur: *Hans-Uwe Erichsen*, Grundrechtseingriffe im besonderen Gewaltverhältnis, VerwArch. 1972, S. 441; *Ernst-Werner Fuß*, DÖV 1972, S. 765; *Roman Herzog*, in: *Theodor Maunz / Günter Dürig / Roman Herzog / Rupert Scholz*, a.a.O. (Anm. 49), Art. 5 Rdnr. 104–117; *Theodor Maunz*, ebenda, Art. 7 Rdnr. 59–62; *Werner Kalisch*, Grundrechte und Berufsbeamtentum nach dem BGG, AöR 78 (1952/53), S. 334; *Eberhard Kempf*, Grundrechte im besonderen Gewaltverhältnis, JuS 1972, S. 701; *Herbert Krüger / Carl Hermann Ule*, a.a.O. (Anm. 62); *Hermann von Mangoldt / Friedrich Klein*, a.a.O. (Anm. 49), Vorbem. B XVI; *Wolfgang Martens*, Das besondere Gewaltverhältnis im demokratischen Rechtsstaat, ZBR 1970, S. 197; *Heinz Müller-Dietz*, Verfassung und Strafvollzugsgesetz, NJW 1972, S. 1161; *ders.*, Grundrechtsbeschränkungen im Strafvollzug, JuS 1976, S. 88; *Ingo von Münch*, Die Grundrechte des Strafgefangenen, JZ 1958, S. 73; *Reinhard Rupprecht*, Grundrechtseingriffe im Strafvollzug, NJW 1972, S. 1345; *Walter Schick*, Der Beamte als Grundrechtsträger, ZBR 1969, S. 67; *Wolfgang Schrödter*, Die Wissenschaftsfreiheit des Beamten, 1974; vgl. auch BVerfGE 15, 293; 33, 1; 34, 384; 35, 5, 35; 40, 283; 41, 330; 42, 232.

auch im besonderen Gewaltverhältnis notwendige Begrenzung der Grundrechte in Übereinstimmung mit der allgemeinen Schrankentheorie nur unter Rückgriff auf die betreffenden, verfassungsrechtlich geschützten Zwecke des besonderen Gewaltverhältnisses gezogen werden könnten. Eine solche Vereinfachung des Problems läßt drei wesentliche Gesichtspunkte außer Betracht. Einmal handelt es sich bei den die besonderen Gewaltverhältnisse formenden öffentlichen Zielen meist nicht um einzelne öffentliche Interessen, sondern um ein Zielbündel verschiedener Interessen, die abstrakt und in ihrem Verhältnis zueinander wiederum durch den Begriff des besonderen Gewaltverhältnisses geregelt werden, der schon deshalb seine Bedeutung nicht verliert. Zweitens sind die das besondere Gewaltverhältnis prägenden öffentlichen Interessen wie etwa die Zwecke des Strafvollzugs, die Zwecke der Schul- und Hochschulerziehung, die Zwecke des Beamtenverhältnisses nicht invariabel durch die Verfassung bestimmt, so daß man auf die Theorie der immanenten Schranken an sich unbegrenzter Grundrechte zurückgreifen könnte: Diese Zwecke werden vielmehr innerhalb eines recht flexiblen verfassungsrechtlichen Rahmens meist erst vom Gesetzgeber gesetzt und sind damit variabel. Die notwendigen Schranken der betroffenen unbegrenzten Grundrechte sind also nicht durch den Rückgriff auf außerhalb des betreffenden Grundrechts, etwa in den Kompetenzbestimmungen verfassungsrechtlich geschützte öffentliche Interessen zu ziehen, sondern durch Rückgriff auf das selbst verfassungsrechtlich geschützte besondere Gewaltverhältnis selbst. Und drittens handelt es sich bei dem besonderen Gewaltverhältnis um verfassungsrechtlich geschützte, abgegrenzte Institutionen mit bestimmten Sachverhalten, Eigengesetzlichkeiten und Zielen, deren verfassungsrechtlicher Schutzumfang, der zur entsprechenden Einschränkung der betroffenen Grundrechte führt, nur nach eingehender soziologischer und rechtlicher Erforschung dieser Institutionen geklärt werden kann. Damit besitzen der Begriff und die Institution des besonderen Gewaltverhältnisses aber auch heute noch eine umfassende verfassungsrechtliche Relevanz.

d) Ausgestaltungs-, Regelungs- und Eingriffsvorbehalte

In der Literatur wird häufig zwischen dem Ausgestaltungs-, dem Regelungs- und dem echten Eingriffsvorbehalt unterschieden. Dabei wird die Problematik, wann und in welchem Umfang die im folgenden dargestellten rechtsstaatlichen Garantien greifen, aber kaum behandelt.

aa) (1) Ein Ausgestaltungsvorbehalt im engeren Sinne findet sich nur in Art. 14 I 2 GG. Danach werden Inhalt und Schranken von Eigentum und Erbrecht durch den Gesetzgeber bestimmt. Der Gesetzgeber greift hier nicht von außen in das Grundrecht ein. Das Grundrecht »entsteht« hier vielmehr erst in der Ausgestaltung durch den Gesetzgeber. Allerdings geht das GG dabei von einem gewissen Kernbestand des Eigentums- und Erbrechts aus (institutionelle Garantie). Auf der anderen Seite kann die Inhaltsregelung in eine Schrankenziehung von Eigentum und Erbrecht im öffentlichen Interesse und im Interesse Dritter umschlagen. Dabei ist zu berücksichtigen, daß die Inhaltsbestimmung eines Rechts stets auch eine Schrankenziehung beinhalten muß. Wo angesichts dieser Überschneidung von Inhalts- und Schrankenbestimmung die Grenze der Schrankenziehung zu ziehen ist, bei der im Gegensatz zur reinen Inhaltsbestimmung die rechtsstaatlichen Eingriffsgarantien greifen, ist generell schwer zu bestimmen und muß der Darstellung der Einzelgrundrechte vorbehalten bleiben.

(2) Nach einer weitverbreiteten, im Rahmen der institutionellen Garantie näher dargestellten Theorie ist der Gesetzgeber gehalten, die Grundrechte in die rechtliche Wirklichkeit zu überführen. So müssen die Versammlungs- und Vereinsfreiheit etwa erst durch das Versammlungs- und Vereinsgesetz ausgestaltet werden. In diesem Sinne enthält fast jedes Grundrecht einen Ausgestaltungsvorbehalt. Solche Gesetze bestimmen auf der einen Seite erst den Inhalt des Grundrechts. Insoweit greifen die im folgenden dargestellten rechtsstaatlichen Garantien nicht und besitzt der Gesetzgeber eine weitere Gestaltungsfreiheit als bei den Eingriffen i. e. S. Auf der anderen Seite wird mit dem Inhalt stets auch gleichzeitig die Schranke der Grundrechte festgelegt. Insoweit greifen die rechtsstaatlichen Garantien. Wo die Grenze zwischen der Inhalts- und der Schrankenziehung zu ziehen ist, muß wiederum den einzelnen Grundrechten vorbehalten bleiben.

bb) (1) Einen ausdrücklichen Regelungsvorbehalt i. e. S. enthält nur der Art. 12 GG, wonach die Ausübung der Berufsfreiheit durch Gesetz geregelt wird. Insoweit hat das BVerfG festgestellt, daß alle rechtsstaatlichen Garantien des Eingriffs zu beachten sind.

(2) Einen Regelungsvorbehalt in einem weiteren Sinn enthalten alle Grundrechte, die das »Nähere« einem Bundesgesetz oder einem Gesetz vorbehalten. In diesen Fällen darf das Gesetz an sich nicht in die Grundrechte eingreifen, sondern die Grundrechte nur näher ausgestalten. Auch dabei läßt sich eine Schrankenziehung aber kaum vermeiden. Bei einer solchen Schrankenziehung greifen die rechtsstaatlichen Garantien des Eingriffs voll ein.

cc) Die Eingriffsgarantien greifen schließlich bei allen echten Eingriffsvorbehalten, die den feststehenden Tatbestand der Grundrechte beschränken.

dd) Zu beachten ist, daß bei bestimmten Grundrechten, insbesondere bei den Verfahrensrechten und dem Verbot der Todesstrafe, Beschränkungen auch aufgrund durch das GG geschützter Interessen überhaupt nicht zulässig sind. Hier hat schon das GG die öffentlichen und privaten Interessen abschließend abgewogen und eine Entscheidung zugunsten der Grundrechte gefällt.

3. *Der Grundsatz der Verhältnismäßigkeit*[66]

a) Wir haben gesehen, daß mit der Frage nach den Grundrechtsschranken die öffentlichen Interessen abgegrenzt werden, zu deren Verwirklichung die einzelnen Grundrechte eingeschränkt werden können. Diesen Aspekt gilt es nun zunächst noch zu verdeutlichen:

aa) Der vorgehende Abschnitt kann dahin zusammengefaßt werden, daß bei allgemeinen benannten Grundrechtsvorbehalten der Gesetzgeber in gewissen äußersten Grenzen jedes öffentliche Interesse befolgen darf, das er selbst frei bestimmt, daß bei vorbehaltlosen Grundrechten eine Beschränkung nur aus öffentlichen Interessen möglich ist, die von der Verfassung ausdrücklich oder stillschweigend geschützt werden, daß bei speziellen Vorbehalten schließlich eine Beschränkung einerseits aus den jeweils aufgezählten öffentlichen Interessen, zum anderen aber auch zur Verwirklichung solcher öffentlicher Interessen möglich ist, welche die Verfassung ausdrücklich oder stillschweigend schützt.

Bei den allgemeinen Vorbehalten greifen nun zwei weitere Einschränkungen ein:

(1) *Eberhard Grabitz* hat nachgewiesen[67], daß der Gesetzgeber hier nicht immer ganz frei ist. Im einzelnen seien folgende Fälle zu unterscheiden:

66 *Adolf Arndt,* Zur Güterabwägung bei Grundrechten, in: Gesammelte juristische Schriften, 1976, S. 185; *Otto Bachof,* Zum Apothekenurteil des BVerfG, JZ 1958, S. 468; *Ernst Forsthoff,* Der Staat der Industrie-Gesellschaft, 1971, S. 137 f.; *Manfred Gentz,* Zur Verhältnismäßigkeit von Grundrechtseingriffen, NJW 1968, S. 1600; *Eberhard Grabitz,* Der Grundsatz der Verhältnismäßigkeit in der Rechtsprechung des BVerfG, AöR 98 (1973), S. 568; *Peter Häberle,* »Gemeinwohljudikatur« und BVerfG, AöR 95 (1970), S. 261; *Rupprecht von Krauss,* Der Grundsatz der Verhältnismäßigkeit, 1955; *Uwe Langheineken,* Der Grundsatz der Verhältnismäßigkeit in der Rechtsprechung des BVerfG, unter besonderer Berücksichtigung der Judikatur zu Art. 12 Abs. 1 Satz 2 GG, 1972; *Peter Lerche,* Übermaß und Verfassungsrecht, 1961; *Pohl,* Ist der Gesetzgeber bei Eingriffen in die Grundrechte an den Grundsatz der Verhältnismäßigkeit gebunden?, 1959; *Wilhelm Reuß,* Die Verfassungswidrigkeit von Bestimmungen des Einzelhandelsgesetzes, DVBl. 1966, S. 197; *Hans-Heinrich Rupp,* Das Grundrecht der Berufsfreiheit, NJW 1965, S. 593; *ders.,* Das Grundrecht der Berufsfreiheit in der Rechtsprechung des Bundesverfassungsgerichts, AöR 92 (1967), S. 213; *Bernd Schlink,* Abwägung im Verfassungsrecht, 1976; *Hans Schneider,* Zur Verhältnismäßigkeits-Kontrolle insbesondere von Gesetzen, in: Festschr. z. 25jährigen Bestehen des Bundesverfassungsgerichts, Bd. 2, 1976, S. 390; *Peter Wittig,* Zum Standpunkt der Verhältnismäßigkeit im System des Grundgesetzes, DÖV 1968, S. 817; *Reinhold Zippelius,* Das Verbot übermäßiger gesetzlicher Beschränkung von Grundrechten, DVBl. 1956, S. 353.

67 *Eberhard Grabitz,* a.a.O. (Anm. 66), S. 602 ff.

»Im Normbereich des Grundrechtes auf Freiheit der Person begrenzt das Bundesverfassungsgericht die Aktivität des Gesetzgebers auf die Geltendmachung und Verwirklichung ›absoluter‹ öffentlicher Interessen. Wie die Entscheidungen zur Verfassungsmäßigkeit der Untersuchungshaft und zur Anstaltsunterbringung nach dem Bundessozialhilfegesetz zeigen, ist der Gesetzgeber im Normbereich des Art. 2 Abs. 2 Satz 2 GG lediglich ermächtigt, verfassungsrechtlich vorgegebene öffentliche Interessen zu konkretisieren. Es fehlt ihm eine ›legislatorische Qualifikationskompetenz‹. Dieser Typus von Gestaltungsmöglichkeit kann deshalb ›legislatorische Konkretisierungskompetenz‹ genannt werden.

In anderen Grundrechtsbereichen räumt das Bundesverfassungsgericht dem Gesetzgeber zwar prinzipiell eine ›legislatorische Qualifikationskompetenz‹ zur Formulierung der ›maßgebenden öffentlichen Interessen‹ ein; es stuft sie aber graduell ab. Daraus ergeben sich die weiteren Typen gesetzgeberischer Gestaltungsmöglichkeit. Am freiesten ist der Gesetzgeber dort, wo er die ihm als zweckmäßig erscheinenden politischen Ziele in den Rang von öffentlichen Interessen erheben kann. Einen solcherart weit gezogenen Ermessensrahmen hat das Bundesverfassungsgericht zum Beispiel im Bereich der Wirtschaftsfreiheit und im Hinblick auf Berufsausübungsregelungen anerkannt. Wenn es dabei fordert, daß die gesetzlichen Maßnahmen durch ›vernünftige‹ Gründe des Gemeinwohls gerechtfertigt sein müßten, so markiert es damit zwar eine äußerste Grenze gesetzgeberischer Qualifikationskompetenz; diese fällt aber mit dem Willkürverbot zusammen. Dieser Typus gesetzgeberischen Ermessens kann deshalb als ›willkürfreie legislatorische Qualifikationskompetenz‹ bezeichnet werden.

Weniger frei ist der Gesetzgeber in jenen Fällen, in denen das Bundesverfassungsgericht für sich in Anspruch nimmt, den Wertungen des Gesetzgebers dann die Anerkennung zu versagen, wenn sie ›eindeutig widerlegbar oder offensichtlich fehlsam sind oder der Wertordnung des Grundgesetzes widersprechen‹. Es handelt sich also um eine ›negativ gebundene legislatorische Qualifikationskompetenz‹. Sie hat das Bundesverfassungsgericht zum Beispiel anerkannt im Hinblick auf subjektive Berufszulassungsvoraussetzung und im Bereich der Eigentumsordnung.

Der dritte Typus ›legislatorischer Qualifikationskompetenz‹ ist dadurch gekennzeichnet, daß der Gesetzgeber ein Grundrecht nur aus ›überwiegenden Interessen der Allgemeinheit‹ einschränken darf. Ob ein öffentliches Interesse ›überwiegt‹, d. h. dem grundsätzlichen Freiheitsanspruch des einzelnen vorgeht, unterliegt der verfassungsgerichtlichen Überprüfung. Den Maßstab dafür kann nur die Verfassung abgeben.

Dieser Typus gesetzgeberischer Gestaltungsmöglichkeit unterscheidet sich vom Typus der ›legislatorischen Konkretisierungskompetenz‹ dadurch, daß der Gesetzgeber nicht bloß verfassungsrechtlich bereits anerkannte, d. h. im Grundgesetz normierte oder von ihm vorausgesetzte öffentliche Interessen geltend macht, sondern diese selbst artikuliert. Darin liegt ein bedeutsamer materiell-rechtlicher Unterschied im Grad der Verfassungsbindung des Gesetzgebers. Ob die gesetzlich artikulierten öffentlichen Interessen auch ›maßgebende‹ öffentliche Interessen sind, ist aber nicht schon durch den legislatorischen Akt entschieden. Die von ihm vollzogene Zwecksetzung unterliegt vielmehr der verfassungsgerichtlichen Nachprüfung. Im Verhältnis zum Typus der ›negativ gebundenen legislatorischen Qualifikationskompetenz‹ besteht dabei aber eine erhebliche funktionell-rechtliche Differenz. Die Beweislast ist anders verteilt. Während dort der gesetzgeberische Qualifikationsakt die Vermutung seiner Legitimität in sich trägt, bedarf es hier des positiven Nachweises, daß das Gemeinschaftsinteresse höher zu bewerten ist als das grundrechtlich geschützte Individualinteresse; denn nur dann kann von ihm ausgesagt werden, daß es ›überwiegt‹ und damit die Qualität eines legitimen öffentlichen Interesses hat. Dieser Typus gesetzgeberischer Gestaltungsmöglichkeit kann deshalb ›positiv gebundene legislatorische Qualifikationskompetenz‹ genannt werden. Sie besteht nach der Rechtsprechung des Bundesverfassungsgerichts im Normbereich von Art. 2 Abs. 1 GG, soweit dieser den Bereich des privaten Lebens grundrechtlich schützt, bei Eingriffen in das Recht auf körperliche Unversehrtheit und im Hinblick auf objektive Berufszulassungsregelungen und ihnen gleichzustellende Berufsausübungsregelungen.«

(2) Soweit der Gesetzgeber nach den vorherigen Ausführungen ein freies Ermessen hinsichtlich der Auswahl der öffentlichen Interessen hat, kann die Verfassung das Anstreben bestimmter öffentlicher Interessen verbieten. Hier kann auf einige Fälle hingewiesen werden, die *Manfred Gentz*[68] zusammengestellt hat:

»Grundrechtseingriffe, die entweder durch den Zweck oder das angewendete Mittel gegen die Würde des Menschen verstoßen, sind bei allen Grundrechten verboten (Art. 1 Abs. 1 und 3 GG). Verstößt zum Beispiel die Anwendung des Lügendetektors gegen Art. 1 Abs. 1 GG, so ist der Eingriff in die körperliche Unversehrtheit (Art. 2 Abs. 2 Satz 1 GG) trotz des erlaubten Zwecks (Wahrheitsfindung) verfassungswidrig. Enthält andererseits die Zwangssterilisierung eine Verletzung der Menschenwürde, so ist die zu diesem Zweck durchgeführte Sistierung (Art. 2 Abs. 2 Satz 2 GG) trotz des an sich nicht verbotenen Mittels ebenfalls unzulässig.

Eine für alle Grundrechtseingriffe geltende Verbotsschranke ist auch der Gleichheitssatz des Art. 3 Abs. 1 GG. Gleichwohl läßt sich hier nur schwer von vornherein die Verfassungsillegitimität des Eingriffs feststellen, da der allgemeine Gleichheitssatz – auf das Willkürverbot reduziert – zu stark relativiert ist und das Vorliegen sachlich vertretbarer Gründe von der Proportionalität des Eingriffs mitbestimmt sein kann. Dagegen wird man Verstöße gegen die Konkretisierungen des allgemeinen Gleichheitssatzes in Art. 3 Abs. 2 und 3 GG in der Regel schon auf der Ebene der Verfassungslegitimität eliminieren können, weil diese Verbote absolut gelten. Das bedeutet, daß Freiheitsbeschränkungen, die die Gleichberechtigung von Mann und Frau mißachten oder bestimmte Rassen diskriminieren oder privilegieren, von vornherein unverhältnismäßig (im weiteren Sinne) sind und damit neben Art. 3 Abs. 2 oder 3 GG auch das eingeschränkte Freiheitsrecht verletzen. Diese Folgewirkung kann man als Interdependenz von Grundrechtsverstößen bezeichnen.«

bb) Nach der umfangreichen Rechtsprechung des BVerfG zur Verhältnismäßigkeit (s. u.) kommt es darauf an, ob der historische Gesetzgeber mit seinem in die Grundrechte eingreifenden Gesetz subjektiv die von der Verfassung jeweils gestatteten öffentlichen Interessen verwirklichen wollte.

68 *Manfred Gentz*, a.a.O. (Anm. 66), S. 1602.

Das BVerfG griff zu diesem Zweck häufig auf die Materialien des Gesetzes zurück.

Diese Prüfungsart entspricht der Kontrolle des Verwaltungsermessens durch die Verwaltungsgerichte. Sie erscheint mir für Gesetze aus einem doppelten Grunde heraus nicht als ganz angemessen:

- Einmal kommt es für die Auslegung von Gesetzen nach der herrschenden Lehre und der ständigen Rechtsprechung der Gerichte einschließlich des BVerfG stärker auf den objektiven Sinn als auf den subjektiven Willen des Gesetzgebers an. Die Zielrichtung des Gesetzes ist damit objektiv, die Beschränkungen der Grundrechte sind objektiv zu ermitteln. Damit kommt es für die Verwirklichung des Gesetzes auch nur auf seinen objektiven Sinn an. Das BVerfG hat aber nur zu überprüfen, ob das Gesetz so, wie es sich tatsächlich auswirkt, mit der Verfassung übereinstimmt.
- Auf der anderen Seite sind die Gesetze nach der ständigen Rechtsprechung des BVerfG verfassungskonform zu interpretieren. Das bedeutet aber auch, daß der subjektive Gesetzeszweck durch einen anderen, verfassungskonformen Zweck ausgetauscht werden muß, wenn der erste, subjektive Zweck verfassungswidrig ist. Ein solcher Zweckaustausch ist natürlich nur möglich, wenn und soweit der Wortlaut die neue Zwecksetzung miterfaßt und das Gesetz in seiner Gesamtheit auch bei dem neuen Zweck noch eine vernünftige Regelung darstellt.

cc) Das BVerfG hat in zahlreichen Urteilen, insbesondere im Rahmen der zu Art. 12 GG entwickelten Dreistufentheorie[69] angedeutet, daß der vom Gesetzgeber verfolgte öffentliche Zweck das im Grundrecht geschützte Privatinteresse überwiegen müsse. Folglich setzt hier schon eine erste Abwägung der Grundrechte mit den öffentlichen Interessen ein. Allerdings ist nicht klar ersichtlich, ob das BVerfG dies in allen Fällen der Grundrechtsbeschränkungen verlangt. Auf der anderen Seite hat das BVerfG soweit ersichtlich nur ganz selten und auch dann nur ganz oberflächlich beide Interessen miteinander abgewogen. Und schließlich ist fraglich, ob diese Interessenabwägung im Vorfeld der Verhältnismäßigkeit nicht mit der Interessenabwägung zusammenfällt, die im Rahmen der Verhältnismäßigkeit im engeren Sinne (s. u.) vorgenommen werden muß.

Wie dem auch sei, diese Interessenabwägung ist erforderlich. Dabei darf man nicht generell davon ausgehen, daß alle öffentlichen Interessen, insbesondere aber auch die von der Verfassung geschützten öffentlichen Interessen, den Grundrechten vorgehen. Denn das öffentliche Interesse ist auch auf die grundsätzlich volle Verwirklichung der Grundrechte gerichtet.

69 Vgl. *Manfred Gubelt*, a.a.O. (Anm. 5), S. 413 ff.

b) aa) Die bisher entwickelten Prinzipien gestatten zwar eine erste Prüfung der Verfassungsmäßigkeit von Grundrechtseingriffen, grenzen die erlaubten Eingriffe aber nicht hinreichend ab. Um diese Kontrolle des BVerfG zu erweitern, hat die Lehre schon sehr früh auf den Grundsatz der Verhältnismäßigkeit zurückgegriffen, wie er vorher insbesondere im Polizeirecht, aber auch im Strafrecht entwickelt worden war. Die dogmatische Begründung war dabei nicht einheitlich. Teilweise stützt man sich auf die Tatsache, daß – wie das Polizeirecht und das Strafrecht zeigen – bei der Begrenzung von Grundrechten der Grundsatz der Verhältnismäßigkeit allgemein Geltung beansprucht und damit ein allgemeines, auch für das Verfassungsrecht geltendes Rechtsprinzip darstellt. Oder aber, es wurde behauptet, der Gesetzgeber sei in neuerer Zeit vom klassischen Gesetz abgewichen und erlasse fast nur noch einen konkreten Zweck anstrebende Maßnahmegesetze; er übe damit Verwaltungstätigkeit aus und müsse folglich auch an die rechtsstaatlichen Prinzipien gebunden sein, welche die Verwaltung und insbesondere die Polizei beschränken. Am häufigsten aber wird auf den Gedanken der materiellen Gerechtigkeit zurückgegriffen, der im Rechtsstaatsprinzip und im Willkürverbot zum Ausdruck kommt und ein »maßvolles« staatliches Handeln fordere. Insbesondere das BVerfG stützt das Verhältnismäßigkeitsprinzip so auf den Rechtsstaatsgedanken. Auf die weiteren Begründungen der Geltung des Verhältnismäßigkeitsprinzips braucht hier im einzelnen nicht eingegangen zu werden, weil hiervon angesichts der umfassenden Rechtsprechung des BVerfG wohl keine konkreten Folgerungen mehr abhängen[70].

bb) Im einzelnen gliedert sich die Verhältnismäßigkeit im weiteren Sinne, das Übermaßverbot, in die Grundsätze der Geeignetheit, der Erforderlichkeit und der Verhältnismäßigkeit im engeren Sinne. Insoweit läßt sich die Rechtsprechung des BVerfG mit *Eberhard Grabitz*[71] folgendermaßen zusammenfassen:

(1) Das BVerfG sieht ein Mittel als geeignet an, den angestrebten Zweck zu erreichen, »wenn mit seiner Hilfe der gewünschte Erfolg gefördert werden kann«[72]. Es reicht dabei aus, wenn der Erfolg nur teilweise erreicht werden kann[73]. Dabei ist die Frage, ob ein Mittel zur Förderung der öffentlichen Zwecke geeignet ist, grundsätzlich zunächst aus der Sicht des Gesetzgebers zu beurteilen. Das bedeutet einerseits, daß man auf die zur Zeit des Erlasses des Gesetzes mögliche Prognose abstellen muß. Das

70 Zu den einzelnen Begründungen vgl. insbesondere *Günter Erbel*, Das Sittengesetz als Schranke der Grundrechte, 1971, S. 29 f.; ferner *Manfred Gentz*, a.a.O. (Anm. 66); *Reinhold Zippelius*, a.a.O. (Anm. 66).

71 *Eberhard Grabitz*, a.a.O. (Anm. 66).

72 BVerfGE 30, 292, 316; 33, 131, 181.

73 BVerfGE 16, 147, 183.

BVerfG hat aber in einzelnen Entscheidungen[74] angenommen, daß das Gesetz auch dann verfassungswidrig ist, wenn sich später herausstellen sollte, daß diese Prognose falsch ist und das Gesetz den angestrebten Zweck nicht verwirklichen kann. Diese Auffassung scheint mir mit *Grabitz* richtig zu sein, weil ein Gesetz nur dann verfassungsmäßig ist, wenn es objektiv den angestrebten Zweck verwirklichen kann. Nur dann erscheint nämlich die Grundrechtsbeschränkung rechtlich legitimiert.

Auf der anderen Seite beläßt das BVerfG dem Gesetzgeber bei der Beurteilung der Geeignetheit einen gewissen Beurteilungsspielraum. »... Verfassungswidrig ist nur eine Maßnahme, die auch unter Berücksichtigung dieses Beurteilungsspielraums des Gesetzgebers von vornherein ungeeignet ist, den festgesetzten Zweck zu erreichen[75].« Dem Problem des Beurteilungsspielraums des Gesetzgebers werden wir weiter unten noch nachgehen.

(2) Ein vom Gesetzgeber angestrebtes Mittel ist nach der Rechtsprechung des BVerfG dann erforderlich, um den angestrebten Zweck zu erreichen, wenn er nicht ein anderes, gleich wirksames, aber das Grundrecht nicht oder doch weniger fühlbar beschränkendes Mittel hätte wählen können[76].

Auch hier gesteht das BVerfG dem Gesetzgeber einen gewissen Beurteilungsspielraum zu: Einmal kommt es nur darauf an, ob das vom Gesetzgeber gewählte Mittel für die Erreichung des vom Gesetzgeber im Rahmen der Verfassung angestrebten öffentlichen Interesses erforderlich ist. Zum anderen stellt das BVerfG auch hier grundsätzlich auf eine ex ante-Betrachtung ab. Dabei gesteht das BVerfG dem Gesetzgeber auch eine gewisse Freiheit bei der Auswahl der Mittel zu. Denn es läßt sich nicht stets abschätzen, welches von den nach der Beurteilung ex ante gleich geeignet erscheinenden Mitteln »greifen« wird. Deshalb sei es zulässig, den Zweck mit einem Bündel gleich wirksamer Mittel zu verfolgen[77]. *Eberhard Grabitz* meint, diese Rechtsprechung lasse erkennen, daß das BVerfG in ähnlicher Weise wie bei der Geeignetheit eines Mittels auch deren Erforderlichkeit nur verneine, wenn entweder nach einer Beurteilung ex ante feststehe, daß ein gleich wirksames, aber weniger eingreifendes Mittel gewählt werden kann oder sich nach einer Beurteilung ex post herausstelle, daß das gewählte Mittel im Vergleich zu anderen Mitteln eine zu starke Einschränkung darstelle.

(3) Den Grundsatz der Proportionalität oder Verhältnismäßigkeit im engeren Sinne spricht das BVerfG an, wenn es ausführt, eine Maßnahme dürfe den Betroffenen »nicht übermäßig belasten« und für ihn nicht »unzumutbar« sein. Der Eindruck, es handele sich hier um eine letzte, absolute

74 Vgl. *Eberhard Grabitz,* a.a.O. (Anm. 66), S. 572.
75 Ebenda.
76 Ebenda, S. 573.
77 Ebenda.

Schranke, ist aber nach *Eberhard Grabitz* täuschend. Eine nähere Analyse zeige, daß auch der Grundsatz der Erforderlichkeit nur einen relativen Maßstab abgebe: Zweck und Mittel dürfen »nicht außer Verhältnis« zueinander stehen. Es komme also auf einen Vergleich zwischen dem Zweck und dem Mittel an, die in ihrer Bedeutung gegeneinander abzuwägen seien. Das BVerfG verlange dabei nicht positiv, daß Zweck und Mittel in einem angemessenen Verhältnis zueinander stehen. Es prüfe vielmehr nur, ob dieses Verhältnis unangemessen ist.

c) Nicht ganz klar ist der Bereich, in welchem die genannten Grundsätze greifen. Stark vereinfacht hat hier *Peter Lerche* zwischen »eingreifenden« und den »grundrechtsprägenden« Normen unterschieden, eine Unterscheidung, die sich bei *Peter Häberle* in der Differenzierung zwischen »grundrechtsgestaltenden« und »grundrechtsbegrenzenden« Normen wiederfindet. Auch *Eberhard Grabitz*[78] hat darauf hingewiesen, daß die Schrankenproblematik sich bei den die Grundrechte erst ausführenden Gesetzen anders als bei reinen Schrankengesetzen stellt. Nach *Lerche* solle nun nur für die eingreifenden, nicht aber für die grundrechtsprägenden Normen der Grundsatz der Verhältnismäßigkeit in vollem Unfang greifen.

Eberhard Grabitz[79] hat nun gezeigt, daß das BVerfG dieser Einteilung nicht folgt. Im einzelnen sei die Rechtsprechung des BVerfG uneinheitlich. Der Verhältnismäßigkeitsgrundsatz werde im Bereich des Art. 2 I GG teilweise geprüft, z. T. aber überhaupt nicht angewendet. Bei Art. 12 greife das BVerfG auf den Grundsatz stark bei der Berufswahl, nicht aber bei der Regelung der Berufsausübung zurück. Auch die Rechtsprechung zu Art. 5 und 14 GG wie zu Art. 3 GG sei uneinheitlich. *Grabitz* entnimmt der Rechtsprechung des BVerfG das Kriterium, daß, je freier der Gesetzgeber ist, den Zweck seiner Gesetze zu bestimmen, desto schwächer das Übermaßverbot eingreife.

Allerdings ist es nicht ganz ungefährlich, sich bei dieser Untersuchung an den Wortlaut der Urteile des BVerfG zu halten. Denn es ist durchaus möglich, daß das BVerfG in seinem Urteilswortlaut auf den Verhältnismäßigkeitsgrundsatz nur zurückgreift, wenn insoweit die Lage problematisch ist. Aus der Tatsache, daß das BVerfG in einzelnen Urteilen das Verhältnismäßigkeitsprinzip nicht geprüft hat, kann deshalb nicht ohne weiteres entnommen werden, daß in solchen Fällen das Verhältnismäßigkeitsprinzip nicht anwendbar ist.

d) Wir haben gesehen, daß das BVerfG dem Gesetzgeber bei der Feststellung des öffentlichen Interesses und bei der Überprüfung seiner Entscheidung anhand des Verhältnismäßigkeitsgrundsatzes bestimmte Beurtei-

78 *Eberhard Grabitz*, Freiheit und Verfassungsrecht, 1976.

79 *Ders.*, Der Grundsatz der Verhältnismäßigkeit in der Rechtsprechung des BVerfG, a.a.O. (Anm. 66), S. 586, 590 ff.

lungsspielräume einräumt. Dieses Problem des judicial self-restraint des BVerfG gilt es nun zu vertiefen[80].

aa) Das BVerfG hat ausgeführt[81]:

»Bundesgerichtshof und Bundesverwaltungsgericht folgen derselben grundsätzlichen Auffassung. Auch sie sehen es deshalb als ihre Aufgabe an zu prüfen, ob der schärfste Eingriff in das Grundrecht des Art. 12 Abs. 1 GG, nämlich die Einführung objektiver Zulassungsvoraussetzungen, ›zwingend geboten‹ ist.

Sie nehmen diese Prüfung allerdings auf der Grundlage anderer rechtlicher Konstruktionen vor. Diesen kann das Bundesverfassungsgericht nicht beitreten. Namentlich geht es nicht an, mit dem Bundesverwaltungsgericht anzunehmen, die unabweisbare Notwendigkeit einer gesetzlichen Maßnahme müsse deshalb geprüft werden, weil von ihrer Anerkennung die Zulässigkeit eines Eingriffs in den Wesensgehalt des Grundrechts abhänge (BVerfGE 2, 85 [87]; 4, 167 [171 f.]). Denn der Wesensgehalt eines Grundrechts darf nach dem klaren Wortlaut des Art. 19 Abs. 2 GG ›in keinem Falle‹ angetastet werden; die Frage, unter welchen Voraussetzungen ein solcher Eingriff ausnahmsweise trotzdem zulässig sei, ist gegenstandslos. Aber auch der Auffassung des Bundesgerichtshofs (vgl. etwa BGHSt 4, 375 [377]; DÖV 1955, S. 729, 730) kann sich das Bundesverfassungsgericht nicht anschließen, weil sie geeignet ist, den Wesensgehalt der Grundrechte zu relativieren (vgl. die Darstellung bei *Klein–v. Mangoldt,* Anm. V 4 d zu Art. 19 GG – S. 577 ff. –).

Auf diese anderen Ausgangspositionen kommt es jedoch für die hier zu behandelnde Frage nicht an. Entscheidend ist allein: Beide oberen Bundesgerichte nehmen mit Selbstverständlichkeit die Befugnis in Anspruch zu prüfen, ob dieser qualitativ stärkste Einbruch in die durch Art. 12 Abs. 1 GG geschützte Freiheitssphäre des Individuums ›zwingend geboten‹, ›unabweisbar notwendig‹ ist.

Diese Prüfung läßt sich auch durchführen. Dabei kann sich das Gericht freilich nicht damit zufrieden geben, daß Ziel und Zweck der gesetzlichen Regelung nur allgemein und schlagwortartig bezeichnet werden und der freiheitsbeschränkende Eingriff als Mittel zur Erreichung dieser Ziele nicht völlig ungeeignet erscheint. Der Inhalt des zur Prüfung stehenden Gesetzes und die für seine Gestaltung maßgebend gewesenen Erwägungen des Gesetzgebers müssen vielmehr im einzelnen analysiert werden. Das setzt naturgemäß voraus, daß das Gericht – notfalls mit Hilfe von Sachverständigen – sich einen möglichst umfassenden Einblick in die durch das Gesetz zu ordnenden Lebensverhältnisse verschafft. Gerade dadurch wird

80 Vgl. *Hans-Joachim Martens,* Über politische Argumente zu der verfassungsrechtlichen Struktur der paritätischen Mitbestimmung, RdA 1975, S. 89, 93 ff.; *Fritz Ossenbühl,* Die Kontrolle von Tatsachenfeststellungen und Prognoseentscheidungen durch das BVerfG, in: Festschr. z. 25jährigen Bestehen des Bundesverfassungsgerichts, Bd. 1, 1976, S. 458; *Klaus Jürgen Philippi,* Tatsachenfeststellungen des BVerfG, 1971; *Hans Schneider,* a.a.O. (Anm. 66); *Uwe Seetzen,* Der Prognosespielraum des Gesetzgebers, NJW 1975, S. 429; *Hans Thierfelder,* Zur Tatsachenfeststellung durch das BVerfG, JA 1970, S. 879; neuerdings hat das Mitbestimmungsurteil des BVerfG (EuGRZ 1979, S. 121; NJW 1979, S. 699) die Rechtsprechung dieses Gerichtes zusammengefaßt.

81 BVerfGE 7, 377, 411 f.

sich oft ergeben, daß es möglich ist, größere Lebenszusammenhänge, die bisher in begrifflich undeutlicher Zusammenfassung als ›Gegenstand‹ einer gesetzgeberischen Regelung angegeben waren, in einzelne klarer erfaßbare Sachverhalte aufzulösen und sie so unter Ausschaltung subjektiver Wertungen auch für ein Gericht beurteilbar zu machen. Die Beurteilung hypothetischer Kausalverläufe, die den Normierungen des Gesetzgebers zugrunde liegen, auf ihre größere oder geringere Wahrscheinlichkeit hin ist eine Aufgabe, die ihrer Art nach auch vom Richter erfüllbar ist. Selbstverständlich werden bei dieser Prüfung die Erfahrungsgrundlagen, Erwägungen und Wertungen des Gesetzgebers für das Bundesverfassungsgericht stets von größter Bedeutung sein; wo sie nicht entkräftet werden, dürfen sie die Vermutung der Richtigkeit für sich in Anspruch nehmen. Andererseits aber muß die Pflicht zum Schutz des Grundrechts das Gericht daran hindern, die Auffassungen des Gesetzgebers, der legitimerweise auch andere Ziele als die des Grundrechtsschutzes verfolgt, ohne weiteres zu akzeptieren und seine Maßnahmen als unvermeidliche Beschränkungen des Grundrechts hinzunehmen.«

bb) Nach *Fritz Ossenbühl*[82] kann das BVerfG nicht selbständig nachprüfen, ob ein gesetzlicher Eingriff in Grundrechte zur Verfolgung der verfassungsrechtlich erlaubten öffentlichen Zwecke geeignet, erforderlich und angemessen ist. Das BVerfG könne vielmehr immer nur die konkreten Feststellungen des Gesetzgebers nachprüfen. Dabei könne es sich nicht um eine Kontrolle des Verfahrens handeln, welches der Gesetzgeber bei der Tatsachenfeststellung eingeschlagen habe, weil die Verfassung dieses Verfahren nicht festlege. Eine solche Verfahrenskontrolle sei vielmehr nur insoweit gestattet, um festzustellen, ob der Gesetzgeber sich überhaupt bemüht habe, die Tatsachen objektiv festzustellen. Sei das nicht der Fall, dann sei das Gesetz grundsätzlich verfassungswidrig. Im übrigen könne das BVerfG nur das Ergebnis der Tatsachenfeststellung des Gesetzgebers überprüfen. Es müsse prüfen, ob die Feststellungen des Gesetzgebers richtig, vollständig seien und die Grundrechtsbeschränkungen trügen. Dabei könne das BVerfG voll Beweis erheben. Das gelte jedoch nicht in vollem Umfang für Prognoseentscheidungen. Das BVerfG hat nach Ansicht von *Ossenbühl* also nicht zu prüfen, ob andere, vom Bundestag nicht festgestellte Tatsachen die Entscheidung tragen. Das Nachschieben von Gründen im Verfahren vor dem BVerfG will er weitgehend ausschließen.

cc) Noch weiter will *Hans Schneider* die Kontrolle der Gerichte anhand des Verhältnismäßigkeitsprinzips zurückdrängen. Nach seiner Ansicht soll das BVerfG die Prinzipien beachten, welche die Verwaltungsgerichte für die Kontrolle der Rechtmäßigkeit der Verwaltung entwickelt haben. Danach komme es weitgehend nur darauf an, ob der Gesetzgeber selbst die Einschränkungen für erforderlich und geeignet angesehen hat.

dd) Die grundlegende Problematik ist von der zitierten Literatur m. E. nicht behandelt worden: Ob es nicht auch wie bei der Feststellung des

82 *Fritz Ossenbühl*, a.a.O. (Anm. 80).

Zwecks des Gesetzes (s. o.) bei der Verhältnismäßigkeit nur darauf ankommt, ob das Gesetz rein objektiv gesehen den Grundsätzen der Verhältnismäßigkeit entspricht. Eine solche Prüfung würde nicht nur die Grundrechtseffektivität bedeutend erhöhen. Sie würde auch auf der anderen Seite Gesetze aufrechterhalten können, welche nichtig sind, wenn man nur auf die subjektive Sicht des Gesetzgebers abstellt. Dabei ist aber zweierlei zu berücksichtigen. Auf der einen Seite darf das Verfassungsgericht sich nicht an die Stelle des Gesetzgebers setzen. Das gilt auf der anderen Seite insbesondere dann, wenn Tatsachenfeststellungen (Prognoseentscheidungen) sehr ungewiß sind. Diese beiden Prinzipien, welche die Handlungsfreiheit des Gesetzgebers mitbestimmen, miteinander zu verbinden, gehört zu den großen Aufgaben der zukünftigen Jahrzehnte[83].

4. *Die Schranken-Schranken (Wesensgehalt)*[84]

Nach Art. 19 II GG darf in keinem Fall ein Grundrecht in seinem Wesensgehalt angetastet werden. Hierzu werden die verschiedensten Auffassungen vertreten:

aa) Der BGH[85] geht von einer »relativen Wesensgehaltstheorie« aus. Für die Auslegung sei es eine unerfüllbare Aufgabe, in einer Art von Wesensschau jeweils zu untersuchen, wie weit ein Grundrecht eingeschränkt werden kann, ohne sein Wesen zu berühren. Es könne wohl auch nicht darauf ankommen, was nach der Einschränkung von den Grundrechten übrigbleibe. Ein Grundrecht solle dabei in seinem Wesensgehalt angetastet sein, »wenn durch den Eingriff die wesensgemäße Geltung und Entfaltung des Grundrechts stärker eingeschränkt würde, als dies der sachliche Grund und Anlaß, der zu dem Eingriff geführt hat, unbedingt und zwingend gebietet«. Damit verankere Art. 19 II GG nur den Verhältnismäßigkeitsgrundsatz. Diese Auffassung des BGH ist auf die fast geschlossene Ablehnung der Rechtsprechung und Lehre gestoßen, die dem Art. 19 II GG eine weiter-

83 *Wiltraud Rupp von Brünneck,* Zur Grundrechtsfähigkeit juristischer Personen, in: Festschr. f. *Adolf Arndt,* 1969, S. 349.

84 Vgl. *Günter Dürig / Hans-Ulrich Evers,* Zur verfassungsändernden Beschränkung des Post-, Telefon- und Fernmeldegeheimnisses, 1969; *Peter Häberle,* Die Wesensgehaltsgarantie des Art. 19 Abs. 2 GG, a.a.O. (Anm. 1); *Walter Hamel,* Die Bedeutung der Grundrechte im sozialen Rechtsstaat, 1957; *Eike von Hippel,* Grenzen und Wesensgehalt der Grundrechte, 1965; *Hartmut Jäckel,* Grundrechtsgeltung und Grundrechtssicherung. Eine rechtsdogmatische Studie zu Art. 19 Abs. 2 GG, 1967.

85 BGH, Gutachten vom 25. 1. 1952, DÖV 1953, S. 343; Beschluß vom 17. Oktober 1955, DÖV 1955, S. 729; vgl. aber BGHZ 16, 18.

gehende Bedeutung gewähren wollen und verlangen, daß nach der Einschränkung »noch irgendetwas übrig bleiben muß«[86].

Das BVerfG[87] hat zunächst die Auffassung des BVerwG akzeptiert, sich dann aber zu einer neuen Auffassung entschlossen[88]:

»Worin der unantastbare Wesensgehalt eines Grundrechts besteht, muß für jedes Grundrecht aus seiner besonderen Bedeutung im Gesamtsystem der Grundrechte ermittelt werden. Die Freiheit der Person ist ein so hohes Rechtsgut, daß sie nur aus besonders gewichtigen Gründen eingeschränkt werden darf. Zu diesen gewichtigen Gründen gehören in erster Linie die des materiellen Strafrechts und des Strafverfahrensrechts. Diese Eingriffe in die persönliche Freiheit des Einzelnen dienen dem Schutz der Allgemeinheit. Dazu gehört auch die Anstaltsunterbringung von gemeingefährlichen Geisteskranken. Weiterhin sind Eingriffe fürsorgerischen Charakters zulässig, die dem Schutz des Betroffenen dienen, wie z. B. die Unterbringung eines wegen Geistesschwäche Entmündigten in einer geschlossenen Anstalt zu dem Zweck, ihn daran zu hindern, daß er sich selbst größeren persönlichen oder wirtschaftlichen Schaden zufügt (vgl. BVerfGE 10, 302).«

bb) Die Lehre versucht, den absoluten Kern der Grundrechte in verschiedenen Umschreibungen zu finden:

(1) *Herbert Krüger*[89] versucht, dem einzelnen einen Raum zu sichern, in dem er in eigener Verantwortung Entscheidungen treffen könne. Das entscheide sich einerseits nach quantitativen Gesichtspunkten, andererseits aus dem verfassungspolitischen Zweck des betroffenen Grundrechts. Quantitativ gesehen, dürfe das Grundrecht nicht ausgehöhlt werden. Das sei aber der Fall, wenn dem einzelnen Bürger nicht hinreichende Möglichkeiten verbleiben. Andererseits müßten genügend Personen übrig bleiben, für die das Grundrecht noch eine Bedeutung habe. Verfassungspolitisch gesehen, müsse das Grundrecht noch eine Bedeutung für das soziale Leben besitzen.

(2) Nach *Günter Dürig*[90] schützt dagegen Art. 19 II GG den menschenrechtlichen Kern der Grundrechte. Menschenrechtlichen Charakter hätten die Grundrechte nur, soweit sie auf die Menschenwürde zurückgeführt werden könnten. Die Menschenwürde und damit der menschenrechtliche Kern der Grundrechte sei angetastet, wenn der Grundrechtsträger im Rahmen der Grundrechtseinschränkung dem staatlichen Handeln als Objekt ausgeliefert sei.

86 *Herbert Krüger*, Der Wesensgehalt der Grundrechte im Sinne des Art. 19 GG, DÖV 1955, S. 597; BVerwGE 2, 151, 114, 116; vgl. aber *Eike von Hippel*, a.a.O. (Anm. 84), S. 47.

87 BVerfG Urteil vom 11. Juni 1968, NJW 1968, S. 1035, 1039.

88 BVerfGE 22, 219; vgl. auch BVerfGE 30, 53.

89 *Herbert Krüger*, a.a.O. (Anm. 86).

90 *Günter Dürig*, Der Grundsatz von der Menschenwürde, AöR 81 (1956), S. 117 ff.

(3) Nach Ansicht von *Ernst-Rudolf Huber, Friedrich Klein, Hans Peters* und *Hartmut Jäckel*[91] sichert die Wesensgehaltsgarantie entgegen den bisher dargestellten Theorien überhaupt nicht die Abwehrrechte des einzelnen, sondern die Grundrechte als institutionelle Garantien. Das wird im einzelnen wesentlich damit begründet, daß es der entgegengesetzten Auffassung nicht gelinge, die nach dem GG unzweifelbare volle Aufhebungsmöglichkeit vieler Grundrechte etwa im besonderen Gewaltverhältnis zu erklären.

91 *Hartmut Jäckel,* a.a.O. (Anm. 84), S. 59.

§ 13 Zur Anwendung der Grundrechte auf die Rechtsordnung

Die Rechtsprechung des BVerfG zu den Grundrechten hatte Ausstrahlungswirkung auf die gesamte deutsche Rechtsordnung. Bestimmte Bereiche dieser Rechtsordnung, etwa das Verwaltungsrecht und hier insbesondere das Verwaltungsverfahrensrecht[1] sind sogar als »Konkretisierung der Verfassung« angesprochen worden. Diese Ausstrahlungswirkung der Grundrechte auf die gesamte Rechtsordnung kann hier natürlich nicht in vollem Umfang nachgezeichnet werden. Behandelt werden müssen jedoch zwei Bereiche, in denen diese Ausstrahlungswirkung umstritten war: das Staatsangehörigkeitsrecht und das Internationale Privatrecht.

I. Das Staatsangehörigkeitsrecht

Das Grundgesetz hat zahlreiche Auswirkungen auf das Reichs- und Staatsangehörigkeitsgesetz von 1913 gehabt. Einzelne Verlustgründe der Staatsangehörigkeit sind durch Art. 16 I GG entfallen; Art. 3 II GG hatte die Gleichstellung der Ehefrau auch im Staatsangehörigkeitsrecht zur Folge[2]. Wichtiger war, daß das Grundgesetz an der einheitlichen deutschen Staatsangehörigkeit festhielt und damit das Staatsangehörigkeitsrecht entscheidend prägte[3]. Dabei war von Anfang an umstritten, ob der Staat bei der Regelung der Staatsangehörigkeit an die engen Grundrechtsbestimmungen gebunden ist oder ob er den Kreis seiner Staatsangehörigen im Rahmen des Völkerrechts frei festlegen kann. Das BVerfG hat bei der Frage, ob die Gleichheit von Mann und Frau auch verlange, daß ein Kind seine deutsche Staatsangehörigkeit auch von der Mutter ableiten könne, dazu ausgeführt[4]:

»Die Regelung der Staatsangehörigkeit ehelicher Kinder mit nur einem deutschen Elternteil in § 4 Abs. 1 RuStAG ist mit dem Grundgesetz nicht vereinbar, weil sie Kindern deutscher Mütter den Erwerb der deutschen Staatsangehörigkeit nicht in gleichem Maße ermöglicht wie Kindern deutscher Väter.

1 Vgl. *Ferdinand O. Kopp,* Verfassungsrecht und Verwaltungsverfahrensrecht, 1971.

2 Vgl. im einzelnen *Albert Bleckmann,* Grundgesetz und Völkerrecht, 1975, S. 139 ff.

3 Vgl. ebenda, S. 73 ff.

4 BVerfGE 37, 217, 239.

I. Die früher vorherrschende und zum Teil noch jetzt anzutreffende Vorstellung, es handele sich bei der Zuerkennung der Staatsangehörigkeit um eine Abgrenzung des Staatsvolkes unter ordnungspolitischen Gesichtspunkten, die der Staat nach seinem Ermessen – allenfalls eingeschränkt durch das Willkürverbot – vornehmen könne, entspricht nicht dem Verständnis des demokratischen und sozialen Rechtsstaats im Sinne des Grundgesetzes. Dieses Verständnis wird verfassungsrechtlich dadurch gekennzeichnet, daß alle Staatsgewalt vom Volke ausgeht (Art. 20 Abs. 2 GG), daß sich die Willensbildung vom Volk zu den Staatsorganen, nicht umgekehrt von den Staatsorganen zum Volk hin vollzieht, und daß die staatsbürgerlichen Rechte und Pflichten, die für jeden einzelnen mit dem Besitz der Staatsbürgerschaft verbunden sind, zugleich konstituierende Grundlagen des gesamten Gemeinwesens bilden. Der inneren Beziehung des freien Bürgers zu einem freiheitlichen demokratischen Gemeinwesen entspricht es, daß seine Staatsbürgerschaft als grundsätzlich unentziehbar gewährleistet ist (Art. 16 Abs. 1 GG). Mit alledem wäre die Auffassung unvereinbar, die Entscheidung über den Erwerb eines derart bedeutsamen Status könne im freien Belieben von Staatsorganen stehen; auch würde es nicht genügen, die Regeln darüber lediglich sach- und systemgerecht auszugestalten. Vielmehr müssen die entsprechenden Gesetze die Grundentscheidungen der Verfassung, wie sie vor allem in den Grundrechten zum Ausdruck kommen, beachten und ihrerseits zu deren Verwirklichung beitragen. Regeln über die Weitergabe der Staatsangehörigkeit in der Generationenfolge, die an die Familienbindung des einzelnen anknüpfen, können daher nur auf der Grundlage der Wertentscheidungen getroffen werden, in denen die Verfassung das Verhältnis der Geschlechter zueinander, die Beziehungen in der Familie und deren Verhältnis zum Staat kennzeichnet und bestimmt. Als solche Wertentscheidungen sind im vorliegenden Zusammenhang namentlich der Grundsatz der Gleichberechtigung von Männern und Frauen nach Art. 3 Abs. 2 GG und das Elternrecht nach Art. 6 Abs. 2 GG maßgebend.«

II. Das Internationale Privatrecht

Das BVerfG hat dazu ausgeführt[5]:

»2. Nach einer sowohl in der Rechtsprechung wie im Schrifttum verbreiteten Meinung kommt im Bereich des Internationalen Privatrechts eine Einwirkung des deutschen Verfassungsrechts nur mit großen Einschränkungen in Betracht. Zwar sollen die deutschen Kollisionsnormen selbst noch auf ihre Übereinstimmung mit dem Grundgesetz, besonders mit den Grundrechten, geprüft werden, wenngleich diese Prüfung oft, besonders unter Berufung auf den technischen, wertneutralen Charakter der Normen, summarisch bleibt oder sogar nur auf das Willkürverbot oder die Wesensgehaltsgarantie des Art. 19 Abs. 2 GG beschränkt wird. Dagegen soll es bei der Anwendung des durch eine deutsche Kollisionsnorm berufenen ausländischen Rechts auf die Beachtung der Grundrechte grundsätzlich nicht mehr ankommen. Am weitesten in diese Richtung geht die mehrfach erwähnte Entscheidung des Bundesgerichtshofs, die selbst bei starker Inlandsbeziehung des zu beurteilenden Sachverhalts das deutsche Verfassungsrecht schlechthin ausschalten will: Immer dann, wenn die Wirkungen einer Rechtshandlung über den Geltungsbereich des

5 BVerfGE 31, 58, 71.

Grundgesetzes hinausgehen, d. h. bei Sachverhalten mit irgendeiner Auslandsbeziehung, sollen die Grundsätze der Verfassung einschließlich der Menschenrechte nicht entgegen dem ausländischen Recht zur Anwendung kommen (BGHZ 41, 136 [151]). Eine etwas später ergangene Entscheidung vom 29. April 1964 (BGHZ 42, 7 [12 ff.]) hat diese Auffassung dahin modifiziert, daß eine gewisse Prüfung des nach Internationalem Privatrecht anzuwendenden ausländischen Rechts an der Wertordnung des Grundgesetzes zugelassen wird, jedoch nur im Rahmen des Art. 30 EGBGB. Der Bundesgerichtshof meint, die Verfassungsnormen setzten als Sachnormen, soweit sie sich auf privatrechtliche Rechtsverhältnisse bezögen, die Anwendbarkeit des deutschen Privatrechts voraus, mithin werde die persönliche und räumliche Reichweite des Verfassungsrechts durch die Kollisionsnormen abgegrenzt. Es sei auch nicht angemessen und würde völkerrechtlichen Grundsätzen widersprechen, wenn die Anwendung fremder Rechtssätze von vornherein von ihrer Vereinbarkeit mit dem Grundgesetz abhängig wäre. Die Entscheidung will eine so weitgehende Prüfung auch im Rahmen des Art. 30 EGBGB nicht zulassen; gemäß der allgemein restriktiven Auslegung der Vorbehaltsklausel soll der deutsche ordre public nur eingreifen, wenn ›wesentliche Verfassungsgrundsätze, die eine unverrückbare Grundlage des deutschen staatlichen oder sozialen Lebens bilden‹, oder ›unabdingbare Gebote des deutschen Verfassungsrechts‹ verletzt werden. Diese Voraussetzung wird bei Grundrechtsverletzungen erst dann als erfüllt angesehen, wenn das Grundrecht in seinem Wesensgehalt angetastet wird.

Auch bei Berücksichtigung der genannten Modifikation beruht also die höchstrichterliche Rechtsprechung, die für die angefochtene Entscheidung maßgebend war, auf der Grundauffassung, daß die Grundrechte im Bereich des Internationalen Privatrechts nur dann rechtliche Wirkung entfalten, wenn und soweit die deutschen Kollisionsnormen einschließlich des Art. 30 EGBGB die Möglichkeit dazu eröffnen (vgl. weiter BGHZ 50, 370 [375 f.]; 54, 123 [129 f.]; 54, 132 [140] sowie aus dem Schrifttum *Ferid,* Festschrift *Dölle,* 1963, Bd. II, S. 119 ff. [143 ff.] und FamRZ 1963, S. 59; *Beitzke,* Grundgesetz und Internationalprivatrecht, 1961, S. 33 ff.; *Gamillscheg,* Festschrift *Nipperdey,* 1965, Bd. I, S. 323 ff. [327 ff.]; *Neuhaus,* FamRZ 1964, S. 610 f.; *Kegel,* a.a.O., Art. 30 Anm. 20 m. weit. Nachw.; a. a. *Bernstein,* NJW 1965, S. 2273 ff.; *Wengler,* JZ 1964, S. 622 f. und 1965, S. 100 ff. [101 ff.]; *Fischer,* NJW 1964, S. 1323 f.; *Stöcker,* JR 1965, S. 456 ff.; *Sonnenberger,* Die Bedeutung des Grundgesetzes für das deutsche Internationale Privatrecht, Dissertation München 1962, S. 113 ff.).

3. Diese Auffassung wird dem Vorrang der Verfassung und der zentralen Bedeutung der Grundrechte nicht gerecht. Auch im Internationalen Privatrecht ist von der Leitnorm des Art. 1 Abs. 3 GG auszugehen, die im Geltungsbereich des Grundgesetzes alle staatliche Gewalt mit unmittelbarer Wirkung an die Grundrechte bindet. Hieraus folgt zunächst, daß für den Erlaß einer Kollisionsnorm durch den deutschen Gesetzgeber oder ihre Übernahme aus dem vorkonstitutionellen Recht das gleiche gilt wie bei anderen im Rang unter der Verfassung stehenden Gesetzen. Als nationales, innerstaatliches Recht (vgl. *Kegel,* a.a.O., Vorbem. 2 zu Art. 7) sind die Vorschriften des deutschen Internationalen Privatrechts in vollem Umfang an den Grundrechten zu messen. Die Prüfung kann sich freilich nur darauf erstrecken, ob die generelle Entscheidung des deutschen Gesetzgebers für ein bestimmtes Regelungsprinzip, besonders die Auswahl der Anknüpfungspunkte, mit den Grundrechten vereinbar ist. Soweit dadurch ausländisches Recht berufen wird, läßt sich ange-

sichts der Verschiedenheit und Wandelbarkeit der ausländischen Regelungen vom Standpunkt des Gesetzgebers kaum übersehen, welchen möglichen Inhalt eine zur Anwendung kommende ausländische Norm haben kann und wie sie sich unter den Voraussetzungen des Einzelfalles auswirken wird.

Um so weniger geht es an, bei diesem ›Sprung ins Dunkle‹ (*Raape*, Internationales Privatrecht, 5. Aufl., 1961, S. 90) die verfassungsrechtliche Prüfung auszusetzen und die Betroffenen ohne den Schutz der Grundrechte dem ungewissen Ergebnis der jeweiligen Anwendung des durch die Kollisionsnorm berufenen ausländischen Rechts zu überlassen. Die Grundrechte bilden einen untrennbaren Teil der Verfassung; sie sind der eigentliche Kern der freiheitlich-demokratischen Ordnung des staatlichen Lebens im Grundgesetz. Ihre Reichweite kann daher nicht davon abhängen, in welcher Weise eine bestimmte Materie durch das einfache Recht geregelt ist; sie ist vielmehr unmittelbar aus den Verfassungsnormen selbst zu erschließen (vgl. *Bernstein*, NJW 1965, S. 2275; *Wengler*, JZ 1965, S. 101 ff.). Eine andere Auffassung ließe sich auch mit der Besonderheit des Internationalen Privatrechts nicht rechtfertigen. Die geltenden deutschen Kollisionsnormen bilden nicht den einzig denkbaren Weg zur Ordnung dieses Rechtsbereiches. Wie ein Blick auf die ausländischen Kollisionsnormen und auf die Bestrebungen zur Reform des deutschen Internationalen Privatrechts zeigt, besteht hier eine Reihe von Möglichkeiten, deren jede unter den Gesichtspunkten der Gerechtigkeit und Zweckmäßigkeit in der einen oder anderen Hinsicht ihre Vorzüge haben mag. Wäre die genannte Grundauffassung richtig, so würde die Entscheidung des Gesetzgebers für eine der möglichen Regelungsprinzipien in der Ebene des einfachen Rechts z. B. darüber, ob bei der Eheschließung an die Staatsangehörigkeit, das Domizil oder den Ort der Eheschließung angeknüpft werden soll, zugleich bestimmen, ob für die zu regelnden Sachverhalte ein mehr oder weniger ›grundrechtsfreier‹ Raum geschaffen wird. Auch die Heranziehung des Art. 30 EGBGB würde hieran nichts ändern, solange diese Norm nicht als Einfallstor der Grundrechte in das Internationale Privatrecht verstanden wird (vgl. dazu noch unten VI 21), sondern umgekehrt die eng ausgelegten Begriffsmerkmale der Vorschrift den – begrenzten – Anwendungsbereich der Grundrechte festlegen. Denn dies liefe ebenfalls darauf hinaus, daß eine zur Disposition des einfachen Gesetzgebers stehende Norm Rang und Reichweite von Verfassungsnormen bestimmen soll.

Die herrschende Auffassung läßt sich auch nicht damit rechtfertigen, daß der ausländische Gesetzgeber nur an die Verfassung seines eigenen Staates gebunden ist und nach der herrschenden Meinung das von einer deutschen Kollisionsnorm berufene ausländische Recht durch die Anwendung im Inland seine Natur als ausländisches Recht nicht verliert. Auch wenn man von dieser Auffassung ausgeht, handelt es sich bei der Rechtsanwendung durch die deutschen Behörden und Gerichte um die Ausübung deutscher Staatsgewalt, die unter den Geboten des Art. 1 Abs. 3 und Art. 20 Abs. 3 GG steht.

Diese Anerkennung des Geltungsanspruchs der Grundrechte auch für die Anwendung des berufenen ausländischen Rechts bedeutet keine unzulässige Ausweitung des Geltungsbereichs des Grundgesetzes gegenüber dem fremden Staat oder einen Oktroi deutscher Wertvorstellungen gegenüber dem Ausland. Das ausländische Recht wird nicht losgelöst von der dortigen Verfassung und den Gegebenheiten seines nationalen Geltungsbereichs generell auf eine Übereinstimmung mit dem Grundgesetz geprüft. Vielmehr kommt es allein darauf an, ob eine innerstaatliche

Rechtshandlung deutscher Staatsgewalt in bezug auf einen konkreten Sachverhalt, der eine mehr oder weniger starke Inlandsbeziehung aufweist, zu einer Grundrechtsverletzung führt. Ergibt sich dabei, daß sich die Anwendung des ausländischen Rechts an einer Grundrechtsnorm ›bricht‹, so liegt hierin keine generelle Zensur der fremden Regelung, die nicht für die Anwendung durch deutsche Hoheitsträger geschaffen worden ist und im eigenen Bereich vertretbar oder sinnvoll sein mag, sondern allein die Feststellung, daß ihre konkrete Anwendung sich in einem bestimmten Punkt mit unserer Verfassungsordnung nicht verträgt. Wenn ein solcher Vorgang von vornherein mit dem Odium der Diskriminierung des ausländischen Gesetzgebers belastet wird, so erklärt sich dies vermutlich aus der Anlehnung an die begrifflichen Kategorien des Art. 30 EGBGB, dessen erste Alternative (Verstoß gegen die guten Sitten) jedenfalls nach der bisherigen engen Auslegung ein Unwerturteil über das ausländische Recht voraussetzt oder doch nahegelegt. Ein Vorwurf könnte aber – wenn überhaupt – nur gegenüber dem deutschen Gesetzgeber erhoben werden, soweit er etwa bei der Berufung ausländischen Rechts voraussehbaren Konflikten mit einzelnen Grundrechten nicht durch mögliche Sonderregeln Rechnung getragen hat.

Eine Anwendung der Grundrechte unter den genannten Voraussetzungen widerspricht auch nicht allgemeinen völkerrechtlichen Regeln, die gemäß Art. 25 GG als Bestandteil des Bundesrechts Beachtung erfordern. Zwar ist das Grundgesetz insgesamt von einer völkerrechtsfreundlichen Tendenz getragen. Sowohl die Präambel und die Art. 1 Abs. 2, Art. 24 und 25 GG als auch die das Verfassungssystem insgesamt kennzeichnenden Prinzipien des Pluralismus und der Toleranz lassen erkennen, daß die Verfassung andere Staaten als gleichberechtigte Glieder der Völkerrechtsgemeinschaft anerkennt und deren eigenständige Rechtsordnung respektiert (vgl. BVerfGE 18, 112 [116 ff.]). Aus dieser Grundeinstellung folgt aber noch keine Verpflichtung zur uneingeschränkten Anwendung fremden Rechts durch inländische Hoheitsträger auf Sachverhalte mit Auslandsbeziehung; erst recht läßt sich dem Grundgesetz nirgends ein genereller Vorbehalt dahin entnehmen, daß insoweit die Grundrechte zurücktreten müßten. Das der Verfassung vorangestellte Bekenntnis zu unverletzlichen und unveräußerlichen Menschenrechten als der Grundlage jeder menschlichen Gemeinschaft, des Friedens und der Gerechtigkeit in der Welt (Art. 1 Abs. 2 GG) ist nicht zu vereinbaren mit der Vorstellung, die mit den Grundrechten aufgerichtete Wertordnung, besonders die dadurch gewährte Sicherung eines Freiheitsraums für den Einzelnen, könne oder müsse allgemein außer Funktion treten, um der Rechtsordnung anderer Staaten den Vorrang zu lassen.

Die Frage, ob und welche Modifikationen sich aus einer durch die Präambel des Grundgesetzes und Art. 24 Abs. 1 GG ausdrücklich zugelassenen Bindung der Bundesrepublik an supranationale Gemeinschaften ergeben könnten (vgl. BVerfGE 22, 293 [298 f.]), kann außer Betracht bleiben. Denn im Internationalen Privatrecht hat allein der deutsche Gesetzgeber ohne eine solche Bindung den zuständigen deutschen Hoheitsträgern die Anwendung fremden Rechts vorgeschrieben. Diese können sich bei entsprechendem Tätigwerden weder selbst über den durch die Verfassung gebotenen Schutz der Grundrechte hinwegsetzen, noch kann sie der deutsche Gesetzgeber von der Beachtung der Grundrechte freistellen.

Die erörterten Einwände entspringen zum Teil der Besorgnis, eine ›normale‹, nicht nur auf extreme Fälle beschränkte Prüfung der Anwendung ausländischen Rechts an den Grundrechten werde das Internationale Privatrecht aus den Angeln heben. Abgesehen davon, daß in weiten Bereichen dieses Rechtsgebietes Konflikte mit den Grundrechten kaum auftreten dürften, wäre eine solche Besorgnis nur begründet, wollte man nun die Anwendung des ausländischen Rechts in jedem Fall genauso behandeln wie die Anwendung gewöhnlicher deutscher Sachnormen auf rein inlandsbezogene Sachverhalte. Eine sinngerechte Auslegung der Grundrechte läßt durchaus eine Berücksichtigung der hier bestehenden Besonderheiten zu. Hierfür mag schon darauf verwiesen werden, daß der Verfassungsgeber selbst bei der Ausprägung einzelner Grundrechte zwischen Deutschen und Nichtdeutschen unterschieden hat. Unabhängig davon kann ein Grundrecht wesensgemäß eine bestimmte Beziehung zur Lebensordnung im Geltungsbereich der Verfassung voraussetzen, so daß eine uneingeschränkte Durchsetzung in ganz oder überwiegend auslandsbezogenen Sachverhalten den Sinn des Grundrechtsschutzes verfehlen würde. Wieweit dies der Fall ist, läßt sich nicht allgemein bestimmen. Vielmehr ist jeweils durch Auslegung der entsprechenden Verfassungsnorm festzustellen, ob sie nach Wortlaut, Sinn und Zweck für jede denkbare Anwendung hoheitlicher Gewalt innerhalb der Bundesrepublik gelten will oder ob sie bei Sachverhalten mit mehr oder weniger intensiver Auslandsbeziehung eine Differenzierung zuläßt oder verlangt (vgl. *Wengler*, JZ 1965, S. 101 f.). Im Rahmen dieser, aus der Verfassung selbst zu entwickelnden Bestimmung der Reichweite der Grundrechte mag auch die erwähnte Grundhaltung der Verfassung gegenüber anderen Staaten und der Völkerrechtsgemeinschaft ihre Rolle spielen.

Die Befürchtung, eine solche Auslegung überfordere den Richter und gefährde die Rechtssicherheit, ist unbegründet. Die zu leistende Aufgabe unterscheidet sich wesensmäßig nicht von der gewöhnlichen Verfassungsauslegung in bezug auf inlandsbezogene Sachverhalte, besonders soweit es sich um die Ausstrahlung der Grundrechte auf das Privatrecht handelt (vgl. BVerfGE 7, 198 [205 ff.]; s. a. BVerfGE 25, 167 [181]). Im übrigen haben Rechtsprechung und Schrifttum bei der Entwicklung des Internationalen Privatrechts aus wenigen unvollständigen Rechtsnormen eine der Art nach vergleichbare, mindestens ebenso schwierige Arbeit geleistet.«

§ 14 Grundrechtskollisionen und Grundrechtskonkurrenzen[1]

1. Unter der Grundrechtskollision versteht man den Aufeinanderprall der Grundrechte mehrerer Grundrechtsträger. So stehen sich etwa bei der mittelbaren oder direkten Drittwirkung Grundrechte der beiden Privatleute gegenüber: die Vertragsfreiheit (Art. 2 I GG) des Vermieters gegenüber dem Gleichheitsanspruch des Farbigen, dem der Vertragsschluß wegen seiner Hautfarbe verwehrt wird. Oder aber, wenn die Pressefreiheit nicht nur staatsgerichtet ist: die Pressefreiheit des Chefredakteurs oder des Verlegers gegen die Pressefreiheit seiner Redakteure und Journalisten. Auch das elterliche Erziehungsrecht aus Art. 6 II GG steht, wie wir gesehen haben, in Kollision mit den Grundrechten der Kinder. Für die Lösung solcher Kollisionsfälle kann nur die Güterabwägung angeboten werden. Weitere generelle Aussagen lassen sich zur Lösung dieser Problematik auch nach Ansicht von *Herbert Bethge* nicht finden, der die Grundrechtskollisionen eingehend analysiert hat.

2. Während bei Grundrechtskollisionen die Grundrechte verschiedener Grundrechtsträger aufeinanderstoßen, handelt es sich bei der Grundrechtskonkurrenz um den Fall, daß ein bestimmtes Handeln ein- und desselben Grundrechtsträgers unter den Tatbestand mehrerer Grundrechte fällt. Greifen wir auf einige Beispiele von *Wilfried Berg* zurück: Ein Geistlicher hält eine Predigt, bei der er bestimmte fremde Rechtsgüter verletzt. Offenbar ist hier der Tatbestand sowohl der Glaubensfreiheit (Art. 4 I und II GG) als auch der Meinungsfreiheit (Art. 5 I GG) und der Berufsfreiheit (Art. 12 I GG) erfüllt. Nach welchem dieser Grundrechte ist nun die Schranke zu bestimmen, also das öffentliche Interesse, aus dem heraus die Predigt unter Umständen verboten werden kann? Aus dem grundsätzlich alle öffentlichen Interessen zulassenden Art. 5 II oder 12 I GG oder aus dem Art. 4 GG, der nur einschränkbar ist, wenn verfassungsrechtlich geschützte Interessen diese Einschränkung fordern? Oder es stellt sich die Frage, ob ein künstlerisches Bauwerk abgebrochen werden darf. Liegt hier ein Eingriff in Art. 14 GG vor, der zwar zur Verfolgung aller öffentlichen Interessen ein-

1 *Herbert Bethge*, Zur Problematik von Grundrechtskollisionen, 1977; *Wilfried Berg*, Konkurrenzen schrankendivergierender Freiheitsrechte im Grundrechtsabschnitt des GG, 1968; *Jürgen Schwabe*, Probleme der Grundrechtsdogmatik, 1977.

geschränkt werden kann, aber in bestimmtem Umfang ein Entschädigungsrecht auslöst, oder ein Eingriff in die vorbehaltlos gewährte Kunstfreiheit des Art. 5 III GG? Nach *Berg* wird mit dem Problem der Grundrechtskonkurrenz also nur das Problem der Schranken gestellt. Sind die Schranken gleich oder ähnlich wie bei Art. 5 II und 12 I GG, entstehen insoweit keine Probleme. Dasselbe gilt, wenn man die Schranken des Art. 2 I oder des Art. 5 II GG unterschiedslos auf alle Grundrechte anwendet. Probleme entstehen also nur, wenn die Schranken der jeweils betroffenen Grundrechte unterschiedlich sind (»Schrankendivergenz«).

a) *Wilfried Berg* hat die einzelnen Lösungsvorschläge aufgezeigt, die Literatur und Rechtsprechung bisher entwickelt haben.

(1) Nach zahlreichen Autoren stellt sich die Konkurrenzfrage gar nicht, weil man diese Probleme über die Auslegung und Beschränkung des Tatbestands der Grundrechte zu lösen habe. So löst etwa *Helmut Ridder* das Problem, daß die »politisch zielende Kunst« sowohl unter Art. 5 III GG als auch unter Art. 5 I GG zu fallen scheint, dahin, daß Art. 5 III GG nur die politisch neutrale Kunst umfasse, die politisch zielende Kunst deshalb nur unter Art. 5 I GG falle[2]. Mit *Wilfried Berg* bin ich der Auffassung, daß, wenn schon das Strafrecht mit seinen genau bestimmten Tatbeständen das Auftreten von Überschneidungen dieser Tatbestände, d. h. aber Konkurrenzen nicht verhindern kann, dies noch weniger im GG möglich ist, dessen Grundrechtstatbestände viel unbestimmter sind. Die Lehre von den Tatbestandseinschränkungen hat aber richtig gesehen, daß, bevor sich die Frage nach den Konkurrenzen stellt, die Grundrechtstatbestände eindeutig definiert und der Einzelfall genau unter diese Tatbestände subsumiert werden müssen. Erst dann kann entschieden werden, ob ein bestimmtes Handeln tatsächlich unter mehrere Grundrechtstatbestände fällt.

(2) Ein Teil der Lehre will zweitens im Falle von Konkurrenzen schrankendivergenter Grundrechte stets dem stärker einschränkbaren Grundrecht den Vorrang geben. In den konkreten Fällen könnten die Grundrechte des Predigers also allein unter Rückgriff auf Art. 5 II GG durch jedes öffentliche Interesse beschränkt werden; die Tatsache, daß das gleichfalls einschlägige Grundrecht aus Art. 4 GG vorbehaltlos gewährt ist, tritt zurück. Diese Theorie schöpft offensichtlich nicht den ganzen Grundrechtsgehalt des Falles aus und führt zu einer vom GG nicht gewollten Aushöhlung der vorbehaltslosen Grundrechte.

(3) Ein anderer Teil der Lehre will bei Konkurrenzen solcher schrankendivergenter Grundrechte stets dem »unbeschränkteren« Grundrecht den Vorzug geben. Dieser Theorie folgt *Berg*. Damit wendet er sich auch gegen die weitere Theorie, bei der gleichzeitigen Eingrenzung mehrerer Grundrechte müsse die Einschränkung an den Schranken aller betroffenen Grund-

2 *Helmut Ridder*, Freiheit der Kunst nach dem GG, 1963, S. 18 ff.

rechte gemessen werden. Aber diese Theorie führt im Ergebnis fast zu denselben Konsequenzen wie die vorherige. Sie führt nur dann zu Abweichungen, wenn ein Grundrecht mit allgemeinem Gesetzesvorbehalt mit einem vorbehaltlosen Grundrecht zusammentrifft. Hier ist das vorbehaltlose Grundrecht das stärkste. Nach der Theorie von *Berg* ist daher nur zu prüfen, ob von der Verfassung geschützte öffentliche Interessen die Einschränkung erfordern, während nach der »Kumulationstheorie« diese Einschränkung auch im Bereich der vom speziellen Vorbehalt aufgezählten Schranken verbleiben muß. Und auch diese Unterschiede zwischen beiden Theorien fallen schließlich fort, wenn man unserer Auffassung folgt und auch das mit einem speziellen Vorbehalt ausgestattete Grundrecht durch alle öffentlichen Interessen beschränken läßt, die durch die Verfassung geschützt werden.

b) Allerdings ist eines zu beachten, auf was *Jürgen Schwabe* aufmerksam gemacht hat: Offensichtlich führen beide Theorien nicht zu einem befriedigenden Ergebnis, denn sie beachten jeweils nur das eine oder das andere Schutzgut. So wäre etwa für die Einschränkung der Tätigkeit eines Berufsmusikers einerseits die Kunstfreiheit, andererseits die Berufsfreiheit mit den jeweils gegenüberstehenden öffentlichen Interessen getrennt abzuwägen. Das Eigenartige des Falles ist aber, daß hier durch die Kumulation von zwei Schutzgütern das Privatinteresse insgesamt gesehen ein größeres Gewicht erhält als bei einer getrennten Betrachtung. Dieses Privatinteresse kann leichter das jeweilige öffentliche Interesse überwiegen als die Kunstfreiheit eines Amateurmusikers oder die Berufsfreiheit eines Einzelhändlers.

c) *Jürgen Schwabe* macht ferner zu Recht darauf aufmerksam, daß man entgegen der Ansicht von *Wilfried Berg* nicht nur prüfen darf, ob das einheitliche Handeln des Grundrechtsträgers unter mehrere Grundrechte fällt. Es komme vielmehr genauso darauf an, daß nur ein einziger Hoheitsakt in diese verschiedenen Grundrechte eingreife. Könne man den scheinbar einheitlichen Hoheitsakt gedanklich in mehrere Teile zerlegen, könne ein Hoheitsakt etwa in Art. 12 GG, der andere in Art. 14 GG eingreifen, so daß sich das Problem der Konkurrenz nicht stelle. So könnte etwa ein allgemeines Verbot der Korrespondenz gegenüber einem Häftling zerlegt werden in ein Schreibverbot und in ein Verbot des Briefempfangs[3].

3. Neben der Frage, wie ein unter mehrere Grundrechte fallendes, durch einen einzigen Hoheitsakt beschränktes Handeln zu beurteilen ist, stellt sich das Problem des generellen Verhältnisses der Grundrechte zueinander.

a) Es ist bekannt, daß das BVerfG im Art. 2 I GG das generelle Grundrecht sieht, das nach den Grundsätzen der Spezialität von den konkreten Grundrechten verdrängt wird. In diesem Verhältnis der Spezialität stehen zwei Grundrechte zueinander, wenn ihre Tatbestände konzentrische Kreise

3 *Jürgen Schwabe*, a.a.O. (Anm. 1), S. 324.

darstellen. Der größere Kreis ist dann das generelle Grundrecht, der kleinere das spezielle Grundrecht. Man kann dies auch dahin umschreiben, daß das spezielle Gesetz neben den Tatbestandsmerkmalen des generellen Gesetzes noch weitere Tatbestandsmerkmale enthält. So fällt unter Art. 2 I GG jedes Handeln, unter Art. 8 GG ein durch nähere Tatbestandsmerkmale näher bestimmtes Handeln, nämlich das Sich-Versammeln. So ist das Verhältnis des Art. 4 I GG zu Art. 4 III GG, von Art. 9 I GG einerseits zu Art. 9 III GG oder zu Art. 21 GG andererseits[4]. Soweit ein Handeln unter die generelle und die spezielle Norm fällt, sind nur die Voraussetzungen des Eingriffs in das speziellere Grundrecht zu prüfen. Das oben dargestellte Problem der »Idealkonkurrenz« stellt sich nur bei sich überschneidenden Tatbeständen der Grundrechte. So ist das Verhältnis zwischen Art. 12 und Art. 4 GG: Das Glaubensverhältnis kann Berufsausübung darstellen; das ist aber nicht immer der Fall. Auf der anderen Seite kann die Berufsausübung auch Glaubensfreiheit verwirklichen; auch dies ist bei weitem nicht immer der Fall.

b) Im Verhältnis zwischen generellen und speziellen Grundrechten stellt sich ferner allgemein die Frage, ob immer dann, wenn sich herausstellt, daß ein bestimmter Sachverhalt nicht unter den speziellen Tatbestand fällt, noch zu prüfen ist, ob das generelle Grundrecht eingreift. Denn das spezielle Grundrecht kann bestimmte Sachverhalte, die nicht unter seinen Tatbestand fallen, gerade vom Grundrechtsschutz und damit auch von der Subsumtion unter das generelle Grundrecht ausgeschlossen haben. So stellt sich etwa die Frage, ob Art. 11, 8 und 9 GG mit der Beschränkung der Freizügigkeit, der Vereinigungs- und Versammlungsfreiheit auf Deutsche das entsprechende Handeln von Ausländern nicht generell vom Grundrechtsschutz ausschließen wollten, so daß auch Art. 2 I GG insoweit nicht mehr greifen kann.

Ebenso könnte man der Auffassung sein, daß Art. 8 GG neben seiner positiven Funktion des Schutzes der Versammlungsfreiheit unfriedliche Versammlungen und Versammlungen mit Waffen vom Grundrechtsschutz ausschließt, so daß insoweit auch nicht Art. 2 I GG greifen würde. Das hätte – wie die inneren immanenten Schranken – zur Folge, daß mangels eines Eingriffs in den Tatbestand eines Grundrechts hier auch die rechtsstaatlichen Voraussetzungen eines Eingriffs nicht mehr greifen würden, also nicht zu prüfen wäre, ob ein hinreichend bestimmtes, den Anforderungen des Art. 19 I GG genügendes, nicht gegen objektives Verfassungsrecht verstoßendes Gesetz zur Verfolgung von der Verfassung gestatteter öffentlicher Interessen erforderlich ist, die Polizei also ohne gesetzliche Grundlage außerhalb des Polizeigesetzes und des Versammlungsgesetzes gegen solche Versammlungen nach Belieben vorgehen dürfte. Allerdings könnten Versammlungsgesetz und Polizeigesetz dahin ausgelegt werden, daß sie auch solche Ein-

4 Ebenda, S. 372.

griffe an rechtsstaatliche Voraussetzungen binden. Verfassungsrechtlich verpflichtet wäre der Gesetzgeber hierzu aber nicht. Nur der allgemeine Gesetzesvorbehalt, dessen Voraussetzungen – Eingriff in Freiheit und Eigentum – nicht durch den Rückgriff auf konkrete Grundrechte ausgelegt werden müssen, könnte eingreifen; diese Sicherung schreibt aber nur vor, daß nachgeprüft werden muß, ob von der Verfassung geschützte öffentliche Interessen einen solchen Eingriff erfordern.

Anders ist die Rechtslage dann, wenn ein bestimmtes Handeln unter den Tatbestand eines spezifischen Grundrechts fällt, aber durch die ausdrücklichen Schranken dieses Grundrechts begrenzt werden kann. Dann liegt nämlich eine abschließende Regelung dieses Sachverhalts durch das spezielle Grundrecht vor. Es ist also nicht daneben noch zu prüfen, ob das Handeln auch unter Art. 2 I GG fällt und dessen Schranken eine Begrenzung des Handelns gestatten.

Das BVerfG hat bekanntlich diese Auffassung abgelehnt. Sie widerspricht auch dem Grundsatz in dubio pro libertate. Außerdem müßte man bei einer solchen Theorie neben dem Tatbestand des Grundrechts jeweils einen weiteren Tatbestand aus dem Grundrecht ableiten können, der für das Grundgesetz den Grundrechtsschutz ausschließen will. Das scheint mir aber nicht möglich zu sein.

§ 15 Der Grundrechtsverzicht[1]

1. Die Probleme des Grundrechtsverzichts sind dogmatisch kaum bewältigt. Meist finden sich in der Literatur nur kurze Hinweise. Aber auch soweit Monographien vorliegen, kommen sie über folgende Ansätze kaum hinaus:

a) Die ältere Lehre begründet die Möglichkeit eines Grundrechtsverzichts mit der Übernahme der entsprechenden Regeln des bürgerlichen Rechts. Die rechtliche Möglichkeit des Verzichts wurde also auf ein allgemeines Rechtsprinzip gestützt, das zwar nur im BGB Ausdruck gefunden habe, dort aber eben Ausdruck eines alle Rechtsgebiete umfassenden Prinzips sei. Dabei wurde der Verzicht im öffentlichen Recht wie der Verzicht im bürgerlichen Recht als formfreie, einseitige, empfangsbedürftige Willenserklärung konstruiert[2].

b) Die neuere Lehre vom Grundrechtsverzicht scheint grundsätzlich die allgemeine rechtliche Möglichkeit des Verzichts auch im Verfassungsrecht nicht anzugreifen, auch wenn sie den Verzicht auf Grundrechte generell ausschließen will. Denn sie sucht nur nach Gründen für die Nichtanwendung des allgemeinen Prinzips der Verzichtmöglichkeit auf die Grundrechte. Hier werden insgesamt fünf Argumente herangezogen:

(1) Ein Teil der Lehre stützt sich für die Unzulässigkeit des Verzichts auf Art. 1 II GG, wonach die Menschenrechte »unveräußerlich« sind, d. h. aber auch unverzichtbar sind. Nun kommt es also darauf an, ob man alle Grundrechte in vollem Umfang als Menschenrechte ansieht, ob man die Menschenrechtsqualität nur auf bestimmte Grundrechte beschränkt (Jedermann-Grundrechte im Gegensatz zu den Deutschengrundrechten) oder ob man allen Grundrechten einen »Menschenrechtskern« zubilligt, der entweder in

1 *Knut Friess*, Der Verzicht auf Grundrechte, 1968; *Carl Joseph Hering*, Der Verzicht als intentionaler Faktor der freien Entfaltung der Persönlichkeit, Festschrift f. *H. Peters*, 1967, S. 513; *Jost Pietzcker*, Die Rechtsfigur des Grundrechtsverzichts, Der Staat 17 (1978), S. 527; *Jürgen Schwabe*, Probleme der Grundrechtsdogmatik, 1977, S. 92 ff.; *Klaus Rüdiger Wilde*, Der Verzicht Privater auf subjektive öffentliche Rechte, 1966; *Gerd Sturm*, Probleme eines Verzichts auf Grundrechte, Festschrift für Willi Geiger zum 65. Geburtstag, 1974, S. 173, 177 ff.

2 Vgl. *Knut Friess*, a.a.O. (Anm. 1), S. 1 ff.

der Menschenwürde des Art. 1 I GG[3] oder im Wesensgehalt des Art. 19 II GG gesehen wird[4].

Diese Auffassung übersieht, daß das Grundgesetz mit dem Hinweis auf die »Unveräußerlichkeit« der Grundrechte eine uralte Tradition der Menschenrechtserklärungen übernommen hat, die niemals speziell auf das Problem des Grundrechtsverzichts bezogen worden war. Allein mit dem Hinweis auf den Wortlaut des Grundgesetzes kann man die generelle oder teilweise Unmöglichkeit des Verzichts also nicht begründen.

(2) Die überwiegende Zahl der Autoren, die sich generell gegen die Möglichkeit eines Verzichts aussprechen, begründen das mit der Tatsache, daß die Grundrechte auch oder überwiegend im öffentlichen Interesse begründet worden sind, über das der einzelne nicht verfügen könne. Dabei wird etwa auf die Tatsache abgehoben, daß die Grundrechte eine objektive Wertordnung begründen oder eine soziale Funktion haben, die bis zur Pflicht zur Ausübung der Grundrechte reiche[5].

Dieser Auffassung vermag ich nicht voll zu folgen. Einerseits wird hier übersehen, daß die Grundrechte eine Freiheit zur Beliebigkeit begründen. Gerade diese Freiheit zur Beliebigkeit muß auch das Recht umfassen, auf die Grundrechtsausübung punktuell zu verzichten (Privatautonomie, Art. 2 I GG). Dabei ist zu berücksichtigen, daß der Verzicht einerseits durchaus eine positive Funktion in der freien Entfaltung der Persönlichkeit besitzt[6], andererseits es zumindest punktuell im Belieben des Individuums gestellt sein muß, ob es lieber die Grundrechte wahrnimmt oder für den Grundrechtsverzicht eine Leistung erhält.

(3) Eine interessante Theorie haben *Friedrich Müller* und *Bodo Pieroth*[7] aufgestellt: Die Grundrechte stellen nach ihrer Ansicht negative Kompetenznormen auf. Der Staat besitze die Kompetenz zum Handeln nur dann, wenn er im Rahmen einerseits der positiven Kompetenznormen (etwa Art. 70 ff. GG), andererseits der negativen Kompetenznormen (Grundrechte) verbleibe. Auf staatliche Kompetenzbegrenzungen aber kann der einzelne natürlich nicht verzichten. Diese Ansicht beruht auf einer dogmatisch nicht begründeten Ausweitung des Kompetenzbegriffes, um die Rechtsfolgen dieses Begriffes auf die Grundrechte anzuwenden.

(4) Nach einer weiteren Konzeption würde es gegen die in Art. 1 I GG für die Menschenwürde und damit für alle Grundrechte verankerte Schutz-

3 *Günter Dürig*, in: *Theodor Maunz / Günter Dürig / Roman Herzog / Rupert Scholz*, Kommentar zum Grundgesetz, Art. 1 II Rdnr. 74.

4 Vgl. *Knut Friess*, a.a.O. (Anm. 1), S. 109 ff.

5 Ebenda, S. 68 ff.

6 *Carl Joseph Hering*, a.a.O. (Anm. 1).

7 *Friedrich Müller / Bodo Pieroth*, Politische Freiheitsrechte der Rundfunkmitarbeiter, 1976, S. 34. Dort auch zu den einzelnen Fallgestaltungen, in denen ein Verzicht möglich sein soll.

pflicht des Staates verstoßen, wenn er den Grundrechtsverzicht des Individuums für sich nutzen würde[8]. Dieser Ansatz läuft auf eine petitio principii hinaus. Denn es ist ja gerade die Frage, ob der Staat zum Schutz der Grundrechte verpflichtet ist, wenn der einzelne diese Grundrechte nicht geltend machen will.

(5) Eine gängige Meinung stellt nicht auf die rechtliche Unzulässigkeit des Verzichts, sondern auf seine tatsächliche Irrelevanz ab. Zur Wirksamkeit des Verzichts gehöre auch im öffentlichen Recht deren Freiwilligkeit; und angesichts der Gewaltunterworfenheit und Abhängigkeit des einzelnen vom allmächtigen Staat sei diese Freiwilligkeit generell zu verneinen. So richtig diese Ansicht in ihren Voraussetzungen ist, so falsch ist offensichtlich die Generalisierung der Fakten. Es kommt vielmehr auf den Einzelfall an, ob der einzelne auf sein Grundrecht freiwillig verzichtet hat.

(6) Recht häufig wird die Auffassung vertreten, der Verzicht auf die Substanz der Grundrechte sei unzulässig, auf die Ausübung der Grundrechte könne jedoch verzichtet werden. Die Unterscheidung zwischen Substanz und Ausübung der Grundrechte ist mir dabei stets unverständlich geblieben. Gemeint ist wohl, daß ein alle zukünftigen Abwehr- und Leistungsansprüche gegen den Staat und gegen Dritte umfassender Verzicht unzulässig ist, während der Verzicht auf ganz punktuelle, bestimmte Abwehr- und Leistungsansprüche gegenüber einem genau bestimmten Grundrechtsadressaten zulässig ist. Daran ist sicher richtig, daß der umfassende Grundrechtsverzicht in diesem Sinne unzulässig ist. Auf der anderen Seite scheint mir aber der Verzicht auf die Ausübung der Grundrechte in diesem Sinne nicht generell zulässig zu sein. Dabei ist aber zu beachten, daß der Dualismus Substanz – Ausübung die verschiedenen Fälle nicht klar gliedert, die unter dem Begriff des Grundrechtsverzichts zusammengefaßt werden. So wird man von einem echten Rechtsverzicht etwa nur dann sprechen können, wenn entweder auf einen positiven Leistungsanspruch oder auf das prozessuale Abwehrrecht verzichtet wird. Ansonsten wird man häufig eher mit dem aus dem Strafrecht geläufigen Begriff der Einwilligung in einen bestimmten Eingriff in ein Grundrecht operieren müssen: So liegt kein Verzicht, sondern eine Einwilligung vor, wenn die Polizei ohne richterlichen Befehl mit Zustimmung des Inhabers eine Wohnung durchsucht, oder wenn der Chirurg mit Einwilligung des Patienten in dessen Gesundheit eingreift. In wieder anderen Fällen liegt weder ein Verzicht noch eine Einwilligung, sondern die Übernahme der Verpflichtung vor, seine Handlungsfreiheit nicht in vollem Umfang der Grundrechte auszuüben. Das ist etwa der Fall, wenn ein Angestellter sich dem Staat gegenüber verpflichtet, nicht an bestimmten Versammlungen teilzunehmen, nicht zu heiraten usw. Hier stellt sich die Frage nach der rechtlichen Verbindlichkeit einer solchen Verpflich-

8 *Knut Friess*, a.a.O. (Anm. 1), S. 152.

tung, die den staatlichen Eingriff in Form des Gerichtsurteils und der Zwangsvollstreckung erst nach sich ziehen wird. Mir scheint, daß eine endgültige Lösung des Problems des Grundrechtsverzichts nur gefunden werden kann, wenn man diese Analyse fortsetzt und zwischen den einzelnen Fällen des »Grundrechtsverzichts« klar unterscheidet.

2. Diese verschiedenen Ansätze haben zwei wichtige praktische Folgerungen:

Da der Eingriffsbegriff nach den obigen Darlegungen nicht mehr auf die einseitige rechtliche Regelung des Rechtsverhältnisses zwischen Staat und Bürger beschränkt ist, sondern sich auf jede faktische Beeinträchtigung der Grundrechte erstreckt, greifen grundsätzlich sämtliche oben dargestellten rechtsstaatlichen Garantien ein:

a) Für jede Beeinträchtigung der Grundrechte ist damit ein allgemeines, hinreichend bestimmtes, die beschränkten Grundrechte nennendes Gesetz erforderlich.

(1) Damit wird zunächst die Frage aufgeworfen, ob der einzelne auf den Gesetzesvorbehalt verzichten, dieser Gesetzesvorbehalt durch die Einwilligung des Privatmanns ersetzt werden kann oder, um mit den Vertretern der älteren Staatsrechtslehre zu sprechen, der Eingriff möglich ist bei einem ermächtigenden Gesetz oder bei einer Einwilligung des Betroffenen. Diese Frage ist zu verneinen. Denn selbst wenn es sich um Eingriffsgesetze handelt, wird der Gesetzesvorbehalt heute nicht mehr allein mit dem notwendigen Schutz der Grundrechte, sondern auch mit dem Demokratieprinzip begründet, wonach der demokratisch am stärksten legitimierte Gesetzgeber die Leitungsfunktion für das Gemeinwesen besitzt und damit grundsätzlich auch die Eingriffsermächtigungen in den wesentlichsten Grundlinien selbst festlegen muß. Auf die Einhaltung des Demokratieprinzips aber kann der einzelne natürlich nicht verzichten.

(2) Liegt ein Eingriff bei jeder faktischen Beeinträchtigung der Grundrechte vor, kommt es also auf die Form des staatlichen Handelns nicht an, müßte im Ergebnis auch jeder öffentlich-rechtliche und privatrechtliche Vertrag der Verwaltung mit dem Bürger eine hinreichend bestimmte gesetzliche Grundlage besitzen. Ob das Verwaltungsverfahrensgesetz (für die öffentlich-rechtlichen Verträge) und das BGB (für die privatrechtlichen Verträge) eine solche zumindest alle Pflichten der Bürger hinreichend umreißende Grundlage darstellen, muß aber bestritten werden. Eine solche Konkretisierung der Bürgerpflichten für jeden einzelnen Vertrag ist aber faktisch unmöglich. Nach den Ansätzen der Lehre wäre also der Verwaltung der Abschluß solcher Verträge generell verwehrt, sie wären durchwegs wegen eines Verstoßes gegen den Gesetzesvorbehalt nichtig.

Da der Grundsatz volenti non fit iniuria wie gezeigt den Gesetzesvorbehalt nicht ausschließen kann, bleibt insoweit nur die Beschränkung des Eingriffsbegriffs: Ein Eingriff wurde früher nur bei einseitigem Handeln des Staates durch Zwang und Befehl angenommen. Die Effektivität des Grundrechtsschutzes und die Tatsache, daß der Staat heute zahlreiche andere Handlungsinstrumente besitzt, lassen diese Definition als zu eng erscheinen. Sie braucht aber nur dort ausgedehnt zu werden, wo die staatliche Macht generell zu stark ist und andere Mittel zum Schutz des Bürgers nicht zur Verfügung stehen. Beim Abschluß von Verträgen kommt es aber auf den Einzelfall an, ob der Bürger sich der Macht des Staates nicht entziehen konnte. Wenn dies der Fall ist, greifen die §§ 119 ff. BGB direkt oder analog ein. Auf den Gesetzesvorbehalt braucht zum Schutz des Bürgers also nicht zurückgegriffen zu werden[9].

b) Angesichts der Ausdehnung des Eingriffsbegriffs greifen auch die einzelnen Voraussetzungen der staatlichen Grundrechtsbeschränkung: Beschränkung nur zur Verfolgung bestimmter öffentlicher Interessen, Verhältnismäßigkeitsgrundsatz, Wesensgehaltssperre usw. ein. Das bedeutet, daß auch bei jeder vertraglichen Einzelbestimmung diese materiellen Voraussetzungen des Eingriffs generell voll nachgeprüft werden müßten. Das geht offensichtlich zu weit, der Privatautonomie des Individuums muß ein gewisser Bewegungsspielraum bleiben. Auf der anderen Seite hätten die oben dargestellten Thesen, nach welcher die Verträge generell aus dem Eingriffsbegriff herausgenommen werden müssen, zur Folge, daß auch die materiellen Sicherungen der Grundrechte nicht greifen, obwohl in diesem Fall nicht wie beim Gesetzesvorbehalt Grundsätze des BGB diese rechtsstaatlichen Garantien im Einzelfall ersetzen.

Die Lösung muß offensichtlich auf einer anderen Ebene gefunden werden:

- Erstens kann man wie bei der mittelbaren Drittwirkung der Grundrechte bei öffentlich-rechtlichen oder privatrechtlichen Verträgen des einzelnen mit dem Staat auf die Generalklauseln des BGB und des VerwVerfG zurückgreifen. Im Rahmen dieser Generalklauseln wären im Einzelfall die materiellen Voraussetzungen der Grundrechtseingriffe zu prüfen.
- Zweitens kann man in einer gewissen Analogie zu den Ausführungen von *Hans Ulrich Gallwas*[10] zu den faktischen Grundrechtseingriffen den Eingriffsbegriff verschieden fassen, je nachdem, ob es sich um die formellen oder um die materiellen Voraussetzungen des Eingriffs handelt. Für Verträge kann damit auf die formellen Voraussetzungen, insbesondere auf den Gesetzesvorbehalt verzichtet werden, weil insofern andere rechtsstaatliche Garantien, nämlich die §§ 119 ff. BGB greifen. Auf die

9 Vgl. *Albert Bleckmann*, Subventionsrecht, 1978, § 5; *Jürgen Schwabe*, a.a.O. (Anm. 1).

10 *Hans-Ulrich Gallwas*, Faktische Beeinträchtigungen im Rahmen der Grundrechte, 1970, S. 9 ff.

materiellen Voraussetzungen kann man dagegen nicht verzichten, weil insoweit keine anderen rechtsstaatlichen Garantien mehr vorliegen.

Beide Theorien haben mit der h. L. gemeinsam, daß jede Vertragsbestimmung auf die Einhaltung dieser materiellen Garantien untersucht werden müßte, ein offensichtlich unhaltbares Ergebnis.

3. Die Lösung ist zu finden, indem man die Privatautonomie des Individuums (Art. 2 I GG) in den Ablauf des materiellen Prüfungsverfahrens mit einspannt.

a) Eine denkbare Lösung wäre, bei der Abwägung der betreffenden Grundrechte mit den jeweiligen öffentlichen Interessen jeweils Art. 2 I GG mit heranzuziehen. Hier wird auf die umfangreiche Prüfung der materiellen Voraussetzungen nicht verzichtet; die Privatautonomie des Individuums wird aber bei der Güterabwägung mit einbezogen. Das rettet zwar zahlreiche Klauseln, die nicht zur Verfolgung eines öffentlichen Interesses erforderlich sind, vor der Nichtigkeit, würde aber im Endergebnis zu einer Überprüfung der Gerechtigkeit von Leistung und Gegenleistung führen, die nach liberalen Ansätzen grundsätzlich der Bewertung nur durch die Parteien und nicht durch den Richter unterworfen ist.

b) Der richtige Ansatz scheint mir vielmehr zu sein, daß die Privatautonomie grundsätzlich die rechtsstaatlichen Sicherungen des Rechtsstaats zurückdrängt. Nur wenn der Eingriff in die Grundrechte schwerwiegend ist, den Kernbereich der Grundrechte (Art. 19 II GG) berührt, greifen die materiellen Voraussetzungen der Grundrechtseingriffe ein. Damit stimme ich im Ergebnis zumindest teilweise mit der Lehre überein, welche den Grundrechtsverzicht nur im Bereich des Wesensgehalts der Grundrechte ausschließt.

§ 16 Die Grundrechtsverwirkung[1]

In Art. 18 GG heißt es:

»Wer die Freiheit der Meinungsäußerung, insbesondere die Pressefreiheit (Artikel 5 Abs. 1), die Lehrfreiheit (Artikel 5 Abs. 3), die Versammlungsfreiheit (Artikel 8), die Vereinigungsfreiheit (Artikel 9), das Brief-, Post- und Fernmeldegeheimnis (Artikel 10), das Eigentum (Art. 14) oder das Asylrecht (Art. 16 Abs. 2) zum Kampfe gegen die freiheitliche demokratische Grundordnung mißbraucht, verwirkt diese Grundrechte. Die Verwirkung und ihr Ausmaß werden durch das Bundesverfassungsgericht ausgesprochen.«

Diese Bestimmung, die neben Art. 9 II und 21 II GG den Wertrelativismus der Weimarer Republik überwindet und eine »streitbare Demokratie« einführt, hat Anlaß zu zahlreichen grundlegenden Meinungsverschiedenheiten gegeben, die hier nur kurz angedeutet werden können:

1. Umstritten ist zunächst die Funktion dieser Bestimmung. *Andreas Hamann*[2] greift auf die Formulierung des Art. 12 GG, nach der Art. 18 GG ein »Grundrecht« enthält, und auf die Tatsache zurück, daß der Tatbestand des Art. 18 GG begrenzt ist, die Verwirkungssanktion nur gegen bestimmte Grundrechte gerichtet und die Verwirkung allein vom BVerfG ausgesprochen werden kann, und sieht deshalb in Art. 18 GG ein Freiheitsrecht. *Walter Schmitt-Glaeser* zieht dagegen die vom Parlamentarischen Rat gewollte Funktion des Art. 18 GG in den Vordergrund und meint, Art. 18 GG enthalte in erster Linie eine Verfassungsschutzbestimmung. Aber auch er räumt ein, daß Art. 18 GG auch die Freiheitsrechte schützt. Dieser Auffassung mag ich mich angesichts der pronunzierten Stellungnahme des Par-

1 *Hans Copic*, Grundgesetz und politisches Strafrecht, 1967; *Ernst Hlawaly*, Die Verwirkung von Grundrechten nach Art. 18 des BGG, 1953; *Hermann Kessler*, Die Grundrechtsverwirkung des Art. 18 GG, Diss. Mainz 1952; *Fritz Kind*, Die Verwirkung von Grundrechten und die weiteren Rechtsfolgen eines Mißbrauchs von Grundrechten im Sinne des Art. 18 GG, 1953; *Paul Klemmer*, Die Verwirkung von Grundrechten, 1954; *Walter Schmitt-Glaeser*, Mißbrauch und Verwirkung von Grundrechten im politischen Meinungskampf, 1968; *Ulrich Wagner*, Die Verwirkung der Wählbarkeit, Diss. Mainz 1957.

2 *Andreas Hamann / Helmut Lenz*, Das Grundgesetz für die Bundesrepublik Deutschland – Kommentar, 1956, S. 316, Anm. 1 zu Art. 18; weitere Literatur bei *Walter Schmitt-Glaeser*, a.a.O. (Anm. 1), S. 56.

lamentarischen Rates nicht anzuschließen: Art. 18 GG enthält m. E. nur eine Verfassungsschutzbestimmung.

2. Art. 18 GG setzt für die Verwirklichung voraus, daß bestimmte Grundrechte zum Kampf gegen die freiheitliche demokratische Grundordnung mißbraucht werden und legt damit drei Tatbestandsmerkmale fest:

a) Der Begriff der freiheitlichen demokratischen Grundordnung wird in Art. 18 Satz 1, 21 II und 91 I GG gebraucht. Dabei ist die Lehre[3] der Auffassung, daß das Grundgesetz den Begriff in allen diesen Bestimmungen einheitlich verwendet, Deshalb kann auf die Definition zurückgegriffen werden, die das BVerfG[4] zu Art. 21 II GG gegeben hat. Danach »läßt sich die freiheitliche demokratische Grundordnung als eine Ordnung bestimmen, die unter Ausschluß jeglicher Gewalt- und Willkürherrschaft die rechtsstaatliche Herrschaftsordnung auf der Grundlage der Selbstbestimmung des Volkes nach dem Willen der jeweiligen Mehrheit und der Freiheit und Gleichheit darstellt. Zu den grundlegenden Prinzipien dieser Ordnung sind mindestens zu rechnen: die Achtung vor den im Grundgesetz konkretisierten Menschenrechten, vor allem vor dem Recht der Persönlichkeit auf Leben und freie Entfaltung, die Volkssouveränität, die Gesetzmäßigkeit der Verwaltung, die Unabhängigkeit der Gerichte, das Mehrparteienprinzip und die Chancengleichheit für alle Parteien mit dem Recht auf verfassungsmäßige Bildung und Ausübung einer Opposition«. Diese Definition hat im wesentlichen allgemeine Zustimmung gefunden[5]. *Schmitt Glaeser*[6] will dagegen den Begriff abschließend bestimmen und meint, daß die in Art. 79 III GG enthaltenen Grundsätze den Inhalt der freiheitlichen demokratischen Grundordnung ausmachen[7]. Denn wenn man zur freiheitlichen demokratischen Grundordnung auch Verfassungssätze rechne, die nach Art. 79 GG verfassungsmäßig geändert werden könnten, dann richte sich Art. 18 GG entgegen seinem eigentlichen Zweck nicht gegen die Veränderung einer absoluten Wertordnung, sondern schütze nur ein Verfahren (notwendige Mehrheit). Außerdem müsse es zulässig sein, anzustreben, die Verfassung mit legalen Mitteln zu ändern.

b) Die Grundrechte müssen zum Kampf gegen die Grundordnung mißbraucht werden. Für diese Begriffsbestimmung greift *Schmitt-Glaeser*[8] erneut auf das Urteil des BVerfG[9] zurück, in dem es heißt: »Eine Partei

3 Vgl. *Walter Schmitt-Glaeser*, a.a.O. (Anm. 1), S. 33.
4 BVerfGE 2, 1, 12 f.; vgl. BVerfGE 5, 140.
5 *Walter Schmitt-Glaeser*, a.a.O. (Anm. 1), S. 45.
6 Ebenda, S. 46.
7 Ebenda, S. 46 ff.
8 Ebenda, S. 70 ff.
9 BVerfGE 5, 85, 41.

ist... nicht schon dann verfassungswidrig, wenn sie die Prinzipien einer freiheitlich-demokratischen Grundordnung nicht anerkennt, sie ablehnt, ihnen andere entgegensetzt. Es muß vielmehr eine kämpferische, agressive Haltung gegenüber der herrschenden Ordnung hinzukommen; sie muß planvoll das Funktionieren dieser Ordnung beeinträchtigen... wollen.« *Schmitt-Glaeser* führt dann aus:

»2. Das gleiche muß für Art. 18 GG gelten, der ausdrücklich einen ›Kampf‹ voraussetzt. Auch hier ist ein aggressives Tun erforderlich, das letzten Endes auf die Beseitigung der freiheitlichen demokratischen Grundordnung hinzielt. Überhaupt wird man den Begriff ›Zum-Kampf-gegen‹ in Art. 18 GG mit dem Tatbestandsmerkmal des ›Daraufausgehen‹ in Art. 21 Abs. 2 GG und schließlich des ›Sich-Richten-gegen‹ in Art. 9 Abs. 2 GG gleichsetzen müssen.

a) Kampf im Sinne eines aggressiven Tuns bedeutet vor allem, daß Art. 18 GG nichts gemein hat mit dem agonalen Streit um die ›beste‹ politische Meinung. Hier geht es nicht um ein Kräftemessen im Rahmen demokratischer Spielregeln, sondern um Sein oder Nichtsein der Kontrahenten. Der Kampf i. S. des Art. 18 GG ist ein Vernichtungskampf, eben ein Tun, das letzten Endes auf die Beseitigung der freiheitlichen demokratischen Grundordnung hinzielt. Das heißt aber keineswegs, daß ›Kampf‹ als ein ›Gebrauch solcher Mittel anzusehen‹ ist, ›die ihrem Wesen nach strafwürdig (und strafbedürftig) erscheinen‹ und dazu ›insbesondere die Gewaltanwendung einschließlich ihrer Vorbereitung und der Aufforderung hierzu‹ also ›Dinge‹ gehörten, ›die von jeher die Tatbestände der klassischen Hochverratsbestimmungen entscheidend geprägt haben‹. Wie noch eingehend darzulegen sein wird, ist vielmehr gerade die Gewaltlosigkeit ein entscheidendes Kriterium der in Art. 18 GG umschriebenen Tathandlung. Der Kampf im Sinne des Art. 18 GG ist ein geistiger Kampf.

b) Die Tatsache, daß die aggressive Aktion die Beseitigung der freiheitlichen demokratischen Grundordnung zum Ziele haben muß, besagt also vor allem, daß es nicht genügt, wenn das Tun lediglich geeignet ist, verfassungsfeindliche Bestrebungen zu fördern. Nicht unter Art. 18 GG fallen damit vor allem weder die abstrakten (wissenschaftlichen), wenn auch noch so kritischen Erörterungen (in Wort, Schrift oder Bild), noch Dokumentationsschriften, die einem legitimen Informationsbedürfnis (vgl. Art. 5 Abs. 1 S. 1 GG) nachkommen.

c) Schließlich wird man verlangen müssen, daß die Aktion von innen her gerade gegen die Bundesrepublik gerichtet ist. Wie schon gezeigt wurde und im Laufe der weiteren Ausführungen noch deutlicher werden wird, soll Art. 18 GG vor Bewegungen schützen, die das Vertrauen des deutschen Volkes in seine derzeitige demokratische Staatsform untergraben. Entscheidend ist also die Beeinflussung der Bewohner der Bundesrepublik, und nicht irgendwelche Angriffe gegen unsere Grundordnung, die sich im ›Außenbereich‹ vollziehen. Ebensowenig kann Art. 18 GG Anwendung finden auf Personen, die zwar gegen die demokratische Ordnung Weimars gekämpft haben, die freiheitliche demokratische Grundordnung der Bundesrepublik aber bislang respektierten.

3. Auf die Erfolgsaussichten kommt es grundsätzlich nicht an. Es ist auch ein Charakteristikum der präventiven Verfassungsschutzbestimmung des Art. 18 GG, daß der noch Erfolglose entschärft werden soll. Es muß noch nicht einmal eine Beeinträchtigung der freiheitlichen demokratischen Grundordnung eingetreten sein.

Der Kampf darf aber nicht eindeutig als aussichtslos erscheinen. In einem solchen Fall scheiden Verwirkungsmaßnahmen aus, weil es an der erforderlichen Täter-Gefährlichkeit fehlt.

Unerheblich ist, wie der Täter seine verfassungsfeindlichen Aktionen eingeteilt hat, in welchen Etappen er auf die Beseitigung der freiheitlichen Demokratie hinarbeiten will (Nah-, Fern-, Zwischen-, Endziele usw.).

4. Die innere Haltung des Antragsgegners ist für das Merkmal ›Kampf‹ uninteressant. So wenig der bloße Vorsatz oder allein die Absicht auf Beseitigung der freiheitlichen Grundwerte schon ein Kampf ist, so wenig macht die innere Einstellung den Kampf aus. Es kommt lediglich auf das objektive Tun an.«

c) Die Grundrechte müssen schließlich zum Kampf gegen die freiheitliche demokratische Ordnung mißbraucht werden. Nach der herrschenden Lehre ist dieses Tatbestandsmerkmal überflüssig. Denn es scheine vorauszusetzen, daß auch ein rechtmäßiger Gebrauch der Grundrechte zum Kampf gegen die freiheitliche demokratische Grundordnung möglich ist. Das sei aber nicht der Fall. Der Gebrauch der Grundrechte zum Kampf gegen die freiheitliche demokratische Grundordnung sei stets ein Mißbrauch. Bei dem Wort »Mißbrauch« handele es sich also nur um eine Bewertung des Gebrauchs der Grundrechte im Kampf gegen die freiheitliche demokratische Grundordnung durch den Verfassungsgeber[10].

Nach *Schmitt-Glaeser*[11] ist schon der Ansatz der herrschenden Lehre falsch. Einerseits deute die Verwendung des Mißbrauchsbegriffes auf dessen Bedeutung als selbständiges Tatbestandsmerkmal hin. Auf der anderen Seite sei der Gegenschluß aus Art. 18 GG nicht gestattet: Nach dem GG könne auch der nichtmißbräuchliche Gebrauch der Grundrechte zum Kampf gegen die freiheitliche demokratische Grundordnung verboten sein, ohne daß schon die besondere Verfassungssanktion des Art. 18 GG eingreife.

Deshalb müsse zunächst der Gebrauch der Grundrechte definiert werden. Dabei könne es nicht auf die Funktion der Grundrechte als Abwehrrecht ankommen, weil diese voraussetzen, daß vorher der Staat in das Freiheitsrecht eingegriffen habe[12]. Deshalb müsse die *Jellinek*sche Lehre umgewandelt werden. In einer Demokratie sei die Verwirklichung des Staates die politische Aufgabe jedes Bürgers. Im Zustand der »aktiven Zivität« liege heute die entscheidende Beziehungskomponente des einzelnen zur staatlichen Gemeinschaft[13]. Die Grundrechtsnormen beinhalten folglich auch das subjektive Recht auf Tätigkeit für den Staat[14]. Die Freiheitsrechte müßten folglich auch als politische Mitwirkungsrechte gedeutet werden[15]. Im Vor-

10 Vgl. *Walter Schmitt-Glaeser,* a.a.O. (Anm. 1), S. 73 ff.
11 Ebenda, S. 79.
12 Ebenda, S. 89.
13 Ebenda, S. 98.
14 Ebenda, S. 103.
15 Ebenda, S. 114 ff.

dergrund stehe damit der Gebrauch der Meinungsfreiheit in der politischen Auseinandersetzung. Anschließend versucht *Schmitt-Glaeser* festzustellen, wann ein »Mißbrauch« dieses Grundrechts vorliegt. Hierbei wendet er die allgemeine Definition des Mißbrauchrechts, die »Funktionsgemäßheit« auf das Verfassungsrecht an, wobei er methodisch den Ansatz verwertet, daß Art. 18 GG insbesondere die nationalsozialistischen Methoden der gewaltlosen Scheinlegitimität, der »Schleichwerbung« für ein antidemokratisches Herrschaftssystem ausschließen wolle.

d) Nicht ganz klar und von der Literatur nicht ganz geklärt ist das Verhältnis des »Kampfes« zum »Mißbrauch«. Man könnte davon ausgehen, daß sowohl ein Kampf als auch ein Mißbrauch schon vorliegen müssen. Der Wortlaut des Art. 18 GG läßt aber auch die Auslegung zu, daß nur der Mißbrauch schon vorliegen, dieser aber auf den Kampf abzielen muß. *Schmitt-Glaeser* neigt dieser Theorie zu, welche ein sehr frühes präventives Vorgehen ermöglicht[16].

3. Art. 18 GG nennt gewisse Grundrechte, die einerseits mißbraucht werden müssen (Tatbestandsseite) und andererseits durch den Mißbrauch verwirkt werden (Rechtsfolgenseite). Auch diese Aufzählung hat zu Zweifeln Anlaß gegeben. Dabei ist festzuhalten, daß Art. 18 GG die verwirkbaren Grundrechte abschließend aufzählt. Das »insbesondere« bezieht sich nur auf die Freiheit der Meinungsäußerung. Insoweit ist nur die »Äußerung« der Meinung, nicht die anderen in Art. 5 I GG genannten Grundrechte (etwa die Informationsfreiheit) gemeint. Man kann aus dem »insbesondere« auch nicht ableiten, daß andere als in Art. 5 I GG genannte Formen der Meinungsäußerung, insbesondere das Petitionsrecht aus Art. 17 GG, mit umfaßt sind.

4. Bei der Rechtsfolgeseite der Verwirkung ist mit *Schmitt-Glaeser* von einer engen Auslegung auszugehen: Einmal kann die Verfassung, die sich zur Naturrechtlichkeit der Menschenrechte bekennt, den menschenrechtlichen Kern der Grundrechte, der mit *Günter Dürig* insbesondere in der Menschenwürde zu sehen ist, nicht aufheben. Auf der anderen Seite ist Art. 18 GG so auszulegen, daß die Ausübung der Freiheiten jur so weit beschränkt wird, als dies den Zwecken des Art. 18 GG, den Mißbrauch der Grundrechte auszuschalten, entspricht. Folglich kann Art. 18 GG auf der einen Seite keine Vollverwirkung der dort genannten Grundrechte zur Folge haben. Diese Grundrechte sind vielmehr nur soweit verwirkt, als es sich um die Teilhabe am politischen Leben handelt. Meinungsäußerungen zu rein künstlerischen Fragen etwa sind weiterhin erlaubt. Auf der anderen Seite muß die Verwirkung an den Grenzen des Art. 19 II GG haltmachen.

16 Ebenda, S. 63 ff.

Ein Eingriff in den Wesensgehalt der in Art. 18 GG genannten Grundrechte liegt aber dann nicht vor, wenn die Verwirkung nur auf die politischen Teilhaberechte beschränkt wird, weil dann die Grundrechte den Individuen noch einen hinreichenden Spielraum im engeren Persönlichkeitsbereich gestatten. Ferner ist zu beachten, daß Art. 18 GG nur die Grundrechtsgarantien aufhebt, nicht aber schon die unter diese Grundrechte fallenden Handlungen als verboten qualifiziert.

Die herrschende Lehre will nach der Verwirkung alle Rechtsschutzgarantien der Verfassung mit Ausnahme des Art. 19 II GG aufheben, die normalerweise bei einem Eingriff zu beachten sind. Das entspricht rechtsstaatlicher Auffassung nicht. Insbesondere auch *Schmitt-Glaeser* betont, daß der Rechtsstaat auch bei der Abwehr von Gefahren für den Rechtsstaat seine Prinzipien nicht aufgeben kann, ohne zum Unrechtsstaat zu werden. Damit scheint mir auch nach der Grundrechtsverwirkung der Gesetzesvorbehalt für Eingriffe der Verwaltung zu greifen, soweit das BVerfG die erlaubten Maßnahmen nicht selbst festlegt. Ob hier die Voraussetzungen des Art. 19 I GG vorliegen müssen, scheint allerdings fraglich, weil dann die Einzelwirkung des Art. 18 GG nicht erzielt wird. Auf der anderen Seite muß das Gesetz sich auch innerhalb der Schranken der Grundrechte bewegen, die durch Art. 18 GG nur erweitert werden. Dasselbe dürfte für das Verhältnismäßigkeitsprinzip gelten, nur daß hier weitergehende Eingriffe erforderlich sind als sonst[17]. Die Rechtsstaatsprinzipien dürfen also nur soweit zurückgedrängt werden, wie dies zur Erreichung der Zwecke des Art. 18 GG erforderlich ist. Nur unter diesen Kautelen ist auch der »Verwirker« nicht völlig vogelfrei.

5. Nur hingewiesen werden kann hier auf die Funktion des Art. 18 ff. GG als zusätzliches Freiheitsrecht[18]. Ein Teil der Lehre stützt sich dabei auf das Urteil des BVerfG vom 23. März 1961[19], das den damaligen § 90 a StGB wegen Verstoßes gegen Art. 21 Abs. 1 und 2 GG für nichtig erklärt hat, soweit diese Vorschrift das Gründen und Fördern von Parteien mit Strafe bedroht. Denn nach Art. 21 II GG sei die Freiheit, eine politische Partei zu gründen und ihr Recht, an der politischen Willensbildung des Volkes mitzuwirken, bis zum Verbotsspruch des BVerfG verfassungskräftig verbürgt. Aus diesem Urteil wird der Schluß gezogen, die an sich den in Art. 18 GG genannten Grundrechten gezogenen Schranken griffen im Tatbestandsbereich des Art. 18 GG nicht, bis das BVerfG die Verwirkung ausspreche. Nach der wohl herrschenden Lehre, die vor allem vom BGH[20]

17 Vgl. auch ebenda, S. 227.
18 Vgl. dazu ebenda, S. 250 ff.
19 BVerfGE 12, 296 ff.
20 BGHZ 12, 197.

vertreten wird, schafft Art. 18 GG dagegen nur einen neben die Strafgesetze und insbesondere § 81 I StGB tretende besondere Norm des Verfassungsschutzes. Nur wenn der Straftatbestand mit Art. 18 GG identisch sei, greife das Entscheidungsmonopol des BVerfG ein. Nach dieser Konzeption kommt es auf die Identität nur des Tatbestandes an. Danach ist die Zuständigkeit des Gesetzgebers und der ordentlichen Gerichte auch dann nicht gegeben, wenn er eine von Art. 18 GG abweichende Rechtsfolge setzt, etwa den Art. 18 GG mit einer Strafsanktion beschwert. Richtiger ist wohl, auf die Identität der Rechtsfolge abzustellen. Die eigentliche Funktion des Art. 18 GG ist dann, die Verwirkung der Grundrechte dem Ausspruch des BVerfG vorzubehalten. Daß der Gesetzgeber eine solche Verwirkung der in Art. 18 GG genannten Grundrechte oder auch anderer Grundrechte bei Vorliegen des Tatbestandes des Art. 18 GG oder auch anderer Tatbestände nicht festlegen kann, ergibt sich schon aus der Tatsache, daß er die Verfassung nicht ändern kann, und nicht aus der Schutzfunktion des Art. 18 GG: Das Monopol des BVerfG war also nur deshalb erforderlich, um außerhalb der Verfassungsänderung ein Verfahren zur Aufhebung von Verfassungsgarantien zu schaffen. Art. 18 GG enthält in dieser Auslegung keinerlei Schutzfunktion für die Individuen, sondern nur eine Verfassungsschutzbestimmung im Interesse der Durchbrechung der Verfassung. Der Gesetzgeber kann also an die Tatbestände des Art. 18 GG jede beliebige Rechtsfolge vor dem Ausspruch des BVerfG anknüpfen, muß sich dann aber stets in vollem Umfang im Rahmen der rechtsstaatlichen Garantien halten, welche das GG für den Eingriff in die entsprechenden Grundrechte vorsieht[21].

21 Vgl. aber BVerfGE 10, 118 ff.

§ 17 Die Grundrechtsmündigkeit[1]

1. Der Begriff der Grundrechtsmündigkeit ist in Lehre und Rechtsprechung noch nicht eindeutig geklärt. Dahinter verbergen sich drei verschiedene Problemkreise:

a) Es steht in Lehre und Rechtsprechung zwar fest, daß die Grundrechtsträgerschaft hinsichtlich aller Grundrechte spätestens mit der Geburt beginnt. Es könnte aber sein, daß die Grundrechte im einzelnen manchmal erst von dem Alter an gewährt werden, in dem der Jugendliche die erforderliche sittliche und Verstandesreife besitzt. Dieses Problem, zu dem es sonst keine Literatur und Rechtsprechung zu geben scheint, wird in der Sexualkundeentscheidung des BVerfG vom 21. Dezember 1977[2] angesprochen:

»Das GG hat den Intim- und Sexualbereich des Menschen als Teil seiner Privatsphäre unter den verfassungsrechtlichen Schutz des Art. 2 Abs. 1 in Verbindung mit Art. 1 Abs. 1 GG gestellt. Diese Vorschriften des GG sichern dem Menschen das Recht zu, seine Einstellung zum Geschlechtlichen selbst zu bestimmen. Er kann sein Verhältnis zur Sexualität einrichten und grundsätzlich selbst darüber befinden, ob, in welchen Grenzen und mit welchen Zielen er Einwirkungen Dritter auf diese Einstellung hinnehmen will. Wenn aber das Verhältnis des Menschen zum Geschlechtlichen unter verfassungsrechtlichem Schutz steht, dann muß dieses aus Art. 2 Abs. 1 in Verbindung mit Art. 1 Abs. 1 GG hergeleitete Recht auch dem einzelnen Jugendlichen zustehen. Seine Intimsphäre kann durch die Art und Weise, in der die Sexualerziehung in der Schule durchgeführt wird, wesentlich berührt werden. Der Jugendliche ist nicht nur Objekt der elterlichen und staatlichen Erziehung. Er ist vielmehr von vornherein und mit zunehmendem Alter in immer stärkerem Maße eine eigene durch Art. 2 Abs. 1 in Verbindung mit Art. 1 Abs. 1 geschützte Persönlichkeit.«

1 *J. Anders,* Freiheitsbeschränkung durch den Inhaber elterlicher Gewalt, FamRZ 1960, S. 475; *Gisela Baumgarte,* Das Elternrecht im BGG, 1966; *Paul Fleig,* Das Elternrecht im BGG, 1953; *Hildegard Krüger,* Grundrechtsausübung durch Jugendliche (Grundrechtsmündigkeit) und elterliche Gewalt, FamR 1956, S. 329; *Gustav Kuhn,* Grundrechte und Minderjährigkeit, 1965; *Wolfgang Perschel,* Die Meinungsfreiheit des Schülers, 1962; *Erwin Quambusch,* Die Persönlichkeit des Kindes als Grenze der elterlichen Gewalt, 1973; *Dieter Reuter,* Die Grundrechtsmündigkeit, FamRZ 1969, S. 622; *ders.,* Kindergrundrechte und elterliche Gewalt, 1968.

2 BVerfGE 47, 46.

In diesem Urteil handelte es sich um die Grundrechtsträgerschaft, nicht um das Recht, die Grundrechte selbständig wahrzunehmen. Denn die Verfassungsbeschwerde war von den Eltern eingereicht worden, so daß sich dieses zweite Problem gar nicht stellte.

b) Ein zweites, im wesentlichen im Rahmen der Drittwirkungslehre abzuhandelndes Problem ist, ob die Kinder ihre Grundrechte den Eltern gegenüber wahrnehmen können, die Kindesgrundrechte also die elterliche Gewalt des Art. 6 II GG beschränken. Dieses Problem ist durch eine Interessenabwägung zu lösen. Dabei erstarken die Kindesgrundrechte im Verhältnis zum Elternrecht mit der Reife des Kindes[3].

c) In Zentrum der Frage nach der Grundrechtsmündigkeit steht aber das Problem, inwieweit die Kinder ihre Grundrechte gegenüber Dritten selbständig wahrnehmen können und bis zu welchem Zeitpunkt sie insoweit durch ihre Eltern vertreten werden. Hier stellt sich das Problem, ob die Vorschriften des BGB über die Geschäftsfähigkeit auf die Ausübung von Grundrechten übertragen oder aus der Verfassung für die Grundrechtsmündigkeit selbständige Lösungen hergeleitet werden müssen. Auch insoweit kommt es zu einer Kollision zwischen Kindesgrundrechten und dem elterlichen Erziehungsrecht nach Art. 6 II GG, das sicher auch die Vertretungsbefugnis umfaßt.

2. a) Die Diskussion um die Grundrechtsmündigkeit wurde durch einen Aufsatz von *Hildegard Krüger* aus dem Jahre 1956 ausgelöst. Hier wird das Problem allerdings noch nicht klar isoliert. *Hildegard Krüger* behandelt nämlich auf der einen Seite die zentrale Frage der Grundrechtsmündigkeit, ob der Jugendliche gegenüber Dritten seine Grundrechte auch gegen den Willen der Eltern selbständig ausüben kann, konzentriert sich aber im übrigen auf die Frage, inwieweit die Kindesgrundrechte dem Erziehungsrecht der Eltern im Kindes-Elternverhältnis entgegenstehen. Für das zentrale Problem der Grundrechtsmündigkeit ist sie der Auffassung, daß die Jugendlichen ihre Grundrechte im Rahmen eines Pflichtenkreises (Arbeitsverhältnis, Studentenverhältnis) ausüben dürfen. Außerdem habe der Jugendliche, der – damals – mit 21 Jahren volljährig werde, schon früher das Recht, an den Versammlungen teilzunehmen, die für eine Wahl veranstaltet werden, die nach der Volljährigkeit stattfindet.

b) Die zitierte Arbeit von *Gustav Kuhn*, die im übrigen zu den Zentralfragen der Grundrechtsmündigkeit kaum allgemeine Aussagen enthält, ist entgegen der anfänglich zitierten Entscheidung des BVerfG der Auffassung, die Grundrechte stünden den Minderjährigen seit der Geburt in vollem Umfang zu. Soweit es sich um natürliche Handlungsfreiheiten handele,

3 *Eva-Maria von Münch*, in: *Ingo von Münch*, Bd. 1, 1975, Art. 6 Rdnr. 19, S. 258; *Paul Fleig*, a.a.O. (Anm. 1); *Gustav Kuhn*, a.a.O. (Anm. 1); *Erwin Quambusch*, a.a.O. (Anm. 1); *Dieter Reuter*, a.a.O. (Anm. 1).

können sie sie auch ausüben. Soweit es sich um Rechtsgeschäfte (Verträge, Eheschluß, Testament usw.) handele, verwiesen die Grundrechte für die Grundrechtsfähigkeit auf das einfache Gesetzesrecht, das sich aber im Rahmen der Grundrechte halten müsse, die Geschäftsfähigkeit deshalb einerseits nicht zu früh (Art. 6 II GG) andererseits nicht zu spät (Kindesgrundrechte!) ansetzen dürfe.

c) Nach *Dieter Reuter* kann sich bei den Handlungsfreiheit gewährleistenden Grundrechten das Problem der Grundrechtsmündigkeit überhaupt nicht stellen. Diese Grundrechte könnten entweder vom Grundrechtsträger oder überhaupt nicht ausgeübt werden. Es sei deshalb auch dann, wenn der Jugendliche zu eigenständiger Lebensverwirklichung generell noch zu wenig einsichtsfähig sei, ausgeschlossen, das Recht auf Handlungsfreiheit anders als durch den Rechtsträger selbst ausüben zu lassen, also etwa nach dem Vorbild des Privatrechts für diese Aufgabe einen gesetzlichen Vertreter zu bestellen. Denn mittels Bevormundung Handlungsfreiheit garantieren zu wollen, sei in sich widersprüchlich.

d) In klassischer Weise hat *Günter Dürig*[4] das Problem der Grundrechtsmündigkeit behandelt. Für ihn stellt sich das Problem als ein »Dreiecksverhältnis« zwischen dem Elterngrundrecht aus Art. 6 II GG, den Kindesgrundrechten aus Art. 2 I GG und dem Staat dar. Er will deshalb auch nicht zwischen den Fällen unterscheiden, in denen es nur um das Eltern-Kind-Verhältnis geht, und den Fällen, in denen das Kind seine Grundrechte Dritten gegenüber zur Geltung bringen will. Allerdings seien im letzten Fall auch die Interessen des Rechtsverkehrs zu beachten.

Entsprechend seiner allgemeinen Drittwirkungslehre will *Dürig* im Eltern-Kind-Verhältnis die Grundrechte zwar mittelbar, über die Wertordnung des Grundgesetzes, zur Anwendung bringen. Auch insoweit seien aber die Grundrechte der Eltern mit den Grundrechten der Kinder abzuwägen. Dabei sei aber zu beachten, daß Art. 6 II GG eine doppelte Begrenzung kenne: Sowohl aus Art. 2 I wie aus Art. 6 II GG folge, daß die Eltern grundsätzlich nur solange und soweit für und anstelle ihrer Kinder entscheiden dürfen, als diese nicht zur Selbstbestimmung in der Lage seien, als sie noch der Erziehung und Pflege durch die Eltern bedürften. Und als zweite Beschränkung des Erziehungsrechts der Eltern sei zu beachten: Auch wenn das Kind noch erziehungsbedürftig sei, also noch nicht selbst bestimmen könne, sei das Elterngrundrecht beschränkt auf die zur Erziehung förderlichen Mittel. Dabei stehe den Eltern allerdings ein bestimmter Entscheidungsspielraum zu.

Während also im Eltern-Kind-Verhältnis nach *Dürig* die Entscheidung für die Kindes- oder die Elterngrundrechte wohl im Einzelfall erfolgen muß, gelte für den Rechtsverkehr etwas anderes. Hier müsse im Interesse der Rechtssicherheit eine allgemeine Grenze (21, 18 Jahre) eingeführt wer-

4 *Günter Dürig*, in: *Theodor Maunz / Günter Dürig / Roman Herzog*, Grundgesetz-Kommentar, Bd. 1, Art. 19 III Rdnr. 16 ff.

den, weil der Dritte ja nicht ohne weiteres den Reifegrad des Kindes erkennen kann. Allerdings könnten für die einzelnen Grundrechte unterschiedliche Grenzen eingreifen. Dem trage der Gesetzgeber dadurch Rechnung, daß er etwa für die Religionsausübung ein von der Geschäftsfähigkeit abweichendes Alter (14 Jahre) festgelegt habe. *Dürig* sieht dabei auch das Problem, daß die Geschäftsfähigkeit des bürgerlichen Rechts grundsätzlich nur für privatrechtliche Rechtsakte festgelegt ist, für Realakte, etwa für die selbständige Ausübung der Pressefreiheit durch Schülerzeitungen, nicht greift, und auf der anderen Seite auch die gesetzliche Altersgrenze den Grundrechten Rechnung tragen muß, also sich an dem generellen Reifegrad der Jugendlichen zur Verwirklichung ihrer Grundrechte ausrichten muß.

e) Ganz ohne Rückgriff auf Art. 6 II GG versucht dagegen *Dieter Reuter* in einem Aufsatz aus dem Jahre 1969 die Problematik zu lösen. Er unterscheidet zwischen Grundrechten, die wie Art. 2 I und 12 GG die freie Selbstbestimmung im Auge haben, und Grundrechten wie Art. 2 II und 3 I GG, welche nur ein bestimmtes Rechtsgut schützen. Nur im zweiten Fall stelle sich das Problem der Grundrechtsmündigkeit. Dem Verfassungsgeber sei es insoweit nur darum gegangen, daß, nicht durch wen diese Rechtsgüter geschützt würden. Im übrigen verlange die in Art. 1 I GG geschützte Würde des Menschen, daß diese Güter, solange der einzelne noch nicht handlungsfähig sei, durch Dritte geschützt würden. Hinsichtlich des Selbstbestimmungsrechts stelle sich dagegen die Frage, ob der Gesetzgeber mit der generellen Festsetzung der Minderjährigkeit auf damals noch 21 Jahre in diese Grundrechte nicht insoweit eingegriffen habe, als hier etwa bei der Freiheit der Berufswahl des Art. 12 ein übergeordnetes Gemeinschaftsgut überhaupt nicht ersichtlich sei, im übrigen die Beschränkung der Grundrechtsmündigkeit auf 21 Jahre zum Schutz der Rechtssicherheit nicht erforderlich sei.

3. Schon dieser kurze Überblick über den Meinungsstand zeigt die breite Palette der Lösungen. Einerseits werden alle oben unter 1. dargestellten Probleme unter dem Stichwort der Grundrechtsmündigkeit behandelt, andererseits werden die verschiedensten Lösungen angeboten. Meines Erachtens sind folgende Ansätze realistisch:

a) Zur Feststellung der Grundrechtsmündigkeit ist angesichts der Notwendigkeit ihrer Konkretisierung in erster Linie der Gesetzgeber aufgerufen. Dieser hat die Geschäftsfähigkeit auf 18 Jahre festgesetzt. Diese Grenze gilt zwar an sich nur für privatrechtliche Rechtsgeschäfte, sollte aber nach dem Schluß a maiore ad minus auch für das Verfassungsrecht verbindlich sein.

Bei der Festlegung ist der Gesetzgeber aber an das Grundgesetz gebunden. Er darf den generellen Reifegrad der heutigen Jugendlichen nicht verfehlen. Setzt er die generelle Grundrechtsmündigkeit zu hoch (21 Jahre) an, ist das Selbstbestimmungsrecht der Jugendlichen verletzt. Setzt er die Grenze zu früh an (die Grenze von 18 Jahren ist m. E. in der Tat wohl zu niedrig angesetzt; der Gesetzgeber hat hier den generellen Reifegrad nicht aufgrund von Sachverständigengutachten geprüft), verletzt er einerseits das Erziehungsrecht der Eltern aus Art. 6 II GG, andererseits das aus der Würde des Menschen fließende Recht des Jugendlichen auf Fürsorge. Überdies kann es sein, daß einzelne Grundrechte eine von der allgemeinen Altersgrenze abweichende Grundrechtsmündigkeit verlangen. Hier hat der Gesetzgeber dann spezielle Altersgrenzen einzuführen.

b) Die generelle vom Gesetzgeber festgelegte Altersgrenze hat zunächst zur Folge, daß, wenn diese Grenze überschritten ist, das Erziehungsrecht der Eltern ganz wegfällt und die Jugendlichen ihre Grundrechte gegenüber den Eltern und gegenüber Dritten in vollem Umfang selbständig geltend machen können.

Eine ganz andere Frage ist, ob nicht schon vor der Erreichung dieser Altersgrenze die Selbstbestimmungsgrundrechte der Jugendlichen ihre Handlungsfreiheit gegenüber den Eltern und gegenüber Dritten begründen, weil im konkreten Einzelfall festgestellt werden kann, daß der Jugendliche schon die nötige Reife besitzt, das entsprechende Grundrecht auszuüben.

(1) Auf die generelle Altersgrenze kann nur dort abgestellt werden, wo überwiegende öffentliche Interessen eine solche Beschränkung der Kindesgrundrechte erfordern. Ein solches Interesse ist die Sicherheit im allgemeinen Rechtsverkehr. Dritte müssen wissen, ob die Handlungen der Jugendlichen rechtlich relevant sind oder nicht. Das gilt insbesondere dann, wenn die Dritten mit den Jugendlichen nur in kurze Berührung kommen, ihren Reifegrad also nicht zu beurteilen vermögen. Das gilt aber auch dann, wenn diese Berührung intensiver ist, weil der Dritte wissen muß, ob die Rechtsordnung, d. h. im Endergebnis die Gerichte, den Handlungen wegen des Reifegrades des Kindes rechtliche Relevanz beilegen oder nicht. Auch wenn ein Minderjähriger lange Zeit im Krankenhaus gelegen hat und der behandelnde Arzt ihn deshalb näher kennenlernen konnte, muß die Einwilligung zur Operation deshalb von den Eltern erteilt werden. Dabei ist eine andere Frage, ob die Eltern nicht im Innenverhältnis zu ihrem Kind angesichts des Reifegrades des Kindes dessen Auffassung berücksichtigen müssen.

(2) Im Innenverhältnis zwischen Kindern und Eltern kann und muß dagegen auf den individuellen Reifegrad des Kindes abgehoben werden. Das liegt gerade auch im Zweck des Erziehungsrechts der Eltern. Eine ganz andere Frage ist dagegen, ob den Eltern nicht bei der Beurteilung dieses Reifegrades und der Notwendigkeit erzieherischer Maßnahmen ein breiter Ermessensspielraum eingeräumt werden muß. Wäre dies nicht der Fall, müßte der Staat in das grundsätzlich von einer solchen Einwirkung frei zu haltende Erziehungsverhältnis in einem viel zu umfangreichen Umfang durch gezielte Einzelmaßnahmen eingreifen.

(3) Wiederum eine andere Frage ist, ob man nicht schon vor einer generellen Regelung der Spezialmaterien annehmen muß, daß infolge des generellen Reifegrades zur Ausübung bestimmter Grundrechte die Altersgrenze für bestimmte Rechtsverhältnisse, etwa das Arbeitsverhältnis oder für die Herausgabe von Schülerzeitschriften, generell herabgesenkt werden muß. Auch hier stellt sich das Problem des Verhältnisses der Rechtssicherheit zum Selbstbestimmungsrecht. Meines Erachtens könnte die notwendige Rechtssicherheit auch durch eine einheitliche Rechtsprechung gesichert werden. Das Problem liegt nur darin, daß es unsicher ist, ob sich eine solche einheitliche Rechtsprechung bilden wird, und daß es bis zur Vereinheitlichung der Rechtsprechung ein langer Zeitraum der Unsicherheit geben wird.

§ 18 Die Grundrechte im Notstand

Trotz der umfangreichen Diskussion um das Kapitel X a des Grundgesetzes (Verteidigungsfall)[1] gibt es fast keine Literatur zur Einschränkbarkeit der Grundrechte im Notstandsfall[2]. Das ist um so bedauerlicher, als im Notstand die Tendenz besteht, über alle rechtsstaatlichen Sicherungen hinauszugehen, wenn sich vorher nicht eine den Notstand definierende und seinen Erfordernissen einerseits, aber den Grundrechten andererseits Rechnung tragende herrschende Lehre gebildet hat. Deshalb müssen hier einige Grundfragen behandelt werden. Auf der anderen Seite ist es im Rahmen dieses Lehrbuchs nicht möglich, eine alle Probleme erfassende Abhandlung zu den Grundrechten im Notstand vorzulegen.

1. Zunächst muß kurz auf den Begriff des Notstands eingegangen werden. Auszugehen ist dabei von den in der Verfassung ausdrücklich hervorgehobenen Notstandsfällen:

a) Vom Grundgesetz ausführlich geregelt ist nur der Verteidigungsfall. Darunter versteht das Grundgesetz (Art. 115 a I GG), daß das Bundesgebiet mit Waffengewalt angegriffen wird oder ein solcher Angriff unmittelbar droht. Dabei geht die Verfassung (»Verteidigungsfall«) von einem Angriff von außen, nicht aber von innen aus. Das ergibt sich auch aus der für den Angriff von innen eingreifenden Sonderregelung des Art. 87 a GG.

b) Zur »Abwehr einer drohenden Gefahr für die freiheitliche demokratsche Grundordnung des Bundes oder eines Landes« können folgende Maßnahmen ergriffen werden:

(1) Es kann die Polizei des betreffenden Landes eingesetzt werden.

(2) Das betreffende Land kann Polizeikräfte anderer Länder sowie Kräfte und Einrichtungen anderer Verwaltungen und des Bundesgrenzschutzes anfordern (Art. 91 I GG).

1 Vgl. die Literatur bei *Ludger-Anselm Versteyl,* in: *Ingo von Münch,* Kommentar zum GG, Bd. III, 1978, Art. 115 a, S. 846.

2 Vgl. aber neuerdings *Meinhard Schröder,* Staatsrecht an den Grenzen des Rechtsstaats, AöR 103 (1978), S. 121; *Ernst Benda / Eckart Klein,* Verteidigungsfall und BVerfG, in: »Um Recht und Freiheit«, Festschrift für Friedrich A. Frh. von der Heydte, 1977, S. 793.

(3) Wenn die Polizeikräfte sowie der Bundesgrenzschutz nicht ausreichen, kann die Bundesregierung »Streitkräfte zur Unterstützung der Polizei und des Grenzschutzes beim Schutz von zivilen Objekten und bei der Bekämpfung organisierter und militärisch bewaffneter Aufständiger einsetzen« (Art. 87 a IV GG).

(4) Ist das Land, in dem die Gefahr droht, nicht selbst zur Bekämpfung der Gefahr bereit oder in der Lage, so kann die Bundesregierung die Polizei in diesem Lande und die Polizeikräfte anderer Länder ihren Weisungen unterstellen sowie Einheiten des Bundesgrenzschutzes einsetzen (Art. 91 II GG).

c) Art. 35 GG sieht vor:

»(1) Alle Behörden des Bundes und der Länder leisten sich gegenseitig Rechts- und Amtshilfe.

(2) Zur Aufrechterhaltung oder Wiederherstellung der öffentlichen Sicherheit oder Ordnung kann ein Land in Fällen von besonderer Bedeutung Kräfte und Einrichtungen des Bundesgrenzschutzes zur Unterstützung seiner Polizei anfordern, wenn die Polizei ohne diese Unterstützung eine Aufgabe nicht oder nur unter erheblichen Schwierigkeiten erfüllen könnte. Zur Hilfe bei einer Naturkatastrophe oder bei einem besonders schweren Unglücksfall kann ein Land Polizeikräfte anderer Länder, Kräfte und Einrichtungen anderer Verwaltungen sowie des Bundesgrenzschutzes und der Streitkräfte anfordern.

(3) Gefährdet die Naturkatastrophe oder der Unglücksfall das Gebiet mehr als eines Landes, so kann die Bundesregierung, soweit es zur wirksamen Bekämpfung erforderlich ist, den Landesregierungen die Weisung erteilen, Polizeikräfte anderen Ländern zur Verfügung zu stellen, sowie Einheiten des Bundesgrenzschutzes und der Streitkräfte zur Unterstützung der Polizeikräfte einsetzen. Maßnahmen der Bundesregierung nach Satz 1 sind jederzeit auf Verlangen des Bundesrates, im übrigen unverzüglich nach Beseitigung der Gefahr aufzuheben.«

d) Wenn ein Land die ihm nach dem Grundgesetz oder einem einzelnen Bundesgesetz obliegenden Rechtspflichten nicht erfüllt, kann die Bundesregierung mit Zustimmung des Bundesrates die »notwendigen Maßnahmen« treffen, um das Land im Wege des Bundeszwangs zur Erfüllung seiner Pflichten anzuhalten. Hierzu gehört der Einsatz der Bundeswehr nur, wenn die Voraussetzung des Art. 91 oder 87 a IV GG vorliegt (vgl. Art. 87 a II GG). Hier ist besonders an einen Krieg zwischen dem Bund und einem Land zu denken.

e) Damit sind aber alle denkbaren Notstandsfälle offensichtlich nicht umfaßt. Neben der Abwehr von Gewalttätigkeiten ist hier an die Abwehr von anderen Gefahren für besonders wichtige Gemeinschaftsgüter einschließlich der Grundrechte zu denken, die sich nicht auf einen einheitlichen Nenner bringen lassen. Auch der Streik, insbesondere der politische Streik, ein wirtschaftlicher Zusammenbruch usw. können dazu gehören.

2. Die Eingriffsbefugnisse des Staates, in diesen verschiedenen Notstandsfällen sind von der Verfassung mit Ausnahme des Art. 115 c GG nicht ausdrücklich geregelt.

a) Zunächst ist hervorzuheben, daß schon die bei einem Eingriff in Grundrechte allgemein greifenden rechtsstaatlichen Garantien dem Staat im Notstandsfalle weitergreifende Eingriffe erlauben als im Normalfall. Das gilt zwar nicht für die formellen Garantien (Gesetzesvorbehalt und Art. 19 I GG), wohl aber für die Schranken, den Verhältnismäßigkeitsgrundsatz und die Wesensgehaltsgarantie: Die zum Eingriff berechtigten öffentlichen Interessen werden im Notstand zahlreicher und vor allem dringender als im Normalfall: Notstandsmaßnahmen sind häufiger erforderlich und angemessen als im Normalfall.

b) Es wäre aber eine Illusion, wenn man glauben würde, diese Flexibilität der Rechtsgarantien im Notstandsfall reiche immer auch schon zur Bewältigung des Notstands aus. Allerdings scheint das Grundgesetz von einer solchen Konzeption auszugehen: Auf der einen Seite gestattet Art. 115 c II GG im Verteidigungsfall nur ganz geringfügige, weiter als im Normalfall gehende Einschränkungen der Art. 14 und 104 GG und scheint damit davon auszugehen, daß im Verteidigungsfall und deshalb um so mehr in den anderen, weniger schwerwiegenden Notstandsfällen eine darüber hinausgehende Aufgabe der Grundrechtssicherungen verfassungswidrig ist. Und auf der anderen Seite gestattet Art. 87 a IV GG den Einsatz von Bundeswehr und Bundesgrenzschutz nur zur »Unterstützung« der Polizeikräfte und scheint damit davon auszugehen, daß auf das Handeln auch der Bundeswehr das Polizeirecht und damit alle Rechtsstaatsgedanken anzuwenden sind, auch wenn es sich um die Bekämpfung eines organisierten militärischen Aufstandes handelt. Das impliziert eine volle Bindung an die Grundrechte.

c) Daß solche Mittel ausreichen könnten, ist evident illusorisch. In einem Notstandsfall würde sich die Regierung über diese Schranken hinwegsetzen müssen, und dem BVerfG würde gar nichts anderes übrigbleiben, als diese »Verfassungsverletzung« hinzunehmen, wenn es den Blick für die Realitäten behalten will. Daß die rechtsstaatlichen Sicherungen im Notstandsfall nicht voll greifen können, zeigt schon der Blick auf den Verteidigungsfall. Wir haben oben dargelegt, daß die Grundrechte nur die eine Begrenzung haben, daß sie nur für die deutsche Hoheitsgewalt gelten. Folglich greifen die rechtsstaatlichen Sicherungen auch in einem Kriegsfall ein. An sich wäre die Bundesrepublik deshalb einerseits bei dem Einsatz von Waffengewalt, andererseits bei der Ausübung von Besatzungsgewalt über fremdes Gebiet an die Grundrechte und nicht nur an das Völkerrecht gebunden. Man kann hier auch nicht argumentieren, das Völkerrecht dränge über Art. 25 GG, der Verfassungsrang habe, die Grundrechte insoweit zurück. Denn das Völkerrecht gestattet dem Staat durchaus, seine Kriegsführung stärker an Grundrechte zu binden als dies im Völkerrecht der Fall ist.

Trotzdem ist nicht anzunehmen, daß die Bundesrepublik bei einem Krieg nach außen voll an die rechtsstaatlichen Sicherungen der Grundrechte gebunden ist. Das ergibt sich schon aus einem Vergleich mit der EMRK, der weiter unten angestellt wird. Dann ist aber auch anzunehmen, daß die rechtsstaatlichen Sicherungen nicht gegenüber Aufständischen in vollem Umfang wirken. Das Grundgesetz hat in Art. 18, 9 II und 21 II gezeigt, daß in weit weniger schwerwiegenden Fällen, in denen man sogar nicht einmal von einem allgemeinen Notstand sprechen kann, die rechtsstaatlichen Sicherungen nicht voll greifen. Das muß um so mehr für den eigentlichen Notstand, zumindest für den militärischen Notstand gelten.

3. Damit wird es wichtig, die großen Linien für eine Anpassung des Grundrechtsschutzes an den Notstand herauszuarbeiten.

a) Obwohl das Kriegsvölkerrecht nicht in vollem Umfang, sondern nur in gewissen Mindestanforderungen im Bürgerkrieg gelten will, verlangt doch der Schutz der deutschen Grundrechte, daß das Kriegsvölkerrecht eine Mindestgrenze für den innerstaatlichen Krieg bildet. Das Kriegsvölkerrecht wird so nicht aufgrund einer Geltungsanordnung des Völkerrechts sondern aufgrund einer Geltungsanordnung des deutschen Verfassungsrecht für die deutschen Organe in vollem Umfang verbindlich. Denn die Grundrechte dürfen auch im Notstand nur zurückgedrängt werden, soweit die militärischen Erfordernisse reichen. Das Kriegsvölkerrecht bietet aber einen Grundrechtsschutz, der nach internationalen Erfahrungen eine wirksame Kriegsführung gestattet.

b) Die rechtsstaatlichen Grundrechtssicherungen verlangen aber über das Kriegsvölkerrecht hinausgehende Kautelen, weil das Völkerrecht selbst die Effektivität der Grundrechte nicht im äußerst möglichem Umfang zu sichern sucht, sondern den Bedürfnissen der Kriegsführung noch eine zu große Bedeutung zumißt. Die Bundesrepublik Deutschland aber ist im Bürgerkriegsfalle zu weitestgehender Effektivität der Grundrechte verpflichtet, soweit die militärischen Interessen dies noch zulassen.

Man kann hier das Modell der EMRK zugrunde legen. Nach Art. 15 EMRK kann jeder Vertragspartner im Falle eines Krieges oder eines anderen öffentlichen Notstandes, der das Leben der Nation bedroht, Maßnahmen ergreifen, welche die in der Konvention enthaltenen Verpflichtungen in dem Umfang, in dem die Lage dies unbedingt erfordert, außer Kraft setzen.

Auf die Bundesrepublik Deutschland bezogen, könnte der Staat die rechtsstaatlichen Sicherungen der Grundrechte in dem Umfang, den die Lage unbedingt erfordert, außer Kraft setzen. Das gilt nicht nur für die formellen Voraussetzungen – ein hinreichend bestimmtes Gesetz wird hier für den Einsatz des Militärs kaum möglich sein und in einzelnen Notstandsfällen kommt jedes Gesetz zu spät – als auch für die materiellen Voraussetzungen des Grundrechtseingriffs. Hinsichtlich des Verhältnismäßigkeitsgrundsatzes wird es aber meist ausreichen, wenn die Anforderungen an die Geeignetheit, Erforderlichkeit und Angemessenheit des jeweiligen Handelns nicht überspannt werden. Eine völlige Außerkraftsetzung bestimmter Grundrechte ist also entgegen der Konzeption der EMRK wohl nicht erforderlich.

c) Man könnte daran denken, diese Grundsätze auch auf den äußeren Krieg, den Krieg im völkerrechtlichen Sinne, zu übertragen. Dem steht jedoch das Bedenken gegenüber, die Bundesrepublik insoweit einseitig an verfassungsrechtliche Sicherungen zu binden. Dadurch würde der Bundesrepublik einerseits die Möglichkeit genommen, in völkerrechtlichen Verträgen auf eine notwendige Verbesserung des Kriegsvölkerrechts effektiv hinzuwirken. Auf der anderen Seite – und das ist der wichtigere Gesichtspunkt – würde die Schlagkraft der Bundeswehr im Verhältnis zu den Feinden, die nicht an solche Grundrechte gebunden sind, stark reduziert. Ich meine deshalb, daß die Vorschriften, welche den Einsatz der Bundeswehr im Verteidigungsfalle regeln, davon ausgehen, daß die Bundeswehr in diesem Falle als Bundeswehr eingesetzt wird und deshalb nur an die normalen Grenzen des Kriegsvölkerrechts, nicht aber an die Grundrechte gebunden ist. Damit durchbrechen die Vorschriften über die Bundeswehr die Bestimmungen über die Grundrechtsbindungen des Staates.

§ 19 Das Verhältnis der Bundesgrundrechte zu den Landesgrundrechten[1]

1. Alle Länderverfassungen enthalten Landesgrundrechte. Deren Bedeutung ist, daß selbst wenn die Ländergrundrechte mit den Bundesgrundrechten voll übereinstimmen, die Verfassungsbeschwerde zu den Länderverfassungsgerichten eröffnet wird. Weichen die Ländergrundrechte dagegen von den Bundesgrundrechten ab, hätten die Landesgrundrechte darüber hinaus auch die materiellrechtliche Funktion, Eingriffe der Länder in die Grundrechte in größerem Umfang zu gestatten oder umgekehrt auszuschließen als die Bundesverfassung. Diese zweite Funktion würde aber nur bei einem Verfahren vor dem Landesverfassungsgericht greifen. Denn die Länder sind in vollem

1 Vgl. BVerfGE 1, 265; 10, 118; 22, 267; ferner: *Ernst-Wolfgang Böckenförde / Rolf Grawert*, Kollisionsfälle und Geltungsprobleme im Verhältnis von Bundesrecht und Landesverfassung, DÖV 1971, S. 119 ff.; *Hans Domcke*, Zur Fortgeltung der Grundrechte der Bayerischen Verfassung, in: Festschr. z. 25jährigen Bestehen des Bayerischen Verfassungsgerichtshofs, 1972, S. 311 ff.; *Ernst Friesenhahn*, Zur Zuständigkeitsabgrenzung zwischen Bundesverfassungsgerichtsbarkeit und Landesverfassungsgerichtsbarkeit, in: Festschr. z. 25jährigen Bestehen des Bundesverfassungsgerichts, Bd. 1, 1976, S. 748 ff.; *Willi Geiger*, Die Verfassungsbeschwerde nach Bundes- und nach Landesrecht, DRiZ 1969, S. 137 ff.; *Ralf Gross*, Verfassungshoheit und Homogenität im Bundesstaat, DV 1950, S. 5 ff.; *Josef Isensee*, Fortgeltung des saarländischen Sozialisierungs-Artikels unter dem GG, DÖV 1978, S. 233, und die Erwiderung von *R. Seebald*, DÖV 1978, S. 695; *Gerhard Körner*, Bayerische Verfassungsbeschwerde und Bundesrecht, DÖV 1962, S. 295 ff.; *Jacob Kratzer*, Art. 142 des Grundgesetzes und die Grundrechte der Bayerischen Verfassung, in: Festschr. f. *Wilhelm Laforet*, 1952, S. 107 ff.; *Walter Leisner*, Die bayerischen Grundrechte, 1968; *Theodor Maunz*, in: *Theodor Maunz / Günter Dürig / Roman Herzog*, Grundgesetz-Kommentar, Bd. 3, 1976, Art. 142; *Erich Milleker*, Kompetenzkonflikt zwischen Bundesverfassungsgericht und einem Landesverfassungsgericht im Rahmen der Verfassungsbeschwerde, DVBl. 1969, S. 129 ff.; *Henning von Olshausen*, Bundesrechtliche Teilordnung und Grundrechte nach Landesverfassungsrecht, in: Festschr. f. *Hubert Armbruster*, 1976, S. 163 ff.; *Wolfgang Rüfner*, Zum Verhältnis von Bundes- und Landesverfassungsgerichtsbarkeit im Bereich der Grundrechte, DÖV 1967, S. 668 ff.; *Rudolf Schöfberger*, Das Grundrecht auf Naturgenuß und Erholung, Diss. München, 1971; *Vaulont*, Grundrechte und bundesstaatliches Homogenitätsprinzip, Diss. Bonn 1968.

Umfang an die Bundesgrundrechte gebunden, die den Landesgrundrechten vorgehen; das BVerfG kann die Grundrechtmäßigkeit des Handelns eines Landes nur am Grundgesetz messen und darf dabei die abweichenden Änderungen durch die Landesverfassung nicht beachten. Die Frage nach dem Verhältnis zwischen Bundes- und Landesgrundrechten hat also nur für den Landesrechtsraum Sinn; inwieweit gestattet das Grundgesetz den Ländern vom Grundgesetz abweichende Grundrechte mit Wirkung nur vor den Landesverfassungsgerichten zu erlassen.

2. Zur Lösung dieser Frage sind zunächst die möglichen Abweichungen der Landesverfassungen von der Bundesverfassung darzulegen:

a) Die Landesverfassung kann zunächst die Grundrechte des Grundgesetzes wörtlich übernehmen oder, wie es in einigen Verfassungen geschehen ist, durch Verweisung auch auf die Grundrechte des GG diese Grundrechte in ihre Verfassung übernehmen und damit auch zu Landesgrundrechten machen. Möglich ist auch, daß die selbständigen Grundrechte der Landesverfassung nur im Wortlaut von der Bundesverfassung abweichen, sich inhaltlich mit ihnen aber decken.

In diesen Fällen entsteht die Frage, ob die Landesverfassungsgerichte an die Auslegung der entsprechenden Bundesgrundrechte durch das BVerfG gebunden sind. Diese Bindung könnte sowohl durch Bundesrecht als auch durch Landesrecht herbeigeführt werden. Die Bindung durch Bundesrecht könnte durch Art. 31 BVerfGG herbeigeführt worden sein. Ganz abgesehen von dem umstrittenen Umfang dieser Bindung, scheint sie doch nur für die Auslegung der Bundesverfassung durch das BVerfG einzugreifen, nicht für eine – dem BVerfG verwehrte – Auslegung der Landesverfassung. Auf der anderen Seite kann die Bindung auch nicht durch die Tatsache begründet werden, daß die Landesverfassungen auf das Grundgesetz verweisen. Diese Verweisung erstreckt sich nur auf das Grundgesetz als solches, nicht aber auch auf dessen Konkretisierung durch das BVerfG.

b) Die Landesgrundrechte gehen über die Grundrechte des Grundgesetzes hinaus. Hier sind wiederum verschiedene Fälle möglich:

(1) Die Landesverfassungen enthalten Grundrechte, welche im GG nicht enthalten sind.

(2) Der Tatbestand des Landesgrundrechts ist weiter gefaßt als der entsprechende Tatbestand des GG.

(3) Die Landesverfassung schränkt die Eingriffsmöglichkeiten des Staates bei einem bestimmten Grundrecht stärker ein als die Bundesverfassung.

(4) Die Landesverfassung knüpft an den Grundrechtseingriff stärkere rechtsstaatliche Sicherungen als das GG: es werden etwa auch Maßnahmegesetze verboten.

c) Die Ländergrundrechte bleiben hinter den Grundrechten des GG zurück. Auch hier sind verschiedene Fälle zu unterscheiden:

(1) Die Landesverfassung kennt ein Grundrecht des GG nicht.

(2) Der Tatbestand eines Landesgrundrechts ist enger gefaßt als der entsprechende Tatbestand des Bundesgrundrechts.

(3) Die Landesverfassung gewährt den Staatsorganen umfassendere Eingriffe in die Grundrechte als das GG.

(4) Die Landesverfassung kennt nicht alle rechtsstaatlichen Sicherungen des GG bei einem Eingriff (etwa: es fehlt ein Art. 19 I GG).

3. Die herrschende Meinung legt Art. 142 GG in Verbindung mit Art. 31 GG dahin aus, daß die Landesverfassungen zwar dem GG gleiche und über das GG hinausgehende Grundrechte festlegen können, aber hinter dem Grundrechtsschutz des GG nicht zurückbleiben dürfen. Dabei beziehe sich Art. 142 GG sowohl auf vor Inkrafttreten des GG bestehende als auch auf spätere Länderverfassungen. Andererseits soll nach Art. 31 GG alles Bundesrecht, also nicht nur die Grundrechte des GG, den Grundrechten der Länderverfassungen vorgehen[2]. Auch das BVerfG ist der Auffassung, daß durch Art. 31 GG nur Landesverfassungsrecht gebrochen wird, das inhaltlich mit dem Bundesverfassungsrecht unvereinbar ist[3].

4. a) Wie das BVerfG in der zitierten Entscheidung klargestellt hat, beläßt das Grundgesetz den Ländern in vollem Umfang ihre Befugnis zur Verfassungsgebung, soweit das Grundgesetz diese Befugnis nicht eingeschränkt hat oder selbst eine auch für den Landesverfassungsraum geltende Regel enthält. So könnte man der Auffassung sein, da das Grundgesetz die Bundesgrundrechte auch für die Länder für verbindlich erkläre, bleibe für Landesgrundrechte kein Platz mehr. Oder man ist umgekehrt der Auffassung, die Bindung der Länder an das Rechtsstaatsprinzip in Art. 28 I GG verlange entsprechende Ländergrundrechte; hier bliebe unklar, ob eine völlige Übereinstimmung mit den Bundesgrundrechten verlangt wird oder ob in den Landesverfassungen nur ein gewisses Minimum an Grundrechten vorhanden sein muß, das von der vollen Übernahme der Bundesgrundrechte bis zur Übernahme nur eines Kernbereiches (Art. 19 II oder 79 III GG) reichen kann. Ohne Art. 142 GG kommt man also zu widersprüchlichen Auslegungen. Die erste Funktion dieser Bestimmung ist also, sicherzustellen, daß Ländergrundrechte überhaupt neben Bundesgrundrechten möglich sind.

b) Ob Art. 142 GG eine darüber hinausgehende Funktion hat, kann bestritten werden.

(1) Art. 142 GG erklärt Art. 31 GG für den »Konflikt« zwischen Bundes- und Landesgrundrechten für anwendbar. Ein solcher Konflikt bestände

2 Vgl. *Ingo von Münch* (Hrsg.), Grundgesetz-Kommentar, Bd. 3, 1978, Art. 142, S. 1117 ff.

3 BVerfGE 36, 342, 366.

nur, wenn man annimmt, das Grundgesetz schließe mit der Verbindlichkeit von Bundesgrundrechten für die Länder Landesgrundrechte aus oder Art. 28 GG fordere einen bestimmten Mindeststandard an Grundrechten, der von der betreffenden Landesverfassung unterschritten wird. Der erste Fall wird durch Art. 142 GG dahin gelöst, daß generell Landesgrundrechte neben den Bundesgrundrechten bestehen können. Dann bleibt für einen Konflikt nur der Art. 28 I GG übrig. Für diese Vorschrift ist aber generell anerkannt, daß zumindest hinsichtlich der »Demokratie« eine volle Übereinstimmung der Landesverfassungen mit der Bundesverfassung nicht verlangt wird, sondern daß sie den Ländern einen gewissen Spielraum hinsichtlich der Über- und Unterschreitung des GG-Standards gewährt. Dasselbe muß man dann aber auch hinsichtlich des Rechtsstaats annehmen. Die Homogenität erfordert auch insoweit nicht eine volle Übereinstimmung. Art. 28 I GG gestattet also sowohl Überschreitungen des Grundrechtsstandards des Grundgesetzes als auch eine Unterschreitung, wenn nur ein gewisser Mindeststandard nicht unterschritten wird, der in Art. 19 II und 79 III GG zum Ausdruck gelangt.

Daß das Grundgesetz keine weitergehenden Forderungen an die Länderverfassungen stellt, ergibt sich aus der Tatsache, daß es angesichts der von der Bundesverfassung festgelegten Bindung der Länder an die Grundrechte des Grundgesetzes für das Grundgesetz kein legitimes Bedürfnis gab, die Länder auch bei einer doppelten Kontrolle durch die Landesverfassungsgerichte in vollem Umfang an die Grundrechte des Grundgesetzes zu binden. Besteht aber ein solches rechtsstaatliches Bedürfnis der Gesamtheit nicht, muß es dem im Bundesstaat geltenden Prinzip der Verfassungsfreiheit der Länder den Ländern überlassen bleiben, wieweit sie die Grundrechte vorsehen und die Kontrolle der Landesverfassungsgerichte erstrecken. Da die Länder zur Errichtung der Landesverfassungsgerichte bundesrechtlich nicht verpflichtet sind, muß es dem Bund auch gleichgültig sein, wie weit die Kontrolle der frei eingerichteten Landesverfassungsgerichte reicht.

(2) Auch aus dem Sinn und Wortlaut des Art. 142 GG ergibt sich kein hiervon abweichendes Ergebnis. Der Gegenschluß, daß die Landesverfassungen insoweit nicht in Kraft bleiben, als sie »in Abweichung« von den Art. 1 bis 18 dieses Grundgesetzes Grundrechte gewährleisten, ist nicht gerechtfertigt. Denn nach dem Wortlaut des Art. 142 GG bleiben die Landesgrundrechte »auch« insoweit in Kraft als sie in Übereinstimmung mit den Art. 1 bis 18 GG Grundrechte gewährleisten. Das bedeutet, daß sie auch im übrigen in Kraft bleiben können, dann nämlich, wenn ein Konflikt nach Art. 31 GG nicht vorliegt; und dieser Konflikt liegt eben nur vor, wenn Art. 28 I GG verletzt ist.

(3) Die h. L. kann im übrigen nicht schlüssig darlegen, warum eine Verbesserung der Grundrechtsstellung durch die Ländergrundrechte im Gegensatz zur Verschlechterung erlaubt ist. Das wäre nur der Fall, wenn das

Grundgesetz nur den Tatbestand der Freiheitsrechte, nicht aber auch die Schranken regelte. Dann stünde einer Verbesserung der Grundrechte nichts entgegen. In Wirklichkeit scheint das Grundgesetz aber auch die öffentlichen Interessen, die den Grundrechtstatbestand einschränken, zumindest in den Fällen, in denen diese öffentlichen Interessen in der Verfassung verankert sind, zu schützen. Das bedeutet aber, daß die Länderverfassungen auch in Konflikt zum Grundgesetz treten können, wenn sie den Eingriffsspielraum des Staates einschränken und die Grundrechte in einem der oben genannten vier Wege erweitern.

Überdies kann die h. L. die Wirkung des Grundrechtsverstoßes nicht hinreichend klären. Soll, wenn die Landesverfassung ein Grundrecht nicht enthält, der ganze Grundrechtsteil nichtig sein? Das ist sicherlich nicht der Fall. Dann dürften aber keine Bedenken bestehen, wenn der Tatbestand der Ländergrundrechte hinter dem Grundgesetz zurückbleibt oder die Landesverfassung die Schranken weiter zieht als das Grundgesetz. Hier ist überdies zu bedenken, daß das Zusammenspiel der Art. 31 und 142 GG immer nur an dem Bedürfnis der Gesamtgemeinschaft ausgerichtet sein darf, den Rechtsstaat zu verwirklichen. Die Lösung der h. L. würde aber gerade zu dem entgegengesetzten Ergebnis führen: es ist immer noch besser, daß die Länder ein beschränktes Rechtsschutzverfahren einführen, als daß die Ländergrundrechte wegen Nichterreichung des Grundrechtsstandards ganz entfallen.

(4) Die Länder haben also bei der Verabschiedung der Landesgrundrechte einen gewissen Spielraum »nach oben« und »nach unten«. Dieser Spielraum wurde bisher nur durch rechtsstaatliche Erwägungen im Interesse der Freiheitsrechte beschränkt. Trotz des auf den Rechtsstaat beschränkten Wortlauts des Art. 28 I GG ist aber wohl anzunehmen, daß dieser Spielraum auch dadurch begrenzt wird, daß die Länder bei der Festlegung der Grundrechte sowohl die öffentlichen Interessen des Bundes als auch der Länder berücksichtigen müssen. Das bedeutet zwar nicht, daß alle vom Grundgesetz zur Beschränkung von Grundrechten zugelassenen öffentlichen Interessen des Bundes als auch der Länder in der Art berücksichtigt werden müssen, daß dieselben Einschränkungsmöglichkeiten vorgesehen werden; denn die Bundesverfassung begründet insoweit keine Verfassungsaufträge. Wohl aber ist aus Art. 28, 87 IV und 91 GG ein gewisser Mindestbestand an öffentlichen Interessen zu schützen. Insbesondere darf keine Landesverfassung einen Grundrechtskatalog erlassen, welcher den Bestand und das Funktionieren des Staates einschließlich der Aufrechterhaltung der öffentlichen Sicherheit und Ordnung unmöglich machen würde. Die Länder sind dem Bund gegenüber für die Aufrechterhaltung der öffentlichen Sicherheit und Ordnung verantwortlich. Wenn die Bundesverfassung den Ländern Kompetenzen einräumt, enthält dies entsprechende Pflichten der Länder zum Handeln.

[illegible]

[illegible]

[illegible]

§ 20 Zur Verfassungsbeschwerde

Die Verfassungsbeschwerde kann von jedermann mit der Behauptung erhoben werden, durch die öffentliche Gewalt in einem seiner Grundrechte oder in einem seiner in Art. 20 Abs. 4, 33, 38, 101, 103 und 104 GG enthaltenen Rechte verletzt zu sein (Art. 93 I Ziff. 4 a GG; § 90 I BVerfGG). Die Verfassungsbeschwerde ist erst nach der Erschöpfung des Rechtswegs (§ 90 II BVerfGG) und nur innerhalb einer bestimmten Frist (§ 93 BVerfGG) zulässig. Außerdem muß nach der Rechtsprechung des BVerfG ein Rechtsschutzbedürfnis vorliegen. Im folgenden sollen zwei dieser Voraussetzungen näher untersucht werden: 1. Der Begriff der öffentlichen Gewalt und 2. die Behauptung, die öffentliche Gewalt habe ein Grundrecht verletzt.

1. Das prozessuale Rechtsschutzmittel der Verfassungsbeschwerde ist an der materiellen Grundrechtsverletzung ausgerichtet. Grundsätzlich wird die Verfassungsbeschwerde nur, aber auch immer dann gewährt, wenn im Sinne der allgemeinen Grundrechtslehren ein Grundrechtsadressat in den Tatbestand eines Grundrechts eingegriffen hat. Nun würde bei einer so weiten Öffnung der Verfassungsbeschwerde angesichts der Weite des Eingriffsbegriffs und der Problematik der Drittwirkung der Grundrechte das BVerfG durch Verfassungsbeschwerden überschwemmt werden. Deshalb haben der Verfassungsgeber und der Gesetzgeber die Verfassungsbeschwerde hinsichtlich all dieser Voraussetzungen eingeschränkt. Die Verfassungsbeschwerde ist also nicht bei allen Grundrechtsverletzungen im materiellen Sinne gegeben. Neben den Begriff der Grundrechtsverletzung im materiellen Sinne tritt der engere Begriff der Grundrechtsverletzung im prozessualen Sinne. So wird der Eingriff, wie wir gesehen haben, im materiellen Sinne dahin verstanden, daß jede faktische Beeinträchtigung der Grundrechte ausreicht. Im prozessualen Sinne ist unter der Grundrechtsverletzung aber nur die rechtliche Verletzung der Grundrechte zu verstehen. Ebenso ist der Begriff des Grundrechtsadressaten im materiellen Sinne nicht mit dem Begriff der öffentlichen Gewalt im Sinne des Art. 93 I Ziff. 4 a GG identisch. Das bedeutet aber auch, daß man die Rechtsprechung des BVerfG zur Zulässigkeit der Verfassungsbeschwerde nicht unbesehen in die materiellen Grundrechtslehren übernehmen kann und umgekehrt.

2. Öffentliche Gewalt ist zunächst der Staat in seiner Einheit, repräsentiert durch irgendein Organ[1], das gesetzgebende, vollziehende oder rechtsprechende Gewalt ausübt.

a) Zunächst sind Akte der öffentlichen Gewalt nur Akte der staatlichen, deutschen, an das GG gebundenen öffentlichen Gewalt[2]. So war die Verfassungsbeschwerde etwa nicht gegen Akte der Besatzungsgewalt gegeben. Auch Akte ausländischer Behörden können vor dem BVerfG nicht angegriffen werden[3]. Dasselbe gilt für Akte der Europäischen Gemeinschaften[4] und für Akte der DDR[5].

b) Die Verfassungsbeschwerde ist dagegen gegen alle Akte auch der mittelbaren Staatsverwaltung (Bund, Länder, Gemeinden, öffentliche Anstalten und Stiftungen) zulässig[6]. Kirchliche Gewalt ist zwar öffentliche, aber nicht staatliche Gewalt. »Nur soweit die Kirchen vom Staat abgeleitete rechtliche Befugnisse ausüben oder soweit ihre Maßnahmen den kirchlichen Bereich überschreiten oder in den staatlichen Bereich hineinragen, betätigen die Kirchen mittelbar auch staatliche Gewalt mit der Folge, daß ihre Selbstbestimmung eine ... Einschränkung erfährt[7].« »Die Frage, ob eine kirchliche Maßnahme dem innerkirchlichen Bereich zuzurechnen ist oder sich auf vom Staat verliehene Befugnisse gründet oder den staatlichen Bereich berührt, entscheidet sich – soweit nicht eine Vereinbarung zwischen Kirche und Staat erfolgt ist – danach, was materiell, der Natur der Sache oder Zweckbeziehung nach als eigene Angelegenheit der Kirche anzusehen ist. Ist die Kirche nur im Bereich ihrer innerkirchlichen Angelegenheiten tätig geworden, dann liegt kein Akt der öffentlichen Gewalt vor, gegen den der Rechtsbehelf der Verfassungsbeschwerde gegeben sein könnte[8].«

c) Verfassungsbeschwerden gegen Privatpersonen sind dagegen unzulässig. Dasselbe gilt, wenn der Staat im fiskalischen Bereich tätig wird, weil hier der öffentlich-rechtliche Rechtsträger dem einzelnen als gleichgeordnet gegenübertritt[9].

3. Im einzelnen greifen bei den drei Gewalten unterschiedliche Regeln ein:

a) Die Verfassungsbeschwerde ist auch gegen ein – bereits verkündetes[10] – Gesetz zulässig, und zwar auch gegen ein Zustimmungsgesetz zu

1 BVerfGE 4, 27, 30.
2 BVerfGE 1, 10; 6, 15, 18; 18, 385, 387; 22, 91, 92; 22, 299, 295.
3 BVerfGE 6, 290, 295.
4 BVerfGE 22, 293, 295; vgl. aber BVerfGE 37, 271.
5 BVerfGE 1, 332, 342.
6 *Gerhard Leibholz / Reinhard Rupprecht,* BVerfGG – Rechtsprechungskommentar, 1968–1971, § 90 Rdnr. 28, S. 319.
7 BVerfGE 18, 385, 387.
8 BVerfGE 18, 385, 387.
9 BVerfGE 12, 354, 361.
10 BVerfGE 1, 396, 409.

einem völkerrechtlichen Vertrag[11]. Allerdings ist hier Voraussetzung, daß der Beschwerdeführer durch das Gesetz selbst, gegenwärtig und unmittelbar betroffen ist. Die »Selbstbetroffenheit« werden wir weiter unten abhandeln.

(1) Es reicht nicht aus, daß der Beschwerdeführer »irgendwann einmal in der Zukunft von der gerügten Gesetzesbestimmung betroffen werden könnte«[12], es ist vielmehr erforderlich, daß er gegenwärtig betroffen ist. Wird in einem Gesetz für die Ausübung eines Berufs eine Altersgrenze festgesetzt, so kann der Beschwerdeführer gegen diese Regelung im allgemeinen nur dann vorgehen, wenn er diese Altersgrenze erreicht hat[13]. »Ebensowenig kann z. B. ein Beamter, der sich dadurch im Sinne des Art. 33 Abs. 5 GG verletzt fühlt, daß er mit dem Eintritt in eine bestimmte Dienstaltersstufe nicht schon kraft Gesetzes in die nächsthöhere Besoldungsgruppe aufrückt, vor Erreichung dieser Besoldungsgruppe die Regelung anfechten[14].«

b) Die Verfassungsbeschwerde ist auch gegen Rechtsverordnungen zulässig[15]. Gegen Verwaltungsverordnungen ist dagegen die Verfassungsbeschwerde nicht eröffnet, weil solche Verwaltungsvorschriften und Richtlinien nicht für den einzelnen Staatsbürger verbindlich sind, sondern sich lediglich an die nachgeordneten Verwaltungsbehörden richten[16].

c) »Grundsätzlich kann nur ein erlassenes Gesetz, nicht aber ein Unterlassen des Gesetzgebers Gegenstand einer Verfassungsbeschwerde sein[17].« »Es liegt in der Natur der Sache, daß der einzelne Staatsbürger grundsätzlich keinen gerichtlich verfolgbaren Anspruch auf ein Handeln des Gesetzgebers haben kann, wenn anders nicht eine vom GG schwerlich gewollte Schwächung der gesetzgebenden Gewalt erfolgen soll[18].« »Eine Ausnahme gilt nur dann, wenn der Beschwerdeführer sich auf einen ausdrücklichen Auftrag des GG berufen kann, der Inhalt und Umfang der Gesetzgebungspflicht im wesentlichen umgrenzt hat[19].«

d) Grundsätzlich ist eine Verfassungsbeschwerde nur gegen die Endentscheidungen der Gerichte, nicht gegen mit einer Beschwerde nicht anfecht-

11 BVerfGE 6, 290, 295; 16, 220, 226.
12 BVerfGE 1, 97, 102.
13 BVerfGE 1, 264, 277.
14 *Gerhard Leibholz / Reinhard Rupprecht,* a.a.O. (Anm. 6), § 90 Rdnr. 34, S. 323.
15 BVerfGE 3, 162, 171; 3, 288, 299.
16 BVerfGE 2, 237, 242; 2, 139, 141.
17 BVerfGE 11, 255, 261.
18 BVerfGE 1, 97, 100.
19 BVerfGE 11, 255, 261; 12, 139, 142; vgl. *Jakob Seiwerth,* Zur Zulässigkeit der Verfassungsbeschwerde gegenüber Grundrechtsverletzungen des Gesetzgebers durch Unterlassen, 1962.

baren Zwischenentscheidungen zulässig, weil die Grundrechtsverletzung durch die Zwischenentscheidung mit der Verfassungsbeschwerde gegen die Endentscheidung gerügt werden kann. Etwas anderes gilt nur dann, wenn ein schutzwürdiges Interesse daran besteht, daß über die Verfassungsmäßigkeit des Zwischenbescheides sofort erkannt werde[20].

e) Eine Verfassungsbeschwerde ist schließlich auch gegen Akte der vollziehenden Gewalt zulässig. Es braucht sich dabei nicht um einen Verwaltungsakt im technischen Sinne zu handeln, der vor den Verwaltungsgerichten angefochten werden kann. Nur folgende Voraussetzungen müssen vorliegen:

(1) Es muß sich um einen Akt im Unterordnungsverhältnis handeln. Dabei kann es sich auch um ein besonderes Gewaltverhältnis handeln. Akte in einem Gleichordnungsverhältnis können dagegen nicht mit der Verfassungsbeschwerde angegriffen werden. Der Verfassungsbeschwerde unterliegen dabei auch sogenannte justizfreie Hoheitsakte, wie Regierungsakte nach Art. 65 I GG, innerparlamentarische politische Entscheidungen oder militärische Kommandoakte sowie Gnadenentscheidungen.

(2) Es muß sich zweitens um einen Hoheitsakt handeln. Solcher Hoheitsakt fehlt bei unverbindlichen Meinungsäußerungen von Behörden über die Rechtslage[21], bei Bescheiden, die keine materielle Entscheidung enthalten und nur auf den richtigen Verwaltungsweg verweisen[22], bei Mitteilungen, die keine auf einen rechtlichen Erfolg abzielenden Anordnungen, sondern lediglich die Ankündigung der zur Vollziehung der ergangenen Entscheidung in Aussicht genommenen Maßnahmen enthalten[23], bei der Gesetzesauslegung durch Staatsbehörden[24].

(3) Die Maßnahme der Verwaltung muß schließlich eine unmittelbare Außenwirkung haben. Eine solche Außenwirkung fehlt den Verwaltungsverordnungen und den innerdienstlichen Weisungen[25].

4. Besonders schwierig ist die Frage zu lösen, was unter der Behauptung einer Verletzung eines Grundrechts zu verstehen ist. Auf der einen Seite reicht die reine Behauptung sicherlich nicht aus, auf der anderen Seite kann das BVerfG im Rahmen der Zulässigkeit nicht schon wesentliche Fragen

20 Vgl. *Gerhard Leibholz / Reinhard Rupprecht,* a.a.O. (Anm. 6), § 90 Rdnr. 46, S. 339 f.
21 BVerfGE 2, 237, 244; 3, 162, 172.
22 BVerfGE 16, 89, 93.
23 BVerfGE 15, 256, 263.
24 BVerfGE 18, 114.
25 Vgl. im einzelnen zu all diesen Fragen: *Gerhard Leibholz / Reinhard Rupprecht,* a.a.O. (Anm. 6), § 90 Rdnr. 55, S. 353 f.

der Begründetheit prüfen. Die vom BVerfG angebotenen Formeln etwa von der »schlüssigen Behauptung«, der »Wahrscheinlichkeit der Verletzung« usw. reichen für die nähere Bestimmung nicht aus[26]. Es ist vielmehr zu prüfen, in welchem Umfang das BVerfG die einzelnen Voraussetzungen der materiellen Grundrechtsbeeinträchtigung im Rahmen der Zulässigkeit prüft. Diese Fragen können hier allerdings nicht abschließend behandelt werden; es kann nur aufgezeigt werden, in welchem Sinne die Rechtsprechung des BVerfG näher analysiert werden müßte.

a) Voll im Bereich der Zulässigkeit und auch nicht teilweise im Rahmen der Begründetheit prüft das BVerfG die Grundrechtsträgerschaft. So hat das BVerfG die Frage, ob eine inländische oder ausländische juristische Person des Privatrechts oder eine juristische Person des öffentlichen Rechts Grundrechte besitzt, inwieweit Verbände Grundrechte ihrer Mitglieder geltend machen können usw., im Rahmen der Zulässigkeit geprüft[27]. Das gilt nicht nur für die Frage, ob ein bestimmtes Kollektiv überhaupt Grundrechte besitzt, sondern auch für das Problem, welche Grundrechte eine juristische Person des privaten Rechts nach Art. 19 III GG geltend machen darf. Auch die Frage, ob sich etwa ein Vormund auf Art. 6 II GG berufen kann, wäre in diesem Rahmen zu prüfen. Diesen Entscheidungen ist zuzustimmen. Denn wenn eine juristische Person generell keine Grundrechte besitzt oder ein bestimmtes Grundrecht nicht geltend machen kann, kann sie in einem Grundrecht nicht verletzt sein.

b) Das BVerfG prüft ferner voll im Rahmen der Zulässigkeit nach, ob aus einem bestimmten Verfassungssatz, etwa aus Art. 33 V GG, subjektive öffentliche Abwehrrechte des Beschwerdeführers fließen oder ob es sich nur um eine objektive Norm handelt[28]. Nur die Funktion des Grundrechts als subjektives öffentliches Abwehrrecht wird aber im Rahmen der Zulässigkeit geprüft. Ob ein bestimmtes Grundrecht positive Leistungsansprüche auslöst, eine institutionelle Garantie enthält usw., prüft das BVerfG erst im Rahmen der Begründetheit. Für diese unterschiedliche Behandlung fehlen sachliche Gründe. Auch bei der Ablehnung einer Leistung kann in ein Grundrecht nur eingegriffen werden, wenn dieses Grundrecht einen Leistungsanspruch enthält.

c) Ob das Handeln des Klägers oder ein Rechtsgut des Beschwerdeführers unter den Tatbestand eines bestimmten Grundrechts fällt, wie also der Grundrechtstatbestand auszulegen ist, prüft das BVerfG in der Regel im Rahmen der Begründetheit. Es gibt aber auch Fälle, in denen die Frage im

26 *Hans Brox,* Zur Zulässigkeit der Verfassungsbeschwerde – Auslegungsschwierigkeiten bei § 90 I BVerfGG, in: Gedächtnisschr. f. *Friedrich Klein,* 1977, S. 49.
27 BVerfGE 2, 294; 3, 363, 390; 4, 12, 101; 6, 49; 10, 97; 12, 8; 24, 383.
28 BVerfGE 4, 210, 296; 8, 11, 12, 87.

Rahmen der Zulässigkeit geprüft wurde[29]. Auch hier könnte man die Auffassung vertreten, diese Frage gehöre in vollem Umfang in die Zulässigkeit, weil ein Grundrecht nur dann verletzt sein kann, wenn es sich auf den betreffenden Sachverhalt erstreckt.

d) Auch die Frage, ob die öffentliche Gewalt in das Grundrecht des Beschwerdeführers eingegriffen hat, wird manchmal in der Begründetheit, oft aber auch im Rahmen der Zulässigkeit geprüft[30]. Dabei läßt das BVerfG nur den unmittelbaren rechtlichen, nicht aber schon den faktischen Eingriff genügen[31]; auch diese Frage sollte man voll im Rahmen der Zulässigkeit prüfen.

e) Ich komme also zu folgendem Ergebnis:

(1) Im Rahmen der Zulässigkeit sind zu prüfen:
- alle Fragen der Grundrechtsträgerschaft,
- die Auslegung des Grundrechtstatbestands und die Subsumtion des Handelns des Beschwerdeführers unter diesen Tatbestand,
- die Frage, ob ein »Eingriff« in das Grundrecht im prozessualen Sinne vorliegt,
- die Frage, ob die öffentliche Gewalt in das Grundrecht eingegriffen hat (Grundrechtsadressat).

(2) Im Rahmen der Begründetheit ist zu prüfen:
- ob der Eingriff den formellen Voraussetzungen genügt (Gesetzesvorbehalt, Art. 19 I GG),
- ob Normen des objektiven Verfassungsrechts verletzt sind,
- ob das vom Staat herangezogene Interesse den Eingriff trägt (Schrankenfragen),
- ob der Eingriff zur Verfolgung dieses öffentlichen Interesses geeignet, erforderlich und angemessen ist (Verhältnismäßigkeitsgrundsatz),
- ob die Wesensgehaltsgarantie verletzt ist (Art. 19 II GG).

f) Allerdings ist nicht zu übersehen, daß bei dem hier vorgeschlagenen Prüfungsumfang der Zulässigkeit nicht mehr, wie Grundgesetz und Bundesverfassungsgerichtsgesetz es vorsehen, die Behauptung einer Grundrechtsverletzung, sondern schon geprüft wird, ob der Akt der öffentlichen Gewalt die Grundrechte des Beschwerdeführers tatsächlich verletzt: Alle Voraussetzungen der materiellen Grundrechtssicherungen werden hier schon im Rahmen der Zulässigkeit geprüft. Soll die Zulässigkeitsprüfung dem BVerfG aber gestatten, aufgrund einer »oberflächlichen« Prüfung und Be-

29 BVerfGE 24, 384; 31, 4, 368.

30 BVerfGE 13, 184, 232; 16, 27, 160; 12, 118; 24, 294 f.; 28, 320; 29, 266; 31, 67; 35, 107.

31 *Rüdiger Haug*, Die Zulässigkeit der Verfassungsbeschwerde bei mittelbarer Verletzung eines Grundrechts, 1971.

gründung die volle Überprüfung der Grundrechtsmäßigkeit abzulehnen, geht diese Konzeption offensichtlich zu weit. Dann wäre vielmehr im Rahmen der Zulässigkeit nur zu prüfen, ob nach dem heutigen Stand der Lehre und Rechtsprechung im Rahmen des Möglichen liegenden Weiterentwicklung des Grundrechtsschutzes im gegebenen Fall eine Grundrechtsverletzung überhaupt denkbar ist. Alle oben in die Zulässigkeitsprüfung einbezogenen Fragen wären dann vom BVerfG nur »anzuprüfen«, die umfassende rechtliche Prüfung gehörte in die Begründetheit. Das müßte dann allerdings auch für die Grundrechtsträgerschaft gelten, welche das BVerfG bisher ausschließlich im Rahmen der Zulässigkeit prüft.

Sachregister

»Der beste Kommentar mittleren Umfangs, den wir zum Grundgesetz haben«

»Juristische Rundschau«

Model/Müller

Grundgesetz für die Bundesrepublik Deutschland

Taschenkommentar für Studium und Praxis

Begründet von Otto Model, fortgeführt von Dr. Klaus Müller

8., vollständig überarbeitete Auflage
1976. XXI, 615 Seiten, Kunststoff DM 35,–
ISBN 3 452 18081 6

»Dieses von Rechtsanwalt Otto Model (weithin bekannt als Verfasser des »Staatsbürger-Taschenbuch«) begründete und von Dr. Klaus Müller fortgeführte handliche Erläuterungswerk zum Grundgesetz gehört zur Gruppe der Kurzkommentare und hat dort seine durchaus eigenständige Bedeutung. Das Werk unterrichtet gut über Inhalt und Probleme der einzelnen Artikel des Grundgesetzes, weist vielfach auf die historischen Zusammenhänge hin ..., verwertet geschickt die allmählich unübersehbar gewordene Judikatur und gibt für denjenigen, der tiefer eindringen will, zahlreiche Schrifttumshinweise. Sein Untertitel »Taschenkommentar für Studium und Praxis« wird dem, was man sich darunter vorzustellen hat, voll gerecht: Der Lernende erhält Anleitung und Belehrung, der Praktiker findet rasch etwa benötigte Kurzinformationen.«

»Die Öffentliche Verwaltung«

»Die Erläuterungen werden in der üblichen Kommentarform in der Reihenfolge der einzelnen Artikel des GG geboten, wobei jeweils die Literaturangaben und eine Inhaltsübersicht vorangestellt werden; sie sind ausgezeichnet durch Klarheit, Prägnanz und hohe Übersichtlichkeit, alles Eigenschaften, die in den übrigen Kommentaren, gerade den großen, manchmal sehr zu kurz kommen.«

»Monatsschrift für Deutsches Recht«

»Zusammenfassend darf man feststellen, daß das Buch, obzwar es bereits seit der 4. Auflage, mit der Müller nach dem Tod von Model die Bearbeitung übernommen hatte, fortlaufend vervollkommnet wurde, nunmehr eine optimale Ausgestaltung erreicht hat. Es ist ohne Zweifel der beste Kommentar mittleren Umfanges, den wir zum Grundgesetz haben.« *»Juristische Rundschau«*

Carl Heymanns Verlag
Köln Berlin Bonn München